KB129156

역할 접근법의 이론과 실제

페르소나와 퍼포먼스

Robert J. Landy 저 이효원 역

학지사

Persona and Performance
by Robert J. Landy

Korean Translation Copyright © **2010** by Hakjisa Publisher
The Korean translation rights Published by arranged with
Guilford Publications, Inc.

•역자 서문•

이 책은 1975년에 로버트 랜디가 쓴 *Persona and Performance*를 옮긴 것이다. 랜디는 그 뒤에도 역할을 바탕으로 한 자신의 작업 방식을 발전시키면서 여러 책을 썼지만, 이 책만큼 역할 접근법 자체에 집중하여 그 개념과 체계와 운용 방식을 충분한 분량으로 소개하여 그 실체가 드러나도록 제시한 것은 찾아보기 어렵다. 출간된 지 수십 년이 지나 시의성이 사라졌으리라는 흔한 기대와 달리, 이 책은 연극치료 분야의 고전이라 할 수 있으며, 그런 의미에서 지금 여기서 연극치료 작업을 하고 있는 분들과 만날 필요가 있는 매우 긴요한 텍스트다.

이 책의 제목은 충격적이게도 인성과 연극(personality and theatre)이 아니라 '페르소나와 퍼포먼스'다. 우리는 흔히 개인을 타인과 구별되는 개별적인 특성을 가진 존재로 이해하며, 개인을 동일성(identity)의 측면에서 바라보기는 심리치료 전반도 크게 다르지 않다. 개인의 퍼스낼리티를 말한다는 것은 곧 우리 각자에게 나를 나로 만드는 변하지 않는 본질이 있으며, 자아라는 주체가 존재(being)의 그 고유함을 관장한다고 보는 것이다. 그리고 자아 혹은 본질이 훼손되거나 왜곡될 때 또는 진정한 본질을 만나지 못하고 그것과 멀리 떨어져 있을 때 성장이 멈추고 병이 난다고 믿는 것이다.

그런데 랜디는 여기서 동일성에 기초한 인성 대신 페르소나를 제시한다. 페르소나는 가면이다. 시시때때로 바꿔 쓸 수 있는 표면이자 외피다. 그것은 같은 모습으로 존재하기보다 끊임없이 달라지는 차이(differences)로써 새로운 모습으로 생성(becoming)되며, 그 배후의 또 다른 조종자를 상정하지 않는다. 다만 특정한 페르소나의 영향력이 지나치게 강해서 다른 페르소나로 옮겨가지 못하고 멈춰 있거나 유사한 페르소나를 전전할 뿐 더 이상 폭넓고 깊이 있는 차이를 만들어 내지 못할 때 건강에서 멀어진다고 말한다.

물론 개인을 다양한 역할이나 인물을 연기하는 배우로서 조명한 것은 랜디가 처음이 아니다. 그러나 셰익스피어나 고프먼이 말하는 배우로서의 개인과 연극으로서의 삶은 랜디의 역할 접근법이 뜻하는 바와 사뭇 다르다. 그리고 그 간극은 연극과 퍼포먼스의 차이로 압축된다. 간단히 말해 연극은 재현(representation)이다. 아리스토텔레스가 말하듯 처음과 중간과 끝이 있는 이야기를 사용하든 부조리극처럼 그야말로 조리를 벗어난 이야기로 하든 그 형식과 내용에 상관없이, 연극은 자연과 세계를 일종의 서사(narrative)로써 재현하다. 그리고 그 속에서 배우는 자기 자신이 아닌 인물로 살면서 관객에게 전한다. 연극의 배우는 자기 자신과 인물이 같지 않음을 확실히 안다. 다시 말해 배우의 연기와 그 결과인 연극은 당연하게도 모두 거짓인 셈이다. 연극 예술이 허구임을 모르는 사람은 없다. 그러나 그것이 삶의 유비로 쓰인다면, 그 거짓이 문제가 될 수 있다. 좀 과장한다면, 우리의 삶이 관객을 이용할 목적으로 장면마다 거기에 어울리는 가면을 쓰고 거짓을 전시하는 일종의 사기 행각으로 전락할 수밖에 없기 때문이다. 고프먼의 연극적 사회분석이 비판을 받는 것도 같은 맥락이다.

랜디는 그에 대한 대안으로 퍼포먼스를 제시한다. 퍼포먼스는 재현이 아닌 현존(presence)이다. 무대의 형이상학적 잔혹함이 관객에게 전염되어 페스트처럼 인간적인 모든 것을 뒤흔들어 놓든 사제로서의 배우와 참여자로서의 관객이 만나 자기 변형의 경험을 공유하든 배우가 관객 앞에서 자기에게 총을 쏘든, 퍼포먼스는 그 자체로 하나의 사건(event)이다. 행위의 표면 너머 무언가를 재현하지 않으며 그렇기 때문에 거듭 되풀이될 수 없는 삶 자체인 것이다. 거기서 배우는 가상의 인물이 아닌 자기 자신으로 사건을 경험하고 관객과 조우한다. 물론 퍼포먼스도 예술 행위라는 측면에서는 삶과 구별되는 허구성을 그 뿌리로 한다. 그러나 그것이 삶의 유비로 쓰일 때는 행위자의 행동이 그 자신의 것으로서 일치한다는 점에서 연극과 분명히 다를 수밖에 없다. 다시 말해 일종의 시뮬라크르인 페르소나는 그 '이면에' 어떤 기원이나 기초도 가지지 않는 외관들 그 자체다. 따라서 그 자체로서 생성되고 유동하는 페르소나의 삶은 거짓이 아니다.

이상에서 본 바와 같이 역할 접근법은 후기 구조주의의 개념을 바탕으로 하고 있다. 연극의 치유성을 재발굴하여 그것을 우리 시대의 언어로 잘 기술하고 있다는 점에서 랜디는 탁월하다. 그는 또한 삶 자체를 끊임없는 창조적 변형으로 본 데서 멈추지 않고 연극치료사로서 그 변형의 기본 단위와 생성과 차이의 원리를 찾아낸다. 그가 서구의 극문학에서 추출한 80여 가지의 역할 유형 그리고 역할 레퍼토리의 다양화와 역할 병존이 그것이다. 그리고 그에 준하여 구체적인 연극치료 작업의 전개 과정을 명시하며, 그것을 다양한 사례로 증명하고 있다.

실로 연극치료는 예술이자 철학이자 과학일 수밖에 없으며 그러해야 한다는 것을 랜디에게서 다시 한 번 확인한다. 연극치료는 어떤 방식으로든 삶이라는 카오스에 형식을 부여할 수 있어야 하며, 참여자와 그가 속한 세계를 관찰 가능한 대상으로 고정시켜 관찰함으로써 현실을 일관되게 기술해야 할 뿐 아니라, 그 느낌과 감각 가능한 경험을 감정을 통해 사유하고 탐험하는 것이기 때문이다.

무엇보다 이 책을 기꺼이 맡아 정성껏 만들어 주신 학지사에 감사드린다. 그리고 이 책이 읽는 분들에게 새로운 창조를 열어 가는 계기가 될 것임을 확신한다.

2010년 6월

이효원

• 차 례 •

CHAPTER 03 연극치료 역할 접근법 / 87

CHAPTER 04 마이클의 사례: 1부 / 105

• 서문

영적인 산에 오르기

몇 년 전 안식년에 나는 영국과 그리스를 여행하면서 다양한 정신건강 전문가와 학생들에게 연극치료를 소개했다. 그 만남은 나를 예기치 못한 방식으로 감동시킬 고대의 신비한 유적지를 여행하는 데 좋은 구실이 되어 주기도 했다. 당시 나는 일상에서 지나치게 비대해진 분석적인 부분과 거리를 둘 필요가 있었다. 내가 무엇을 찾고 있는지 확실히 알지는 못했지만, 뭔가 초월적인 경험, 새로운 힘을 느끼는 것, 미지의 세계로 떠남으로써 집을 더 잘 알게 되는 그런 경험이라는 것만은 분명했다.

한편으로는 고고학자가 된 듯한 느낌이 들기도 했다. 그것은 드루이드 유적지를 돌며 오래된 돌이나 문화 유적을 수집했기 때문이 아니라, 직접 만져 확인하기 힘든 보다 근본적인 대상인 역할을 찾고 있었기 때문이다. 당시 나는 역할을 영웅과 바보광대, 피해자와 생존자로 제시되는 원형, 즉 신화와 이야기와 드라마에 나타나는 인간의 사고와 행동의 보편적인 형식으로 상상했다. 또 어떤 면에서는 셰틀랜드 제도 소작인의 비밀 문화와 사회생활을 연극적으로 분석(Goffman, 1959)한 사회학자 어빙 고프먼[1)]이 된 것 같기도 했다. 나도 그처럼 사람들이 역할의 안팎에서 자신을 표현하는 방식이 궁금했다. 이런 까닭에 아주 멀고도 오래된 곳으로 역설적인 여행—역할 수집을 통해 존재의 극적 본질을 탐구하면서 동시에 여정에 나 자신을 완전히 열어 수집과 분석의 욕구를 내려놓고자 하는—을 떠났던 것이다.

아테네의 눈부신 가을 태양 아래서, 나는 영적인 여정에 어울릴 만한 아주 특별한 장소를 찾고 있었다. 만나는 사람마다 한결 같은 대답을 주었다. "남자라면 아토스 산에 가 보세요. 하지만 준비를 단단히 해야 할 겁니다. 아마 굉장한 경험이 될 거예요."

아토스 산은 그리스 북쪽 반도에 있는 수도사의 공동체다. 그곳은 세계에서 가장 오래된 수행 집단의 거처 중 하나로, 현재는 기독교계에서 가장 금욕적인 수도사들이 바티칸보다 훨씬 엄격한 규율 아래 자체 정부를 갖춘 일종의 국가를 이루어 살고 있다. 아토스 산은 바티칸과 달리 도시에서 아주 멀어서, 아테네에서 가자면 비행기와 버스와 배를 갈아타며 꼬박 이틀이 걸린다. 또 남자 순례

1) 어빙 고프먼(1922~1982)은 사회는 일종의 연극 무대이며 그 구성원인 개인은 해당 장면에서 특정한 관객을 상대로 역할을 맡아 연기하는 배우라는 전제 아래 사람들의 행동을 미시적으로 연구했다. 사람들 사이의 소통은 곧 인상 관리이며, 모든 상황에서 일관되게 나타나는 인성 또는 정체성은 없다고 말하는 고프먼을 혹자는 얄팍한 현상의 사회학자라 비판하기도 하지만 프로이트 이후에 그만큼 자아에 대해 깊이 탐구한 이가 없다고 평가하는 사람도 있다.

자만 받아들이는 데서도 바티칸과 구별된다. 특별 훈련을 받은 사람들이 방문자의 성별을 주의 깊게 확인한다.

아토스 산에 사는 사람들은 주로 수도사로 중세적인 생활방식을 고수한다. 그중에서 더 극단적인 사람들은 수도원의 공동생활을 거부하고 혼자 수행에 전념하며, 가장 급진적인 사람들은 높은 산에 동굴을 파고 그 안에 지내면서 양동이에 줄을 매달아 바다에 내려놓고 지나는 어부들이 넣어 주는 것에 의지해 연명한다.

그곳으로 떠나기 전 날, 아테네의 한 공원에서 신문을 보며 앉아 있는데, 한 늙은 수도승이 다가오더니 집요하게 성적인 요구를 해 왔다. 가까스로 그 상황을 모면하고 나서는 "이게 혹시 내일 떠날 여행이 위험하다는 신호는 아닐까? 아니면 신화에서처럼 수도승으로 가장한 트릭스터[2)]가 나의 성적이고 영적인 양면성을 시험해 보려고 술수를 꾸민 걸까?" 하는 의문이 들었다.

아토스 산에 오르는 다른 사람들처럼, 나는 관광객이 아닌 순례자로 길을 나섰다. 반도의 가파른 산을 걸어서 돌아다니려면, 음식과 잠자리를 수도승의 자비심에 의존해야 하기 때문에 낮 동안에 부지런히 움직여 한 수도원에서 다른 수도원으로 이동해야 했다. 순례자들은 수도원에 도착한 날 하룻밤만 머물 수 있는데, 길이 험한 데다가 수도원 사이의 거리가 상당히 먼 경우가 꽤 있었다. 가

---

2) 역할 유형 분류 체계에서 인지적 영역에 속한 바보광대의 하위 유형 중 하나다. 본문 319쪽을 참고하라. 우리말로 굳이 옮기자면 사기꾼, 꾀보, 도깨비 등 여러 가지가 가능하다. 그러나 그중 어느 것도 '트릭스터'가 담고 있는 중요한 세 가지 특성 곧 속이는 것, 장난치는 것, 변신하는 것을 충분히 담아내지 못한다. 그래서 이 책에서는 어쩔 수 없이 트릭스터라 하기로 한다.

끔 길 중간에 허름한 오두막이 있기도 했다. 한 번은 방향을 물으려고 잠시 오두막에 들어갔는데, 눈이 어둠에 익숙해지면서 벽에 일렬로 걸린 해골을 보고는 부리나케 빠져나왔다. 수도원의 오래된 거대한 문은 일몰과 함께 굳게 닫힌다. 해지기 전까지 그 안에 들어가지 못하면 꼼짝없이 캄캄한 숲에서 밤을 지새야 했다.

9월의 아토스 산에서 태양은 오디세우스가 이타카에 돌아왔을 때 꼭 그랬을 거라고 짐작될 만큼 맹렬하게 빛났고 풍광은 신비로웠다. 간간이 서투른 영어나 불어, 독어를 쓰는 순례자들이 다음 수도원을 향해 지나갔고, 나는 그리스어를 전혀 알아듣지 못했다. 그 밖에 눈에 띄는 사람은 모두 검은 옷과 모자를 쓰고 수염을 기른 강인한 표정의 엄숙하고 접근하기 어려운 수도승뿐이었다.

죽음의 이미지—수도승들의 검박함, 뼈, 손가락, 해골을 비롯해 예배당 유리 상자에 보관되어 있는 성스러운 순례자들의 유물, 지하실의 캄캄한 어둠 가운데 행해지는 새벽 미사, 낮의 맹렬한 태양빛과 밤의 소름끼치는 정적—가 도처에서 나를 반겼다.

그래도 이틀 동안은 길동무가 있었다. 버스에서 만나 우로노폴리스라는 작은 관광지에서 같은 보트를 탄 그는 프랑스인 배우였는데, 젊은 수도사 둘이 그에게 '알랭 들롱'이라는 별명을 지어 주었다. 나는 길동무이자 조력자—강렬한 햇빛과 더위, 그리스 정교와 남성성, 거부와 죽음의 이미지가 주는 공포를 덜어 줄 누군가—로서 그가 절실하게 필요했다. 그러나 그의 존재는 전혀 짐작하지 못한 방식으로 나를 혼란에 빠뜨렸다. 사실 버스에서부터 그가 불안정하다는 것을 알아챘다. 배에 오르기 전에 그는 에이즈에 대한 이야기를 하면서 "난 안전해요. 당신에게도 에이즈를 피할 수 있는 기도를 가르쳐 줄게요."라고 했다.

하지만 나의 관심은 이미 태고의 것으로 넘어가 있었다. 에이즈보다는 흑사병과 더 가까운 고대의 땅으로 들어설 참이었으니까. 그런 나에게 왜 그는 현대의 공포를 주입하려 했을까?

알랭 들롱은 첫 번째 수도원 앞에 있는 해변에서 오징어를 씻고 있는 두 젊은 수도사와 구변 좋게 시시덕거렸다. 수도사들은 통행 금지 시간 이후에 우리를 숙소로 초대했다. 물론 그것은 사소한 범죄에 해당했다. 초를 켠 그 어둠 속에서 바깥쪽 방에서는 오징어가 구워지고 있었고, 수도사들은 우리에게 속세 차림의 젊은 남자들 사진을 보여 주었다. 우리는 겁을 집어먹고 얼른 자리를 박차고 일어나 어두운 복도를 달려 숙소로 도망쳐 왔다. 알랭은 오징어의 지독한 냄새 때문에 그들에게 흥미를 잃었다. 나는 이런저런 세속적인 이미지에 집착하여 일종의 부유 상태에 있었다. 하지만 그렇게 내 자리를 벗어나 있었기 때문에 프랑스인 메피스토펠레스에 이끌려 천국 혹은 지옥에 가 볼 수 있었다. 나는 기독교인도 게이도 아니었지만, 그 두 금지된 영역의 유혹이 주는 두려움에 직면한 나를 발견하게 되었다.

그다음 24시간 동안, 알랭은 트릭스터가 되어 온갖 말썽을 일으키고 다녔다. 식당 바깥에 있는 비상벨을 울려 오후 기도에 들었던 수도사들이 뛰쳐나오게 만들고, 수도원 입구에서 멀지 않은 바다에서 보란 듯이 옷을 훌랑 벗어 던지고 수영을 했다. 그의 바보광대극은 잔혹하게도 바위에서 예배당을 향해 가시 돋친 섬게를 집어던진 데서 절정에 달했다. 그러고는 자기와 어울려 똑같은 짓을 하지 않았다고 날 조롱했다. 그가 엉뚱한 짓을 할 때마다 영적인 추구자라는 나의 지반이 흔들리는 것 같았다. 조력자라 믿었던 그가 나를 벌하는 자로 변함에 따라 나는 급속하게 가라앉았다. 내 속에 있는 도덕주의자는 신성모독적인 그의 행동을 비난했다. '배우들이란 어떻게 해도 속물을 벗어날 수가 없어. 자기들 이미지 말고는 아무것도 존중할 줄 모르지.'라고 생각했다. 나는 이 교만함에 섬뜩해졌다. 이 성스러운 산에서 보다 옳은 존재의 이유로부터 멀어지게 만들었다고 그를 비난한 것이다. 나는 또다시 흔들렸다. 화가 나고 독선적이며 무력하고 수치스러웠다.

알랭과 헤어질 시간이 되었다. 내겐 이틀 동안의 일정이 남아 있었다. 하지만 혼자서 여행할 준비가 되었나? 그의 존재는 모욕적이었지만 그래도 친숙하긴 했다. 알랭은 그곳이 너무 지루해서 얼른 떠날 거라는 말로 나의 이중성을 해결했다. 20세기로 돌아가기 직전에, 알랭은 나를 한쪽 옆으로 잡아끌더니 "이제 내가 기도를 가르쳐 줄게요."라고 했다. "기억나요? 에이즈에 걸리지 않게 해 주는 기도 말예요. 이 기도는 아주 강력해서 100% 안심해도 좋아요. 이걸 아는 사람은 한 손에 꼽을 정도라고요."

알랭은 이상한 손동작과 함께 엉망진창 뉴에이지 풍의 아베마리아를 중얼거리기 시작하더니 똑같이 따라 하라고 시켰다. 나는 거절했다. 내가 잘 못해서 그런다고 생각했는지, 같은 행동을 다시 한 번 반복하고는 또 따라 하라고 시켰다. 거듭 거절하자 그는 엄청난 선물을 거부하는 내게 경악하며 분노했다. 나 역시 화가 치밀어 그에게 당장 떠나라고 말했다. 그는 돌아서면서, 비상벨 소리에 놀란 검은 옷의 남자들이 식당으로 쏟아져 들어오는 광경을 지켜볼 때 흘렸던 악마 같은 웃음을 다시 한 번 들려주었다. 그는 수도

사들을 저주했고 또 자기가 베푼 은혜를 거절한 나를 저주했다. 알랭이 보기에 나는 완고하고 자기기만적이며 억압적인 도덕률에 매어 있을 뿐 아니라 케케묵은 과거의 무지함에 빠져 있는 수도사들과 하나였다. 그러나 그의 마지막 말은 달랐다. "당신도 나랑 같은 류라고…… 물론 당신은 인정할 수 없겠지만 말이야!"

도대체 무슨 의미일까? 나는 겁에 질려 한참을 우두커니 서 있었다. 아마도 어떤 면에서 나는 알랭과 닮았을 것이다. 내 속에는 완고함에도 불구하고 정당하고 억압적인 아버지들을 비난하고 싶어 하는 마음, 두려운 양성애에 나를 던지고 싶어 하는 마음, 기도가 주는 단순한 보호를 믿고 싶어 하는 마음이 있을 것이다. 그것은 나를 잠시 동안 가라앉게 했다. 영성과 성성에 대한 생각에 도전을 받았다. 하지만 나는 그대로였고 여정을 계속할 수 있었다.

그날은 마침 공휴일인 성 십자가의 날이었고 그래서 안전하게 잠자리를 확보하려면 수도원에 일찍 도착해야 했다. 나는 몇 마일을 걸어 겨우 높은 산 경사면에 동굴을 파서 만든 시모노페트라에 가까이 갔다. 오르막을 걷느라 숨이 턱까지 차올랐다. 나는 거기서 밤을 지내기로 작정했다. 한 젊은 속인이 맞아 주면서 안타깝게도 남은 방이 없다고 했다. 하지만 극한에 다른 신체적이고 도덕적인 피로를 털어놓으며 간청하자, 나를 불쌍히 여겨 프랑스인 두 사람과 같은 방을 쓰게 해 주었다.

그중 한 명인 장은 수도승의 대자로 피정을 하고 있었다. 개종자인 그는 그리스 정교의 규칙과 의식에 전념했다. 그는 도덕주의자이면서 영적 중심이자 신앙의 요새로서 아토스 산이 가진 역사와 목적을 웅변적으로 이야기해 줄 만큼 지적인 사람이었다. 그의 친구인 회의주의자 자크는 나와 같은 일정으로 산을 방문했다. 예정한 나흘이 지나면서 그는 본토의 육감적인 해변으로 돌아가고 싶어 안달했다. 무엇보다 여자를 그리워한 그는 수도사들의 의식적인 준비에는 별 흥미를 보이지 않았다.

한 늙은 수도사가 성서를 영창하는 동안 엄숙한 저녁 식사를 급하게 마치고 우리 방으로 돌아오자 이내 음악이 시작되었다. 고대 비잔틴 영창의 첫 번째 파동이 명치를 건드렸다. 그것은 며칠 전 아토스 산으로 향하는 배에서 고대 사원을 처음 보았을 때 느낀 심리적 동요와 같은 것이었다. 나는 그 고통스러운 느낌이 다른 순례자들도 모두 겪는 것인지 아니면 영성과 지나치게 단절된 사람들에게만 찾아오는 것인지 궁금했다.

나는 소리를 따라 예배당의 어두운 바깥쪽 방으로 갔다. 일단의 순례자와 수도사들이 방 중앙의 오렌지 빛 조명 아래 빼곡히 앉아 있었다. 다가가기가 무서웠지만 내 안의 도덕적인 힘을 모두 불러 모아 애써 발걸음을 옮겼다. 그런데 장이 다가와 거기엔 정교 신도만 들어갈 수 있다고 말해 주었다. 추방당한 자가 된 느낌과 함께 화가 올라왔다. 그 순간에 나는 이교도이자 비기독교인 그리고 더 정확히 말해 기독교인의 성지에 들어가는 것이 금지된 유태인이었다.

나는 추방당한 자로서 문 밖에 서 있는 동안 강렬한 소리와 향내음, 반쯤 조명을 받은 아이콘과 귀중한 금속 장식의 풍성한 이미지들이 내 안으로 들어오게 했다. 마치 황홀경에서 빠져나온 듯 약 6시간이 지난 뒤에야 내 방으로 돌아왔다. 자크는 어느새 잠들어 있었고 나도 잠을 청해 보았지만, 영창이 너무나 강렬했던 탓에 머릿속에서 생각이 끊이질 않았다. 저녁 식사 때 장은 신부들이 가끔 신성한 유물을 보여 주는데, 그중에는 예수가 짊어졌던 진짜 십자가 조각도 있다고 말해 주었다. 침대에 누워 그 광경을 그렸던 것일까? 추방당한 자인 유태인의 눈과 가슴으로 그것을 볼 수 있기는 했을까? 머릿속으로 이런 생각을 하면서, 나는 도피의 잠 속으로 미끄러져 들어갔다. 이미 너무나 많은 것을 보아 더 이상 담아 둘 수가 없었다.

다음 날 아침 일찍, 자크와 나는 아토스 산에서 우로노폴리스로 짧고도 광대한 항해를 했다. 그는 내게 정말 성스러운 유물은 전시되는 법이 거의 없다고 무미건조하게 말했다. 그리고 설사 공개된다 해도 평범하게 보일 뿐이라며 "당신은 아무것도 놓치지 않았어요. 아무것도."라고 덧붙였다.

나는 욕실이 딸린 고급 호텔 방을 잡았다. 그리고 우리는 그날 밤 바다가 내려다보이는 플라카에서 저녁을 들었다. 자크가 한 매력적인 여자를 사귀었고, 그녀는 우리와 합석했다. 아침에 나는 살로니카로 가는 버스를 탔고 거기서 다시 아테네 행 비행기에 올랐다. 자크는 이제 막 시작한 관계를 위해 그곳에 머물렀다.

기회 있을 때마다 나는 청중을 사로잡기 위해 아토스 산에서의 경험을 들려주곤 했다. 그 이야기가 꼭 골칫거리라 할 순 없지만 나를 무겁게 짓눌러 온 것만은 사실이다. 이야기를 할 때마다, 나는 그 경험을 객관적인 사실로 이해하기 위해 노력했다. 그런데 이야기를 거듭할수록 오히려 객관적인 현실은 사라지고 대신 허구에 가까운 새로운 현실이 나타났다. 그것은 내가 아토스 산에서 조우한 역할의 일부—트릭스터, 조력자, 독실한 신자, 무신론적인 난

봉꾼, 노인과 수도사와 고행자의 코러스, 그리고 영웅이자 추구자의 역할과 겁쟁이, 피해자, 분노한 젊은이, 추방당한 자, 목격자, 우유부단한 사람의 역할을 연기하는 나라는 중심인물—를 이해할 수 있게 도와주었다.

해를 거듭하면서 인물의 실제 모델은 나의 내면의 드라마에 속한 일종의 원형적 군상으로 변해 갔다. 가령 억압적인 인습 때문에 답답한 상황에서 과도한 죄책감 없이 인습의 독실한 추종자를 조롱하고 싶을 때는 내 속에 있는 트릭스터 역할이 매우 쓸모 있음을 발견한다. 그러나 그 이면에는 내 속임수가 터무니없는 것임이 드러날까 두려워하는 마음이 있다. 그런 경우 트릭스터 역할은 나의 수치심—현대 심리학 문헌에서 뿌리 깊은 무가치함의 감각으로 관찰되어 온 특성(Lewis, 1971; Broucek, 1991)—을 자극한다.

나는 또한 악마와 조력자, 독실한 신자와 무신론자, 지식인과 난봉꾼, 겁쟁이와 영웅/추구자로 기능하는 내 속의 역할을 인식한다. 내가 인식하는 가장 강력한 역할은 영웅/추구자다. 이 역할은 아토스 산으로 여행을 떠나게 했고 여정을 지속하게 했으며 여행에 관한 이야기를 하게 했다. 영웅으로서, 나는 감히 현실을 나만의 방식으로 변형—비판적 사고의 결여를 특징으로 하는 정신증적인 상태가 아니라 의미 있는 이미지를 불러내는 능력인 상상력이 지배하는 창조적인 상태에서—한다. 영웅 역할은 나로 하여금 이 책을 쓰면서 고행하는 수도자의 힘과 또 다른 전투를 치르게 했다. 그것은 내가 한 번도 가 보지 못한 곳에 갈 수 있게 하거나 마치 처음인 듯 다시 방문할 수 있도록 해 준다. 마지막으로 그것은 영웅적 여정에서 내가 근원을 알 수 없는 악마와 대면할 수도 있음을 받아들이게 도와준다.

아주 멀리 있는 특별한 장소인 아토스 산은 단지 하나의 단서에 불과하다. 인간의 심리적 투쟁은 모든 곳, 가장 평범하고 가까운 곳을 무대로 한다. 이 책에서 그 투쟁은 역할과 역할 속에서 그리고 역할에 대해 말하는 이야기를 통해 수행된다.

여러 측면에서 이 책은 하나의 여정이라 할 수 있다. 연극치료라는 신생 분야에 초점을 두면서도 드라마와 일상 현실에 관련된 다양한 분야를 다루고 있다. 그 목적은 역할의 개념이 세 영역을 어떻게 연계하는지를 설명하고, 역할에 근거한 모델을 제공함으로써 건강한 인성 구조를 개념화하고 역기능적인 인성 구조를 치료하는 데 일조하는 것이다.

역할은 인성의 기본 단위로서, 거기에 고유성과 일관성을 부여하는 구체적인 특징을 담고 있다. 앞서 출간된 책에서(Landy, 1990) 나는 역할을 "우리가 현실 사회와 상상의 세계 속에서 우리 자신과 다른 사람들에 대해 갖는 모든 생각과 감정의 그릇"이라고 정의한 바 있다(p. 230). 개념으로서 역할은 신체와 감각기관, 의식과 감정, 직관과 영혼을 통해 인간 경험의 전 영역에 적용된다. 또한 극적 전통에서 유래한 역할 개념은 특정 유형의 인물 특징과 관련되며, 사회과학자들(예를 들어, Goffman, 1959; Brissett & Edgley, 1975) 사이에서는 공연의 측면에서 일상의 심리적이고 사회적이며 문화적 생활을 분석하는 데 유용한 은유로 기능하기도 한다.

이 책의 목적을 위해 나는 세상과 무대를 연결하는 역할이 적어도 고대 이후로 수많은 철학자와 시인과 사회과학자의 상상력을 사로잡아 온 매력적인 은유임을 전제로 한다. 번즈(1972)는 고대 그리스와 로마로부터(플라톤과 페트로니우스에 의해) 르네상스(세르반테스가 풍자하고 또 셰익스피어가 풍부한 묘사적 언어로 승화시킨)를 거쳐 현재에 이르기까지 역할의 은유가 지속적으로 사용되어 오고 있음을 지적한다. 물론 현대에 와서는 거의 예외 없이(Burke, 1975 참고) 철학자와 시인이 무대로서의 세상(*theatrum mundi*)에 대한 해석자의 지위를 사회과학자에게 넘겨주었다. 그들은 1930년대 이후로 연극적 은유를 사회생활에 활용함으로써 무대로서의 세상이라는 개념을 부활시키려 노력해 왔다.

그러나 나는 역할이란 일상생활을 극적 용어로 설명하는 강력한 은유를 넘어선 무엇이라고 주장하려고 한다. 내가 볼 때 역할은 인성에 일관성을 제공하고, 여러 측면에서 자기라는 개념의 우월성을 대체하는 본질적인 개념이다. 이를 좀 더 확장하면 존재는 단지 드라마에서처럼 연기되는 것이 아니라 그 자체로 극적이라 할 수 있다. 역할을 충분히 이해한다는 것은 곧 일상 존재의 극적인 본질을 이해함을 의미한다. 그것은 매우 긴장감 넘칠 수도 있고(아토스산에서처럼) 상당히 평범(가족 안에서 날마다 일어나는 상호작용과 같이)할 수도 있다.

나아가 나는 역할의 의미와 기능을 은유와 개념으로서뿐 아니라 하나의 방법론으로 고찰하고자 한다. 역할 접근법은 연극치료를 통해 심리적 욕구를 가진 인간을 치료하는 수단이라 할 수 있다. 이 책은 결국 연극치료에 관한 것이기 때문이다. 연극치료는 역할 맡기와 역할 연기 과정을 통해 사회적이고 심리적인 고통을 치료하는 접근법을 제공한다. 이 책에서 나는 역할에 대한 충분한 이해가 연극치료에 견고한 이론적 바탕뿐 아니라 강력한 치료 방법론을 제공할 수 있음을 보이고자 한다.

요약하면 나는 역할을 아래와 같은 관점에서 살펴볼 것이다.

1. 인성의 기본 단위
2. 사고와 감정의 그릇
3. 인성 개념
4. 연극에 등장하는 인물
5. 사회적 삶에 대한 은유
6. 연극치료 접근법

이 맥락에서 역할은 드라마와 일상 현실과 치료를 잇는 없어선 안 될 연결끈으로 기능할 수 있다. 그리고 이것이 사실이라면, 그 세 영역을 통합하고자 하는 학문인 연극치료는 역할에 대한 설명을 통해 훨씬 선명한 이론적 명료성을 성취할 수 있을 것이다.

이 책은 드라마와 사회과학에서 역할의 기원과 발달을 검토하는 것으로 시작한다. 그리고 역할과 인성의 관계, 좀 더 일반적으로는 드라마가 상당한 역설로 이루어진 세계관을 어떻게 설명하는지를 조명한다. 역할의 집합체로 간주되는 인성이 역기능적으로 변하는 경우에는, 역할의 혼란을 교정할 수 있는 치료 형식이 도움이 될 것이다. 그런 의미에서 순기능적인 역할 체계의 회복을 목표로 하는 접근법을 잘 설명하기 위해 두 개의 임상 사례를 살펴본다. 하나는 개인의 사례이고 다른 하나는 집단의 사례다.

사례 연구에 이어 연극치료뿐 아니라 일상생활에서도 되풀이되는 역할 유형을 몇 가지 범주로 분류하는 체계를 제시한다. 일상적인 역할 유형에 대한 서술로 시작하여 서구 극문학의 역사를 통틀어 계속해서 반복된 유형에서 추출한 연극적 역할의 분류 체계를 제안한다. 나는 역할의 특질, 기능, 스타일을 이해함으로써 치유의 극적 본질을 더 잘 파악할 수 있다고 주장한다. 그리고 광범한 의미에서 그러한 이해는 자신만의 영적 산에서 돌아온 황홀한 여행자들에게 그 모순적인 경험을 받아들여 소화할 수 있는 틀거리를 줄 수 있다. 이 책은 역할 양면성을 잘 살아낼 때 비로소 복합적이고 의지력 강하며 창조적이고 그리하여 궁극적으로는 변형적일 수 있다는 인식 아래 그렇게 살 수 있는 방법을 익히는 것에 대한 토론으로 끝맺는다. 이 책 전체를 씨줄과 날줄로 엮고 있는 핵심적인 가정은 개인의 건강과 안녕은 복합적이고 자주 모순되는 역할을 운용할 수 있는 능력에 달려 있다는 것이다.

이 책을 쓰는 동안 나는 스토리텔러와 이론가, 연극치료사라는 몇 가지 역할에서 선택의 자유를 누렸다. 그리고 그물을 넓게 던져 연극만이 아니라 관련 예술 분야와 사회과학과 대중문화와 개인적인 경험으로부터 다양한 사례와 근거를 끌어 왔다. 이들 분야에 대한 논의는 역할에 대한 이해가 물론 드라마에 가장 깊이 뿌리를 대고 있지만 그 밖의 여러 학문에 빚지고 있다는 점에서 피할 수 없는 선택이었다.

연구 작업에서 가장 포괄적인 부분은 반복되는 역할 유형을 추출하기 위해 600여 편의 희곡을 검토한 것이다. 나는 그 과정에서 역할은 본질적으로 "극문학에 등장하는 인물 혹은 유형의 특징"이라고 명쾌하게 정의하고 싶은 유혹을 받았다. 그러나 여러 학문 분야를 종횡하면서 그리고 심리적 역기능과 일상의 존재를 다루는 체계를 만들기 위해 노력하는 가운데, 역할의 개념이 명확한 경계를 초월해 있음을 발견하게 되었다. 그러한 역할의 복합성을 토대로 이론적이고 임상적이며 일화적인 근거를 구하는 연구 방식을 택한 탓에, 이 책은 한꺼번에 몇 가지 방향으로 모험을 감행해야 했다. 궁극적으로 나는 역할의 복합성을 살피는 탐험이 결국 그 단순성을 재발견하는 길이 될 것이라는 사실을 믿으면서, 이 여정이 다한 뒤에 다시 집으로 돌아가고자 한다.

CHAPTER 01

역할의 기원

햄릿의 독백과 드라마의 역설

셰익스피어(Shakespeare)의 〈햄릿〉(1902/1963)은 긴장감 넘치는 장면으로 시작한다. 일단의 병사가 노르웨이 침략자의 공격에 대비해 엘시노어 성을 지키고 있다. 병사들은 이틀 밤이나 연이어 유령이 출몰한 탓에 긴장해 있다. 매우 늦은 밤 보초를 서고 있는 프란시스코는 지독한 추위와 피로, 공포에 떨고 있다. 그때 바나도가 갑자기 나타나 말한다. "누구냐?" 프란시스코가 대답한다. "넌 누구냐? 정지, 이름을 대라."

이 장면은 가장 직설적인 의미에서 조심스럽고 두려움에 찬 두 병사가 서로의 신원을 묻는 상황을 묘사하고 있다. 그러나 "누구냐?"라고 할 때, 셰익스피어는 표면적인 내용 이상을 함축할 수도 있으며, 그 질문을 심리적인 것으로 해석할 수 있다. 이 영혼의 어두운 밤에 마음의 어떤 부분이 존재로 부름 받는가? 경계병 역시 처음에는 다른 존재를 인식하지 못한다. 영적인 어둠이 현존하는 것이다. 프란시스코의 대답은 신중하다. 그는 낯선 사람이 자기—마음의 문장紋章을 암시하는, 비밀을 드러내는 이미지—를 '드러내는' 데 동의하기 전까지는 자신의 신분을 밝히지 않을 것이다.

셰익스피어의 작품을 심리적으로 독해하는 한 가지 방식은 등장인물 전체를 햄릿의 반영으로 보는 것이다. 즉, 극에 나오는 인물과 상황을 햄릿의 내면 상태에 대한 투사라 보는 것이다. 그렇게 햄릿의 역할을 집중 조명하는 데 관심을 둔다면, 우리가 가장 먼저 보게 되는 것은 바로 파수꾼, 겁에 질려 조심스러운 전사의 역할이다. 햄릿은 그로써 소용돌이치는 내면을 정치적으로 또 심리적으로 지키고 있는 것이다. 그는 또 하나의 존재 상태와 또 다른 존재 상태—사람과 귀신, 현실과 환상—를 식별하려 애쓰고 있다.

햄릿이 하는 역할의 가장 두드러진 특징은 양면성이다. 햄릿은 친밀한 사람들에게서 모순되는 특징을 취함으로써 그런 역할로 떠밀리게 된다. 살해당한 아버지는 영혼의 모습으로 나타나고, 살인자인 계부는 그를 사랑한다 공언하며, 사랑하는 어머니는 요부처럼 행동하는가 하면, 연인은 자살을 하고, 친구들은 장차 살인자가 된다. 양면적인 햄릿의 상태는 모든 고전의 독백 가운데 가장 유명한 '사느냐 죽느냐'라는 대사로 뚜렷하게 집약된다. 인식 가능한 인과의 세계에 사는 것 혹은 죽음을 통해 더 나쁜 결과를 가져올 수도 있는 미지의 세계로 들어가는 것에 대한 햄릿의 묵상은 극적 역설의 핵심—세상과 무대의 연관 관계를 잘 수립하여 드라마의 치유적 가능성에 대한 이해를 이끌어 내는 개념—에 근접해 있다.

극적 경험의 핵심부에는 역설이 있다. 배우로서의 개인 혹은 코러스로서의 집단은 동시에 두 가지 현실을 산다. 이 현실들은 다양한 차원에 걸쳐 있다. 예를 들면, 현재와 과거, 리허설과 공연, 연습한 순간과 자발적인 순간, 일상의 삶과 상상의 삶, 내면과 외부, 픽션과 논픽션, 평범한 것과 경이로운 것, 예상한 순간과 고양된 순간, 배우와 역할, '나'와 '나 아닌 것' 등이다. 이 중 어떤 것 혹은 이와 유사한 존재 상태 사이의 긴장을 구현하는 행위는 모두 극적이라고 할 수 있다. 연기를 배우는 사람들은 흔히 '순간에 집중하라.'는 말을 듣는다. 하지만 그렇게 한다고 과거에 같은 장면을 몇 번씩 되풀이해서 연습한 사실이 없어지지는 않는다. 어떤 순간을 '마치' 처음 '인 듯이' 거듭 살 때 과거와 현재가 조우하게 된다. 자발성과 연습의 극적 역설을 설명함에 있어, 우리는 자발적인 순간이 아무것도 없는 데서(*ex nihilo*) 생겨나지 않으며 수없는 연습 끝에 나오는 것임을 알게 된다.

아마도 극적 역설에서 가장 의미심장한 측면은 배우와 역할이 별개이면서 동시에 하나라는 점 그리고 배우의 비허구적인 현실이 역할의 허구적 현실과 공존한다는 사실일 것이다. 디드로(Diderot, 1957)가 처음 언급한 이 단순한 극적 사실은 극적 과정의 본질적인 복합성과 미스터리의 저변을 이룬다. 그것은 극적 과정이 일상 현실이나 연극 공연 혹은 치료로 나타날 때도 마찬가지다.

'역할 입기' 혹은 역할로 들어가기는 삶을 함축한다. '역할 벗기'는 죽음을 함의한다. 역할과 관계 맺는 배우는 살고 죽고 또 새로운 역할로 매번 다시 태어난다. 배우의 딜레마는 삶이나 죽음 사이에서 선택하는 데 있지 않고, 다양한 역할들 안팎으로 들고 나는 불가피한 전환을 받아들임으로써 삶과 죽음을 한데 아우르는 존재 상태로 화하는 방식을 찾아내는 데 있다. 드라마의 역설은 존재하면서 동시에 존재하지 않는 것이다. 그리고 그 과제는 햄릿의 독백이 암시하듯 질문이 아닌 대답이다.

그렇다면 질문은 무엇인가? 심리학적으로 말하자면, 그 난해한 모순을 어떻게 감당하는가? 혹 비극의 영웅에 연결 짓는다면, 마음 속 깊은 곳에 필사적으로 숨겨 두려 하는 끔찍한 진실을 어떻게 직면할 것인가? 대답은 물론 극적이다. 존재하면서 존재하지 않는 것이다. 존재는 역할 속에 있는, 행동할 수 있는 개인의 일부다. 존재하지 않는 것은 역할을 벗고 행동하는 부분을 관찰하고 반영하는 움직임을 멈춘 부분이다. 극적 역설은 그러므로 배우로 하여금 성찰적으로 행동하게 해 준다는 점에서 생존의 방법론이다. 그것은 어려운 질문에 따른 어려운 해답을 찾기 위해 과감히 떨쳐 일어난 모든 영웅적 인물에게 공통된 자산이다. 그리고 그것은 무거운 생각의 짐과 행동의 결과를 살펴야 하는 부담에도 불구하고 용감하게 행동하는 일상 현실의 배우 모두를 위한 양식이기도 하다.

역할 양면성

이제부터는 역할을 통해 심리적 고통을 치유하고 인간의 행동을 이해하는 모델을 제시할 것이다. 역할 접근법의 중심에는 역설과 양면성과 변화의 개념이 있다. 역할은 대개 강렬하게 연기됨으로써 그 반대를 가리킨다. 두려움에 떠는 지적인 햄릿은 복수심에 불타 행동하는 남자에게 길을 내주며, 고향을 추구하는 정착민이 변덕스러운 방랑자 속에서 발견될 수 있다. 아내와 가족이 있는 고향으로 돌아가기 위해 오디세우스는 미지의 세계로 특별한 여행을 떠나야 했다. 하지만 그 나아감의 목적이 돌아와 모든 것을 제자리에 돌려놓는 데 있음을 알지 못했다면, 그의 놀라운 여행은 한낱 또 하나의 모험담에 그쳤을 것이다. "내가 연기하는 역할이 바로 나다."라고 말하려 할 때마다 이내 그것은 '그렇다. 하지만 내가 만약 다른 역할을 선택한다면 어떻게 되는 거지?'라는 생각에 부딪친다.

서문에서 이야기했듯이 나는 영웅적인 추구자의 역할 속에서 한 번도 가 본 적 없고 그래서 두려운 영역인 아토스 산으로 모험을 떠났다. 그러나 내 속에 있는 겁쟁이가 추구자를 화나게 했다. 영웅-겁쟁이의 역설 속에서 나의 여정은 성산에 싫증이 나 다음 배로 떠날 준비를 마친 불가지론자 난봉꾼 자크의 여정과 매우 다른 복합성을 띠게 되었다.

역할에 극단적으로 전념하는 경우에도 어느 정도의 양면성은 존재한다. 수행자가 일체의 육욕적인 생각을 몰아내려 아무리 노력해도, 몸은 여전히 갈망한다. 성산의 가장 외진 봉우리에 있는 초라한 동굴에 살면서 거룩한 영혼으로 가득 찬 사람이라 해도, 어부가 그냥 지나치지 않기를 바라며 빈 양동이를 바다로 내릴 것이다. 아토스 산의 젊은 수도사들은 알랭 들롱을 연상케 하는 섹시한 프랑스 배우에게서 기쁨을 얻었다. 그리고 아테네 공원에서 만난 검은 옷의 늙은 수사는 독신 서약에도 불구하고 성적인 접촉을 요구했다. 가장 성스러운 날 가장 성스러운 장소에서, 나는 마치 거울 앞에 서서 나의 두 모습을 보는 듯했다. 장과 자크, 신자와 난봉꾼이 내 몸과 영혼과 마음의 투쟁을 곱씹게 했다.

몸과 영혼, 성과 죽음의 충돌에서 유발되는 양면성은 예술과 철학과 신학 그리고 대다수 평범한 사람의 행동에서 끊임없이 나타나는 가장 중요한 역할 갈등을 선사한다. 존재할 것인가 말 것인가, 행동할 것인가 하지 않을 것인가라는 햄릿의 딜레마는 진정 보편적이다. 물론 우리는 대부분 자살이나 존속 살해보다는 모욕당했거나 가까운 사람들에게 상처를 준 것에 대해 자기를 벌하고 사소한 살인을 행하는 수많은 작은 기로에서 서성인다.

역할은 단일한 형식으로 존재하지 않는다. 보살피는 어머니는 자식뿐 아니라 자기 자신을 돌보는 법을 꼭 찾아야 한다. 구두쇠라면 미다스 왕의 운명에 맞서는 법이나 돈 쓰는 법을 익혀야 한다. 햄릿은 양심이 우리 모두를 겁쟁이로 만든다고 말한다. 나는 거기에 인간의 조건—자각의 능력 그리고 역할을 만들어 내는 경향—이 우리를 겁쟁이이자 동시에 영웅으로 만든다고 덧붙이려 한다. 겁쟁이가 된다는 것은 무언가 두려워해야 할 중요한 것이 있음을 안다는 뜻이다. 그리고 그 앎이 영웅적 역할을 연기함으로써 자신의 비겁함에 맞서 전진하는 영웅의 씨앗을 창조한다.

역할 양면성, 모순되는 역할을 맡고 연기하는 데서 생겨나는 감정의 충돌은 사물의 자연적인 질서다. 그것은 자연과 환경의 갈등 곧 외모와 같이 타고난 역할 특징과 외모에 바탕을 둔 자부심이나 수치심처럼 사회적으로 습득된 역할 특징 사이에서 시작된다. 그리고 그것은 인성의 여러 부분이 사고와 감정과 욕망과 욕구와 갈등으로 표현될 때도 인성을 온전하고 일관되게 견지하려는 노력에 힘입어 유지된다.

역할 양면성은 세 가지 방식으로 발생한다.

1. 한 역할 내에서 서로 다른 특징이 갈등할 때 나타난다. 아토스 산에서 두려울 것 없는 영웅을 연기하려 애썼지만 시간이 지나면서 이내 두려움에 위축되었던 나의 경우를 예로 들 수 있다.
2. 갈등하는 역할들 사이에서 일어날 수 있다. 예를 들어, 두려움에 떠는 특징을 겁쟁이로 표현한다면 그 역할은 영웅의 역할과 갈등했다.
3. 존재하면서 존재하지 않는 실존적 상태로서 발생한다. 나는 나 자신을 영웅(겁쟁이가 아닌)이면서 동시에 겁쟁이(영웅이 아닌)로 볼 수 있다.

역할 양면성의 세 번째 측면은 인간이 역할들 사이에서 그리고 역할 내부에서 발생하는 크고 작은 갈등을 협상할 수 있고 역설을 견딜 수 있음을 뜻한다. 사람들은 많은 시간을 들여 균형과 질서를 추구하지만, 그 질서는 그와 반대되는 목소리에 기꺼이 귀 기울이지 않는 한 현실이 될 수 없다. 평화롭고자 한다면 평화를 방해하는 우리의 경향과 협상을 해야 한다. 그를 위해서는 자신의 분노가 소리를 낼 수 있게 해야 하고 그 메시지를 신중하게 경청할 필요가 있다. 평화를 선택하려면 먼저 전쟁을 위한 자리를 마련해야 하는 것이다.

이러한 관점은 이 책의 핵심 전제로 이어진다. 인간은 균형과 통합을 추구함에도 불구하고, 서로 갈등하면서 불균형과 분리를 낳는 심리적이고 사회적인 요소의 세계 속에 살고 있다. 고통 받는 사람들은 흔히 갈등과 역할 선택의 기회를 제한함으로써 불확실함을 피하려 든다. 그러나 양면성을 차단하는 것이 반드시 균형을 가져다주지는 않으며, 오히려 더한 고통을 초래하곤 한다. 존재의 양면성을 인식하고 그 갈등하는 역할들 사이에서 살아가는 방법을 찾으려 노력함으로써, 우리는 균형 있고 통합된 삶에 가까이 다가갈 수 있다.

그 균형 역시 지나치게 적거나 많은 양면성에 영향을 받는다. 역할 양면성이 과도하게 부족하면 정체성이 온전히 사업상의 성공과 연결된 일 중독자처럼 일차원적인 역할 연기에 매이게 된다. 반면 넘치는 양면성은 특정한 역할에 전념하고 숙달되는 것을 방해하고 혼란을 가져온다. 그 양극단의 가설적인 중점에 있는 사람이라면, 서로 다투는 페르소나의 모순되는 인력을 수용하면서 그 역할들 속에서 잘 살아내는 효율적인 방법을 찾을 수 있을 것이다. 적당한 개수의 공을 가지고 재주를 부리는 솜씨 좋은 저글러처럼, 위태로운 균형의 상태를 당연하게 여기는 순간 공이 땅에 떨어진다는 사실을 명심한 채 앞으로 나아가는 것이다.

드라마/연극과 역할

저글러는 고대부터 성행한 대중적인 공연 형식의 연희자라는 점에서 아주 적합한 이미지다. 연극은 역할의 가장 중요한 원천이다. 그것은 배우들이 다른 존재의 상상의 현실로 들어가기 위해 가면,

페르소나, 인물—역할의 유의어들—을 취한다는 사실로도 확인된다. 흔히 그 다른 존재는 특정한 보편적 특징을 구현하는 신이나 악마 같은 원형적 인물이 된다. 그리고 신의 역할을 맡을 때 배우는 신에게 일차적인 기능인 창조자를 연기한다.

모레노(Moreno, 1960)는 역할(라틴어로 *rotula*)이 아주 옛날에는 양피지를 여러 장 묶은 두루마리처럼 생긴 물건을 가리키는 말로 쓰이다가, 세월이 흐르면서 고대 법정에서 쓰는 책을 일컫는 말로 바뀌었다고 지적했다. 그리스와 로마의 초기 연극에서는 대본의 대사를 '두루마리'에 옮겨 적은 다음 프롬프터가 배우들에게 읽어 주는데, 그로부터 배우가 연기하는 인물이 역할로 알려지게 되었다. 그러나 글로 된 대본을 바탕으로 한 형식을 갖춘 공연 이전에도, 연극은 인간 영혼의 표현으로서 엄연히 존재했다.

역할의 연극적 기원을 검토하면서, 나는 고대 의식儀式에서부터 동시대의 포스트모던적인 공연에 이르기까지 연극사를 통틀어 특정하게 되풀이되는 역할 유형이 있다는 사실을 일러두려 한다. 역할 유형의 근거는 의식과 연극 대본뿐 아니라 다음에 설명할 여러 형식의 극적 활동에서 발견된다. 예를 들어, 바보광대라는 역할은 극문학과 공연에서 '바보광대'의 보편적이고 일반화된 특징이 반복적으로 나타나면서 하나의 유형이 된다. 의식과 고대 연극에서 묘사된 초기의 신과 악마들은 사실상 수세기에 걸쳐 변형과 초월이라는 극적 기능을 수행해 온 유사한 연극적 인물을 여럿 거느리고 있다.

역할은 분명히 등장인물 혹은 일군의 인물을 제시하는 연극 대본이나 희곡에서 찾아야 한다. 희곡에 나오는 인물은 거의 예외 없이 하나 혹은 그 이상의 역할 유형으로 볼 수 있다. 가령 〈햄릿〉에 나오는 거트루드는 어머니, 여왕, 연인의 역할로 나눌 수 있다. 그리고 클로디어스는 아버지, 왕, 연인, 악당, 살인자로 유형화할 수 있다.

나는 고대 그리스에서 현재에 이르는 수많은 서구 극작가의 대표작을 연구하면서, 구체적인 인물은 변천하는 문화적이고 양식적이고 역사적인 영향력에 따라 바뀔지라도, 역할 유형은 그 유사성을 잃지 않고 뚜렷이 유지된다는 사실을 발견했다. 그리스와 로마의 드라마에 빠지지 않고 나오는 영웅과 바보광대, 피해자와 생존자가 동시대 미국의 연극과 영화에도 여전히 등장하는 것이다. 극작가들이 이들 역할 유형을 떠나지 않는 것은 그것이 원형적이어서 보편적인 인간의 조건을 이야기할 수 있다고 보기 때문이다. 디오니소스와 메디아, 안티고네와 오레스테스는 단지 몇몇 보기일 뿐이다.

연극 전통에서 되풀이되는 역할의 개념은 역할의 유형 분류를 위한 바탕을 제공한다. 서구 문화 전반에 걸쳐 수백 편의 대표적인 희곡에 등장하는 인물들로부터 역할 유형을 추출해 내는 것이다. 역할 분류 체계는 역할의 연극적 기원을 보여 주는 창이자 연극치료와 일상생활에서 우리가 연기하는 역할을 비추는 거울이 되어 줄 것이다.

역할 분류 체계는 역할 유형과 그에 따른 특징 및 기능과 스타일로 구성된다. '특징'이라 함은 역할의 신체적, 도덕적, 정의적, 인지적, 사회적, 영적 측면에 대한 척도를 의미한다. '기능'은 특정 인물에 대한 역할의 목적, 다시 말해 인물이 역할을 연기할 때 그 역할이 인물에게 작용하는 방식을 일컫는다. '스타일'은 역할이 극화되는 형식, 현실에 바탕을 둔 재현적인 양식인가, 추상적이고 제시적인가, 아니면 그 둘 사이 어디쯤에 있는가를 말한다. 스타일마다 정서와 인지의 양상이 달라서 전자는 정서에 중점을 두고 후자는 인지에 더 무게를 싣는다.

희곡에서 나타나듯 역할의 일차적인 근원은 물론 연극이지만 그게 전부는 아니다. 그 밖에도 의식, 극적 놀이, 즉흥극, 사회적 드라마가 각 형식에 따른 극적 역설의 양상을 구현하면서 역할의 근원으로 기능한다.

5000년 전 신생기의 연극은 미학이나 상업이 아닌 예배와 미지의 세계의 정복에 관련된 것이었다. 연극의 초기 형식은 기도이자 속죄의 행위 그리고 신성한 개입에 대한 요구로서 구현되었고, 거기에 공동체의 전 구성원이 참여하였다. 그리고 그 가운데 사제나 샤먼으로 선택된 사람은 자연의 힘과 신을 구현하는 연극적 기술을 훈련받았다. 당시의 표현은 노래와 춤, 모방, 가면 및 그와 관련된 연극적 활동을 포함하였다.

의식에 참여한 사람들은 비의 역할을 맡아 연기하면서 파종할 시기에 단비가 내리기를 기원했다. 전사로서의 신을 연기할 때는 다가올 전투에서의 승리를 보장받고 싶어 했고, 죽음의 역할 속에서는 오직 그 무시무시한 힘의 일부를 획득하기를 희망했다. 이렇듯 각 역할은 특정한 기능을 갖는 듯 보이지만, 대다수 고대의 극적 의식은 어떤 인간보다 본래부터 훨씬 강력한 힘(예를 들어, 운명, 탄생, 삶, 죽음, 내세)에 대한 지배력을 확증하고자 하는 일반화된 기능을 나타낸다. 고대의 전통 문화는 자연과 신을 구현함으로써 한계에서 벗어나 무한한 권력과 지식을 갖게 되는 변형 그리고 인간적인 데서 신적인 것으로, 운명의 피해자에서 그 주인으로의 초월을 추구하였다.

초기의 표현은 양식화된 움직임과 소리에 의존하는 모방적이고 제시적인 스타일이었다. 우리가 아는 한 무용과 노래와 영창의 초기 형식은 본질적으로 시적이고 신화적인 특징을 간직하고 있었다 (Kirby, 1975; Brockett, 1990 참고). 고도로 양식화된 인상주의적인 예술을 통해, 고대의 배우들은 자연의 가시적인 힘과 초자연적인 세계의 눈에 보이지 않는 힘을 연기했다.

집단의 종교적이고 문화적인 의식 속에서, 참여자들은 과거의 이야기나 이미지를 상징적으로 다시 극화함으로써 믿음의 행위를 현재화한다. 예를 들어, 기독교인과 유태인의 신앙은 성찬식과 유월절이라는 상징적인 의식으로 끊임없이 되살아난다. 그리스도의 몸과 이집트로부터의 탈출이 지금 먹고 마시는 의식적인 빵과 포도주로 재연되는 것이다. 은유적인 양식을 먹으면서 참여자들은 영적인 삶으로 들어간다. 어떤 측면에서는 고통 받는 그리스도의 역할 혹은 사막에서 혹사당하는 피지배자의 역할을 취하는 것이다. 로마 가톨릭과 여러 정교의 신자들은 성찬식 때마다 그리스도의 죽음과 부활의 드라마를 연기한다. 과거와 현재의 역설적인 만남은 그리스도가 상징적으로만이 아니라 실제로 의식의 빵과 포도주로 현현한다고 믿는 신앙 안에서 심화된다.

의식과 종교적 행위는 믿음을 보편적인 형식으로 감싼다. 역할의 근원으로서 이러한 형식은 본질적으로 신에 의해 제공되는 초월과 변형과 관련된 고대 연극의 기능을 집약한다. 사람들은 자연이나 초자연적인 힘의 근원과 동일시하면서 오류가 있을 수밖에 없는 인간의 한계를 넘어선다. 그리고 그 통제력을 주장하기 위해 의식에서 신이나 신적인 존재로서 초월적인 역할을 맡는다. 더구나 의식 속에서 사람들은 공동체의 의미 있는 일부가 된다. 그리고 거기에서 사람들의 집단적인 목소리인 코러스의 극적 역할이 비롯된다. 초월적이면서 세속적이기도 한 코러스로서, 개인은 예배 안에서 몇 가지 핵심적인 역할을 맡게 된다.

구현과 동일시를 특징으로 하는(Courtney, 1974) 극적 놀이를 하면서, 아이들은 상상의 과정을 통해 일상생활의 어떤 측면을 상징적으로 재창조한다. 예를 들어, 인형에 감정을 투사하여 생명을 불어넣으며, 그렇게 해서 자기 자신이면서 동시에 다른 존재인 인형이 된다. 그때는 일상의 현실과 상상의 현실이 공존한다. 놀이의 기능은 다방면에 걸쳐 있지만, 이 책의 목적에 비출 때 아이들은 세상 속에서 자신을 이해하고 현실을 숙달하기 위해 놀이를 한다고 말할 수 있다. 아이들이 역할의 안팎으로 들어가고 나오는 과정에서 숙달이 일어난다.

극적 놀이에서 아이들은 자발적으로 그래서 또 무의식적으로 역할을 만들어 낸다. 만약 놀이가 유전적으로 주어진다는 데(Huizinga, 1955) 동의한다면, 그 놀이에서 나타나는 역할 역시 유전적인 바탕을 갖고 있다고 보아도 좋을 것이다. 역할의 근원으로서, 극적 놀이는 어린이와 어른이 성별(Grief, 1976), 가족(Bruner & Sherwood, 1976), 문화(1990)에 근거한 역할 개념을 발달시키는 방식을 볼 수 있는 창을 제공한다. 치료사가 있는 데서 참여자가 역할을 맡아 연기하는 방식으로 치유에 활용되면서, 놀이는 아동의 심리치료에 유용한 형식으로 자리 잡았다. 멜라니 클라인(Melanie Klein, 1932)에서 시작된 놀이치료의 정신분석적 전통은 놀이를 언어적 분석을 위한 하나의 수단으로 보지만, 예술에 바탕을 둔 대안적인 전통과 연극치료는 놀이를 치유 자체이자 그 방식으로 여긴다(Landy, 1986).

즉흥극은 언어적이거나 시각적인 단서에 대한 자발적인 반응과 관련된다. 사람들은 자유롭게 놀 때, 다른 사람들을 즐겁게 하거나 스스로 즐기기 위해 즉흥극을 한다. 즉흥극은 대본 없이 연습하지 않고 움직이는 것이다. 그것은 일종의 자유 연상으로 배우의 상상력이 계획하지 않은 말과 소리와 움직임을 통해 나타난다. 즉흥을 할 때 비로소 순간에 머무는 것, 자발성의 극적 역설이 가장 잘 가시화된다. 그러나 상상력 넘치는 현재는 지나온 상상의 삶에 의해 단련된다. 그로우초 마르크스와 로빈 윌리엄스 같은 위대한 재담가와 연기자는 수년 동안 갈고 닦으며 연습한 주제를 가지고 즉흥하기를 즐겨한다.

여러 가지 측면에서 즉흥극은 어른들의 놀이 형식이다. 그러므로 역할의 근원으로서 즉흥극 역시 놀이하는 사람–허구의 영역에서 놀이를 통해 현실을 숙달하려는 사람의 역할을 만들어 낸다. 즉흥극은 역할이 단순히 우리가 태어날 때 주어지는 것이 아니라 놀이하는 사람에 의해 만들어지기도 한다는 것을 암시한다. 즉흥을 하는 사람들은 창조적인 존재이며, 끊임없이 형성되는 정체성이 그 가장 위대한 창조물이다.

공동체 내에서 갈등과 긴장이 고조되면, 대항자들은 극적 모드로 돌입하여 일상의 구조와 경험을 바꾸거나 재확인할 가능성이 있는 일종의 사회적 드라마(Turner, 1982)를 만들어 낸다. 사회 질서에 도전하는 동안(예를 들어, 진주만의 폭격)에는 평범하고 예상되는 것들이 일순간에 바뀌어 버린다. 사회적 드라마는 두 가지 현실의 극적 역설뿐 아니라 변형과 심지어 격변의 가능성을 품고 있다.

사회적 드라마는 개인이나 공동체가 외부의 위협에 도전받을 때 역할의 근원이 된다. 사회적 드라마 속에서 사람들은 예상된 범위를 넘어설 수 있는 기회를 얻는다. 평상시에는 꼭 군인이 되지 않아도 좋지만 전시에는 강제로 그 역할을 수행해야 하는 것처럼, 환경으로부터 존재의 새로운 가능성이 비롯되는 것이다. 엘시노어성에서 일어난 사회적 드라마 속에서 지식인인 햄릿은 전사와 살인자 역할을 떠맡게 된다. 그 역할은 이미 우리 마음에 살고 있을 수 있다. 그런데 사회적 드라마가 가능태로 존재하는 그 역할을 외화하도록 자극하는 것이다.

사회과학과 역할

1930년대까지 몇몇 유명한 예외(James & Cooley)를 제외하고, 역할은 전적으로 극적인 활동과 관련된 용어로 남아 있었다. 그러다가 1930년대부터 사회과학 분야의 연구가 확산되면서, 역할이 은유로서 심리학과 사회 분석에 적용되기 시작했다. 그 결과 무대로서의 세상이라는 시적인 개념이 과학적인 인증을 얻게 되면서, 인류학자와 사회학자, 사회심리학자가 역할을 나름의 연극적 관점—부족, 가족, 지역사회, 사회 전반, (장군들에게는) 전장—에서 재정의하기에 이르렀다. 그러나 그들은 역할이라는 렌즈를 통해 행동과 문화를 분석하기 이전에, 자기라는 더 큰 개념—많은 사람이 자기를 역할의 근원으로 간주한다—과 씨름해야 했다.

자기의 개념

〈햄릿〉 초반부에 레어티스는 자신의 운명을 찾아 배를 타고 떠나려 한다. 이때 그의 아버지이자 체임벌린의 멋쟁이 군주인 폴로니우스는 아버지로서 훌륭한 충고를 들려주는데, 그중 가장 유명한 부분이 이것이다.

> 무엇보다 이게 가장 중요한데, 너 자신에게 정직해라.
> 그러면 밤이 낮을 따르듯,
> 너도 자연히 남들에게 거짓되지 않을 것이다.(1막 3장 78-80)[3)]

셰익스피어 훨씬 이전에도 그리고 그 이후로도 수많은 철학자와 시인과 신학자들이 우리 안에는 존재의 본질을 담고 있으며 그 정체를 알 수 있는 중심 자기가 있다는 생각을 표현해 왔다. 소크라테스의 "너 자신을 알라."라는 경구를 폴로니우스 식으로 변형한 앞의 대사는 자기에 대한 고전적인 사고와 현대적인 사고의 상당 부분을 함축하고 있다. 그들은 말한다. 때로 그 중심 자기는 '하위자아'와 '역할' 혹은 '사회적 가면'이라 불리는 허위적인 부분과 마찰을 일으킨다. 그것은 영원히 피할 수 없는 일이지만, 우리가

---

3) 햄릿, 셰익스피어 지음, 이현우 옮김, 동인, p. 59.

참된 자기에 접근하는 법을 알 수 있다면 거짓 인성의 힘을 제압할 수도 있을 거라고 말한다. 여기에는 도덕적 개념—신이 주신 빛의 힘을 가진 진실과 어둠의 악마적이고 거짓된 힘을 휘두르는 투쟁으로서의 존재—이 함축되어 있다.

1950년대와 1960년대에 심리학자 칼 로저스(Carl Rogers, 1961)는 온전하고 선한 본래 자기라는 개념에 바탕을 둔 현상학적 인성 이론을 주장했다. 동료인 에이브러햄 매슬로(Abraham Maslow, 1962)와 같이, 그는 우리의 삶을 자기실현을 향한 운동이자 존재의 기능적이고 건강한 상태를 계발하려는 경향으로 보았다. 매우 독창적인 그의 작업은 인본주의적 심리학 운동에 큰 영향을 주었다. 인본주의 심리학자 중에는 동양 철학에 영향 받은 이들이 많았고, 그중 일부는 본래 자기를 찾는 것을 목표로 삼았다. 이러한 관점은 긍정적이고 낙관적이어서, 자기를 초자아와 원초아, 죽음과 삶의 본능, 그림자와 선한 원형의 전장으로 인식한 프로이트와 융의 분석적 접근을 모태로 교육받은 초기 유럽의 심리학자들과 극명한 대조를 이루었다.

동양과 서양의 많은 영적 사상가들이 인간의 본질을 신과 하나로 존엄하다 생각했듯이, 폴로니우스는 인본주의적 심리학자들이 주창한 자기 개념에 동의할 것이다. 그러나 사회과학자들은 자기를 여러 부분으로 잘게 쪼개진 것으로 보기 시작했다. 그중 특히 미드(G. H. Mead, 1934)와 윌리엄 제임스(William James, 1890)에 따르면, 자기는 '아이(I)'와 '미(Me)'로 구성된다. '아이'는 영구적인 특성의 객관적이고 일반화된 형태이며, '미'는 대체로 사회적인 환경에 의해 결정되는 주관적이고 좀 더 구체적인 행동 형태다. 나아가 미드는 "우리는 친분 관계에 따라 자기를 다양한 종류로 나눈다……. 다양한 사회적 반응에 응답하는 서로 다른 여러 자기가 존재하는 것이다." (1934, p. 142)라고 말한다. 제임스도 이와 비슷하게 "……개인은 그를 알아보고 마음속에 그의 이미지를 갖고 있는 사람의 수만큼 그에 상응하는 사회적 자기를 거느리고 있다."고 말했다(1890, 1권, p. 294).

다시 말해 자기는 사회적 구성체로서 다른 사람들 눈에 어떻게 비쳐지는가가 정체성의 바탕이 된다. 다른 사람에 대한 이미지를 갖는다는 것은 그를 특정한 방식으로 바라보고 그렇게 행동함을 뜻한다. 내가 만일 내 딸 조지를 독립적이고 강하게 본다면, 그 애를 대할 때 그런 특징을 가지고 있는 듯이 행동할 테고, 그에 따라 조지 역시 자기를 독립적이고 강하게 느낄 것이다. 하지만 선생님은 거꾸로 딸아이를 의존적이고 무력하다고 볼 수 있으며, 그럴 경우 조지는 모순적인 자기 이미지를 통합하게 될 것이다. 찰스 쿨리(Charles Cooley)가 말한 '거울 자기' 이미지(1922)처럼, 우리가 만나는 개인이나 집단이 우리가 누구인가를 비춰 준다.

그처럼 가지각색인 자기 개념은 자연스럽게 개인 내의 모순이나 분열을 가져온다. 제임스는 이렇게 말했다.

> 이로 인해 실제로 개인이 다수의 자기로 분할되는 결과가 나타난다. 어떤 사람에게는 아무렇지 않은 모습이 또 다른 누군가에게는 드러내기가 껄끄럽고 두렵게 느껴지는 부조화한 분열로 나타날 수 있으며, 반대로 자녀들에게는 한없이 부드러운 사람이지만 자기 휘하에 있는 병사나 죄수에게는 매우 엄격한 경우처럼 완벽하게 조화로울 수도 있다(1890, 1권, p. 294).

인간성 또한 이러한 분열에서 발견된다. 다양한 자기가 조화로울 때 우리는 그 모순적인 역할을 열정과 도전으로 수행하며, 불협화음은 우리를 불안과 수치심과 공포와 내면의 어둠으로 이끈다.

제임스와 상징적 상호작용론자[4]로 알려진 사회심리학자들이 공유하는 자기 개념은, 역할에 관한 내 생각과 매우 가깝다. 특히 역할이 다면적이라는 점, 부분적으로 사회로부터 비롯된다는 점, 인성 구축에 필수적이라는 점이 그렇다. 그러나 이러한 개념은 진실하고 선하며 나뉠 수 없는 것이라는 자기 개념과 부딪힌다. 그를 옹호한 많은 신학자와 철학자와 시인과 인본주의 심리학자의 도덕적 무게에도 불구하고, 일원적이고 일신론적이며 신실한 자기 개념은 인간의 존재를 지나치게 단순화한다. 이 개념은 존재의 목적이 존재의 중심 곧 어린아이의 순수와 완전함, 신의 통전성, 자기의 선함으로 돌아가는 데 있음을 함축한다. 그렇게 하기 위해 개인은 그 길을 막고 있는 거짓된 자아 그리고 어둡고 불경한 역할과 싸워 이겨야 하는 것이다. 이러한 자기의 신화는 분명 매혹적이며, 우리가 탐닉과 학대, 전쟁과 가난 앞에 무력함을 느낄 때는 더욱 그렇다. 그런 상황에서는 우리 안에 보다 깊은 선, 열심히 노력하면 가닿을 수 있는 중심의 지혜가 존재함을 아는 것이 큰 용기가 된다. 종교적인 측면에서 그 중심 자기는 마음속에 있는 신의 왕국이

4) 상징적 상호작용론은 인간의 행동을 의미의 견지에서 설명하려는 이론이라 할 수 있다. 그것의 세 가지 전제는 이렇다. 첫째, 인간은 사상(things)이 자신들에 대해 갖는 의미에 따라 사상에 대해 행동한다. 둘째, 이러한 사상이 갖는 의미는 동료들과의 사회적 상호작용으로부터 도출되거나 발생한다. 셋째, 의미는 사상을 접한 사람의 해석 과정을 통해 다루어지고 수정된다(참여관찰법, 제임스 스프레들리 지음, 신재영 옮김, 2006, 시그마프레스, pp. 10-11 참고).

라는 개념이 잘 드러내듯 신과 연결된다.

그러나 이런 자기 개념을 고수하면 나르시스처럼 순전한 이미지에 갇힐 위험이 있다. 개인의 경험이 감각을 통해 취한 것에 제한되는 생의 초기에는 단일한 자기, 온전하고 선한 중심 존재에 대한 주장이 설득력을 가질 수 있다. 그러나 개인의 의식과 사회적 관계가 발달함에 따라, 그 중심은 새롭고 채 개발되지 않은 삶을 지지한다는 목적을 잃기 시작한다. 그리고 그 결과 나중에는 매인 데 없이 자유롭고 순수했던 시절을 떠올리게 하는 흔적 기관으로 남게 될 뿐이다.

우리는 예전에 불가능하다고 믿었던 것을 남김없이 쪼갤 수 있는 핵의 시대에 살고 있다. 우리는 원자를 쪼갰을 뿐 아니라 이혼과 유기로 가정을 토막 냈고, 인종차별로 지역사회를 분열시켰으며, 성전과 내란으로 국가를, 흡수합병을 통해 문화를, 그리하여 이제는 자기를 분할하기에 이르렀다. 자기를 쪼개면서 개인은 새로운 신화적 체계—다신론적일 뿐 아니라 역설적인—로 편입된다. "신은 죽었다."라는 말은 이제 진부한 관용구일 뿐이다. 탈핵시대에는 적어도 "자기는 죽었다."는 일원론적인 모토가 더 어울리지 않겠는가.

사회와 면역 체계를 모두 붕괴시키는 에이즈라는 천형에서 잘 나타나듯이, 새로운 신화를 사는 우리에게는 개인적이고 정치적인 차원에서 매일 직면하는 다양한 분열을 지지해 줄 이야기가 필요하다. 예를 들면, 권력과 사회적 지위, 친밀함, 아이를 낳고 기르는 이야기, 의미 있는 직업과 여가, 죽음, 장례까지 삶의 각 장면에서 이 분열의 중요성을 전해 줄 이야기, 자기가 아니라 존재의 수많은 모호함에 반응하는 역할로 살 수 있게 해 주는 이야기 등이다.

시인 윌리엄 버틀러 예이츠(1921/1956)는 "모든 것들이 나뉘어, 더 이상 중심은 없다."는 말로 현대를 탁월하게 묘사했다. 만일 신이 죽고 자기가 죽었다면, 왜 중심이 필요한가? 양파 껍질을 벗기다 보면 결국 아무것도 남지 않는다. 다중적인 선택의 문화 속에서 개인은 다양한 부분을 연기하거나 그에 관해 생각하는 방식을 필요로 하며, 그중 하나가 역할이다. 하지만 역할이 고유한 개념으로 성립한다 해도, 그것은 한때 신과 자기로 나타난 바 있으며 여전히 많은 이들에게 현재형으로 남아 있는 그 중심 존재를 부인할 만큼 입심이 좋지는 않다.

자기에서 역할로

제임스와 미드는 이중적이고 다중적인 자기라는 시의적절한 아이디어를 내놓았다. 하지만 '자기'는 폴로니우스 식의 고정된 도덕적 정체에 너무 쉽게 한정된다는 점에서 부정확한 용어라 할 수 있다. 그보다는 존재의 극적이고 역설적인 본질을 잘 드러내 보이는 역할이라는 용어가 더욱 적합하다.

자기를 보조하는 수준에 그치긴 했지만, 미드는 실제로 사회과학자 가운데 가장 먼저 역할의 은유를 사용했다. 그는 자기와 의식意識의 상징적이고 사회적인 발달을 구체화하기 위해 역할 맡기라는 개념을 사용했다. 그는 이렇게 말한다.

> 특히 지능의 사회적 표현 혹은 '사회적 지능'이라 불리는 것의

> 작용은 주어진 사회적 상황에서 다른 사람들이 기대하는 역할을 맡을 수 있는 타고난 능력 혹은 '다른 사람들의 입장을 상상'할 수 있는 능력 그리고 그 결과로서 자기뿐 아니라 서로를 대하는 태도에 대한 감수성에 의존한다고 일반적으로 인식된다(1934, p. 141).

린튼(Linton, 1936)은 역할을 사회적 지위에 따라 부과되는 권리와 의무의 집합체라고 정의했다. 그에게 역할은 사회적으로 결정된 것일 뿐 아니라 특정한 지위에 있는 사람을 행동으로 추동하는 행동지향적인 것이기도 하다. 린튼은 거칠게 보아 제임스의 아이와 미에 해당하는 두 종류의 역할을 분류했다. 첫 번째는 개인의 사회적 지위를 결정하고 다른 역할을 통합하는 일반적이고 객관적인 역할이고, 두 번째는 개인이 사회로부터 획득한 권리와 의무에 바탕을 둔 좀 더 구체적이고 주관적인 역할이다.

하지만 미드와 린튼 모두 역할이 독자적으로 실행 가능한 개념이라고 보지는 않았다. 그들에게 역할은 자기라는 좀 더 포괄적인 개념을 보조하는 사회적 가공품일 뿐이었다. 의식과 자기와 사회의 삼위일체가 인간의 행동을 결정한다는 미드의 말에서 확인되듯이, 초기 사회과학자들에게 역할은 단지 기능적인 은유에 불과했다.

심리극과 사회극의 창시자인 모레노는 역할 연기자로서의 인간에 대한 이해를 바탕으로 치료적이고 인식론적인 체계를 세웠다. 역할을 사회적 측면에 제한한 미드와 린튼을 비판적으로 받아들인 모레노는 역할에 세 가지 주요한 차원이 있다고 말했다(1960). 먹고 잠자는 기본적인 몸의 기능과 관련된 심리신체적인 역할, 환상과 내면 심리 과정에 관련된 심리극적 역할, 사회에서의 관계와 관련된 사회적 역할이 그것이며, 신체적이고 심리극적인 역할이 사회적 역할의 발달에 우선한다.

20세기 초반 비엔나 귀족 가문의 자제로 태어난 모레노는 정신과 의사로 훈련받았다. 정신 질환에 대한 임상적 접근이 지나치게 억압적이라고 판단한 그는 좀 더 창조적인 치유의 방법을 찾아 연극에 눈을 돌리기 시작했다. 낡고 지루한 작품을 공연하는 보수적인 경향을 거부하면서, 역할을 통해 자기를 자발적으로 표현하도록 자극하는 즉흥극이라는 열린 접근법을 선택했다. 그리고 비엔나에서 즉흥적이고 정치적인 형식의 초기 연극을 시작했다(모레노의 〈자발성 연극〉 1947 참고). 하지만 몇 년 지나지 않아 그의 작업은 극장에서 멀어졌고, 그의 언어는 사회 속에서 자기의 이중적 본질을 이해한 사회과학자의 언어를 닮아 갔다. 예를 들어, 역할의 형식과 기능을 설명하면서 모레노는(Fox, 1987) "(역할의) 형식은 개인이 속한 사회의 문화적 패턴과 과거 경험에 의해 창조된다."(p. 62), "역할의 기능은 사회로부터 무의식으로 들어가 거기에 형태와 질서를 부여하는 것이다."(p. 63), '아이'와 '미'의 개념에 상응하게 "모든 역할은 사적 요소와 집단적 요소의 융합으로 양 측면을 동시에 갖고 있다."고 썼다(p. 62).

그러나 모레노는 인간을 단순히 역할 취득자가 아니라 역할 연기자로 인식했다는 점에서 미드와 그 동료들을 크게 한 발 앞질렀다. 미드의 이론은 인식론적이다. 역할은 자기의 일부이며, 그것은 의식으로 흡수된다. "생각한다. 고로 나는 존재한다."라고 한 데카르트와 같이, 미드는 인식이 존재에 선행한다는 쪽에 가깝다. 혹은 더 정확히 말해 인식과 사회적 요인이 공히 자기의 형태를 결정한다. 나는 생각하고 상호작용한다. 그러므로 나는 존재한다.

모레노의 역할 이론은 능동적이고 상호작용적이다. 인성은 개인이 존재의 여러 가능성을 연기할 때 발달된다. 이 가능성은 현실의 역할 혹은 주인공, 보조 자아, 분신, 연출자의 상상의 역할을 연기하는 것을 포함한다. 주인공은 심리극의 중심인물이다. 보조 자아는 반대인물이나 주인공을 지지하거나 그에 맞서는 인물을 말한다. 분신은 주인공과 보조 자아의 내면의 생각과 감정을 나타내는 얼터 에고다. 그리고 연출자는 심리극의 진행자로서 연기자를 역할 안팎으로 들고 나게 하면서 주인공의 문제를 탐험하고 풀고자 노력한다.

모레노는 심리극을 사회적인 형식으로 변형한 '사회극'을 개발하기도 했다. 사회극에서 참여자들은 다소 추상적이고 대립적인 사회적 역할을 맡아 특정한 상황을 살면서 인종차별이나 성차별 같은 구체적이고 사회적인 주제를 탐구한다. 가령 인종 문제를 다룬다면 그와 관련된 적대적인 인물의 입장에서 해당 집단 사이에 일어날 수 있는 즉흥적인 시나리오를 극화하는 식이다. 그렇게 만들어진 장면은 인종차별주의자 역할에 동일시하기를 거부하는 사람들에게 긴장을 야기할 것이며, '나'와 '나 아닌 것'의 극적 역설을 살면서 그러한 태도를 찾아내 작업할 수 있다. 사회극은 역할이 문화적으로 또 사회적으로 결정된다는 사실을 지적해 준다. 사회극의 치료적 과정을 통해 사람들은 전형에 대한 태도를 돌아볼 수 있으며 그 집단의 대표로서 자기 자신을 비웃을 수 있다.

기존 이론에 대한 비판을 모두 뛰어넘지는 못했지만, 모레노는 역할에 근거한 사회적 분석과 실행 가능한 치료 체계를 내놓았다.

그 안에서 역할을 자발적으로 생산하는 능력은 환경과 사회적인 영향을 물론 받지만 그 바탕은 태어나면서부터 주어지는 것으로 설명된다.

사회생활을 드라마의 틀로 분석한 고전 〈일상생활에서의 자기 표현〉에서 고프먼(1959)은 역할에 대해 20년 전 린튼과 비슷한 견해를 제시했다. 그는 역할을 "사회적 지위에 부과된 권리와 의무의 연기"라고 정의했다(p. 16). 그러나 인지적이고 사회적인 자기 개념을 넘어서, 자기—그리고 미루어 짐작하는 바 역할(그는 두 가지 개념을 동격으로 놓곤 했다)—는 "제시된 장면에서 광범하게 발생하는 극적 효과"(p. 253)라 했다. 즉, 고프먼에게 삶은 연극이며 정체성은 특정 관객에게 역할 속에서 자기를 표현하는 것이다.

하지만 만년에 이르러서는 삶은 극적이지만 사회생활의 본질과 관련해서는 파헤쳐야 할 더 많은 은유가 있다며 극적 은유를 도리어 깎아내렸다. 1959년의 고프먼에게 역할은 사회를 분석하는 데는 유용하지만 역할 이론으로 발전시키기엔 충분하지 않은 편리한 암시에 지나지 않았다.

사회심리학자 테오도르 사빈(Theodore Sarbin)은 역할 개념을 직접적으로 사용하여 이야기 심리학이라는 새로운 분야로 확장했다. 선배들처럼 사빈 역시 역할이 사회적으로 결정된다고 보았지만, 역할을 "상호작용 상황에서 개인이 수행하는 일련의 유형화된 학습 행동"(1954, p. 225)이라고 간명하게 개념화한 데서 한 발 더 나아갔다. 그는 또한 여러 가지 역할과 유기적 연결성 그리고 시간과 관련된 과정을 '역할 상연'이라 명명했다.

사빈에게 기능적인 개인은 다양한 역할을 폭넓게 연기할 수 있는 사람이다. 물론 그것은 사회 상황에 적절하게 상응하는 역할을 말하며, 역할의 양은 개인이 그만큼 다채로운 얼굴과 선택권을 가진다는 점에서 의미 있다.

'유기적 연결성'이란 역할 연기의 스타일, 개인이 역할에 부여하는 정서의 정도나 강도를 일컫는다. 사빈(Sarbin & Allen, 1968)은 무심한 상태로부터 건성의, 의례적인, 집중한, 취한 듯한, 연극성 인격 장애, 황홀경, 마법으로 이어지는 연속체를 생각했다. 사빈의 모델은 우리가 일상적인 상황뿐 아니라 예배와 섹스와 정신질환과 무아경의 특별한 상태에서 역할을 연기하는 방식에까지 관심 범위를 넓혔다. 그가 제안한 연속체는 내가 연극치료를 개념화하기 위해 셰프(Scheff, 1979)(Landy, 1983, 1986)에게 빌려 온 거리조절 모델과 유사하다. 그것 역시 역할 연기에서 정서적인 몰입 정도를 기준으로 여러 차원을 분류하되 연속체상의 세 지점을 특화한다.

1. 분리 사빈의 척도에서 무심한 상태와 유사하며, 최소한의 정서와 고도의 이성적 사고를 특징으로 하고 그 결과 자신과 다른 사람들의 감정에서 멀어진다.
2. 밀착 연극성 인격 장애와 유사하며, 감정이 지나치게 풍부해져서 객관성과 성찰의 능력이 흐려진다.
3. 미적 거리 집중한 연기와 유사하며, 정서와 인식의 균형을 이루어 감정과 성찰이 동시에 이루어진다.

사빈의 모델에서 '시간'의 차원은 상대적인 개념으로 개인이 역할을 연기하는 데 소비한 시간의 양을 말한다. 예를 들어, 직업적인 역할을 연기하는 데 들인 시간과 집안에서의 역할을 연기하는 데 들인 시간을 비교하는 식이다.

사빈(1986)은 아이디어를 더 발전시켜 역할을 이야기로 확장했다. 역할을 연기하는 삶에 이야기라는 틀을 덧입힘으로써 역할 연기자가 자신의 존재를 이해하는 스토리텔러가 되는 것이다. 분석의 초점은 이야기 속 주인공의 역할과 그 이야기를 하는 사람의 역할을 모두 대상으로 한다. 둘은 마치 배우이자 관찰자 혹은 참여자이면서 관찰자 또는 제임스와 미드의 '아이'와 '미'의 관계와 유사하다. 이러한 맥락에서 사빈은 사회생활의 주요 분석틀로서 드라마를 충분히 끌어안게 되었다. 역할을 맡아 연기하는 것은 곧 역할 속에 있는 자신에 관한 이야기를 만드는 것이며, 이야기는 다시 나의 존재를 이해하고 의미를 부여할 수 있게 해 준다.

그 밖에 힐만(1983), 브루너(1987), 색스(1987), 포스트먼(1992)을 비롯한 동시대의 여러 심리학자와 사회 문화 비평가들이 이야기로서의 삶과 그 이야기에 인물로 등장하는 사람들이라는 개념에 동의했다. 이 같은 관점은 일반적으로는 극적 은유 그리고 구체적으로는 이야기와 역할로서 심리적이고 사회적인 삶을 이해하는 관행이 지속되고 있음을 반영한다. 포스트먼(1984)이 지적하듯이, 사회과학자는 복제 가능한 실험보다는 의미 있는 서사에 더 관심을 가진다는 점에서 과학자보다 도덕적인 철학자에 가까울 수 있다. 이러한 사실을 염두에 두고 이제부터는 예술에서 선별된 사례를 살펴보자. 예술의 언어와 이미지가 역할의 기원에 대해 더 깊은 통찰을 제공해 줄 것이다.

문학과 시각 예술에 나타난 역할의 사례

예술가들은 사회과학자들보다 다중적 자기라는 근대적이고 탈근대적인 개념에 강렬하게 반응해 왔다. 분열된 내면에 대한 상징으로는 마리 셸리(1818/1983)와 로버트 루이스 스티븐슨(1886/1986)의 유명한 소설에 나오는 지킬 박사와 하이드 씨 그리고 프랑켄슈타인 박사와 그 괴물이 가장 적절할 것이다.

현대 심리소설의 개혁자 중 한 사람인 조셉 콘래드(Joseph Conrad)는 인간 내면의 이성적인 부분과 비이성적인 부분의 좀 더 복합적인 분열상을 창조했다. 예를 들어, '은밀한 공유자'는 두 독신남, 젊은 선장과 그가 선실에 숨겨 둔 밀항자에 관한 이야기다. 선장은 점차 그의 얼터 에고와 융합되면서 생각한다.

> 그는 정말이지 나와 조금도 비슷하지 않았다. 하지만 우리가 문을 등진 채 침대에 나란히 기대어 서서 두 검은 머리를 맞대고 이야기할 때면, 몰래 문을 열어 볼 만큼 배짱 두둑한 사람이라도 또 다른 자기와 함께 속삭이기 바쁜 두 명의 선장이라는 괴기스러운 광경에 놀라지 않을 수 없을 것이다(1912/1964, pp. 30-31).

낭만적인 에드거 앨런 포(Edgar Allan Poe) 역시 분신, 내면의 어둡고 비이성적인 부분을 나타내는 얼터 에고의 개념을 가지고 놀았다. 그의 이야기 '윌리엄 윌슨'(1839/1966)에는 이름이 같고 생김새가 꼭 닮은 사람에게 괴롭힘을 당하는 한 청년이 나온다. 청년은 분신과 함께 포용하지도 억압하지도 못했던 자신의 비이성적인 부분을 살해하지만, 그 역시 역할 양면성을 살아내지 못하는 무능력의 피해자가 되어 죽고 만다.

우리는 여기서 모레노의 심리극에서처럼 자기가 주인공과 분신으로 분열되는 과정을 볼 수 있다. 오스카 와일드(Oscar Wilde)의 〈도리안 그레이의 초상〉과 도스토예프스키(Dostoyevsky)의 〈유령〉에서 잘 나타나듯 19세기와 20세기 초반의 문학은 얼터 에고에 대한 성찰이 매우 풍부하다. 현대의 문학과 예술에서는 자기가 역할로 좀 더 파편화되는 것을 확인할 수 있다. 이러한 현상은 필립 로스(Philip Roth)가 자전적 투쟁을 재현하기 위해 창조한 가상의 분신인 나탄 주커만에게서 극명하게 드러난다. 〈반대쪽의 삶〉(1986)에서 로스의 얼터 에고는 자기의 소멸과 페르소나의 생성에 대해 직접적으로 진술한다. 주커만은 만일 '환원할 수 없는 자기'가 있다 하더라도, 그것은 중심 존재라기보다 정말 아주 작은 것으로 '구현할 수 있는 타고난 능력'을 반영하는 것임에 틀림없다고 적고 있다. 그리고 자신에게 자기란 존재하지 않으며 대신 역할들의 내적 집합체, '내가 내면화해 온 일군의 연기자들'이 있다고 확언한다. 그리고 마지막으로 그는 로스를 통해 다시 한 번 설명한다. "나는 연극이며 연극일 뿐이다."(p. 321)*

개인의 정체성을 구성하는 내면화된 영구적인 배우 집단이라는 개념은 자화상의 전통 속에서 그 구체적인 형식을 취한다. 그림은

* (후기의 작품 〈Operation Shylock〉(1993)에서 로스는 두 명의 허구적인 필립 로스 곧 유태계 미국인 소설가와 이스라엘에서 문제를 일으키는 열혈 사기꾼을 등장시켜 파편화된 연극적 정체성에 관한 탐험에 박차를 가한다.)

한 가지 역할 혹은 관련된 몇몇 역할이 뭉쳐 있는 모습을 묘사한다. 현대의 화가들은 특히 정체성의 분열을 제시함에 있어 커다란 자유를 구가해 왔다. 20세기 초반의 멕시코 화가인 프리다 칼로(Frida Kahlo)가 그 좋은 예다. 그녀는 자신의 영성과 신체장애, 성적인 측면 그리고 디에고 리베라와의 정열적인 관계를 강박에 가까운 자화상으로 그려 냈다(Zamora, 1987). '추한' '머리칼이 없는' 혹은 '내 맘속의 디에고' 등 그녀의 자화상은 모두 특정한 측면에 관한 연극을 연상시키고, 그림 속 화가의 이미지는 그 공연을 위해 분장을 하듯 역할 안에서 표현된다.

칼로보다 덜 알려진 동시대의 초현실주의 화가 클로드 카운(Claude Cahun)은 성적이고 심리적인 정체성의 분열상을 표현하기 위해 물감과 사진 몽타주를 사용했다. 카운의 작업에 대한 비평에서, 테레즈 리히텐스타인(1992)은 이렇게 쓰고 있다.

> 그녀는 자기의 개념을 여러 가지의 축적 혹은 사회적 관계의 유동적인 세트로서 탐험하고 있으며, 그리하여 우연하고 변질되기 쉬운 정체성을 가정하는 불안정한 자화상을 만들어 낸다. 다중적 자아, 가면무도 행렬, 일련의 관습으로서 성역할에 대한 단상들…… 신디 셔먼의 사진을 예표한다……. 자화상으로서 전형적이고 역사적인 여성적 정체성을 무대화하는 것이다(p. 65).

포스트모던 사진작가인 신디 셔먼(Cindy Sherman)은 다중적 정체성의 개념을 자화상으로 잘 표현하고 있다. 셔먼은 자기 자신을 영화배우와 핀업 스타와 주부 그리고 최근에 매체가 만들어 낸 페르소나와 관련된 다른 역할로 표현함으로써, 연극으로서의 개인이라는 로스의 신앙고백에 힘을 싣는다.

칼로와 카운과 셔먼에게 역할은 인간 내면과 문화에 새겨진 보편적인 원형과 사회 양자로부터 비롯되는 것이다. 이들 예술가의 작업은 개인적인 영역과 정치적인 영역을 연결하는 여성주의적 입장을 반영한다. 그 이미지는 칼로의 유산流産처럼 개인적인 경험부터 매체가 만들어 낸 여성 개념에 대한 셔먼의 이해와 같이 문화적인 데까지 두루 걸쳐 있다.

우리 시대의 연극과 비디오와 영화 예술가들은 모두 비슷하게 복잡다양한 역할의 출현을 강조해 왔다. 이러한 현상은 일견 여러 명의 배우들이 출현하는 듯 보이지만 실은 배우 한 명—릴리 톰린, 우피 골드버그, 제프 바이스, 존 벨루시, 앤디 카우프만, 에릭 베고시안 등—이 다양한 페르소나를 연기하는 공연에서도 볼 수 있다. 이런 공연 형식은 복화술사와 꼭두각시가 단일성과 인간성의 개념에 균열을 내듯, 우리를 혼란스럽게 하는 경향이 있다. 우리는 묻는다. 한 명인 거야 여럿인 거야? 누가 진짜이고, 저 카멜레온 같은 인물을 지켜보는 난(관객으로서) 어디에 있는 거지?

영화감독 잉그마르 베르히만(Ingmar Bergman)은 분열된 자기에 대해 매우 신중하고도 성찰적인 다른 감각을 보여 준다. 그의 역할 개념은 중심이란 가질 수도 가져서도 안 되는 것임을 보여 준 매우 독창적인 영화 〈페르소나〉에 잘 나타나 있다. 그것은 매우 다른 두 인성 유형의 관계를 다룬다. 한쪽은 급성 우울증으로 갑자기 말을 못하게 된 유능하고 유명한 여배우이고, 다른 한쪽은 외딴 섬에서 그녀의 친구가 되어 주는 수다스럽고 다소 촌스러운 간호사다. 감독은 한 인물의 초상을 다른 인물과 병치하고 역할을 반전시킴으로써 상호 변화 가능한 존재의 본질을 모호하게 언급한다. 이 자극적인 영화에서 그는 인성의 구조에 대해 직접적인 답을 제시하기보다 그 역설적이고 극적인 본질을 넌지시 암시하면서 보는 이에게 질문을 던진다.

베르히만은 우디 알렌(Woody Allen)을 포함한 여러 예술 영화 감독들에게 모델이 되었다. 알렌의 영화 〈젤리그〉는 다중적 역할의 주제를 더 깊이 있게 변형한다. 젤리그는 다른 페르소나를 연기하고 싶어 하는 심리적인 문제가 있는 인물이다. 알렌은 젤리그—기본적으로 보통 사람의 캐릭터이며 평범한 얼간이—가 1930년대와 1940년대를 주름잡은 남자들과 교분을 가진 덕분에 강렬한 역할을 맡게 되는 데서 희극적으로 대박을 낼 수 있음에도 불구하고 이 딜레마를 집요하게 파고든다. 작가를 반영한 알렌의 인물은 영화가 바뀌어도 대체로 바보광대, 낙오자, 추방당한 자, 우울증 환자의 특성을 일관되게 유지하는데, 젤리그에서는 핵심 자기의 개념을 다중인격의 개념으로 의미 있게 확장했다. 여러 가지 측면에서 그의 장애는 다중성을 요구하는 사회에서 정상성의 조건으로 대접받는 것이다.

젤리그의 장애는 임상적인 해리성 인격 장애와는 매우 다르다. 해리성 인격은 많이 연구되었지만 실제로 발병하는 경우가 상당히 드물며, 주로 아동기의 심한 학대로 인해 발생한다. 트라우마로부터 자기를 보호해 줄 다양한 얼터 에고를 구축함으로써 기억의 공포에 맞서는 것이다. 영화와 비디오 매체 역시 해리성 인격을 탐험의 주제로 선택해 왔다. 〈이브와 시빌의 세 얼굴〉 같은 영화에서 그

가상의 형태를 볼 수 있으며, 무려 200개가 넘는 인격을 가진 30대 여성의 치료 과정을 담은 텔레비전 다큐멘터리(CBS-TV의 48시간, '마샤의 여러 얼굴들' 1991년 2월 27일)도 있다. 그리고 임상심리학자 리처드 놀(1989)은 해리성 인격 장애 환자에게서 발견되는 얼터 인성의 상당수가 융(Jung)이 집단 무의식에 대한 연구에서 밝힌 바 있는 원형과 일치한다고 주장했다.

해리성 인격 장애에서 역할은 정신병리적 원천에서 발생하며, 폭력적인 사회관계가 안겨 준 고통과 수치심을 다시 경험하지 않기 위한 방어로 기능한다. 그러나 건강하거나 병리적인 역할에 대한 예술가의 관심은 다중적 역할로 구성된 인성 개념에서 비롯된다. 근대적이고 탈근대적인 의미에서 정상적인 인성은 삶의 현실로서 파편화될 수밖에 없으며, 따라서 예술가는 그 역할을 연기할 수 있는 적절하고 은유적인 무대를 창조함으로써 분열상을 드러내는 것을 과제로 한다.

역할 은유에서 역할 개념으로

드라마와 사회과학 그리고 근대와 현대의 예술은 공히 온전한 하나로서의 자기 개념으로부터 멀어지는 경향을 반영한다. 그러나 자기의 부재 속에서도 사람들은 여전히 인성에 틀을 부여하는 중심적인 지성의 개념을 원한다. 만일 인성의 핵심에 신적인 자기가 없다면, 우리는 그 대신 극적 과정—구현의 과정, 개인으로 하여금 다양한 페르소나나 역할을 맡아 연기함으로써 인성을 형성하도록 하는 능력—을 개념화할 수 있을 것이다.

다중적 인성이라는 아이디어에 합치된다는 점에서 역할은 인성과 치유라는 더 큰 모델과 관련하여 의당 하나의 개념으로 간주될 수 있다. '무대로서의 세상' 이라는 역할의 개념은 은유를 넘어서서 현실과 상상 사이의 공간이 창조적 에너지의 근원이라는 사실을 말한다. 그 에너지는 그리 빈약하지만은 않은 우리의 존재를 이해할 수 있게 해 준다. 배우이자 인물이 됨으로써, 평범한 인간이면서 특별한 것—신, 악마, 영웅, 악당—이 됨으로써, 우리는 우리의 이해와 느낌과 가치판단을 변형할 수 있다. 이러한 변형은 드라마나 치료 혹은 일상생활을 불문하고 극적인 역할 맡기와 역할 연기 과정의 핵심에 자리한다.

'극적 페르소나'—자신의 복합적인 생각과 느낌과 가치를 담아낼 수 있는 일군의 인물—를 계발하고 드러내면서, 사람들은 풍부하고 충실한 인성을 형성한다. 나는 그것을 상호 관련된 역할의 체계로 인식한다. 그러나 그 다중성은 역할 양면성을 야기할 수 있다. 역할이 고립되거나 서로 갈등하거나 사악한 동맹을 이루어 외부의 적과 싸울 때 개인은 고통을 겪게 되며, 그 정도는 경미한 불안부터 심각한 정서장애에 이르기까지 다양하다.

연극치료는 역할을 통해 진행된다는 점에서 그런 고통을 해결하는 데 매우 유용할 수 있다. 연극치료에서 참여자와 치료사는 일상의 역할이 최상의 기능을 발휘할 수 있도록 가상의 역할 속으로 들어가기도 하고 나오기도 한다. 주인공은 일반적으로 실제 삶의 장면을 극화하지 않으며, 대신 자신의 내면을 인형이나 이야기 속 인물 혹은 모래상자의 모형 같은 외부 대상이나 허구적 역할에 투사한다. 배우와 역할, '나'와 '나 아닌 것'의 극적 역설의 핵심은 이 극적 치유의 형식에서 가장 극명하게 가시화된다. 참여자들은 역할 속에서 작업하지만, 그 과정은 극화 작업을 돌아보면서 의미를 끌어내는 역할 밖에서의 움직임까지 아우른다. 궁극적으로 연극치료에서 참여자는 현실에서 의미 있는 행동으로 옮겨질 내면의 역할 체계를 구축하고자 한다.

연극치료에서 역할은 개인의 극적 행동의 형식이며, 행동의 내용은 이야기로 나타난다. 이야기가 개인의 역할을 담는 그릇인 것이다. 이야기는 하나의 시점에서 전개되기도 하고, 각 역할로 나타나는 다양한 시점으로 진행되기도 한다. 집단 작업의 보기를 제시한 헨젤과 그레텔의 사례(6장 참조)에서 참여자들은 자기가 선택한 인물의 관점에서 이야기를 재구성한다. 그 결과 헨젤, 그레텔, 어머니, 사탕과자 집 등의 역할을 중심으로 몇 가지 이야기가 만들어졌다. 각 역할의 관점에서 변형된 이야기는 스토리텔러의 심리적이고 미적인 관점을 드러내며, 최소한 두 가지 역할—스토리텔러와 이야기의 주체—을 제공한다.

그때 이야기는 화자와 인물과 사건의 역설적인 관계를 탐험하는 드라마의 한 형식이 된다. 극적 활동의 다른 형식과 마찬가지로, 이야기는 허구와 일상 현실 사이에 존재한다. 사람들이 자신의 삶을 사실대로 기술하는 이야기는 분명 진실이지만 그것을 말하는 과정에서 부분적으로 허구가 된다. 반대로 전혀 터무니없는 허구라 해도 일단 이야기 형식을 입게 되면 스토리텔러의 상상력과 관련을 맺으면서 어느 만큼의 진실을 담기 마련이다.

연극치료에서 역할은 개인의 극적 행동의 그릇이다. 그것은 총체적인 인성보다는 단일한 페르소나와 관련된 감정과 생각과 가치를 담고 있는 행동적인 표현이자 하나의 형식이다. 역할은 전체가 아니라 부분, 여러 다른 것들 가운데 한 가지 관점이다. 역할 없이는 이야기도 있을 수 없다. 역할은 이야기가 없어도 존재할 수 있지만, 그 본질을 소통하기 위해서는 이야기가 필요하다.

연극치료는 여러 학문이 교차하는 분야인 까닭에 절충적이고 포괄적인 역할 개념을 사용한다. 따라서 역할의 기원을 다양한 범주에서 살피는 것은 연극치료사에게 역할을 유전적인 바탕에서, 놀이 속에서, 원형으로서, 연극 안에서, 문화와 환경과 사회적 상호작용에 영향 받는 대상으로 생각할 수 있는 기회를 제공한다.

3장에서는 은유에서 개념으로 또 치료적 방법론으로 이어지는 역할의 최종적인 전환을 논의한다. 그러나 그에 앞서 역할 개념이 인간의 심리적 발달과 어떻게 관련되는지를 살펴보자.

CHAPTER 02

역할의 발달

역할은 드라마와 사회과학에서 유래하고 예술에 반영된 개념으로서 인성 구조와 연극치료를 개념화하는 초석이 될 것이다. 그런 측면에서 역할이 우리 삶에서 어떻게 발달하는가를 살펴볼 필요가 있다. 역할은 유전적 요인뿐 아니라 환경과 문화적인 요인에도 영향을 받는다. 행동적인 측면을 비롯해 인지적이고 정의적이며 사회적이고 영적인 측면을 모두 포함한다. 역할을 획득하기 위해 인간은 역할 수령자와 역할 취득자, 역할 연기자가 된다.

역할 수령자로서의 인간

유기체의 단순한 생물학적 욕구와 관련된 최초의 역할은 태중에서부터 나타난다. 태아는 숨 쉬는 사람, 빠는 사람, 먹는 사람, 배설하는 사람, 자는 사람, 움직이는 사람의 역할을 맡음으로써 신체적 욕구를 만족시킨다. 태아가 자동적으로 연기하는 이 신체적 역할은 유전적으로 주어지고 태아의 생존에 본질적이라는 점에서 가장 근본적이라 할 수 있다.

유아는 출생과 함께 태중보다 덜 보호받는 환경에서 살아남기 위해 이 역할들을 확실히 실행한다. 그리고 이내 곧 상호작용적인 사회적 존재로서의 새로운 역할이 나타난다. 발달을 지속하기 위해 부모나 다른 보호자에게 접촉되고 안겨지기를 원하는 것이다. 태중의 역할은 그렇게 새로운 환경과 음식, 보호와 안락함을 제공할 책임이 있는 새로운 사람들에게 적응하기 위한 역할로 확장된다. 이러한 최초의 역할은 일종의 생득권으로서 학습과 상관없이 유전적으로 주어진다. 특정한 유전적 소인에 기본을 둔 역할의 특징—곧 아기가 숨 쉬는 사람, 빠는 사람, 먹는 사람, 배설하는 사람, 자는 사람, 움직이는 사람, 상호작용하는 사람의 역할을 연기하는 방식—은 나아가 사회적이고 신체적이며 심리적인 환경의 영향을 받는다. 이러한 요인은 빠는 본능의 강도, 잠의 깊이와 길이, 수유, 배변, 움직임, 안아 줄 때의 쾌감이나 저항 등의 특징을 결정한다.

최초의 신체적 역할은 개인의 존재를 영속시키는 기능을 한다. 성별과 인종 역할은 최소한 생물학적인 차원에서는 생존을 위한 투쟁과 무관하기에 거기서 제외된다.

정상적인 발달에서 신체적 역할은 서로 조화롭게 작용한다. 예를 들어, 먹는 사람의 역할은 숨 쉬는 사람, 빠는 사람, 움직이는 사람, 배설하는 사람의 역할을 지지한다. 자궁 밖에서는 먹는 것이 먹여 주는 사람과의 관계를 요하는 사회적 행동으로 바뀐다. 처음에는 젖을 물리려고 안지만 나중에는 안기고 싶은 아기의 욕구를 충족시키기 위해 안아 주면서, 부모는 건강한 상호작용적 역할 발달에 기여하게 된다.

비정상적인 발달에서는 역할 체계 곧 개별 역할들이 관계 맺고 있는 내적 구조가 심리적이거나 생리적인 여러 이유로 불균형해진다. 유전적 소인이나 신체적 질병으로 특정한 역할의 발달이 저하될 수도 있다. 가령 폐나 대장의 기능 장애는 숨 쉬는 사람이나 배설하는 사람의 역할에 지장을 준다. 특히 최초의 역할과 관련된 문제는 역할 체계 전반에 영향을 끼칠 수 있다. 호흡 곤란은 유아가 빠는 사람, 먹는 사람, 움직이는 사람 역할을 연기하는 방식에 영향을 줄 것이다. 보호자가 적절한 지지를 제공할 경우에는 발달이 늦은 역할을 강화하면서 충분히 발달된 역할을 보상 수단으로 활용하는 법을 배울 수 있다. 그러나 환경적인 지지가 충분하지 않을 때는 채 발달하지 못한 신체적 역할이 더욱 약화될 수 있으며 그 결과 다른 부분에도 부정적인 영향을 미치게 된다.

생리적으로 건강한 역할이라도 적절한 환경적 지지를 받지 못하면 역시 역할 체계에 나쁜 영향을 끼칠 수 있다. 예를 들어, 안기고 보살핌을 받는 상호작용적인 역할은 일차 양육자의 무관심으로 약화될 수 있다. 그런 경우 유아는 비정상적인 의존 욕구를 발달시킬 수 있으며, 그것이 채워지지 않는 식욕이나 거식증을 유발할 수 있다. 상호작용하는 사람과 먹는 사람 역할의 부적절한 결합이 인성의 나머지 부분에 적대적인 영향을 주는 것이다. 적절한 양육에 대한 욕구가 채워지지 않을 때, 유아는 생리적이고 심리적인 고통을 느끼게 된다.

역할 수령자로서 인간에 대한 논의는 최초의 역할이 최소한 초기 발달 단계에서는 무의식적임을 암시한다. 다시 말해 유아는 역할을 선택하지 않으며 언제 어디서 어떤 역할을 취할지를 결정하지도 않는다. 최초의 역할은 태아의 발달 초기에 나타나며 생후 몇 달 동안 본능적으로 기능한다. 역할 이론이나 연극치료 분야에는 이러한 심리적 발달의 구체적인 단계를 지지해 줄 연구가 전무한 탓에 이 시기에 대한 언급은 다소 사변적이다. 그러나 사회인지적 발달에 관한 연구 가운데 일부, 특히 셀먼, 라빈, 브라이언-메이즐(1982)이 수행한 연구는 매우 넓은 범위에 걸쳐 있어 부분적으로 소개하려 한다.

역할 취득자로서의 인간

앞서 언급했듯이 최초의 신체적 역할은 출생 이후 유아가 사회에 노출되면서 더욱 발달한다. 주어진 역할과 맡은 역할 사이에는 중간 단계가 존재한다. 그래서 유아는 신체적이고 환경적이며 사회적인 상황의 변화에 적응하는 법을 배울 수 있다. 예를 들어, 먹는 사람 역할은 자궁 속에서 처음으로 발달되며, 거기에서 태아는 엄마로부터 자동적으로 영양분을 받아들인다. 그런데 일단 자궁 밖으로 나오면 엄마를 끌어들여야만 먹을 수 있다. 그 결과 유아는 먹는 사람 역할을 확장하여 사회적인 상호작용에 의존하게 된다.

그러나 이 초기 발달 단계에서 어머니와 융합된 유아는 젖가슴이나 젖병을 자기 몸의 연장으로 간주한다. 이는 유아가 아직 엄마로부터 완전히 분리되지 못해 '나'와 엄마, 타자, '나 아닌 것'을 분별하지 못하는 중간 단계에 있기 때문이다.

'나'와 '나 아닌 것'의 분리가 뚜렷해지면, 그때 비로소 역할 맡기가 시작된다. 그 최초의 형식은 단순한 흉내 내기, 모방이다. 유아는 강하게 느껴지는 역할 모델을 모방한다. 간단한 몸짓, 표정, 소리, 말, 행동의 모방은 다른 사람으로부터의 독립과 분리를 향한 복합적인 발달 단계를 구획한다. 모방할 때 우리는 다른 사람처럼 행동한다. 하지만 그렇게 하기 위해서는 역설적으로 먼저 자신을 다른 사람과 분리된 존재로 볼 수 있어야 한다. 역할 맡기는 강력하거나 유능한 역할 모델의 행동을 복사하는 데서 시작된다. 유아의 관점에서는 손뼉을 치거나 미소 짓거나 뽀뽀하는 사람이 강력하고 유능하다고 여겨진다.

역할 맡기는 아동이 사회적 환경 내에서 중요한 타인들의 역할을 내면화함에 따라 행동에서 이미지로 진행해 간다. 이것은 역할 모델이 보여 주는 일련의 바람직한 특징을 흡수하는 동일시를 통해 일어난다. 동일시는 외부 세계와 개인의 내적 경험의 연속성을 함축한다. 역할로 재현되는 외부 세계가 내면화됨에 따라 역할 체계로 구성된 개인의 내적 세계가 확장된다. 동일시를 통해 개인은 다른 사람의 관점을 취할 수 있을 뿐 아니라 그 관점을 자기 것으로 변형할 수 있다. 가령 자상한 어머니 밑에서 자란 자녀들이라면, 아이들은 어머니를 역할 모델로 삼아 장차 다른 사람들과의 관계에서 그 역할을 고유한 방식으로 연기할 것이다. 나아가서는 그 역할을 맡은 덕분에, 어머니가 자신을 돌보았듯이 스스로 보살필 수 있는 능력을 갖게 된다.

성장하는 아동은 또한 G. H. 미드가 '일반화된 타자'라고 부른 사회 집단 혹은 조직의 역할을 취한다. 예를 들어, 팀 스포츠를 하는 젊은 운동선수는 가장 먼저 팀이라는 일반화된 역할을 취하여 다른 사람들과 관련해 자기가 무엇을 해야 하는지를 학습한다. 아이들은 부모의 일반화된 역할을 취함으로써 가족 안에서 자녀가 어떤 의미인지를 이해하게 된다. 내 딸 조지는 15개월에 '아빠'를 또렷하게 발음하기 시작했고, 그렇게 말하면서 아빠인 나의 역할과 딸로서의 상대적인 자기 역할을 동일시했다. 무슨 이유에선지 '엄마'라는 말은 하지 않았다. 하지만 그것은 아마도 엄마의 불안을 눈치 챈 아이가 엄마로부터 거리를 두는 방식이었을 테고 그로써 막 싹을 틔운 독립성이 강화되었을 것이다.

조지는 16개월에 접어들면서 드디어 '엄마'를 불렀고, 그와 동시에 부모를 일반화된 타자로 인식하기 시작했다. 17개월 즈음 어느 날 밤에는 이상한 의식을 벌였다. 아내와 내가 거실 양쪽에 앉아 있었고, 조지는 그 사이에 있는 다탁에서 세서미 스트리트 인형을 가지고 놀고 있었다. 인형들에게 걸음마쟁이 특유의 진지한 옹알거림으로 이야기를 하더니, 아내와 나 사이를 왔다 갔다 하면서 팔과 몸과 얼굴을 쓰다듬고는 '엄마' '아빠'라고 중얼거렸다. 그렇게 몇 번을 왕복한 다음 탁자에 있는 작은 친구들에게 가서 다시 진지한 말투로 재잘거리기 시작했다.

그 광경을 지켜보면서 아내와 나는 조지가 친구들에게 우리 가족을 소개하는 것 같다는 이야기를 나누었다. 우리를 쓰다듬으면서 조지는 부모의 존재를 확인했다. 내 안경을 톡톡 두드리며 '아빠, 아빠, 아빠'라고 말했고, 엄마한테 가서는 몸을 만지며 이름을 불렀다. 그렇게 중요한 타인의 이름을 부름으로써 조지는 부모라는 일반화된 역할을 취하고 또 딸로서 자기 정체성을 확증한 것이다.

이 극적 놀이에서 특별한 요소는 조지가 스토리텔러의 역할을 취한 것이다. 조지는 딸과 부모라는 사회적 역할뿐 아니라 능동적인 주인공(이름을 부르고 직접 경험을 하는)과 수동적인 해설자(자기가 경험한 바에 대해 말하는)의 내면적 역할의 분리와 연관을 발견했다. 어떤 의미에서 조지는 상상의 관객에게 말을 하면서 자기 행동을 의미 있게 이해하고자 하는 관찰자라는 성찰적인 역할을 학습했다. 조지의 극적 놀이는 이야기를 통해 자기 경험을 성찰하는 능력을 특징으로 하는 상상적인 삶의 시작을 잘 보여 주었다.

사람들은 자기가 받아들이고 내면화한 역할을 바탕으로 행동한다. 알코올 중독자, 운동선수, 아들, 딸, 연극배우 할 것 없이 모두 내면화된 역할 모델에 조응하는 방식으로 움직인다. 사회로부터 하나의 역할을 손에 넣을 때, 사람들은 그 총체성보다는 모델의 특징을 취하는 경향이 있다. 그렇다면 역할 모델의 어떤 특징을 취하는가?

무엇보다 부모의 몸가짐, 형제의 몸짓과 소리, 영웅의 으스대는 걸음걸이와 같은 신체적 특징이 우선이다. 그리고 역할 모델의 인지적 스타일, 가치와 감수성, 문화적, 정치적, 영적, 사회경제적 관점을 취한다. 그에 따라 내면화된 내용은 상당히 복합적이며, 개인의 세계관을 형성한다. 예를 들어, 누군가 어머니의 역할을 내면화한다 해도, 그 이미지의 혼합체가 반드시 역할 모델과 똑같은 복사

판을 만들어 낸다고 볼 수 없다. 때로는 반영이 나타나기도 하고, 때로는 어머니 역할이 몇 개의 하위 역할로 나뉘어 굴절되기도 한다. 아이들은 자라면서, 보살피는 어머니와 냉정한 어머니, 자애로운 어머니와 학대하는 어머니 등 다양한 형태의 어머니를 수없이 되풀이하는데, 그것은 모두 실제적이거나 상징적인 어머니의 내면화된 다양한 특징에 기초를 둔다.

사회로부터 취한 역할은 유전적 요소가 아니라 사회관계에 의해 결정된다는 의미에서 '이차 역할'이라 불린다. 이차 역할은 모방에서 시작되고, 아이들이 자기와 타인, '나'와 '나 아닌 것'을 좀 더 능숙하게 구분할 수 있게 되면서 동일시로 진행한다. 그러나 이 과정은 동일시가 가능해지고 나서 한참 뒤에 좀 더 심도 있는 모방이 일어나기도 하므로, 엄격하게 선형적이지는 않다. 취득되는 역할은 본래 연극의 역할처럼 '나 아닌 것'의 영역에 속한다. 일상의 배우는 사회적 역할을 취함으로써 역할 체계에 깊은 차원을 더하며, '나 아닌 것'과 '나'를 병치하면서 다양한 관점을 취할 수 있는 능력을 발달시킨다. 역할 맡기는 궁극적으로 내면화된 역할로서 이 능력을 충분히 계발하는 데 목적을 둔다.

하버드 인간발달연구소의 로버트 셀먼(Robert Selman)과 그 동료들(1982)이 이와 관련된 중요한 연구를 했다. 셀먼의 작업은 피아제(Piaget, 1926)의 인지발달 단계와 미드의 역할 취득 개념을 기초로, 특히 역할 취득의 초기 모델을 정립하는 데 집중하였고 이후 사회적 관점 취득에 대한 연구로 확장되었다. 셀먼은 개인이 다중적인 관점을 취하기까지 다섯 단계를 거친다고 한다. 그 첫 번째인 단계 0은 자기중심적 혹은 차별화되지 않은 관점의 단계다. 이 단계에 있는 3세에서 5세 사이의 아동은 외부 경험과 내면의 심리적 상태를 분별하지 못한다. 따라서 0단계에서 정체성에 대한 감각은 신체적인 차원에 주로 기대게 된다.

1단계는 주관적 혹은 차별화된 관점의 단계다. 여기에는 보통 5세에서 7세 아동이 해당되며, 이때부터 내면 상태와 외부 경험의 차이를 인식하여 자기의 관점과 다른 사람의 관점을 구분할 수 있다. 대략 7세에서 11세에 나타나는 2단계는 자기 반영적 혹은 상호교환적 관점 단계다. 이때부터는 다른 사람의 관점을 취하는 것이 가능하며, 다른 사람의 생각과 느낌, 자신의 생각과 느낌의 연관관계를 이해할 수 있다.

3단계는 주로 사춘기 전에 일어나는데 삼자적 혹은 상호적 관점을 특징으로 한다. 이 단계에서 아이들은 관찰자 혹은 주체이면서 동시에 관찰당하는 자 혹은 객체로서 기능한다. 그 결과 상호작용에서 자신을 분리시킬 수 있고 개개인의 다양한 관점을 이해할 수 있다. 2단계의 아동이 수동적인 관찰자인 데 비해 3단계의 아동은 '내적인 삶의 능동적인 심리적 조종자'(Selman, 1982, p. 72)라 할 수 있다.

마지막 4단계는 사회적 혹은 심층적 관점 단계로 사춘기에 발생한다. 이제 아이들은 상호적 관점의 취득이 공통의 이해에 기반할 뿐 아니라 때로는 자각되지 않는 무의식 과정에 근거하기도 한다는 사실을 이해할 수 있다. 다시 말해 동기나 욕구가 반드시 의식적인 자각이나 합리적인 설명에 종속되지 않을 수 있음에 근거하여 다양한 관점을 수용할 수 있게 된다. 나아가 상호적 관점은 사회적 혹은 도덕적인 관점을 나타내도록 일반화될 수 있다.

셀먼의 발달 단계는 인지발달 심리학의 전통에서 구축된 자기 개념에 바탕을 둔다. 즉, 정상적인 발달에서 자기는 점차 탈중심적으로 변화하여 덜 자기중심적이고 더 다양한 관점을 취할 수 있게 된다는 논리다. 이러한 구성주의적 관점은 역할 취득의 과정을 개념화하는 데는 유용하지만, 인지적 측면을 벗어나 생물학(주어진 역할)과 인지(취득된 역할), 행동(연기된 역할)의 연계를 설명하는 데는 적절하지 못하다. 또한 투사뿐 아니라 마음과 세상을 잇는 중개자인 구성으로서 역할의 극적 개념을 서술하기에도 역부족이다.

취득된 역할은 주어진 역할과 관련된 일종의 유산을 형성한다. 개인 특히 유아와 아동이 역할을 취함에 있어 얼마만큼의 선택권을 갖는지는 명확하지 않다. 예를 들어, 같거나 다른 성별의 부모와의 동일시를 통해 성적인 역할을 취하는 과정은 자동적이고 무의식적인 듯 보인다. 또 마약중독자처럼 특정한 심리적 역할의 취득 역시 최초의 신체적 역할처럼 의식적인 선택의 여지없이 일어나는 듯하다. 또한 알코올 중독은 아버지에게서 아들로 유전되는 반면, 알코올 중독 아버지를 둔 딸들은 여자에게 흔히 나타나는 물질 남용 형태인 섭식장애로 발전하는 경향이 있다는 점에 주목한 연구(미국 보건복지부, 1990; McFarland & Baker-Baumann, 1989) 역시 역할 유산의 존재를 지지한다. 이 경우 역할 유산은 이중적인 동일시에 바탕한 것일 수 있다. 딸은 아버지로부터 물질 남용자의 역할을 취하지만 선택하는 물질은 아버지보다 어머니와 더 깊이 연관된다. 알코올 중독자 역할은 일견 여러 역할 가운데서 선택된 것처럼 보이지만, 실은 특정한 가족 내에서 대를 이어 전해진다고 할 수 있다.

물론 의식적으로 선택되는 역할이 있다. 역할 취득과 역할 선택은 상호 배타적인 과정이 아니다. 역할 모델을 동일시하고 그 모델의 어떤 특징을 내면화하는 데서는 양자가 공통된다. 그러나 역할 선택은 운동선수나 도덕적으로 뛰어난 인물 혹은 성공적인 범죄자를 모델 삼아 따르는 것처럼 개인이 원하는 특징을 의식적으로 결정함을 암시한다. 그러나 이 경우에도 여러 세대를 거쳐 전해진 초기 유산의 그림자—혈통이 아니라면 사회화라는 통로를 통해—가 존재한다.

그래서 역할은 인성의 핵심에 매우 근접해 있다. 그것은 본질적으로 행동의 틀이자 전조일 뿐 아니라 여러 인성 특질의 유동적인 연속이다. 최초의 경험으로서, 역할은 유전적으로 프로그램화되며 신체적인 기반을 갖는다. 그리고 취득된 이차적인 경험으로서, 역할은 중요한 타인과 일반화된 역할 모델에 대한 모방의 외적 과정과 동일시의 내적 과정을 통해 사회와 접촉한다. 심리적으로 건강한 사람에게는 주어진 역할과 취득된 역할 사이에 연속성이 존재하며, 사회로부터 주어진 신체적 역할을 보완하거나 지지하는 역할을 취하는 경향이 있다.

역할은 행동적으로 연기될 때 행위가 되는 세 번째 기능을 수행한다.

역할 연기자로서의 인간

역할은 그 본질상 연기될 때 비로소 충분히 가시적인 형식을 취할 수 있다. 연기된 역할은 인성의 한 측면일 뿐이지만, 소통 과정에서 특정한 방식으로 판단된다는 점에서 가장 접근성이 뚜렷하다.

역할을 연기할 수 있는 능력은 자신을 세상에 주장하고자 하는 욕구에서 비롯된다. 실제로 연기를 하는 이유에 대한 설명만큼이나 역할을 연기하는 이유에 대한 여러 해석이 있다. 여기서는 그중 두 가지를 살펴보려 한다. 첫 번째는 인지발달에 필수적인 동화와 적응의 순환의 완성과 관련된다. 이는 개인이 내면화해 온 것을 바탕으로 하여 환경의 요구에 적응하는 것 그리고 그 적응한 바를 바탕으로 세상에 참여하는 것을 말한다. 단순하게 말해 의미 있는 행위를 위해서는 내면에 있는 것이 반드시 밖으로 나와야 하고 또 밖에 있는 것은 안으로 들어가는 길을 찾아야 한다. 개인은 그렇게 자기 안에서 역할을 꺼내 연기함으로써 사고와 감정에 형식을 입힌다. 역할 연기는 내재된 사고와 감정을 정신적 이미지에서 행동으로 변형하여 명료하게 하며, 개인은 다시 역할 연기를 통해 이후의 동화와 적응 과정을 이끌어 줄 그 이상의 이미지를 내면화한다.

사람들이 역할을 연기하는 두 번째 이유는 적절한 맥락 속에서 그것을 숙달하기 위함이다. 예를 들어, 아버지 역할을 유능하게 연기하는 것은 아버지가 기르는 자녀의 존재를 함축한다. 일반적으로 역할은 역할 연기자를 불러내고 주의 집중을 요구한다. 그리스를 여행했을 당시에는 추구자 역할이 내 행동의 상당 부분을 지배하는 두려움에 찬 다른 역할을 제치고 전면에 나섰다. 나를 아토스산으로 이끈 것도 그 추구자 역할이었다. 이렇듯 페르소나가 개인을 선택하는 것은 임의적이지 않으며, 가족 관계나 영적 여정의 특정한 맥락에서 일어난다. 이는 다시 말해 외부 환경이 단순히 행동할 준비뿐 아니라 유능하게 행동하고자 하는 내적 준비—이제까지 개인의 장악 범위를 벗어나 있던 현실의 일부를 숙달하기 위해—와 일치할 경우를 말한다.

개인은 무엇보다 자기 안으로 들어가고 나가기 위해 그리고 안쪽에 있는 취득한 역할과 바깥쪽에 있는 객관적 세계를 모두 숙달하기 위해 역할을 연기한다. 역할을 유능하게 연기할수록 까다로운 내면과 외부 경험의 경계를 비행하는 데서 안정감을 얻을 수 있다.

역할 연기가 역기능적*으로 될 때, 개인은 내면의 주관적 경험과 외부 세계를 자유롭게 오갈 수 있는 능력을 상실한다. 극단적으로는 그 두 상태의 경계가 지나치게 흐릿해서 꿈꾸는 상태와 깨어 있는 상태, 환상과 현실을 혼동하기도 하며, 반대로 경계가 너무 엄격한 나머지 상상의 현실이나 일상 현실 중 어느 한쪽을 부인하기도 한다. 역기능적인 역할 연기는 역할 양면성의 결핍에서 비롯될 수도 있다. 그런 경우 개인은 위협적이지 않은 최소한의 역할로 퇴행하기 쉽다. 하지만 역할 양면성이 지나치게 넘쳐도 역할들 사이에 혼란을 가져올 수 있다. 어떤 경우든 역할이 숙달되지 않으면 오히려 그것이 전체 역할 체계에서 차지하는 비중만큼 역할 연기자가 지배당할 수밖에 없다.

내가 아는 사람 중에 샘(Sam)이라는 이가 있는데, 그는 90년 동안 꿈과 가능성이라고는 전혀 찾아볼 수 없는, 사실과 글자 그대로의 세상을 산 단면적인 인생의 예를 보여 준다. 그는 T. S. 엘리엇

* 그동안 몇 차례 시도가 있기는 했지만 기능적/역기능적 역할 연기를 정확하게 평가하기는 쉽지 않다(Johnson, 1988을 참고하라. 이 주제는 역할 접근법의 진단적 의미를 논할 때 더 충분히 다룰 것이다.).

의 J. 알프레드 프루프록[5]과 함께 "나는 삶을 찻숟가락으로 계량해 왔다."고 해도 좋을 만한 사람이다. 샘은 70년 동안 일지를 기록했다. 일지를 봐도 되겠느냐고 묻자, 그는 표지를 붙인 공책을 조심스레 펼쳐 보였다. 그 안에는 꼼꼼한 손 글씨로 적은 그날 그날의 세세한 사정이 빼곡히 들어차 있었다. 무엇을 먹었는지, 식구 중에서 들어오고 나간 사람, 받은 전화, 날씨, 그리고 무엇보다 자질구레한 물건들의 가격이 적혀 있었다. 그러나 세계대전, 암살, 생활양식과 정치 체제의 변화, 가족의 출생과 사망과 같은 극적인 사건에 대해서는 일절 언급이 없었다. 그것은 정말 주석 하나 없는 일지 자체였다. 결혼도 않고 아이도 없던 이 J. 알프레드 프루프록에게, 사물은 그저 표면일 뿐이었던 것이다.

갈 데 없이 단면적인 샘의 삶은 그가 65년 동안 연기한 계산원이라는 직업적 역할과 일치하는 듯하다. 죽음과 함께 그의 계산은 완전히 끝났고 일지도 완성되었다. 그러나 그는 병든 자기를 방치하고서도 유산에 눈독을 들인(그의 주장에 따르면) 친척들의 비열함을 비난하면서 오랜 세월을 고통과 분노로 보냈다. 샘은 그렇게 자신을 피해자로 여겼다.

가난하게 자란 샘은 가족을 부양하기 위해 강박적으로 일을 했고, 어렵게 대학을 마친 후에는 대공황에서 살아남기 위해 또 싸워야 했다. 그의 역할 모델은 한 푼이라도 아끼는 법을 아는 근면한

---

5) T. S. 엘리엇의 초기 시 'J. 알프레드 프루프록의 연가(*The Love Song of J. Afred Prufrock*)'에 등장하는 인물이다. 프루프록은 가상의 인물로 추정되며, 일부 학자는 그 이름을 작품의 내용과 연관 지어 프록코트를 입은 신사처럼 예절과 체면에 휩싸여 신중하게 행동하는 사람이라는 의미로 해석하기도 한다.

사람들이었다. 동유럽의 다른 많은 이민자들처럼 그 역시 기업과 개인주의로 보상하는 아메리칸 드림에 아낌없이 투자했지만, 사회적 책임감은 무시했다.

극도로 인색하고 바깥세상의 위험으로부터 고립된 완고하고 경직된 이 남자는 그러나 생존자였다. 그는 기꺼이 듣기를 청하는 몇 안 되는 이들에게는 추억에 잠겨 눈을 반짝이면서 자신의 이야기를 들려주었다. 그 몇 안 되는 사람 중 하나가 나였고, 나는 그 안에 있는 스토리텔러를 불러내곤 했다. 그의 이야기에는 늘 가족 중에 피해자와 가해자, 영웅과 악당이 등장했고, 그중에서도 그를 무시했거나 그가 죽으면 보험금을 탈 요량으로 생색을 낸 사람들이 가장 지독하게 묘사되었다. 나는 90년 동안 그를 지탱해 온 이야기, 표면의 단조로움을 넘어선 뭔가를 제공하는 것이 그 이야기들이었는지 궁금했다. 샘은 분노와 고립 속에서 죽음을 맞았다. 그는 남아 있는 식구들 중에서 신중하게 선별하여 유언장을 남겼다. 거기엔 식구들 사이의 사소한 말다툼, 잊힌 손님, 한 번도 걸어 본 적 없는 전화번호에 대한 믿을 수 없는 이야기가 담겨 있었다. 유언장은 그렇게 샘이 일생을 통해 한 번도 연기할 수 없었던 역할—가장, 판사, 배심원, 복수자—을 전시했다. 샘의 유언은 한마디로 가족의 역할을 충실히 연기해 유산을 물려받을 수 있으리라 기대한 사람들을 향한 농담이었다. 죽음을 통해 트릭스터를 연기한 샘은 마지막 이야기를 하면서 사는 동안의 상상력 없음을 단번에 뛰어넘는 위대한 비약을 보여 주었다.

샘의 사례는 다양성과 기쁨이 심하게 결여된 삶을 산 사람에게도 연기되지 않은 역할로서 인성의 숨겨진 부분이 있음을 보여 준다. 이 경우 그 역할은 죽은 이후에 표면화될 만큼 강한 것이었다.

스펙트럼의 반대쪽에는 나와 연극치료 작업을 했던 완벽한 배우 케이트(Kate)가 있다. 케이트에게 문자 그대로인 것은 아무것도 없다. 그녀는 꿈 이야기를 할 때도 마치 며칠 전에 일어난 실제 사건을 전하듯 말한다. 그녀가 수많은 연인, 낯설고 먼 나라들을 여행한 경험, 연극에서 맡은 역할, 심리치료 훈련, 무당과 마법사를 만난 일—그 모든 것이 50년 동안 일어났다—을 늘어놓을 때 그 다면성에 놀라지 않을 사람은 한 명도 없을 것이다. 케이트는 연극, 언론, 교육, 심리치료 분야에서 특이한 직업을 전전하면서 매우 독특한 라이프스타일을 누려 왔다. 그러나 다른 한편으로는 자신을 여러 개의 파편으로 조각내어 결국에는 정신병원에 들락거리게 되었다.

케이트와 대화하는 것은 일종의 모험이다. 그녀는 상상력과 표현력이 매우 풍부하고 상대의 논리를 한꺼번에 몇 단계씩 뛰어넘곤 한다. 그러나 직업적이고 개인적인 많은 역할을 세련되게 연기함에도 불구하고, 평형감을 유지하지 못해 실제 생활은 간신히 그럭저럭 꾸려 나갈 뿐이었다. 한 가지 일을 오래 하지 못하는 버릇이 있었고, 만성적인 적자 상태로 가끔씩 불안에 압도되기도 했다.

케이트는 명확한 지향 없이 떠도는 방랑자다. 그녀가 연기하는 역할은 취득한 것과 일치됨에도 불구하고, 외부 세계에서 요구하는 역할과는 어긋날 가능성이 높았다. 실제로 케이트는 사회적 맥락을 완전히 무시하곤 했다. 케이트의 삶은 샘과 달리 환상 속에서 너무나 화려하고 풍성했지만, 두 사람의 딜레마는 너무나 유사하다. 즉, 자신의 특별한 재능을 보상해 주지 않는 세상에 대한 분노와 나이 들어 힘도 없고 통제력을 상실한 노인으로 전락하게 될까 봐 두려운 마음이다.

지나치게 역할이 적은 샘과 지나치게 역할이 많은 케이트는 모두 수년에 걸쳐 역할 체계를 수립하고 역할과 관련된 행동을 만들었다. 역기능적인 역할 연기자인 두 사람은 그것이 얼마나 잘 기능하는지를 비판적으로 평가할 능력이 없거나 평가하려 하지 않았고, 그 결과 역할 속에서 형성된 행동이 오히려 삶을 통제하게 되었다.

주먹을 꼭 쥔 인색한 계산원 역할이 샘의 유일한 자기표현 수단이었을까? 그리고 케이트의 광범한 역할 레퍼토리가 과연 한 가지 역할을 유능하고 숙달되게 연기할 수 있는 가능성을 저해했을까? 나는 그렇지 않다고 생각한다. 때로는 외부 사건—예를 들어, 갑작스러운 사회적 지위의 변화—이 개인의 제한된 레퍼토리를 확장하거나 한 가지 역할을 좀 더 유능하게 연기하게 하기도 한다. 샘의 경우에 그 변화는 죽음을 준비할 때 찾아왔다. 케이트 역시 전혀 기대치 않은 할머니라는 새로운 역할을 입게 되었을 때 그러한 변화와 만났다. 그녀는 손녀에게 전념했을 뿐 아니라 어머니 역할에서 새로운 의미를 발견하였다.

앞서 말했듯이 역할 발달은 역할 내부와 역할들 사이에 그리고 실존적 조건으로서 일정 정도의 양면성을 함축한다. 의식과 '나'와 '나 아닌 것'을 분별할 수 있는 능력이 있는 한, 완전히 단면적인 인간은 있을 수 없다. 역할 발달은 또한 개인의 역할 지도상의 변화나 전환의 가능성을 내포한다. 양면성이 발현되고 전환이 일어난다 해도, 서로 모순되고 변화하는 역할을 한데 묶어 내는 안정적인 체계는 상존한다. 역할이 페르소나라면 그 체계는 인성일 것이며, 좀 더 극적인 틀거리 안에서 말한다면 '역할 체계'로 개념화할 수 있다.

역할 체계

고립된 구두쇠와 자유로운 영혼의 방랑자 같은 개별적인 역할은 기존의 범주와 규준에 따라 조직화될 수 있다. 이 책의 뒷부분에서 나는 그 체계를 연극과 일상 세계의 역할을 임의의 범주에 따라 묶은 유형 분류의 형식으로 제시한다. 특정 시기나 맥락에 따라 한 가지 혹은 몇 가지 관련된 역할이 두드러진다. 나는 앞에서 샘이 죽음을 준비하면서 유서라는 마지막 행위로 유희적이고 보복적인 역할을 가동시켰다고 말했다. 그리고 서문에서는 영웅과 겁쟁이라는 역할이 내가 아토스 산에 머무는 동안 어떻게 활성화되었는지 이야기한 바 있다. 그 두 역할이 활발하게 움직일 당시에는 가령 여행의 공포와 기쁨처럼 별 관련 없는 내면의 역할은 잠정적으로 수면 아래로 가라앉았다. 그러나 그것들 역시 때가 되면 언제라도 표면으로 올라올 준비가 되어 있다. 영적인 환경에서 트릭스터가 나타난다면 방어를 위해 전사 역할이 필요할 것이며, 반대로 성자가 나타날 때도 역시 보호를 위해 신중한 역할을 끌어내거나 만남의 영적인 차원에 자신을 열어 놓도록 신자 역할을 원할 수도 있다.

역할 체계는 아내와 어머니 같은 상보적 역할 그리고 피해자와 생존자처럼 대립되는 역할 사이의 상호작용을 토대로 구축된다. 그 체계 내에서 역할의 한 범주(예를 들어, 영적 역할)는 다른 범주들

(예를 들어, 사회적 역할)과 교차한다. 이 책에 실린 유형 분류 체계는 역할을 신체적, 인지적, 정의적, 사회적, 영적, 미적인 여섯 개의 범주로 나눈다.

역할 체계는 최초의 주어진 역할, 취득된 이차적 역할, 연기된 세 번째 역할을 위한 틀로서 기능한다. 개인의 역할 체계는 바보광대 같은 역할과 트릭스터와 어릿광대처럼 그에 속한 독특한 하위 역할을 포함한다.

나이가 들면서 개인의 역할 체계는 복합성이 심화되기 마련이다. 최초의 신체적 역할은 양적으로 고정되어 있지만, 이차 역할 및 삼차 역할과 상호작용하면서 질적인 측면에서 변화를 나타내곤 한다. 예를 들어, 먹는 사람 역할은 아이가 특별한 식이요법을 하는 역할 모델을 내면화하면서 전과 다르게 바뀔 수도 있다.

일반적으로 말해 역할 체계의 복합성은 취득한 역할의 양에 의존한다. 이 내적 복합성을 토대로 개인은 훨씬 넓은 범위의 역할을 연기할 수 있는 가능성을 확보한다. 이 개념은 우호적인 환경 조건 다시 말해 다양한 관점으로 구성된 이질적인 사회에 바탕을 둔다. 한편 개인이 주어진 사회적, 도덕적, 정치적 역할 모델과 동일시한다는 점에서 역할 특징 또한 양 못지않게 인성 발달에 중요하다. 자기중심적인 태도에서 탈 중심적인 태도로 옮겨 가는 성장 과정에서 개인은 반드시 정체성의 질적 감각을 제공하는 다양한 사회적, 도덕적, 정치적 관점을 취할 수 있어야 한다.

역할 체계는 상호 의존적인 역할로 구성되며, 그것은 다시 서로 관련된 범주로 조직화될 수 있다. 우리가 가만히 쉬고 있을 때도, 한 가지 혹은 몇 가지 연관된 역할이 나머지 역할을 물러나 있게 하면서 인성 내에서 우위를 점한다. 잘못 사용하거나 무시하면 표면 아래로 가라앉은 역할들은 잠자는 듯 위축되어 나중에는 존재 자체가 잊힐 수도 있다. 그런 숨겨진 역할은 갑작스러운 위기(예를 들어, 생명을 위협하는 질병에 걸리는 경우)를 맞아 활성화되거나 점차적(자기 성찰적인 작업이나 심리치료 과정 혹은 다른 사람과의 의미 있는 관계를 통해 더 성장한 단계로 나아감으로써)으로 활기를 되찾기도 한다.

단일한 역할의 변화라 해도 질적으로 의미 있는 것—처음으로 부모가 된다거나 치료에서 피해자라는 역기능적 역할을 다루면서 다른 사람들에게 좀 더 자신 있게 자기를 표현하게 되는 것—이라면 역할 체계 전체에 영향을 미칠 수 있다. 건강한 역할 체계란 이런 변화를 위한 여지를 포함한 것 그리고 역할 체계의 근원에 자리한 역할 양면성을 지지할 수 있는 것을 뜻한다. 각 역할은 무수한 끌어당김과 내침, 우연하고 고의적인 축복과 저주에 지배를 받는다. 그리고 건강한 역할 체계는 개인의 삶에서 끊임없이 일어나는 생리적이고 심리적인 변화에 적응하기 위해 필요할 때마다 확장하고 축소할 수 있는 유연성을 가지고 있다.

역할 체계는 정체성의 내용을 담으며, 그 조각들이 한데 모여 인성을 이룬다. 그러나 이 체계는 신체적이고 사회적인 환경 속에서 개인이 경험하는 것에 따라 계속해서 변화하면서 영구적으로 유동적인 상태를 유지한다. 그렇기 때문에 이 조합을 객관적으로 관찰하기란 불가능하다.

이 책의 근본적인 가정은 역할이 발달의 어느 단계에서건—어린이나 청소년 혹은 어른이나 노인일 때도—유전적으로 주어진 일차 역할과 사회적으로 취득된 이차 역할과 행동적으로 연기된 삼차 역할의 패러다임을 통해 작업함으로써 변형될 수 있다는 것이다. 뒤에서 우리가 받고 취득하고 연기하는 역할을 구체화할 것이다. 그에 앞서 역할 개념이 연극치료를 통해 어떻게 치료라는 임상적 접근법으로 활용될 수 있는지를 살펴보도록 하자.

CHAPTER 03
연극치료 역할 접근법

연극치료는 역할을 통해 진행된다는 점에서 여타 심리치료 형식과 구별된다. 다시 말해 참여자가 가장 기능적인 역할 체계를 찾거나 회복할 수 있도록 치료사와 참여자가 역할을 취하고 연기한다는 것이다.

연극치료에는 이 밖에도 여러 가지 접근법이 있다. 그중 하나는 대상관계 이론에 바탕을 둔 발달적 접근법(Johnson, 1982, 1991 참고)으로 소리와 움직임과 말을 통한 즉흥 연기로 작업하며, 그 내용과 형식이 낮은 단계에서 높은 단계로 옮아간다고 본다. 또 다른 접근법은 스토리텔링과 스토리메이킹이다(Gersie & King, 1990; Gersie, 1991). 그것은 서사 모델에 기본을 두고 있으며, 참여자들이 고전적인 이야기와 개인적인 이야기의 구조와 주제에 동일시함으로써 자신의 삶을 이해할 수 있게 돕는다. 세 번째 접근법은 사회인류학적인 모델에서 비롯된 것으로(Jennings, 1993), 일상 현실의 문화적이고 의식儀式적인 측면을 검토하고 형이상학적이고 상징적인 수단을 통해 자신의 신념 체계를 돌아보도록 촉진한다.

이 밖에 대다수 접근법은 정신분석적인 놀이치료(Irwin, 1983)나 다양한 형식의 즉흥극(Emunah, 1993)과 연극 공연(Jennings, 1990)에서 파생되는 경향이 있다. 극적 놀이치료를 하는 사람들은 멜라니 클라인, 마거릿 로웬펠드, 버지니아 엑슬린의 고전적인 접근법을 특정한 참여자의 욕구에 맞게 적용한다. 즉흥극이나 연극적인 형식을 사용하는 사람들은 미학적 모델을 기반으로 극적 접근법이 심리치료적 목표를 충족시킬 수 있도록 한다.

역할 접근법은 이들 접근법의 가치를 모두 인정하지만, 드라마라는 예술 형식을 통한 치료의 주요 요소를 좀 더 체계화하고자 한다. 역할의 치유적 가능성은 그것이 '나'와 '나 아닌 것'의 극적 역설 내에 역할 취득자나 역할 연기자의 자리를 확보할 때 발생한다. 치료 작업에서 역할을 연기하는 사람은 무대에 선 배우와 마찬가지로 두 개의 인접한 현실로 들어가고 나갈 수 있는 권리를 부여받는다. 즉, 무의식적 이미지의 원천인 상상력의 세계와 땅에 발붙인 일상적 존재의 영역인 현실 세계가 그것이다. 그 두 현실 사이의 전이적 공간(Winnicott, 1971)에서 배우는 특정한 주제를 관찰하고 변형할 수 있다.

역할 접근법은 수년에 걸친 임상 작업과 대학원생 및 교수로 구성된 훈련 집단과의 실험을 통해 귀납적인 방식으로 개발되었다. 그것은 내가 연극을 반복되는 역할 유형과 기능, 스타일의 저장고로 생각하여 극적 연관에 주목하면서 한층 발전되었다. 치료적 개입으로서 역할 접근법은 다음 여덟 단계로 진행된다.

1. 역할 불러내기
2. 역할 이름 짓기
3. 역할 연기하기/훈습하기
4. 하위 역할에 있는 대안적 특징 탐험하기
5. 역할 연기에 대해 성찰하기: 역할에 내재한 역할 특징, 기능, 스타일 찾아내기
6. 가상의 역할과 일상 현실 연관 짓기
7. 기능적인 역할 체계를 창조하도록 역할 통합하기
8. 사회적 모델링: 참여자의 역할 행동이 그가 속한 사회적 환경에서 다른 사람들에게 어떤 영향을 주는지 찾아내기

역할 불러내기

역할 체계는 개인과 늘 함께하며 언제라도 접근할 수 있다. 그런데 사람들은 자기 내면에 사는 인물들이 출근했는지를 확인하려 하지 않는다. 또한 역할 체계는 시간과 장소와 필요에 따라 끊임없이 변화한다. 여군이라도 집안에서 얼마든지 자상하게 보살피는 어머니 역할을 연기할 수 있으며, 또 전투가 요구되는 전장에서는 용맹스러운 군인을 연기할 수 있다. 실제로 페르시아 걸프전쟁 동안 전투에 투입된 미국 여군 중 일부가 목숨을 잃기도 했다.

역할 불러내기란 참여자가 역할 체계에 접근하여 그중에서 표현

하고 탐험할 필요가 있는 역할을 가려낼 수 있게 돕는 과정이다. 이때 역할은 참여자가 인성의 한 측면에 초점을 맞출 수 있게 하는 도구로서 소환된다. 뮤즈를 불러내는 시인의 기도처럼, 그것은 영감의 수단이다. 인성의 일부를 불러내면서 참여자는 그것이 작업이 필요한 주제의 근원으로 데려다 주기를 희망하며 영감을 구하는 것이다.

역할 불러내기는 그러므로 의미에 대한 창조적 추구에 영감을 줄 참여자의 일부를 존재로 끌어들이는 과정이라 할 수 있다. 역할 접근법에서 불러내기는 대개 무의식적으로 진행된다. 즉, 참여자에게 중요한 역할을 선택하라고 직접적으로 제안하지 않는다는 말이다. 그보다는 그런 역할을 이끌어 낼 창조적인 과정에 참여하게 한다. 가령 나는 회기를 시작할 때 공간을 자유롭게 돌아다니는 움직임을 자주 사용한다. 그리고 참여자들에게 몸의 일부분에 집중한 다음 거기서부터 움직임이 확장되어 가도록 놓아두라고 한다. 예를 들어, 배꼽에 초점을 맞춘다면 느리고 무거운 움직임이 나타날 것이며, 그 동작을 확장하여 배꼽에서 하나의 인물이 나오게 한다.

일단 인물이 명확하게 가시화되면 불러내기는 완결된다. 어떤 인물을 불러낼지 미리 고민하지 않고 자발적으로 작업에 임했다면, 그 역할은 진정으로 무의식의 근원에서 나온 것이라 할 수 있다. 어떤 측면에서는 역할이 역할 연기자를 선택한다고 볼 수도 있다. 의식적으로 접근하기 힘들지만 그 순간에 작업해야 하는 문제를 역할이 조명하는 것이다. 경우에 따라서는 참여자가 문제가 되는 역할을 확연히 의식하기도 한다. 가령 피해자 역할이 너무나 집요하게 따라다니며 괴롭히는 탓에 연극치료를 접하자마자 바로 선택할 수 있다. 그럴 때는 역할이 이미 나와 있으므로 다음 단계인 역할 이름 짓기에서 작업을 시작한다.

역할 이름 짓기

역할을 불러낸 다음에는 명명을 통해 구체화할 필요가 있다. 참여자는 역할에 샘이나 사라 같은 현실적인 이름을 붙일 수도 있고 좀 더 추상적이거나 시적인 이름을 지을 수도 있다. 앞서 말한 배꼽 인물이 하운드 독이 되는 식이다. 또는 역할 유형(악당이나 겁쟁이 같은)의 이름을 그대로 사용할 수도 있다. 4장과 5장에 나오는 사례의 주인공인 마이클(Michael)은 분노한 자기를 검은 격노라 명명했다.

이름 짓기는 선택된 역할을 구체화하도록 도와준다는 점에서 중요하다. 그것은 또한 참여자가 일상의 현실에서 가상의 창조적 영역으로 이동할 수 있게 도와준다. 일부 참여자, 특히 자기 문제에 지나치게 밀착되거나 연기력이 심하게 제한된 사람은 역할에 실제 이름을 붙이기도 한다. 그런 경우에는 다른 이름을 선택하게 하여 역할을 허구화할 필요가 있다. 그를 통해서 참여자들은 극적 과정의 역설, 자기이면서 동시에 자기가 아닌 세계로 의미 있는 한 발을 떼어 놓게 된다.

이름 짓기는 특정한 함축적 의미를 지닌 일종의 선택 수단이다. 사람들은 분노에 연약하고 부드러운 이름을 붙이기도 한다. 실제로 자신의 불같은 분노를 '수동성'이라고 부른 사람도 있으며, 그것은 곧 그가 분노의 감정을 인정하지 못함을 드러낸다. 더 극단적으로 분노가 밖이 아닌 내부로 향하면 자기 파괴적인 행동이 나타나며, 존재의 양면성을 해결하기 위해 익명이나 자살처럼 급진적인 선택을 하는 경향이 있다. 보이지 않게 되는 것에 대한 분노와 두려움을 표현하지 못하는 한 참여자는 그 화난 역할을 수오미 노나(Suomi Nona)라고 명명했다. 그 철자를 거꾸로 뒤집으면 '익명의'라는 뜻이 된다.

역할의 이름을 선택하면서 참여자는 감정 상태와 행동의 연관을 살피게 된다. 예를 들어, 분노를 느끼면서도 수동적으로 행동하는 참여자는 화를 자극하는 상황에서 불안을 경험할 수 있다. 그때 이름 붙이기는 외관과 현실의 충돌이라는 주제를 볼 수밖에 없도록 만든다. 또한 월등한 힘과 미모와 용기와 지성의 판타지를 가지고 놀면서 이상과 현실의 연관을 탐구하도록 이끈다.

셰익스피어의 〈로미오와 줄리엣〉에 나오는 발코니 장면에서, 줄리엣은 로미오에게 "이름이 뭔데요?"라고 묻는다. 그리고 "장미꽃을 다른 이름으로 불러도 향기는 마찬가지잖아요."(2막 2장 중에서)라고 하는데, 그 말은 부분적으로만 정확하다. 출산을 앞두고 아기 이름을 고민해 본 부모라면 모두 알겠지만, 이름은 그에 값하는 의미를 담고 있다. 만일 장미를 '스컹크'라 부른다면, 사람들은 거기서 향기가 날 거라고 기대하지 않을 것이고, 그래서 정말로 향기가 사라지거나 아무도 장미 향기를 맡으려 들지 않게 될지도 모른다.

성격이 불같은 사람 역할에 '수동성'이라는 엉뚱한 이름을 붙이는 것 역시 말이 안 되기는 마찬가지다. 하지만 역할 접근법에서 참여자는 당시에 옳다고 느껴지는 이름을 택한다. 그리고 그 이름의 함축적 의미에 대한 훈습이 뒤따른다.

역할 연기/역할 훈습

집단치료에서 각 참여자는 이 단계에서 적어도 한 가지 이상의 역할을 연기한다. 논리적으로 그다음 단계는 다양한 형식의 극화를 통해 역할의 감각을 심화하는 과정이 될 것이다. 경우에 따라서는 집단 전체 앞에서 이야기를 만들거나 인물의 관점에서 독백을 할 수도 있다. 하지만 보통은 참여자 모두가 역할 속에서 함께 이야기를 극화하거나 장면을 즉흥적으로 연기한다.

훈습 단계는 역할에 대한 집중도를 높이고 예상 가능한 행동을 넘어서도록 확장하는 시간이다. 엘렌이라는 참여자는 완벽주의자 에밀리의 역할로 일련의 장면을 연기했다. 그중 하나인 저녁 식사 장면에서는 참여자 전체가 가상의 가족 역할을 했다. 완벽주의자를 연기하면서 엘렌은 에밀리가 판단과 조롱을 통해 가족을 지배하는 방식을 발견하기 시작했다. 그리고 그것이 사랑받고 수용되고자 하는 자신의 깊은 욕구를 어떻게 가로막는지를 깨달을 수 있었다.

개인치료에서도 참여자가 중요하고 문제가 되는 역할을 찾아 이름을 지은 후에 비슷한 과정이 진행된다. 실제 치료의 상당 부분이 이 구체적인 역할(혹은 관련된 역할들)에 내포된 주제를 가지고 작업하는 과정이다. 4장과 5장에 소개된 마이클의 사례는 개인이 사춘기 소년, 게이 남자, 아들, 성마른 사람, 우울증 환자, 피해자를 포함하여 다양한 역할로 작업하는 과정을 잘 보여 준다. 마이클은 주로 스토리텔링을 활용했다.

마이클의 사례는 실제 작업에서 참여자가 한 가지 역할에 집중하여 끝까지 그것으로만 작업하지 않음을 보여 준다는 점에서 중요하다. 사실상 참여자들은 이 역할에서 저 역할로 옮겨 다니며 필요에 따라 초점을 바꾸기도 한다. 치료사의 관점에서 참여자들이 그런 변화의 의미를 살필 수 있게 돕는 것은 매우 중요하다. 그 역할이 너무 위협적이라서? 혹은 단순히 그 역할을 하기가 싫어서? 아니면 상호의존적인 역할 체계를 시험해 보려고? 여러 역할을 오가는 자유를 누리고 싶어서?

역할 불러내기와 이름 짓기가 일종의 웜 업이라면 훈습은 일반적으로 그 뒤를 잇는 치료의 행동 단계라 할 수 있다. 훈습은 역할 속에서 일어나며, 참여자가 드라마의 허구적 현실을 충분히 받아들일 수 있을 때 가장 성공적이다. 이 단계에서 이루어지는 극화 작업의 의미는 배우가 아닌 인물의 결과로서 생긴다. 훈습 단계에서 배우들은 잠정적으로 역할을 가지고 자유롭게 실험할 수 있다. 가령 멀쩡한 숙녀라도 사회 주변부에서 살아가는 모험을 하는 것이 자기 자신이 아니라 얼터 에고, 다른 이름을 가진 또 다른 장미라는 사실을 인식한 상태에서, 얼마든지 최하층민의 역할을 실험할 수 있다.

하위 역할의 대안적 특징 탐험하기

1980년에 연극치료사 양성 과정을 시작하면서 나는 실제 작업을 통해 '확장된 극화'[6]—한 번에 두 시간씩 15회기에 걸친 경험—라고 이름 붙인 기법을 고안했다. 첫 시간에는 참여자들이 모두 한 가지씩 역할을 불러내 이름을 붙였다. 그리고 20시간 동안 그 역할을 연기하고 훈습한다. 다음 10시간 동안은 그 역할을 변형하고 또 본래 인물에서 파생된 두 번째 인물을 창조하는 것으로 마무리했다.

처음 것을 변형한 역할은 인형의 형식으로 하위 역할—인물에 입체성과 구체성을 부여하기 위한 변형—을 나타냈다. 두 번째 인물은 본래 역할과의 차이가 훨씬 큰 주제상의 변형을 가면 형식으로 표현했으며, 그를 위해 앞서 한 번도 나온 적 없는 새로운 특징을 취하도록 했다.

처음에는 많은 학생이 역할 하나를 무려 30시간이나 붙들고 있어야 하는 데서 오는 고통을 호소했다. 위협적이거나 제한된 역할을 선택한 학생들은 더욱 힘들어했고, 나중에 그 한 가지 역할에서 여러 역할로 확장할 수 있게 되자 일종의 안도감을 느꼈다. 대안을 탐험하는 것은 선택 가능성을 인식하고 사용하기 시작한다는 점에서 매우 중요하다. 이는 여러 가지 측면에서 참여자들이 양면성을 통해 역할로 접근하도록 도와준다.

일례로 조앤(Joan)은 처음 역할을 이피게니아라 불렀다. 삶에 대한 통제력을 잃고 공동선을 위해 생명을 포기하는 것 밖에 다른 가능성을 모두 박탈당한 고전 비극의 이피게니아처럼, 자기가 피해

---

6) 확장된 극화 기법을 적용한 사례를 보려면, 억압받는 사람들을 위한 연극치료, 로버트 랜디 지음, 이효원 옮김, 울력, 2002, pp. 264-271을 참고하라.

자 역할로 작업하고 있음을 알아챘던 것이다. 10시간가량 피해자 역할을 훈습한 뒤에는 순교자라는 이름의 인형을 만들었다. 순교자는 피해자의 하위 역할(9장과 부록에 나와 있는 유형 분류 26.1을 참고)로서, 단순히 자신을 다른 사람의 손에 맡겨 버리기보다 자기 희생의 특징을 구현한다. 인형으로 순교자를 훈습하는 과정에서 조앤은 순교자라는 하위 유형의 딜레마를 통찰하기 시작했다. 즉, 순교자는 다른 사람들의 안녕을 위해 자신의 행복을 희생하기로 선택함으로써 희생당하는 것이다.

마지막으로 가면 작업을 하면서 조앤은 역할에 대한 이해를 더 확장할 수 있었다. 어머니라 이름 붙인 가면 인물은 "내가 너한테 어떻게 했는데 날 이렇게 대할 수 있니? 네가 나보다 잘되길 바라면서 모든 걸 포기했는데!"라고 하면서 다른 사람들을 조종하기 위해 자기 이익을 희생하는 존재였다. 그 어머니는 이기적이고 죄책감을 안겨 주는 조종자이며 피해자보다는 가해자에 가까웠다(유형 분류 26.2 이기적인 순교자).

조앤은 확장된 극화를 통해 피해자의 두 가지 하위 유형, 곧 순교자와 자기 행복을 진정으로 희생하는 듯 가장함으로써 죄책감을 유발하는 이기적인 순교자를 훈습하면서 이를 발견할 수 있었다.

역할 접근법에서 하위 역할 작업이 언제나 정확하게 들어맞는 것만은 아니다. 그러나 하위 역할은 작업의 한 방식으로서 인물을 더 깊이 있게 파고들 수 있게 해 주며, 그렇게 집요하게 파고들다 보면 대부분 모순과 양면성을 체현하는 역할을 만나게 된다. 역할 접근법은 그러한 양면성의 추구를 격려한다. 처음 역할(피해자)이 정반대의 역할(가해자)로 바뀌는 경우라 해도 그것은 마찬가지다.

일단 대안이 표면으로 올라오면 그 역할에도 이름을 붙여 주어야 다음 단계— 역할 연기를 이해하는 것— 로 이행할 수 있다.

역할 연기에 대해 성찰하기

그다음 몇 단계는 전통적으로 '마무리'라고 알려진 것과 관련되며, 드라마에서 한 걸음 물러나 그 의미에 대해 의견을 나누는 시간이다. 마무리는 참여자들이 드라마의 가치를 평가하도록 도울 뿐 아니라 자신의 감정을 정당화하고, 밀도 높은 치료 공간에서 일상 현실의 덜 통제적인 공간으로 또 상상의 세계로부터 지금 여기의 세계로 이동할 수 있게 한다.

역할 접근법에서 마무리의 첫 부분은 역할과 하위 역할의 의미를 허구적 관점에서 찾아내는 능력과 관련된다. 앞서 말한 조앤에게는 일반적인 질문이 주어졌다. "이피게니아는 피해자 역할을 어떻게 연기했나요?" 그녀는 역할에 초점을 맞추었고, 그래서 자기 자신을 직접 드러내지 않아도 되는 안전한 거리를 유지할 수 있었다.

더 자세하게 역할의 신체적, 인지적, 정의적, 사회적, 영적, 미적 특징을 구체화할 수 있다. 이것은 인물의 기능과 뚜렷한 형식 없이 구체적인 경험을 묻고 답하는 과정이 될 수 있다. 예를 들면 이렇다. 신체적 특징(예를 들어, 볼록 나온 배)이 인물의 행동과 행복감에 어떤 도움을 주나요? 피해자로서 이피게니아는 어떻게 느끼나요? 그녀는 스스로 희생적인 순교자라고 느끼나요, 아니면 죄책감을 강요하는 순교자라고 보나요? 이피게니아가 고통 받는 목적은 뭐죠? 그녀에게 영적인 특징이 있다면 그것이 피해자 역할을 다루는 데 어떤 도움이 되나요?

이 단계에서 참여자는 또한 연기 스타일을 살펴보게 된다. 가령 이피게니아는 정서적인 요소에서 멀리 떨어져 추상적이고 일반적으로 표현되었나? 아니면 피해자의 딜레마를 구구절절 사실적으로 표현했는가? 역할을 이렇게 혹은 저렇게 연기하는 데는 어떤 의미가 내포되어 있는가? 제시적인 스타일이 개인적인 주제를 안전하게 드러내는가? 거꾸로 감정 표현에 저항하는 방식이 되는가?

그러므로 논의는 역할이 연기된 방식, 감정과 생각의 연관의 중요성에 초점을 맞춘다. 역할의 형식과 목적이 분명하다면, 다음 단계로 나아갈 준비가 된 것이다.

가상의 역할과 일상 현실 연관시키기

궁극적으로 모든 투사적 치료 형식은 참여자를 투사로 끌어들였다가 빠져나오게 하는 만큼 성공적이다. 연극치료의 경우 투사 작업은 일상 현실의 역할에서 상상적이고 극적인 역할로의 이동과 관련된다. 조앤 역시 그렇게 피해자인 이피게니아의 역할을 맡았다.

이전 단계에서 조앤은 드라마 안에서 이피게니아의 특징과 기능과 스타일을 살펴보았다. 이제는 상상의 세계에서 일상 현실로 돌아와 그 둘 사이의 연관을 따져 보게 된다. 이 단계에서 중요한 질문은 “나는 이피게니아와 어떻게 닮았나?” 그리고 거꾸로 “나는 이피게니아와 어떻게 다른가?”이다. 후자는 그녀가 연기할 수 있는 어떤 역할보다 큰 역할 체계인 조앤의 전체 인성을 설명하는 데 큰 몫을 했다.

역할의 특징과 기능과 스타일을 모두 파악한 다음에는 인물을 극적 현실로 돌려보내고 자기가 다른 사람들과 상호작용하면서 역할을 연기하는 방식을 돌아본다. 참여자에 따라서는 그 연관 짓기가 어려울 수 있다. 가령 자기와 닮은 면이 별로 없는 일반적인 순교자를 캐리커처한 사람이 있다고 하자. 치료사는 순교자 역할이 어떻게 작용하는지를 파악하기 위해 그가 현실에서 연기하는 순교자 역할의 특징과 기능과 스타일을 묻고 그 결과를 허구와 비교할 것이다. 그때 가상의 순교자가 더 강력하고 해방적이라면, 참여자와 치료사는 그 특징과 스타일을 일상의 경험으로 가져올 수 있는 방법을 놓고 의견을 나눌 수 있다.

이때 치료사는 배우가 개인적 경험을 인물과 연관 지을 수 있도록 여러 방식으로 돕는 연출자로 기능한다. 차이가 있다면 연극에서는 개인적인 경험이 허구를 위해 봉사하지만, 치료에서는 반대로 허구의 경험이 개인에게 봉사한다는 점이다. 그러나 좀 더 통합적이고 시적인 의미에서, 양자는 서로에게 봉사한다. 예술은 때때로 자연을 비추는 거울이 되고 자연 역시 때로 예술을 비추기 때문이다.

가상의 역할에서 의미를 찾아내려면 참여자는 반드시 개인(person)과 페르소나(persona)의 극적 역설을 수용할 수 있어야 하고 또 존재와 비존재의 양면적 세계에서 살아가는 방식을 찾아낼 수 있어야 한다. 가상의 역할은 그와 동격인 비허구적 역할을 지시함으로써 참여자에게 봉사하며, 일상 현실의 역할 또한 설명을 위해 허구를 필요로 한다. 극적 거울은 양면이며, 그 두 면은 서로를 참조하고 어느 쪽도 다른 쪽 없이 의미를 유지할 수 없다.

가상의 역할이 현실에서 어떻게 기능하는지를 이해하기 위해서는 가상의 역할과 현실에서 그에 상응하는 역할의 내용과 목적과 형식을 파악해야 한다. 또 그 둘의 차이점과 공통점을 비교할 필요가 있다. 그리고 마지막으로는 가상의 역할만큼 혹은 그보다 더 내게 잘 봉사할 수 있게끔 현실의 역할을 변형해야 한다. 그때야 비로소 현실과 이상, 진실과 거짓, 실체와 그림자 사이의 밀접한 연관—서로를 온전히 부양하며 상대에게서 만족을 얻는—이 보이기 시작할 것이다.

기능적인 역할 체계를 창조하도록 역할 통합하기

실제 작업 과정이 언제나 이 단계에 따라 선형적으로 깔끔하게 진행되는 것은 아니다. 어떤 사람은 여러 역할을 한꺼번에 내놓기도 하고, 한 가지 역할을 불러내 명명하고 훈습을 시작한 뒤에도, 충분히 인식하고 있거나 희미하게 알고 있는 다른 역할들 때문에 곁길로 벗어나는 일도 흔히 있다. 물론 그중 일부는 역할 접근법에 따라 작업을 할 필요가 있을 것이다. 역할에 대한 초점은 개인의 현재나 과거 경험, 분위기, 저항과 동기유발 정도에 따라 달라진다.

그럼에도 불구하고 역할 접근법은 여전히 참여자와 연극치료사가 모호한 영역을 구체화하고 탐험할 수 있도록 도와주는 지도로서 가치 있다. 역할 접근법을 사용하는 궁극적인 목표는 참여자가 실행 가능한 역할 체계—양면성을 견딜 수 있고 부정적이고 긍정적인 역할의 중요성을 모두 인식할 수 있는 것—를 구축하도록 돕는 데 있다.

작업이 성공적이라면 마무리 단계에서 참여자는 다양한 역할이 어떻게 서로 어우러져 작동하는지를 인식하게 된다. 예를 들어, 조앤은 피해자가 가해자와 함께 작동하는 방식, 다시 말해 자유와 유희성에 대한 딸의 욕구를 통제하기 위해 죄책감을 안겨 주는 순교자로서 엄마가 딸과 교류하는 방식을 깨닫기 시작했다. 나아가 그녀는 자신을 돌보는 데 서툴렀음을 알아차리면서, 피해자 역할에 대한 비난을 더 이상 어머니에게 돌리지 않게 되었다. 대신 어머니로부터 순교자/어머니 형상을 취하여 자기 희생을 자기 만족으로 대체하면서 스스로 어머니가 되어 자신을 돌보는 새로운 상태를 향해 나아갈 수 있었다.

역할은 서로 얽히는 경향이 있다. 역할 접근법으로 작업하는 과정에서, 참여자는 그 매듭을 풀어 역할을 각각 분리해야 하는 상황을 만난다. 통합 단계에서 역할 체계는 특정 역할이 변형된 상태에서 재조합을 이룬다. 조앤에게 피해자 역할은 그 특징과 기능 면에서 더 이상 과거의 그것이 아니다. 스타일 역시 치료 과정에서 변화되었다. 가상의 이피게니아를 통해 영속적인 자기 희생을 거부하면서 조안의 분노는 시적이고 추상적인 침묵과 수용적인 스타일에서 가슴으로 절절히 느껴지는 감정을 직접 표현하는 방식으로 바뀌었다.

통합은 연극치료 과정에서 정확하게 평가하기가 어려울 수 있다. 그것은 참여자들이 보고하는 몇 가지 식별 가능한 변화와 함께 나타난다. 조앤의 경우 부분적으로 순교자 역할이 사라지고 성마른 사람 역할이 나타나면서 통합이 시작되었다. 그것은 다른 역할들 그러니까 어머니와 도덕주의자와 부도덕한 사람의 역할이 결합되는 과정에서도 지속되었다. 자신을 어머니처럼 돌보는 것을 배우면서, 조앤은 전에는 생각지도 못한 배려와 보살핌을 배우자에게 요구하고 또 받을 수 있을 만큼 친밀한 관계를 유지할 수 있게 되었다. 그녀는 여전히 상상의 전쟁을 피하기 위해 재빨리 자기 욕구를 희생시키곤 했지만, 그렇게 행동하기 전에 멈추는 법을 조금씩 익혀 가고 있었다.

명세화하기가 쉽지 않지만 통합은 역할 체계의 재배열을 함축하며, 그 결과 예를 들어 피해자와 승리자의 역할이 균형을 이루게 된다. 그 변화에 대한 증거는 부당한 고통을 느끼지 않고 역할 양면성을 살아낼 수 있는 능력 그리고 자신과 다른 사람들과 함께 존재하는 새로운 가능성을 발견하는 능력에서 확인된다.

사회적 모델링

근친상간, 태만, 폭력, 중독은 가계를 따라 전해지는 경향이 있다. 사회적인 바탕의 가족 역할은 일차적이고 신체적인 역할 만큼이나 강력한 행동 결정요인이다. 치료 과정을 통해 개인은 그 패턴을 깰 수 있는 방식을 찾는다. 학대의 패턴은 피해자가 학대하는 역할을 훈습하여 역할 체계를 재편성하고, 가까운 사람이나 부양가족—그렇지 않을 경우 학대하는 역할을 취할 가능성이 높은—

에게 새로운 모델을 제공할 때 비로소 멈출 수 있다.

역할 체계의 변화만으로는 충분하지가 않다. 그것은 일반적으로 내면의 문제다. 참여자가 다른 사람들에게 영향을 끼치기 위해서는 역기능적인 역할을 변형한 형태로 연기할 수 있어야 한다. 역할 체계가 바뀌어도 역기능적인 역할이 여전히 남아 있을 수 있지만 그 강도는 상당히 약해질 것이다. 예를 들어, 따뜻한 권위의 인물을 모델링한다면, 그것은 독단적이고 거친 부분을 부인하는 것이 아니라 배려와 열린 마음으로 길들이는 것에 가깝다. 그렇게 할 때만 새로운 질서가 나타난다. 알코올 중독자는 알코올 중독자다. 다만 그 역할의 힘이 조력자, 노인, 독실한 신자 등 덜 의존적인 역할로 활성화됨에 따라 약해지는 것이다. 알코올 중독자 자조모임과 같은 12단계 프로그램에서 이 개념은 매일 실행된다. 회복 중에 있는 많은 알코올 중독자와 다양한 물질에 중독된 이들에게 자기와 비슷한 사람들의 공동체, 그것도 의존적이고 중독적인 역할을 변형한 집단의 일부가 되는 경험은 크나큰 희망일 수밖에 없다. 변형에 목마른 사람들이 본뜰 수 있는 역할 모델이기 때문이다.

역할 접근법은 치료의 한 형식이다. 앞서 말한 대로 그것은 엄격하고 선형적인 체계이기보다 일련의 안내 지침이라 할 수 있다. 그것은 역할 유형과 하위 유형, 특징, 기능, 스타일을 규명하는 수단을 제공한다. 참여자들이 역할 체계를 재편성하여 스스로 긍정적인 역할 모델이 되도록 돕는 데 효과적임을 입증하기 위해 이들 요소에 모두 초점을 맞출 필요는 없다. 그러나 앞으로 보게 되겠지만 역할 접근법은 연극치료의 일반적인 작업 과정을 매우 잘 설명해 준다.

다음 두 장에서 소개할 마이클의 사례는 그 절차에 따라 진행되었다. 물론 앞서 설명한 단계를 정확한 순서에 따라 밟아 가지는 않았지만, 역할 접근법과 역할 유형 분류 체계의 의도에 일치하는 작업 방식을 잘 보여 준다.

CHAPTER 04

마이클의 사례: 1부

이 작업은 가상의 역할 안팎을 넘나드는 다양한 연극치료 기법을 통해 진행되었다. 허구가 만들어 낸 거리 덕분에, 마이클은 내적인 경험에 보다 깊이 있게 접근할 수 있었다. 이 과정에서 그의 역할 체계에 속한 많은 역할이 불려 나왔고, 문제가 있는 역할을 훈습하고 통합함으로써 나중에는 변형된 역할 체계를 성취하게 되었다. 마이클의 역할 체계를 바꾸는 데 있어 가장 중요한 접근은 이야기였고, 그중 상당수를 여기 소개했다. 나의 해석은 이야기에 나타나는 역할 유형과 그 특징 및 기능을 기술하는 데서 더 나아가지 않는다. 그리고 필요한 경우에만 마이클이 어떻게 역할을 연기했는지 언급한다. 연극치료는 창조적 치료 형식이므로 가급적 분석적인 설명을 자제하고 특정한 역할 모델로 해석을 대신함으로써 주로 이야기의 형식을 통해 과정 자체가 드러나도록 했다. 그리고 가능한 경우엔 언제든지 마이클이 스스로 말할 수 있게 했다. 왜냐하면 그는 작가이자 배우이며 궁극적으로 그의 극적 딜레마의 치유자이기 때문이다.

배경

치료를 시작할 당시 마이클은 시카고 교외에 사는 27세의 중상층 게이였다. 그에게는 형과 여동생이 각각 한 명씩 있었고, 외모는 중간 키에 마른 체형으로 매력적이며, 캐주얼한 차림을 즐겨 때로는 어린아이나 사춘기 소년 같은 느낌을 풍기기도 했다. 처음 만났을 때는 나와 거의 눈을 맞추지 않고 무관심한 듯한 태도를 보이기도 했다. 마이클은 지적이고 말수가 많은 편이며 자기 자신과 다른 사람을 분석하고 판단하는 경향이 있었다. 감정을 표현하고자 하는 욕구가 강했지만, 완벽하게 안전하다고 느끼기 전에는 감정을 드러내지 않았다.

대학을 졸업하면서 마이클은 직업 배우가 되기로 마음먹었다. 그래서 이런저런 연기 강좌를 들었고 작은 극단들에서 연기 경력을 쌓으며 기량을 익히는 데 힘썼다. 하지만 연기만으로는 수입이 적었기 때문에 여러 관공서에서 아르바이트를 해야 했다. 그는 스스로 예술가—돈이나 사회적 지위와는 상관없지만 정말로 의미 있고 도전적인 직업인—라 여기면서 경제적인 성공에 별 가치를 두지 않았다. 그 역할은 교외에서 자란 풍요한 중상층 소년이라는 역할과 극명하게 대비되었다. 마이클은 정기적으로 시카고에 있는 가족을 방문했다. 마음껏 먹고 잘 수 있는 그 집은 그가 성인으로의 추락을 연기하는 방편이자 과거를 되살리는 주문이 되어 주었다.

마이클이 치료를 시작한 이유는 공포감, 고립감과 외로움을 자주 느꼈기 때문이다. 그는 자기가 감정을 회피하는 수단으로 말에 의존한다는 사실을 알고 있었고, 또 창조적 과정을 통해 자신을 좀 더 진실하게 표현할 수 있을 거라는 생각에 연극치료를 택했다고 했다. 마이클은 심리신체적인 증상을 자주 호소했다. 또 벌레에 대한 두려움뿐 아니라 더 현실적으로는 에이즈에 대한 공포감을 표현했다. 나와 작업을 한 처음 2년 동안 그는 죽음과 삶의 역설적인 공포로 에이즈 검사를 받지 않았다.

또한 마이클은 게이 남성으로서 주변인이 된 데서 오는 고통을 경험했다. 그는 동성애를 의지가 아닌 운명으로 받아들였다. 남자에게는 성적인 매력을 느꼈지만 여자에게는 그렇지 않았다. 하지만 우정과 친밀감의 대상은 여자였으며, 형보다 누이동생을 훨씬 가깝게 느꼈다. 사내답지 못한 남자들에 대해 말하면서는 화를 내기도 했다. 그는 게이 남자들과 함께 있다는 생각만으로도 위협을 느꼈다. 그리고 인형을 가지고 여자 역할을 하며 놀았던 어린 시절의 배후에 남아 있는 여성적인 부분을 통합하려 했다.

마이클은 공허하고 닳아빠진 느낌을 주는 관계 말고는 성적인 경험이 거의 없고, 욕구 충족을 위해 익명의 전화에 의존했다. 또한 에이즈에 대한 강한 경계심으로 난교와는 거리가 멀었고, 안전한 섹스를 추구하지 않는 사람을 심하게 비난했다.

작업 초반에 그는 자연친화적이며 책임과 경험을 특징으로 하는 어른들 세계의 악에 물들지 않은 순진무구한 아이 역할에 매우 동일시했다. 그 순진무구한 역할은 마이클의 어른스러운 부분과 또 어른의 병폐를 옮길지 모르는 친구들로부터 그를 고립시켰다.

마이클은 또한 스스로 학대받은 아이라고 생각했다. 어릴 적에 아버지에게 맞고 모욕을 당했다고 했으며, 아버지와의 관계가 치료의 중요한 초점이 되었다. 성공한 사업가에—마이클에 의하면 장인에게서 번창한 사업체를 물려받았을 뿐이라고 하지만—마당발이자 마초인 그의 아버지는 식구들뿐 아니라 아이의 친구들이 있는 데서도 알몸으로 돌아다닐 만큼 자기 과시벽이 있었다. 마이클은 그런 아버지가 너무나 창피했다. 아주 어릴 적 기억 중에도 마이클이 엄마와 침대에 누워 있는데 아버지가 벌거벗은 채로 마루에서 팔굽혀펴기를 하고 있는 장면이 있었다.

치료를 시작할 당시 마이클은 가족 중 가장 어린 25세의 누이동생 베아와 융합된 듯 보였다. 두 사람은 감성이 비슷했고 결정적으로 똑같은 유머 감각을 갖고 있었다. (유머는 직설적인 감정 표현에 대한 방어로 애용되긴 했지만 어쨌든 그 가족을 수면 아래로 가라앉지 않게 하는 작용을 했다.) 마이클은 베아에게 조건 없는 사랑을 기대했고 그녀의 모든 것을 원했다. 그는 누이동생이 오랫동안 유지하지는 못해도, 남자와 어렵지 않게 성적인 관계를 맺는 것을 질투했다. 마이클이 보기에 베아는 품행이 좀 남자 같아도 아름다웠다.

전체적으로 마이클은 어머니에게 양가감정을 느꼈다. 그에게 어머니는 여자답지 않고 억제적인 반면 보살피는 존재이기도 했다. 그가 집에 가면 엄마는 말 그대로 음식과 선물을 주고 아버지는 절대 꿈도 꾸지 못할 방식으로 꼬옥 껴안아 주었다. 하지만 언제 그랬냐는 듯 쉽게 멀어져 아버지의 학대를 방임했고, 안아 줄 때는 숨 쉬기가 힘들 만큼 몸을 조이기도 했다. 마이클은 어머니에게서 부정적인 것—다른 사람과 친밀한 관계를 맺는 데 방해가 되는 판단적이고 완벽주의적인 성향—을 물려받았다고 느꼈으며, 자기가 그 판단의 대상이 될 때는 종종 어머니와 부딪치기도 했다. 두 사람은 자주 상대의 작은 흠을 들추며 다투었다. 그들 사이엔 금기시된 주제가 많았지만, 그럼에도 불구하고 열정적인 연결의 맹아가 존재했다.

베아에 비해 형 스티브에 대한 역할은 별로 발달되지 않았다. 마이클은 형이 아버지를 닮았다고 느꼈다. 스티브는 전형적인 남자인데다 가족의 역동을 이해하고 다루는 데 별 재주가 없었다. 마이클은 형이 엄마 같은 여자와 결혼할 거라고 생각했다.

마이클의 역할 체계는 상당히 제한된 편이었다. 그는 여러 가지 역할을 갖고 있지만, 자주 위축되고 미성숙한 면모를 보였다. 처음에 나타난 역할은 주로 불쌍한 아이와 피해자, 소외된 역할들이었다.

시작

마이클을 처음 만난 건 내가 진행한 연극치료 워크숍에서였다. 당시 우리는 이야기 작업을 하고 있었고, 그는 '미녀와 야수'를 택했다. 먼저 줄거리를 되짚어 본 다음 참여자들은 저마다 이야기에서 가장 동일시되는 역할 한 가지를 골랐다. 마이클은 아버지가 미녀에게 준 선물인 반지를 택했다. 아버지가 자기를 살려 준 대가로 미녀를 야수에게 보낼 때, 딸은 그 역할을 우아하게 받아들인다. 한동안 야수와 함께 지내고 나서, 그녀는 아버지가 돌아가시기 전에 식구들을 볼 수 있게 해 달라고 부탁한다. 야수는 그녀의 청을 들어주되, 돌아올 시간을 정하고 그 약속의 징표로 반지를 준다.

워크숍을 마치면서 마이클은 자기와 반지 역할이 어떤 점에서 연결되는지를 말해 주었다. 그 역할을 하면서 그는 아버지에 대한 사랑이 마음에 가득 차오르는 걸 느꼈다. 반지로서 평화를 경험한 것이다.

그 워크숍이 끝나고 몇 달 뒤에 마이클과 나는 개인 작업을 시작했다. 첫 회기에 그는 '미녀와 야수' 이야기를 다시 꺼냈고 반지 역할에 관심을 보였다.

나는 사뮈엘 베케트의 단막극 〈왔다 갔다〉(1968)가 떠올랐다. 세 여자가 무대에 들어와 수다를 떨다 나가는 비밀스러운 의식을 치르는 부조리한 내용의 작품이다. 그 작품의 끝부분에 한 여자가 "난 반지를 느낄 수 있어."라고 말하면 그동안 모두가 손을 잡는다. 그 작품을 연출했을 때 나는 반지가 일종의 결속, 인종적이고 여성적인 연대를 상징한다고 생각했다. 그러나 그중 어떤 이미지도 꼭 들어맞게 만족스럽진 않았다. 그래서 그 반지 역할은 신비스럽게 남아 있었고, 마이클의 반지 역시 그랬다. 이야기에서 반지는 아버지 곧 자기 목숨을 딸과 맞바꿈으로써 딸을 버린 아버지와의 결속을 상징한다고 보인다. 그러나 또한 그것은 미녀와 야수의 연계를 나타내기도 한다. 그렇다면 반지는 미녀가 아버지와의 결속을 깨고 연인에게 옮겨 가도록 돕는 전이적 대상인가? 아니면 아버지-딸-연인(야수-연인의 이중성으로 더욱 복잡해지는)의 삼각관계, 프로이트(S. Freud)의 오이디푸스 콤플렉스 같은 심리적 딜레마를 가리키는 것인가? 나는 또한 이 오이디푸스적인 삼각관계가 마이클의 불쾌감의 근원인지 궁금했다.

마이클은 첫 회기 내내 빠르고 분석적으로 말했다. 그는 정말 가슴으로 느끼고 싶은데 늘 정서적으로 거리를 두게 된다고 했다. 또 자기가 성적으로는 게이 남자이며, 미적으로는 배우이자 스탠드업 코미디언이고, 가족 안에서는 오빠이자 아들이라고 말했다. 첫 회기의 초점은 누이동생 베아—그녀와의 융합 관계와 무조건적인 사랑에 대한 욕구—였다.

나는 그에게 소년과 소녀에 관한 이야기를 만들어 보라고 했다. 그가 들려준 일련의 동화 같은 이야기에 나오는 역할은 그의 내면 세계를 고스란히 보여 준다. 마이클은 이야기를 이렇게 시작했다.

> 한 작은 소년과 소녀가 집에 있어요. 소년은 소녀가 괴물들과 엄마의 학대로부터 보호해 주기를 바라요. 그는 두려움에 떨고 있어요. 그 공포의 근원은 여기, 뱃속에 있어요.

마이클은 이야기를 멈추고 잠시 사이를 두더니 울음을 터뜨렸다. 그리고 다시 오빠와 동생이 화해하여 "영원히 행복하게 살았답니다."로 이야기를 끝맺었지만, 그 결말에 불만을 표시했다.

이야기를 되돌아보면서 마이클은 연인을 찾는 데 늘 성공하는 베아에 대한 질투를 드러냈다. 그는 동생이 자기에게만 관심 갖기를 원했고 외로움 속에서 언제나 함께이기를 꿈꾸었다. 베아를 분신으로 여기는 만큼, 자신을 깊이 상처 입힐 수 있는 그녀의 힘 또한 인식했다.

마이클의 이야기에서, 소년은 겁에 질린 연약한 피해자이며 소녀는 강력한 보호자이자 조력자로 나타난다. 피해자 역할의 기능은 개인에게서 힘과 통제력을 빼앗아 상처 받기 쉽고 무력한 존재로 만드는 것이다. 조력자/보호자 역할은 주인공의 여정을 촉진하고 안전하게 지켜 준다. 앞으로 보겠지만, 피해자와 조력자 역할은 마이클의 반지를 향한 추구에서 중요한 의미가 있다.

곰 세 마리

그다음 주에는 베아에게서 온 편지를 가져왔다. 마이클은 편지를 읽어 보지 않았지만, 베아가 자기를 사랑하며 모든 게 잘되고 있다고 썼을 거라 상상했다. 그리고 도시에서의 고립감과 베아와 멀리 떨어져 있는 데 대한 느낌을 약간의 거리를 두고 표현했다.

나는 그에게 모래상자 놀이를 해 보자고 제안했다. 하얀 모래로 채워진 가로 120cm, 세로 60cm 크기의 상자 그리고 옆에 있는 탁자에는 사람, 자연물, 교통수단, 동물, 집, 울타리, 돌, 나무와 플라스틱으로 된 다양한 물건 등 작은 모형이 유형별로 진열되어 있다. 나는 그에게 원하는 모형을 골라 상자에 배치해 보라고 했다.

마이클은 부드럽고 조그만 곰 인형을 배리라고 불렀다. 그는 말했다.

> 배리는 해변에 혼자 있어요. 모래와 바다를 바라보면서. 그런데

뭔가 빠졌어요.

그는 아이 모형을 가져와 베이비 블루라는 이름을 붙였다. 배리가 베이비 블루를 껴안는다. 둘은 서로에게 사랑을 표현한다. 하지만 여전히 뭔가가 부족하다. 마이클은 전사 모형을 찾아 브루노라 말하면서 그림에 포함시켰다.

> 브루노는 강하고 위협적인 마초예요. 그는 배리에게 사랑을 고백하고 그를 지켜 줘요. 그리고 배리는 베이비 블루를 보호하지요.

끝에 가서 브루노는 두 인형을 외면했다. 배리가 팔을 뻗어 잡으려 했지만, 브루노는 오히려 다가오지 말라고 말했다. 마이클은 그리고 그림을 해체한 뒤 모형을 탁자에 되돌려 놓았다.

모래상자 놀이를 돌이켜 보면서 마이클은 브루노를 아버지와 동일시했고, 배리와 베이비 블루는 자기 역할이라고 했다. 그는 베이비 블루가 가난하고 천진난만하며 연약한 자기라고 생각했다. 그는 보통 혼자라고 느끼며 친밀한 관계를 잘 유지하지 못하지만, 그럼에도 불구하고 다른 사람과 관계를 맺을 수 있게 해 주는 것이 바로 그 역할이었다. 배리는 모성적이고 보호적인 부분을 나타내지만, 여성적인 역할은 수용할 수 없다고 했다. 그가 인형을 부르는 소리는 마치 '베어-리'처럼 들렸다.

나는 마이클에게 '금발의 처녀와 곰 세 마리' 이야기를 기억하느냐고 물었다. 그는 줄거리를 말하더니 모래상자 모형이 엄마 곰(배리), 아빠 곰(브루노), 아기 곰(베이비 블루)이 될 수 있다며 금발의 처녀라는 새로운 인물을 추가했다. 회기가 끝났다.

회기를 돌아보면서, 나는 금발의 처녀가 베아의 또 다른 모습인지 혹시 베아가 없을 때만 마이클이 부모와의 관계를 자유롭게 시험할 수 있는 건 아닌지 궁금했다.

이 회기에서는 마이클의 세 가지 중요한 역할이 드러났다. 즉, 배리/베어리인 모성적이고 보호하며 명상적이고 혼자 있는 엄마 곰, 베이비 블루인 불쌍하고 천진난만하며 연약한 아기 곰, 부성적이고 위협적이며 소원하고 강력한 브루노다. 네 번째 금발 미녀의 역할은 가장 거리가 멀고 선명하게 드러나지 않았다.

이 역할들은 마이클 가족의 역동을 일부 보여 주었다. 아버지는 냉담한 마초에 잠재적으로 거칠기도 하고 보호적이기도 했다. 어머니는 고립되어 있지만 아버지보다는 살가워서 아들을 안아 주고 사랑할 수 있었다. 아이는 매우 연약하고 부모를 의심하지만 어느 만큼은 사랑하기도 했다. 딸/누이는 부재하므로 오히려 나머지 식구들이 서로에게 말을 걸 수 있게 기능했다.

브루노의 보호하는 힘과 파괴적인 고립은 양면적일 가능성이 많았다. 그리고 마이클은 자기 보호와 자기 파괴 사이의 싸움을 내면화했다. 나는 배리와 베이비 블루가 나타내는 고립과 연계를 향한 욕구에서도 이와 유사한 양면적 특성을 발견했다.

드라마의 제시적인 스타일은 마이클 내면의 주요한 역할을 동일시함에 있어 꽤 적절해 보였다. 그는 상당히 긴 기간 동안 이 스타일을 유지하면서 가족의 배신에서 오는 압도적 감정으로부터 안전한 거리를 확보했다. 단지 장난감과 곰 인형일 뿐이지만 마이클은 그것을 통해 가족 성원의 특성을 조명할 수 있었다.

변호사

이어진 회기에서 마이클은 두 남자와의 관계를 이야기했다. 그 중 한 사람과 성적인 접촉을 했는지는 확실치 않았다. 나는 의자 세 개를 가져다 놓았다. 첫 번째 의자는 로이를 나타냈다. 로이는 지나치게 밀착적이고 쉽게 마음을 열고 다가왔으며 상처 받기도 잘하고 베이비 블루처럼 어린아이 같은 모습을 보였다. 두 번째 의자는 먼 곳에 사는 폴을 나타냈다. 마이클은 그를 아름답고 냉정하며 가지기도 힘들고 곁에 두기도 어려운 사람이라고 표현했다.

세 번째 의자에는 마이클이 원하는 미스터 엑스를 앉혀 보라고 한 뒤, 보기로 아버지와 이상적인 연인을 제안했다. 마이클에게는 두 극단적인 연인 유형 사이에서 균형 혹은 성찰의 지점이 되어 줄 중재자가 필요해 보였기 때문이다. 그가 아버지를 택한다면, 그것은 보호자나 조력자의 이상적인 형태가 될 것이며, 또 이상적인 연인을 택한다면, 그것은 마이클이 동반자로서 진정으로 원하고 필요로 하는 사람일 것이었다. 그리고 그 이미지를 떠올리면서 마이클은 자기를 구원하여 온전하게 해 줄 완벽한 인물에 대한 욕구를 탐험할 수 있을 거라 예상했다. 또 한 가지는 기술적인 문제로, 참여자가 세계를 도덕적인 양극으로 나누는 경향이 있을 경우에는 대안적인 선택 혹은/그리고 역할들 사이에서 전이적인 공간으로 작용할 수 있는 역할을 추가하여 세 가지 역할로 작업하는 것이 유용하다.

마이클은 의자를 옮겨 다니며 로이와 폴의 역할을 연기하기 시작했다. 그는 미스터 엑스가 이상형이라고 했지만 그 역할을 실제로 연기하려 하지는 않았다.

나는 미스터 엑스의 역할을 직접 해 보는 게 어떻겠느냐고 제안하면서 저항을 감안하여 일단 눈을 감고 미스터 엑스를 상상하게 했다.

> 당신은 누구십니까?
> 마이클입니다.
> 당신은 어떤 모습입니까?
> 정장 차림에 단정한 머리를 하고 있습니다. 세련된 인상입니다.
> 직업은 무엇인가요?
> 변호사입니다.
> 더 구체적으로 말하면?
> 형법 변호사입니다.

그 변호사는 마이클에 대한 감정을 말하기 시작했다.

> 나는 당신을 사랑해. 무엇보다 자유와 순진무구함에 대한 당신의 감각을 사랑해. 나는 직업적으로나 경제적으로 성공했고 당신을 충분히 보살필 수 있어.

나는 마이클에게 그 변호사가 변호하는 사람에 대한 이야기를 해 보라고 했다. 마이클은 재빨리 변호사 역할에서 피고 역할로 옮겨 갔다. 궁핍하고 아무런 희망도 없이 무너져 버린 그러나 다른 사람의 도움을 구하거나 바라지 않는 자존심 센 남자를 움직임으로 창조했다. 집 없는 가난한 흑인인 그는 억울하게 강도로 기소되었다. 마이클은 피고의 역할을 감정을 실어 연기했다.

그 회기에서 네 가지 역할이 나왔다. 마이클은 첫 번째 로이를 연약하고 순진한 사람으로 묘사했고, 두 번째 폴은 쿨한 미남이라 했다. 마이클이 좀 더 이상적이라고 생각한 세 번째 역할은 억울하게 기소된 사람을 돕는 변호사였다. 마이클은 그 변호사에게 '마이클'이라는 이름을 붙였다. 여기서 마이클이 찾고 있는 보호자 역할과 뚜렷한 동일시가 성립되었음을 알 수 있다.

회기를 돌아보면서 마이클은 네 번째 인물인 피고 역할이 가장 가깝게 느껴진다고 말했다. 스스로 주류에서 소외되고 정체모를 범죄로 억울하게 비난받는 추방당한 자라 생각하는 마이클은 피고 역할을 눈물을 뚝뚝 흘리면서 사실적으로 연기했다.

그 추방당한 자 역할은 마이클이 두려워하면서 동시에 욕망하는 변호사, 조력자, 보호자, 정장을 입은 성공한 사람들, 즉 거리낌 없이 사랑하고 책임질 수 있는 어른의 세계에 접근하지 못하게 막는 기능을 했다. 만일 그가 가상의 피고처럼 보호를 거절한다면, 그는 자랑스러운 추방당한 자 역할에 안전하게 숨은 채로 계속해서 억눌려 살아갈 수밖에 없을 것이다. 그러나 마이클은 가상의 인물과는 반대로 마땅한 보호를 찾아 움직여 가고자 했다.

검은 격노

마이클은 기진맥진한 모습으로 나타났고, 다시 병이 날까 걱정했다. 그는 화가 나고 멍하다고 말했다. 나는 그에게 분노의 초점을 찾아보라고 했다.

> 어떻게 생겼나요?
>
> 암흑…… 격노.

역할이 떠올랐다—검은 격노. 마이클은 이야기를 만들었다.

> 검은 격노, '그것'은 할아버지로부터 아버지에게 전해졌다. 아버지는 그것을 다시 내게 물려주었다. 형과 여동생도 마찬가지다. 우리는 모두 농담으로 검은 격노를 길들이려 애쓴다. 검은 격노는 특히 아버지에게 강한 힘을 발휘한다. 아버지가 검은 격노를 쏟아 낼 때면, 엄마는 나를 보호한다. 하지만 엄마도 결국에는 그 앞에서 무력하다. 검은 격노를 없애는 유일한 방법은 그냥 내버려두는 것이다. 나는 이것을 임신한 누이와 함께 있을 때 깨닫는다. 동생과 나는 아기에게 이 메시지를 전한다. 누이와 나와 아기는 영원히 행복하게 산다.

나는 이야기를 들은 후, 마이클에게 눈을 감고 은행 직원이 수표를 바꿀 때 힘들게 해서 화가 났던 날을 떠올려 보라고 했다. 그는 상체—어깨, 목, 턱—에서 검은 격노의 존재를 느끼며 괴로워했다.

나는 그에게 그 아픔을 다시 경험한 다음 몸에서 떼어내 앞에 놓인 의자에 던져 보라고 했다. 그는 아주 힘겹게 그렇게 하고 나서, 검은 격노에게 말했다.

> 널 없애고 싶어. 날 혼자 내버려둬!

내가 검은 격노의 역할을 맡았다.

> 너한텐 내가 필요해. 넌 정말로 내가 떠나길 원하는 게 아니야.

역할을 바꿔 마이클이 검은 격노로서 말했다.

> 날 내보낼 수 있는 방법은 사랑밖에 없어. 그리고 진짜 감정들을 들여놓는 거지.

그리고 마이클은 양 어깨에 도사리고 있는 악마를 떨쳐 내려 애쓰면서 격렬하게 울었다.

회기를 마무리하면서 마이클은 화와 격노의 순환에 엄마가 연루되었음을 알게 되었다고 했다. 엄마의 역할은 과소평가되었고 이중적이었다. 그녀는 판단하고 빈정대는 태도로 측면에서 힘을 행사했다. 하지만 좀 더 직접적인 화의 유산은 남성적인 것으로, 할아버지로부터 아버지를 거쳐 그 아들에게로 아주 뚜렷하게 이어져 내려왔다.

역할 유형으로서 검은 격노는 공포와 분노의 결합에서 태어난 일종의 악마다. 그것은 시야에 들어오는 모든 것을 위협해 두려움에 떨게 하는 파괴적인 힘을 발산한다. 그리고 〈바커스의 사제들〉의 완고하고 권위적인 펜테우스와 죄책감에 시달리는 오레스테스처럼 남성에게 고통을 주는 그리스 드라마의 복수의 여신들과도 어느 정도 닮았다. 검은 격노의 유산은 고전적인 복수 비극과 혈족끼리 싸우는 현대의 복수 영화에서도 나타난다.

마이클의 짐작대로 검은 격노는 사랑과 감정의 진정한 표현으로만 달래질 수 있다. 그러나 그를 위해서는 먼저 그 존재를 자각하고 표현해야 한다. 아이스킬로스의 〈유메니데스〉(1960 ed., p. 23)에서 코러스는 이렇게 노래한다.

> 알지어다.
> 그대로 보내는 일 없이 인간의 영혼을 꿰뚫어 보는
> 감시의 눈이 자리 잡고 있어야 한다는 것을.
> 이것이 공포일지라도.
> 지혜는 고통의 산물,
> 많은 눈물을 흘려 생기는 것.[7)]

아마도 검은 격노의 일차적 기능은 복수의 여신이나 그 밖의 악마들처럼 인간의 마음에 비이성적인 공포와 분노를 채워 넣는 것일 것이다.

마이클은 부정적인 감정에 지나치게 이성적으로 접근했기 때문에 아쉬운 면이 있었다. 검은 격노의 유산을 이해하기 시작했지만, 그것을 안전하게 표현하는 데까지 나아가지는 못했다. 검은 격노의 역할을 하다가 자기 내면을 야수처럼 만들어 버린 할아버지와 아버지처럼 비이성적으로 돌변할까 봐 두려웠기 때문이다. 마이클

---

7) 그리스 비극, 아이스킬로스 지음, 이근삼 외 옮김, 현암사, p. 209.

에게는 감정적으로 압도되거나 불편하지 않은 상태에서 공포와 분노를 표현할 수 있는 스타일이 필요했다.

아이스킬로스의 〈오레스티아〉 끝부분에서, 분노에 찬 복수의 여신들은 끝내 패배하지만 아테나에 의해 마음이 누그러져 아테네 사람들의 삶에서 도덕적으로 중요한 자리를 부여받는다. 코러스는 '지혜는 고통의 산물'이라고 노래한다. 내면의 그 존재를 인식하고 격노를 표현하는 데서 얻어지는 지혜는 진실로 귀하다. 그러한 지혜를 향한 추구가 마이클의 치료 목표가 될지도 모른다. 그는 검은 격노가 장군을 한 상태에서 회기를 일시적인 평화로 마무리했다.

소년, 태우는 법을 배우다

마이클은 약간 가라앉은 상태로 왔다. 그는 주로 낮에는 자고 밤늦게 일을 하고서 이른 아침까지 영화를 보곤 했다. 그는 계속해서 집의 이미지, 지난 회기에서 남겨 둔 역할을 생각했다. 마이클에게 집은 모순이었다. 한편으로는 실컷 먹고 자면서 안락하게 쉴 수 있는 안전한 피난처였지만, 다른 한편으로는 자애롭지 못하고 학대하는 부모의 불안한 재현이기도 했다.

그 전 주에 마이클은 아주 고통스러운 경험 한 가지를 기억해 냈다.

> 내가 여덟, 아홉 살 무렵의 일인데, 다락방에서 친구들 몇몇과 놀고 있었다. 나는 오래된 바이올린 하나를 찾았다. 그 바이올린을 켜자마자 검은 격노에 휩싸인 게 틀림없는 아버지가 갑자기 방으로

> 뛰쳐 들어왔다. 그는 고함을 지르면서 내 손에서 바이올린을 빼앗아 들더니 머리를 후려쳤다. 나는 너무 창피한 나머지 멍해졌다. 엄마는 그때 다른 방에 있었고, 어서 달려와 날 진정시켜 주길 바랐지만 끝내 오지 않았다.

그렇게 집은 마이클에게 불행하고 무참히 짓밟힌 어린 시절을 환기시켰다. 아버지는 자제할 줄 모르는 어린아이처럼 굴었고, 보호자가 되어야 할 엄마 역시 도움이 필요한 아이처럼 보였다.

나는 그 일이 있은 다음에 식구들에게 어떻게 반응했는지 기억해 보라고 했다. 그는 말했다.

> 난 직접 대면하는 걸 피했어요. 하지만 저녁 식사 때 아버지가 떠들썩하게 농담을 해서 식구들 모두가 웃었던 건 기억나요.

나는 그 일화는 지금 들어도 무섭게 느껴진다고 말했다. 그리고 유머로 그 경험에 접근하면 어떻겠느냐고 제안했다. 강렬한 감정에서 거리를 둘 수 있도록 블랙 코미디로 재구성하는 것이다. 하지만 마이클은 그 제안이 탐탁지 않은지 재빨리 사진으로 화제를 바꾸었다. 첫 번째는 성탄절에 마이클과 누이동생, 형이 찍은 사진으로 셋 모두 시무룩해 보였다. 선물은 있었지만 받고 싶은 선물이 아닌데다가 형과 누이동생은 훨씬 좋은 선물을 많이 받았다. 또 다른 사진은 열 살 때 식당에 있는 다림판 앞에서 마이클 혼자 찍은 것이었다.

이 회기에서 "난 뿌리가 없는 것 같아요."라며 말문을 연 그는

"소년, 태우는 법을 배우다."라는 이야기를 만들었다.

> 옛날 옛날에 다림질을 좋아하는 소년이 있었다. 그는 아버지의 손수건을 다려 반듯하고 정갈하고 새하얗게 손질을 했다. 또 어머니의 물건도 정성껏 다려 침대에 종류별로 가지런히 개켜 놓았다.
>
> "어쩜 우리 아들이 너무나 잘했구나." 어머니가 말했다. 하지만 아버지는 아무 말도 하지 않았다.
>
> 아버지를 기쁘게 하려고 몇 번이나 더 시도했지만 반응이 없자 소년은 아버지의 손수건을 다리미로 태운다. 화가 난 아버지는 자기 물건을 망쳐 놓았다며 소년을 꾸짖고 때린다.
>
> 그러나 소년은 소리친다. 일부러 그런 게 아니에요!
>
> 울부짖고 또 울부짖는다. (마이클은 이 부분에서 쓰라리게 울었다.) 소년은 이윽고 아버지의 주의를 끄는 유일한 방법이 태우는 것임을 깨닫는다.

그리고 마이클은 일상 현실에서 경험한 태우기의 변형에 대해 이야기했다. 그는 스스로 타 버리기도 했고 태워 버리기도 했다. 검은 격노의 열기로 타 버렸을 뿐 아니라 피해자 역할에 뛰어들어 쉽게 불타 버리기도 했다. 그는 또 작업 과정 중에도 몸에 상처를 입히며 자기 파괴적으로 행동하면서 스스로 불태우는 경향을 보이기도 했다. 그 불태움의 고통을 지우기 위해 마이클은 잠이나 음식 혹은 영화라는 안전한 마약에 빠져들었다.

나는 마이클에게 집이 되었다고 상상하면서 집안을 들여다보고 그 안에 무엇이 있는지 말해 달라고 했다. 그는 거실과 벽난로의 이미지를 떠올렸고, 불의 역할을 해 보라고 하자 낭만적이고 치유적인 그림을 보여 주었다.

> 나는 보살피는 사람이에요. 나는 소년 미키를 따뜻하고 기분 좋게 만들어 줘요.

회기를 마무리하면서 마이클은 두 가지 불타는 역할을 인식했다. 하나는 다림질하는 소년 역할로, 그 조급하고 파괴적인 행동은 인식할 필요가 있다. 다른 하나는 불의 역할로, 벽난로에 안전하게 담겨 치유적인 열기와 빛을 발산한다.

다림질하는 소년은 마이클의 역할 유형 중 두 가지—성마른 사람과 피해자—를 반영한다. 폭력적이고 무자비한 아버지와 한 집에 갇혀 있을 때, 아버지의 관심을 끌기 위해서는 성질을 건드리는 수밖에 없었다. 이야기에서 다리미를 든 성마른 소년은 그 방법을 잘 보여 준다. 아버지의 손수건을 태운 행동은 아버지 눈에 띄기 위한 마이클의 헛된 울음을 나타낸다. 소년은 피해자가 되어 바라마지 않는 아버지의 관심을 얻는다. 그러나 그것은 갈망하던 아버지의 사랑이 아니라 검은 격노였다.

어머니 역할은 대체로 발달되지 않은 채 남아 있다. 어머니는 소년의 행동을 기뻐하는 반면 소년의 상처와 그 결과로 생긴 분노에서는 제외된다.

불의 역할은 마이클이 심리적으로 안전한 집을 다시 짓는 여정을 시작할 수 있게 해 주었다. 불은 뜨거운 다리미를 든 분노한 피해자의 손에서는 파괴의 가능성을 발휘하지만 벽난로 안에 있을

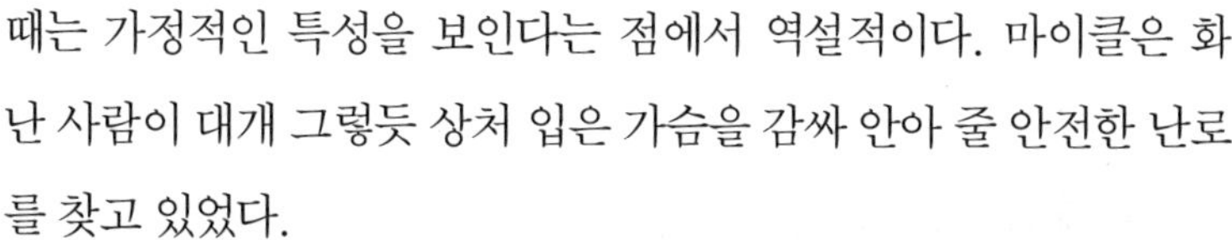

때는 가정적인 특성을 보인다는 점에서 역설적이다. 마이클은 화난 사람이 대개 그렇듯 상처 입은 가슴을 감싸 안아 줄 안전한 난로를 찾고 있었다.

아버지와 아들

마이클은 남부에서 공연하는 새로운 작품에 캐스팅되었다. 그의 역할은 순진하고 도덕적이며 누나를 잘 따르는 12세의 소년, 보였다. 보는 아버지 줄리앙의 이야기를 관객에게 전하는 해설자로, 늘 누나와 함께 등장한다. 보의 아버지는 억울하게 기소된 흑인을 돕는 변호사다. 보는 자애로운 도덕적 모델인 아버지를 무척 존경한다. 나는 변호사와 피고, 억울하게 기소된 흑인 역할이 마이클의 삶에서 자꾸만 반복되는 게 정말 우연인지 궁금했다.

마이클은 보가 남부 억양을 쓰기 때문에 언제 어디서든 연습을 해야 한다며 회기에서도 남부 사투리로 말을 했다. 그러면서도 한편으로는 약간 주저하기도 했다.

> 당신이 찬성하지 않을까 봐 걱정이 돼요.
>
> 왜요?
>
> 그렇게 하면 진짜 감정이 방해를 받을 수 있으니까요.

나는 마이클에게 보의 역할을 해 보라고 했다. 그는 보를 보여 주었다.

> 나는 아버지에게 충분한 관심을 받지 못하고, 그래서 절망했어요. 누군가 날 돌봐 줄 사람을 만나고 싶어. 난 스페인어를 쓰는 나라에 가서 아이들에게 스페인어를 가르치고 싶어요.(그리고 이내 정정했다.) 아니, 영어를요.

역할을 벗고 나서는 더 이상 남부 억양을 쓰지 않고 평상시처럼 말했다. 우리는 배우와 역할 사이에서 균형을 지키면서 인물을 가장 잘 연기할 수 있는 방법에 대해 의견을 나누었다. 배우가 역할에 지나치게 몰입되면 연기를 성찰하고 이해하며 바꿀 수 있는 여지가 없어진다.

그리고 마이클은 못 보는 동안 있었던 의미 있는 사건을 이야기했다. 자기를 학대하고 모욕한 아버지에게 맞서리라고 단단히 마음먹고서 성탄절에 집을 찾았다. 그런데 아버지는 일말의 죄의식도 없이 이렇게 답했다.

> 하지만 난 그냥 어린애일 뿐이었다. 지금도 그렇고 앞으로도 언제까지나 어린애일 거다. 내가 달라지리라고 기대하지 마라.

처음에는 긴장이 풀렸다. 그러나 잠시 후에 슬픔이 밀려 왔고 또 우울함이 찾아왔다.

> 어린애한테서 어떻게 내가 바라는 걸 얻을 수 있지? 난 아버지가 필요해. 사과를 받아야 해. 아버지를 용서하고 싶어. 그런데 아버지가 나 같은 어린애라면 어떻게 해야 하는 거지?

여기에는 아버지와 아들이라는 두 가지 중요한 역할이 있다. 마이클의 실제 삶에서 아들의 기능은 아버지로부터 인정과 사과와 사랑을 받아 내려 애쓰는 것이었다. 하지만 아버지는 사과는커녕 오히려 아들에게 자기를 돌보라고 했다. 이 회기에서 아버지와 아들 역할은 세 가지 차원에 존재했다. 즉, 보와 줄리앙의 연극적 차원, 참여자와 치료사라는 치료적 차원, 마이클과 아버지의 일상적 차원이다.

두 역할의 특성은 이들 차원에서 각각 다르게 나타날 수 있다. 보는 가장 만족스러운 아이라고 볼 수 있으며 사랑할 만한 뚜렷한 아버지/도덕적 모델을 갖고 있다. 그러나 마이클이 회기에서 표현했듯이, 아버지의 시간과 관심을 더 원한다. 충분한 보살핌에 목말라 하는 것이다. 보는 외국에 가서 그 나라 아이들에게 영어를 가르치면서, 삶을 이해하는 법과 다른 사람과 소통하는 법을 가르치는 아버지 역할을 하고 싶어 한다. 보의 아버지 줄리앙은 자애롭고 도덕적이며 강한 어른이지만 직업적 역할을 최우선으로 하기 때문에 다소 무관심하기도 하다.

마이클은 참여자로서 역시 어른이자 아버지의 모습을 한 치료사를 존경했고, 훌륭한 배우와 착한 보가 되기 위해 치료사인 나의 승인을 필요로 했다. 그러나 그는 보의 역할과 융합되지 않으면서 그것을 진정으로 감정을 느끼고 표현하는 데 사용할 수 있을 때만 내가 자기를 정말로 인정할 거라 생각했다. 그러니까 나의 인정을 역할 연기자로서 자기 능력에 따라 달라지는 조건적인 것으로 받아들인 셈이다. 연극치료사로서 나는 마이클에게 줄리앙처럼 따뜻하고 일 잘하는 어른이지만 그러면서도 약간은 냉담하게 비쳐졌다.

아버지의 아들로서 마이클은 가장 불쌍했다. 그는 아버지의 시간과 관심을 원할 뿐 아니라 그의 용서와 인정을 필요로 했다. 그러나 아버지는 세 어른 가운데 가장 수용적이지 않았고, 아들을 검은 격노의 피해자로 만들었다. 그리고 나중에 아들이 그것을 비난하자 완벽한 알리바이—나는 어린애니까 죄가 없다—를 내세웠다.

그 밖에 연극 작업에서도 연출자와 줄리앙을 연기한 배우와의 관계에서 아버지-아들의 전이 현상이 나타났다. 연출자는 공연 기간이 끝나기도 전에 막을 내려 배우들을 소외시키는 매우 까다롭고 유치하며 수동공격적인 사람이었고, 줄리앙 역할의 배우는 마이클의 연기를 공개적으로 칭찬한 자상한 신사였다.

아버지-아들 관계는 드라마에서 즐겨 다루는 모티프다. 예를 들면, 오이디푸스와 라이어스, 아브라함과 이삭, 햄릿과 클로디어스, 〈서부 세계의 플레이보이〉에서 크리스티 매혼과 그의 아버지, 〈밤으로의 긴 여로〉에서 제이미와 제임스 타이론, 〈세일즈맨의 죽음〉에서 비프와 윌리 로먼의 투쟁 등이 있다. 프로이트가 오이디푸스의 드라마에 대한 심리학적 고찰에서 요약한 극적 투쟁은 존스(1949/1976)에 의해 햄릿의 심리적 근거로 확장되었다. 마이클이 보여 주듯이, 아들의 궁극적 목표는 어머니에 대한 집착과 아버지에 대한 분노를 넘어서 근친 상간적이지 않은 적절한 상대에게 사랑을 전이시키는 것이다. 그래서 아들의 역할은 흔히 힘과 지혜와 축복과 아버지의 정체성을 획득하기 위한 여정 속에서 영웅적 면모를 보이기도 한다.

아버지 역할은 신과 그 밖의 다양한 남성적 권위자의 모습(예를 들어, 연출자, 치료사, 교사, 전사)과 상징적인 관련을 갖는다. 아버지 역할은 쉽게 추상화되고 이상화되며 곧이어 현실적으로 실망을 안겨 주곤 한다. 마이클은 그토록 필사적으로 인정받기 원했던 아버지가 자기와 다름없는 어린아이이자 아들임을 발견했을 때, 혼란스럽고 무력해질 수밖에 없었다. 아버지로서는 자기보다 힘도 권위도 없는 사람을 찾기가 어려웠을 것이나, 마이클은 이런 유형의 아버지를 받아들일 준비가 되지 않았다. 하지만 거꾸로 아버지가 아들과 다름없다면, 아들은 아버지에게 받고 싶어 한 것을 스스로 가질 힘이 생기지 않을까? 이런 생각은 마이클에게 아직 소용이 없었지만 내게는 중요한 단서가 되었다.

판사와 비옷

마이클이 맡은 보는 1막에 주로 등장하고 2막에는 거의 나오지 않았다. 그래서 연출자는 비중이 작은 판사 역할을 더 맡겼는데, 화가 난 마이클은 그 제안을 거절했다.

회기에서 마이클은 판사 역할을 연기했다. 나는 그에게 인물로서 자기 직업과 그 기능에 대해 이야기해 보라고 했다. 그는 이렇게 말했다.

> 첫 번째는 비판하는 것이고 두 번째는 지지하고 보호하는 일입니다.
>
> 어떻게 보호하지요?
>
> 글쎄요, 말하자면 비옷을 입으라고 하는 거죠. 그리고 나는 과잉

> 보호를 하기도 합니다. 그래서 상대에게 길을 잃은 것처럼 중요하지도 않고 보이지도 않는 듯한 느낌을 주지요.

판사에게 이름을 붙여 보라고 하자 마이클은 별 생각 없이 '저스틴'이라고 했다. 그것은 좋은 아버지를 찾는 데 영향을 준 도덕적 원칙인 정의(justice)의 줄인 말일까? 아니면 '제시간에(just in time)'를 짧게 말한 것일까? 무엇을 위한 제시간일까? 도덕적 정의가 사라져 버린 소외와 무의미의 삶으로 떨어지기 직전?

회기가 끝나갈 무렵, 마이클은 전날 밤에 있었던 일을 이야기했다.

> 어젯밤에는 불안해서 잠을 잘 수가 없었어요. 그래서 폰섹스를 했고 우연히 근처에 사는 남자 집에 초대받아 가게 되었죠. 하지만 날 보호하기 위해서, 남부 출신 소년 보의 역할을 하기로 했어요. 통제력을 유지하고 싶었거든요. 보는 주도권을 잃지 않았어요. 섹스는 안전하고 즐거웠어요. 만지지 않고 자위만 했죠. 또 다른 남자가 자꾸 다른 걸 요구했어요. 마이클로서는 거절하기 어려웠겠지만, 보는 그렇지 않았어요. 싫다고 말하고 그곳을 빠져나왔죠.

그 역할은 성공적이었다. 마이클은 통제력을 행사하면서도 자기 욕구를 충족시키고 즐거움을 누렸다. 비판적이고 과잉보호하는 판사는 잠잠해지고, 보호적인 판사가 보와 협력하여 안전한 섹스와 안전한 느낌을 만들어 냈다.

이 대목에서 비옷의 이미지가 뚜렷해졌다. 한편으로 그것은 일종의 콘돔처럼 안전한 섹스를 뜻하고 다른 한편으로는 좀 더 심리적인 의미를 가졌다. 마이클은 비도 안 오는데 비옷을 입고 집 밖에 앉아 있는 모습을 찍은 오래된 사진을 기억해 냈다. 그 이미지에 대해 이야기를 나누면서, 마이클은 적절한 역할과 그에 어울리는 보호를 연결하는 방법을 찾고 싶어 하는 욕구를 알아차렸다. 왜 위험하지도 않은 상황에서 보호받는 역할을 연기하는 것일까? 왜 비도 오지 않는데 비옷을 입는 것일까?

만일 판사가 '비옷을 입으라고 하는' 보호자라면, 보호받는 느낌을 위해 언제 그를 불러내야 하는지를 정확히 알 필요가 있다. 그리고 보호의 기능을 극대화하기 위해서는 판사의 두 가지 다른 기능을 제거해야 한다. 비평가는 추구하는 사람의 적이다. 추구하는 사람이 제 길을 갈 수 있게 돕기보다 죄책감과 자기 불신을 부추김으로써 발걸음을 늦추고 웃음거리로 만들어 버린다. 과잉보호하는 사람 역시 스스로 조력자라 말하지만, 추구자의 독립성을 앗아감으로써 실제로는 무거운 짐을 지운다.

마이클은 결국 연극에서 판사 역할을 하게 되었고, 더 이상 저항하거나 화내지 않았다. 2막의 판사가 1막의 보를 가리거나 훼손시키지 않았으며, 마이클은 그 둘을 통합하는 법을 익혔다. 그리고 그렇게 순진한 아이와 보호자의 역할을 통합함으로써 과거에는 혹독하게 비판하고 후회했던 익명의 섹스를 즐길 수 있게 되었다. 삶이 예술을 반영한 것이다.

하지만 나는 좀 더 중요한 통합은 아직 이루어지지 않았다고 생각했다. 보호적인 판사가 연약하고 상처 입은 마이클이 아버지 역할을 맡아 소화하는 데까지—아이에서 어른으로, 피해자에서 영웅으로 어떻게 이끌고 갈 것인지가 남아 있었다.

배우의 가면

공연이 시작되었다. 마이클은 가족이 극장에 오기로 한 두 번째 주말에 최상의 감정을 보여 주기 위해 컨디션을 조절했다. 그날은 마침 아버지의 60세 생일이라서 어머니와 형과 친지들까지 모두 모였다. 가족들은 마이클의 연기에 감탄했고, 공연이 끝난 뒤 함께 저녁 식사를 했다. 마이클 역시 아주 만족스럽게 배불리 먹었고 자정에는 아버지에게 '생일 축하 노래'를 불러 주었다. 마이클은 그 자리를 함께할 수 있어 기뻤다.

그런데 마지막 공연까지 아직 몇 주가 더 남았는데도, 마이클은 우울하고 공허한 느낌이 들었다. 그는 꿈을 꾸었다.

> 공연이 끝난 뒤에 분장을 지우는데 난 샌프란시스코에 있다. 길을 잃은 듯 외롭다.

배우의 페르소나 밑에는 길 잃은 사람, 이방인이 있다. 배우 역할에는 마약 같은 특성이 있다. 중독성이 있고 책임감과 다른 역할의 매력을 차단해 버릴 수 있다는 뜻이다. 그것은 순간적인 환각을 주지만, 그 뒤에 공허함과 더 많은 욕망을 남겨 놓으며, 일상 현실로부터 멀어지게 하기도 한다.

마이클의 상상 속에서, 배우 역할은 보와 판사라는 하위 역할을 끌어냈고 두 가지 모두 도움이 되었다. 누나에게 애착을 갖고 있고 아버지를 존경하고 사랑하는 보의 역할은 아버지에 대한 마이클의 이상적인 관계를 나타내면서 하나의 목표를 제시했다. 나는 그에게 물었다.

> 당신이 보기에 보는 나중에 커서 무엇이 될 것 같습니까?
>
> 성적 취향은 잘 모르겠지만, 난 그 애가 아버지처럼 변호사가 될 것 같아요.

마이클이 느낀 대로 보의 목표는 보호자이자 지키는 사람, 도덕적 아버지로서 다른 아들들을 위해 하나의 모델이 되는 것으로 결정되었다.

하지만 여러 가지 측면에서 배우 역할은 마이클의 인성에서 지나치게 지배적이었다. 꿈은 그에게 '너는 끊임없이 작가를 찾아다니는 피란델로의 여섯 인물들처럼 길을 잃었다, 연극적인 페르소나를 벗어 버려라.'라고 말하는지도 모른다.

이어진 회기에서 마이클은 배우/연기자 역할에 대해 더 깊은 이야기를 들려주었다.

> 무대에 있을 때 나는 보이는 것을 걱정해요. 내가 지나치게 주의를 끌어서 장면을 망칠까 봐 두려워요. 그런데 또 아무런 관심도 받지 못할까 봐, 충분히 보이지 않을까 봐 더 걱정한답니다.

보일 것인가 보이지 않을 것인가, 이것은 배우의 근본적인 딜레마다.

배우 역할의 가장 우선적인 기능은 인물을 통해 감정이나 생각을 소통하는 것이다. 효과적인 소통을 위해 배우는 역할을 빌려 관객에게서 반응을 이끌어 냄으로써 자기를 주장해야 한다. 가장 기본적인 차원에서 그 반응은 역할을 연기하는 배우에 대한 수용을 바탕으로 한다. 관객의 기능은 배우 자체가 아닌 페르소나에 반응하면서 인물로서 배우의 극적 현실을 수용하는 것이다. 미분화된 역할 체계와 판사와 아버지와 비판적인 관객에게 지나치게 의존하는 마이클은, 역할의 무가치함을 그 역할을 연기하는 사람의 무가치함과 동일하게 취급한다. 만일 보/판사가 제대로 드러나지 않는다면 자기 자신도 그렇게 되는 것이다. 마이클이 연기를 하는 가장 중요한 이유는 바로 정당성을 인정받고자 함이다. 그리고 그것을 이루기 위해 그는 관객을 지나치게 압도하거나(자기에게 너무 많은 주의를 집중시킴으로써) 관객에게서 너무 멀어지지 않으면서(배경으로 사라지는 것) 배우 역할을 할 수 있는 방법을 찾고자 했다.

아버지와 동료들 눈에 띄고 싶어 하는 욕구와의 싸움에서도 마찬가지였다. 가장 어린아이처럼 행동할 때 마이클은 자신을 관념적으로 전시했다. 여전히 거리를 두고 있지만 사람들을 웃게 만드는 스탠드업 코미디를 한다든지 아니면 자연과 일치감을 느끼기 위해 해변으로 숨어들거나 더 이상 상처 입을 수 없도록 스스로 상처를 노출시키는 순진한 소년이 되는 것이다. 반면에 가장 어른스럽게 행동할 때는 좀 더 재현적인 스타일을 취한다. 다시 말해 보이기를 시도하면서 역할에 감정을 부여하는 것이다.

마이클은 배우를 구성하는 전혀 새로운 하위 역할을 언급하기 시작했다. 자기 이익을 추구하고, 사진과 이력서를 정리해 가지고 다니며, 대행사와 수입이 되는 일을 따내는 역할인 사업가 혹은 흥행주였다. 무대나 일상 현실에서 배우로 드러나려면 반드시 행동할 수 있어야 한다고 결론지었다. 사업가 역할은 배우가 직업적인 목표에 접근하도록 자극하고 지지(사진, 이력서, 대행사의 형식으로) 함으로써 그에 도달할 수 있음을 확신시킨다.

비평가

나는 유럽으로 안식 여행을 떠날 참이었다. 마이클과의 작업을 마무리할 때가 다가왔다. 마이클은 꿈을 꾸었다.

> 당신이 내가 보를 연기한 것에 대해 비평을 썼어요. 그래서 그 글을 집어 들었는데, 아무리 찾아도 당신이 쓴 부분이 보이지를 않아요.

나는 비평문을 마음속에 그린 다음 없어진 부분을 찾아보라고 했다. 그는 그것을 읽었다.

> 마이클은 힘이 넘치는 놀라운 연기로 그 작품에서 단연 최고의 모습을 보여 주었다.

마이클은 처음으로 나에 대해 솔직하게 말하기 시작했다.

> 몇 주 전부터 당신의 불완전함이 눈에 들어오기 시작했어요. 당신은 바이올린 사건의 의미를 잘못 이해했죠. 그때 내가 받은 모욕을 유머로 해결하려는 방식이 상당히 어리석다고 생각했어요. 그전에 당신은 좋은 아버지처럼 하나의 이상이었어요. 하지만 날 실망시켰고 그래서 치료 시간에 감정을 차단시키는 걸로 당신에게 벌을 주었어요. 연극 작업에서의 경험이 대용품이 되었죠.

상상 속에서 긍정적인 비평을 찾아냄으로써, 마이클은 다시 긍정적인 전이를 형성할 수 있었다. 나는 줄리앙이라는 인물처럼 이상적인 아버지가 아니었다. 그보다 마이클을 낙담케 하고 동시에 비판적이지 않은 태도로 그를 지지하는 더 현실적인 존재였다. 치료사로서는 이상적이지 않았지만, 비평가로서 나는 믿을 만하고 긍정적인 판단을 제공할 능력이 있었다. 하지만 아마도 마이클은 내 판단이 지나치게 긍정적이라고 보았을 것이다.

그리고 아마도 내가 떠날 거라는 사실이 이상적이고 비판적이지 않은 비평가로의 변형을 가져왔을 것이다. 여러 가지 측면에서 마이클의 역할은 여전히 도덕적이었다. 보와 같이, 마이클은 정의를 필요로 했고 세상의 불의로부터 자신을 지켜 줄 아버지를 원했다. 또한 자기를 학대하고 어른 역할을 감당하지 못하는 아버지의 무능력을 심판하고 처벌하며, 나아가 스스로 변호사 역할을 맡고 싶어 했다. 그리고 줄리앙처럼 선한 싸움을 할 때도 선과 정의가 늘 승리하는 것은 아님을 인식하면서 의미 있는 것은 선한 싸움 그 자체임을 받아들일 수 있기를 바랐다.

눈먼 소녀

공연은 이내 막을 내렸고, 안식 여행이 코앞에 다가왔다. 마이클 역시 서부로 여행을 떠날 계획이었다. 한꺼번에 여러 가지 일을 마무리하게 되었다. 마이클은 꿈에서 본 인물 패티를 꺼내 놓았다. 정력적이고 순진한 베이비 블루의 다른 측면인 패티는 눈자위가 움푹 꺼져 있고 침울하며 의기소침했다. 앞을 보지 못하고 말도 할 수 없었으며 수동적이고 지나치게 분리적이었다.

나는 마이클에게 패티를 시각화해 보라고 했다. 그는 내가 패티를 연기해 보라고 할 것이라고 예상했지만, 나는 그 기대를 배반하고 패티와 관련한 자기 자신을 연기해 보라고 했다. 그는 어렵지 않게 역할을 받아들이더니 허공을 쓰다듬으며 "괜찮아."라고 말했다. 아기를 안고 있는 아버지의 모습이었다. 나는 입고 있던 스웨터를 벗어 아기처럼 뭉친 다음 그에게 건네주었다. 마이클은 그것을 부드럽게 껴안고 말했다. "울지 마, 패티야." 그는 패티를 안심시키고 편안하게 해 주고 보호해 주었다.

마이클의 모습에서 두 가지 역할이 뚜렷하게 나타났다. 하나는 검은 격노의 대상인 학대당하고 침묵하는 어린아이로서의 피해자였다. 그리고 두 번째는 보살피는 아버지, 성숙한 어른, 지켜 주는 판사이자 보호자로서 대상이 비록 불완전하다 해도 비판하지 않는 자세로 사랑을 주는 인물이다.

마이클의 연기는 성찰과 함께 깊은 감정을 일으키는 균형 잡힌 스타일을 보여 주었다. 울고 난 다음 그는 말했다.

> 깊은 안도감과 명료함이 느껴져요. 나는 패티를 아주 잘 알아요. 내 안에 살고 있거든요.

나는 마이클과 함께 있을 때 한 번도 경험한 적 없는 충일함을 느끼는 나를 발견했다. 그 순간 반지의 이미지가 떠올랐다. 그것은 연계 그러니까 각자에게 어울리는 역할—강하고 의지할 수 있고 자애로운 아버지와 의존적이고 불완전하고 연약한 아이—을 연기하는 아버지와 어린아이의 결속을 직접적으로 극화한 것이 아닐까?

우리는 역할의 의미와 남아 있는 과제에 대해 이야기를 나누었다. 즉, 어른/아버지 역할이 상처 입은 아이의 역할을 감싸 안을 것, 아이/피해자 역할은 어른/아버지가 자기를 볼 수 있게 놓아둘 것, 피해자/학대당한 아이 역할이 마이클의 인성을 이루는 전체 역할 체계에 미치는 영향력을 줄일 것 등이었다.

통합

내가 떠나기 전 마지막 회기에서 마이클은 또 다른 꿈 이야기를 했다.

> 중심인물은 어리고 뚱뚱한 소년 빌리다. 빌리는 엄마에게 혼자 남고 싶다고 말한다. 엄마는 그를 야단친다. 어른인 내가 빌리 편을 들어 준다. 그러나 빌리는 나를 향해 돌아서더니 나 역시 자기를 혼자 있게 내버려두어야 한다며 "난 나만의 전투를 치를 수 있어요!"

라고 말한다.

빌리가 뚱뚱하다는 특성이 의미 있게 보였다. 나는 마이클에게 프란츠 카프카의 〈단식 광대〉(1924/1952)를 아느냐고 물었다. 그는 모른다고 했고, 그래서 그 이야기를 이렇게 들려주었다.

> 누군가 단식하는 기술을 갖고 있는 한 남자에게 보는 사람도 하나 없는데 왜 계속해서 굶고 있느냐고 묻는다. 그러자 그는 "먹을 만한 음식을 찾을 수가 없어서 그렇소."라고 답한다.

그러나 마이클은 빌리는 다르다고 반응했다. 빌리는 적당한 정서적 음식, 어른들 세상에 맞서 독립적인 지위를 획득하기 위해 자신을 돌보는 방식을 찾아냈다.

뚱뚱한 소년의 이미지는 마이클에게 강렬한 것이었다. 실제로 그는 부모님 집에서 먹는 음식으로만 허기를 채웠고, 그래서 전혀 살이 오르지 않았다.

우리는 몇 가지 중요한 역할을 통합할 수 있는 가능성에 대해 이야기했다. 우리는 빌리, 패티, 보, 베이비 블루 네 역할이 모두 어린아이라는 점에 주목했다. 여러 부분으로 쪼개진 내면화된 아이의 역할. 마이클이 각 역할의 특성과 기능을 묘사하면, 나는 거기에 짧은 의견을 덧붙였다.

> 패티는 움츠렸다가 자기를 대중 속으로 내던짐으로써 원하는 것을 얻어내는 포탄과도 같다.

피해자 역할은 태우는 법을 배운 소년처럼 파괴적이면서 자학적인 기능을 한다.

베이비 블루는 사랑함으로써 사람들을 죽음으로 몰고 가고 자기를 사랑하게끔 사람들을 조종한다.

순진한 사람의 역할은 조작적인 기능을 수행한다. 이것 역시 궁극적으로는 순진한 사람을 상처 입히는 파괴적인 경로를 밟는다.

빌리와 보는 먹을 만한 음식을 알고 있다.

빌리와 보는 아이 영웅의 두 형식이다. 전자는 독립적이며 정서적으로 충분히 안정되어 있고, 후자는 도덕적이고 사랑스러우며 공손하다. 둘은 아버지를 찾는다. 보의 방식은 긍정적인 모델을 본뜨는 것이고 빌리는 부정적인 모델을 멀리하는 방식을 택한다. 두 역할 모두 아버지를 필사적으로 필요로 한다.

우리는 1년 동안의 연극치료 작업을 마무리했다. 중요한 어린아이 역할들이 표면으로 떠올라 이름을 갖게 되었다. 즉, 순진한 사람 베이비 블루, 이상주의자 보, 피해자 패티, 전사 빌리다. 그 역할의 면면을 살펴보는 가운데 마이클은 전에는 분명치 않던 자기의 어떤 부분을 보게 되었다. 그리고 역할을 훈습하면서는 그것들 사이의 균형을 찾아 그중 어떤 것도 전체 역할 체계에 과도한 영향력을 행사하지 못하게 하려 노력했다. 그 균형은 아이들 역할뿐 아니라 줄리앙(변호사)과 판사와 검은 격노 및 그 밖의 다른 아버지 역할들과 벌써 발견했지만 아직 통합되지 않은 여성적 역할을 통해 가능했다.

작업을 마치기 전에 마이클은 내가 치료사 역할을 고수하면서 그 안에 갇혀 있을 때는 자신을 열어 보이기가 무척 힘들었다며, 나에 대한 생각을 또 한 번 솔직하게 표현했다. 자기를 상처 입힐 수도 있는 나의 권력을 인식했던 것이다.

나는 치료사이자 아버지로서 비평과 비판적 판단을 받아들이면서 그에게 매우 인간적으로 다가갔다. 그리고 그의 눈을 응시하며 말할 수 있었다. 당신이 나를 보도록 허락하지 않았을지라도 나는 당신을 계속해서 보아 왔다고 말이다. 다만 그의 기능과 나의 기능이 달랐을 뿐이다. 사실상 분리 곧 상대의 역할에 대한 무언의 수용이 바로 아버지와의 관계에서 그가 바라마지 않던 바로 그것이었다. 그에게 연극치료는 현실이 주지 못한 아버지와 아들의 대안적 모델을 다양한 방식으로 제시한 긍정적인 대체물이었다.

빌리와 보를 어른됨으로 이끄는 방법, 패티와 검은 격노의 힘을 더 발산시키는 법 등 앞으로 남아 있는 과제를 점검하면서, 우리는 4개월 후에 작업을 재개하기로 했다. 그리고 일 년 만에 처음으로 악수를 했다. 나는 다소 망설이며 그의 어깨에 손을 얹었다. 우리 둘 다 그게 편안하지는 않았다. 하지만 치료사와 참여자, 아버지와 아들, 남자와 남자의 쉽지 않은 접촉이 일단은 이루어졌다.

CHAPTER 05

마이클의 사례: 2부

키스

4개월이 지난 뒤, 마이클은 연극치료를 다시 시작했다. 그는 어디론가 사라져 버린 연애 사건과 어른이 된 후 처음으로 산 싱글 침대에 대해 빠른 속도로 이야기하기 시작했다. 나는 물었다.

> 왜 싱글 침대를 샀죠?
>
> 방이 작거든요. 허리가 안 좋고요. 어쨌든 내 형편엔 그게 맞아요.

나는 말없이 싱글 침대가 그에게 사춘기 청소년 역할을 유지하는 수단이지 않을까 생각해 보았다. 나는 마이클이 사춘기 단계에 있는지 그리고 어린아이 역할이 얼마나 강렬하게 나타나는지 궁금했다.

그는 예전과 달라 보였다. 수염을 길러 더 나이 들고 세련되어 보였다.

> 수염 덕분에 남성적인 역할을 하기가 더 수월해요.
>
> 아버지에 대해선 어떤가요?
>
> 좋아요.

그는 엄마 얘기로 화제를 바꿨다. 엄마는 아이 같고 쉽게 흥분했으며 자신을 필요로 하는 사람을 필요로 했다. 그는 엄마를 돕고 싶어 했다.

> 엄마가 여동생 같았어요.

나는 마이클에게 엄마 역할을 해 보라고 했다. 그는 입을 열었지만 말을 더듬었고 몸도 긴장되어 있었다. 자리에서 일어나 방 안을 돌아다니기 시작하면서 훨씬 부드러워졌다. 형 스티브가 결혼을 앞두고 있었다.

> 내가 할 수 있는 일이 없어. 모든 게 내 손을 벗어나 있다고. 그 사람들이 다 알아서 해 버리고, 내게 남아 있는 건 하나도 없어. 내가 어떻게 할 수 있는 게 아무것도 없다고. 절망스럽기 짝이 없네. 아들 결혼식에 엄마인 내가 할 일이 없다니.

마이클은 역할을 벗고 나서 말했다.

스티브는 엄마와 결혼했어요. 엄마는 형에게 도움을 주어서 자기가 필요한 존재라는 느낌을 얻겠지만, 형을 계속해서 의존적이고 아기 같은 상태로 만들어 급기야는 질식시키고 말 거예요……. 우리 엄마는 어린 소녀예요. 추하고 공허하고 주목받지 못한다고 느끼죠. 이모는 예뻤지만 엄만 그렇지 않았거든요. 그래서 그렇게 궁핍하고 외로워하는 거예요.

당신은 어머니와 닮았나요?

나 역시 나를 필요로 하는 사람이 필요해요. 여성적인 역할을 할 때 불안을 느끼면서도, 그걸 연기하고 싶어요. 패티처럼 불쌍하고 무시당한 아이죠.

어머니가 학대를 당했다는 증거가 전혀 없음에도 불구하고, 마이클은 어머니와 패티를 연결했다. 마이클이 보기에 엄마는 깊이 상처 받은 듯 눈먼 것처럼 행동하는 경우가 자주 있었다. 마이클은 그 두 여성적 인물과 강한 동일시를 나타냈다.

결혼식을 하기 전에 마이클은 스티브와 단둘이 캠핑을 갔다. 마이클은 여러 면에서 스티브가 아버지와 닮았다는 걸 알고 있었다. 캠핑을 하면서 두 사람은 즐겁게 웃었고 외설스러운 노래를 부르기도 했다. 마이클은 말했다.

난 여성적인 에너지 속에 있었어요. 사람들은 아마 우릴 보고 게이 커플이라고 생각했을 거예요.

나는 마이클에게 게이가 된 계기가 무엇이냐고 물었다. 게이를 선택한 것인가요? 그는 선택이라는 말에 크게 화를 냈다.

> 게이가 되는 걸 선택할 사람이 어디 있습니까? 예전부터 난 여성적인 역할을 연기하길 좋아했어요. 정확히 언제 남자에게 끌리는 걸 의식하게 되었는지 기억나진 않지만, 남자가 언제나 날 자극하는 존재였던 것만은 틀림없어요.

꿈에서 마이클은 여자와 사랑을 나누고 그것을 즐기기도 했다. 그는 한때 '심심풀이 땅콩'으로 만나 삽입이나 안전하지 않은 행위는 일절 삼가고 다만 성적으로 즐겼던 친한 여자 친구가 있었다고 말했다. 또 열두 살 때 옷을 다 벗고 있는데 여동생 베아가 욕실로 뛰어 들어왔던 일을 이야기했다. 베아는 형 스티브가 한밤중에 자기 방에 들어와 자위를 했다며 도움을 청했다. 하지만 마이클은 벌거벗고 있는 게 너무 창피해 성난 목소리로 말했다.

> 내가 할 수 있는 게 없어! 나보고 어쩌라고?

그는 누이를 도와줄 수 없는 무능력함에 죄책감을 느꼈다. 하지만 시간이 한참 지나고 나서는 당시 자신은 그저 꼬마였을 뿐이라고 결론을 내렸다. 나는 그가 성적인 만남에서 여전히 합리화를 사용하는지 궁금했다.

마이클은 최근의 성적 경험을 털어놓았다.

> 한 나이 든 남자를 만났는데 날 자기 아파트에 데리고 가더니 유혹하기 시작했어요. 난 그 이상의 것 그러니까 최소한 날 주목하는 어떤 '관계'를 기대했지요. 하지만 난 성적 대상일 뿐이었고, 내 속의 어떤 부분은 또 그걸 좋아했어요. 그 사람이 삽입을 했고, 난 너무 화가 나서 그를 밀쳐 냈어요. 남자는 곧 잠이 들었고 난 그 집을 나왔지요. 그 뒤로 며칠 동안 호되게 자책을 했어요.

또 다른 성적 기억들이 마구 올라왔다.

> 사춘기 시절에 베아 침대 밑에 들어간 적이 있어요. 형도 옆에 있었죠. 우린 자위를 하기로 했어요. 난 오르가슴에 도달했지만 사정은 하지 않았어요. 하지만 젖어 있는 스티브를 보니까 기분이 이상했어요.

나는 어린 시절 부모의 침대에서 아버지가 벌거벗은 채로 팔굽혀펴기 하는 모습을 보았다는 마이클의 이야기가 생각났다. 마이클은 그 광경을 보지 않으려 필사적으로 애썼지만 그만큼 보고 싶기도 했다.

마이클은 길에서 한 청년을 만났다. 그들은 연인이 되지는 않았지만 옷을 입은 채 껴안기도 하고 키스는 아닌 장난을 치기도 했다. 나는 마이클이 '때리기'라고 말한 줄 알았다. 그는 아버지의 키스는 때로 때리는 것 같기도 했고, 또 그의 가족들에게 키스는 감정을 방어하는 일종의 농담이자 장난이었다고 설명했다. 부드러운 사랑을 표현하는 키스는 없었고 그것은 마이클의 성생활에서도 마찬가지였다.

마이클 가족의 성적 역동이 근친상간에 대한 암시 및 역할 양면성의 뚜렷한 증거와 함께 표면으로 떠오르기 시작했다. 마이클은 남성적으로 보이려고 애썼다. 수염을 기르고, 여동생 같은 엄마를 상대로 오빠 역할을 했으며, 형과 캠핑을 가기도 했다. 하지만 근친상간적인 이미지의 거센 바람 속에서 그의 혼란이 표면화되었다. 형 스티브는 엄마와 결혼하는 오이디푸스적인 인물로 나타났다. 그와 스티브는 아마도 텐트 속에서 비밀스러운 연인이었을 것이다. 그의 꿈속에 등장하는 여자 연인이 엄마나 여동생이지 않았을까? 그는 형과 여동생의 근친상간적 놀이의 거미줄에 걸려들어 유혹당했다. 그리고 아마도 아버지의 페르소나를 가졌을 형에 의해 여성화되었다.

이를 모두 종합할 때 마이클은 아버지, 어머니, 형, 누이동생, 연인의 원형적 역할 특성과 기능을 상기할 필요가 있었다. 각 유형의 키스는 서로 다른 의미를 지닌다. 부모나 형제와의 키스는 안전하고 성적이지 않은 사랑 표현이 되어야 한다. 연인의 키스는 복합적이어서 때로는 장난일 수도 있고 때로는 때리는 것일 수도 있으며 때로는 유혹이고 또 때로는 분명히 다른 혈통을 지닌 친구와의 안전하고 따뜻한 접촉일 수 있다.

나막신과 고무장화

마이클은 자신의 성 정체성과 아버지에게 당한 모욕이 연관되지 않을까 생각했다. 그리고 이런 이야기를 만들었다.

여자 아이들과 잘 어울리며 노래와 바다 바라보기를 좋아하는 작은 소년이 있었다. 그의 아버지는 어부였다. 그는 빛나는 눈을 가졌고 고기 냄새를 잘 맡았다. 소년은 늘 나막신을 신고 다녔고, 아버지는 고무장화를 신었다. 소년이 자갈길을 따라 아버지에게 걸어갔는데, 아버지는 아들이 계집애 같다고 생각했다.

넌 언제 사내가 되어 고무장화를 신을래? 아버지가 말한다.

난 나막신이 좋아요.

소년은 나막신을 바닥에 벗어 두고 샤워를 했다. 집에 들어온 아버지가 그 광경을 보고 화가 난 나머지 나막신을 도끼로 부숴 버렸다. 소년이 욕실에서 나와 웃고 있는 아버지를 보았다.

이제야 네가 남자가 되었구나. 내가 네 나막신을 찍어 버렸다.

그건 내 거란 말예요! 소년은 불같이 화가 났다.

정 여자가 되겠다면 도끼로 네 고추마저 잘라 내 주마. 아버지가 말했다.

소년은 엄마에게 뛰어갔다. "아빠가 날 여자로 만들어 버린대요."

아빠가 장난친 거야. 괜찮아, 아들아.

아버지는 아들을 위해 고무장화 한 켤레를 사 왔다. 장화는 소년의 발에 꼭 맞았다. 그는 아들을 힘껏 껴안고 사랑한다고 말했다.

싫어요, 난 아빠가 미워요!

보는 사람들마다 소년에게 장화가 잘 어울린다며 이제야 사내대장부가 되었다고 말했다. 하지만 소년은 바다로 가서 장화를 멀리 던져 버렸다. 그리고 그 뒤로는 항상 맨발로 걸어 다녔다.

> 이 이야기의 교훈은 이것이다. 당신이 신고 있는 신발로 당신이 누구인지 말할 수 있는 사람은 아무도 없다는 것.

이 이야기에서 마이클은 아버지와 아들 역할에 초점을 맞추었다. 성적 모델이자 권위자인 아버지는 성 정체성을 발에 집중시킴으로써 아들에게 남성적인 유산을 강제로 물려주려 했다. 아들/풋내기는 제 나름의 이유로 그것을 믿지 못했다. 그는 성 정체성을 물려받음에 있어 선택권을 부여받지 못했고, 신발에서 드러나는 성적 차이 역시 전혀 고려되지 않았다. 그는 아버지의 횡포한 성적 권위에 복종해야 했고, 그렇지 않으면 남성성을 야만적으로 거세당할 처지였다. 그래서 아들은 자신을 모욕하고 거세할지도 모르는 사악한 남성 권위에 저항하게 되었다.

아들은 엄마가 구원자까지는 아니더라도 조력자이자 동맹군 역할을 해 줄 거라고 생각했다. 하지만 엄마는 모성적 특질로 보살피는 대신 학대를 부인함으로써 아들의 절망과 분노와 두려움을 키우고 말았다. 마이클의 관점에서 아버지와 어머니는 모두 마땅히 해야 할 역할 기능을 하지 않았다. 그 결과 그는 아들로서 버림받았다.

이야기는 아버지가 거짓된 사랑으로 아들을 조종하려 할 때 그리고 마을 사람들이 일종의 코러스처럼 아버지의 관점을 지지할 때, 뜻밖의 방향으로 선회한다. 전통적인 남성의 역할로 보아도 소년은 꽤 훌륭하다. 그들은 신발이 맞는다면 계속 신으라고 할 기세다. 아버지의 역할을 취하라 그러면 모든 게 잘될 것이다.

이 대목에서 마이클의 성적 양면성이 드러난다. 사람들이 그를 받아 주기만 했어도! 아버지 신발을 신고 남자 냄새를 풍길 수 있었다면! 하지만 그랬다면 그는 자신의 중요한 부분—동성애적 부분 그리고 남성성과 여성성을 통합하려는 부분—을 잘라 내야 했을 것이다. 이러한 양면성은 소년에게 너무나 버거웠고 그의 해결책은 이야기의 교훈이 보여 주듯 그다지 만족스럽지 않았다. 그는 눈에 띄지 않기를 바라면서 무성의 존재를 택했다. 맨발의 소년 역할은 추방당한 자의 그것이며, 이 경우에는 특히 자신을 성적 존재로 인정하지 않는 사람, 성적으로 추방당한 자다.

마이클은 어울리는 신발, 소년과 남자, 남성성과 여성성, 점잖은 것과 거친 것을 통합할 수 있는 적당한 성적 역할을 찾아야 했다. 일단 그가 자신의 성적 모호성을 인식하고 받아들일 수 있다면, 그가 누구인지를 말해 줄 코러스의 필요성은 줄어들 것이다. 마이클 아버지의 무시무시한 성성 속에 마이클의 해방의 씨앗이 있다. 고기잡이라는 일이 아닌 신발 만들기로.

마이클은 현실에서 맺은 또 다른 성적 아버지-아들 관계를 꺼냈다. 상대는 폰섹스를 하다가 알게 된 한 나이 든 남자로, 둘은 정기적으로 통화를 했고 서로를 아버지와 아들이 쓸 수 있는 애칭으로 불렀다. 주로 섹스 이야기를 나누며 자위를 했고, 실제로 보면 상대가 너무 늙고 매력 없을까 봐 만나기를 꺼렸다. 아마도 가장 큰 두려움은 근친상간에 대한 것—궁극의 모호성—이었을 것이다. 여기서 또다시 마이클은 아버지가 거실 바닥에서 마초의 의식을 치르는 동안 어머니에게 꼭 안겨 텔레비전을 보았던 안방 침대에서의 장면을 회상했다. 양면적인 소년은 아버지가 너무나 보고 싶었지만 감히 그럴 수가 없었다. 그런 그가 무엇을 보았을까? 아버지의 성적 역할의 크기는 어린 소년에게 너무나 크고 무섭게 다가왔고, 청년이 된 지금도 달라지지 않았다.

청혼

마이클은 체호프의 〈청혼〉에 나오는 로모프를 연기했다. 그는 약하고 피로에 지친 불평 많은 우울증 환자였다. 그는 유머 없는 그 역할이 자기에게 맞지 않는다고 투덜거렸고, 연기에 싫증을 냈다.

연극에서 로모프가 어떤 기능을 하느냐고 묻자 마이클은 이렇게 대답했다.

> 자기를 돌봐 줄 사람을 찾는 거죠.

그 말은 마이클의 현실과도 꽤 상관이 있었다. 부모에게서 욕구를 충족시키는 데 실패한 그는 누이와 다양한 연인이 부모가 되어 주기를 기대했다.

우리는 로모프의 연기 스타일에 대해 이야기했다. 마이클은 그 인물이 과장되고 우스꽝스러우며 재미있기도 하고 강박적이고 완고하다고 보았다. 로모프는 규칙적인 생활에 집착하고 자기 감정으로부터 차단된 과도하게 분리적인 사람의 전형이었다. 나는 그런 특성이 마이클과 어떤 관계가 있는지 물었다.

내 속에 있는 이 부분을 인식하는 게 싫어요. 난 자유로운 영혼을 가진 사람, 여행자, 규정되지 않는 삶을 원해요. 근데 내가 그럴 수 있을까요?

나는 마이클에게 사실적인 묘사에서 좀 더 과장하여 제시적인 스타일로 로모프를 연기해 보라고 했다.

추워. 감기 걸리겠네. 침대에 누워 꼼짝도 못하게 될 거야. 다리도 아프네. 이러단 말도 못하게 되겠는걸. 아아아아(목을 감싸 쥔다.), 누군가 돌봐 줄 사람이 필요해. 너무 망가져 버렸어. 근데 아무도 날 돌봐 주지 않으니 가슴이 더 아프네. 언제 심장마비가 올지 몰라. 좀 멍청한 여자라도 구해서 날 보살피게 하면 이 지지한 일들을 하지 않아도 될 텐데 말야. 의사한테 가서 약을 더 달래야겠어.

마이클의 연기는 사실적이었다. 그것은 메소드 훈련 덕이기도 했고 관습적인 연기 양식을 탈피하려는 시도의 일종이기도 했다. 그래서 전혀 재미있거나 우스꽝스럽지 않고 오히려 공포스러웠다. 나는 마이클에게 로모프를 빈 의자에 앉히고 그에 대해 평을 해 보라고 했다. 비평가 역할을 입고서 마이클은 이렇게 말했다.

당신은 끊임없이 불평을 늘어놓네요. 게다가 완전히 걸어 다니는 종합병원이고요. 하지만 아무도 당신을 돌봐 주지 않을 거요. 당신은 정말 꼬여 있거든. 어쩌다 그렇게 됐죠? 난 당신에게 화가 납니다. 당신이 할 수 있는 건 그냥 그렇게 살거나 아님 거기서 떨쳐 일어나는 것밖에 없어요. 당신의 병은 모두 꾀병이에요. 돌봐 줄 누군가를 찾기 위한 구실일 뿐이죠. 왜 당신 스스로 돌보지 않죠?

로모프는 마이클에게 친숙한 역할이었다. 그는 비평가 역할을 연기한 뒤에 그 사실을 알아챘다. 그가 연극에서 로모프라는 인물을 연기할 수 없었던 것은, 현실에서 자기 속에 있는 로모프—투덜거리고 수동적이며 자기를 비웃지 못하는 우울증 환자—에게 절망했기 때문이었다. 그는 거리를 둘 필요가 있었다. 나는 그에게 메소드 연기에서 벗어나 좀 더 양식적인 연기로 로모프스러운 자기 모습을 희화화해 보라고 충고했다.

그는 유머가 가족 안에서 어떻게 사용되었는지를 생각했다. 웃음은 그를 피해자 역할로 몰고 가는 흉기였다. 엄마는 마이클과 형제들을 유머로 비웃는 데 전문가였다. 그는 여기서 또 한 번 그런 나쁜 유머를 '때리기'라고 표현했다. 마이클에 따르면 좋은 유머란 유치한 장난이자 치유적인 기능을 하는 것이다. 그는 형제들과 장난치며 놀기를 좋아했다.

우리는 어머니의 공격적인 유머를 떠올리지 않고 로모프의 우스꽝스러운 특성을 연기할 수 있는 방법을 의논했다. 그리고 로모프 역할의 기능을 생각해 보았는데, 마이클은 그것이 자기 연민에서 오는 어리석음을 관객에게 보여 주는 것이라고 말했다. 인물의 유머를 통해 관객은 자기 자신의 비슷한 특성을 비웃을 수 있어야 하며, 마이클은 그런 그들과 함께 웃을 수 있게 되는 것이다. 그도 역시 자기 연민에 빠진 자기중심적인 피해자 역할을 웃음을 통해 초월할 수 있을 것이다. 웃음은 그 자체로 모호성을 다루는 방법을 제공한다.

웃음이 갖고 있는 상처주기-치유하기의 이중성은 마이클이 연기하는 기쁨을 되찾기만 한다면 어렵지 않게 조절할 수 있을 것이다. 그는 이런 생각을 하며 회기를 마쳤다.

> 내가 다시 재미를 느낄 수 있다면, 역할에도 생기를 불어넣을 수 있다. 그게 전부다.

그것은 또한 인성의 조각들을 다시 합치는 일이기도 했고, 그래서 왕의 기병과 신하들보다 더 큰 힘이 필요한 험티 덤티[8)]가 떠올랐다.

유리 심장

> 옛날 옛적 어린 소년과 소녀가 태양 아래서 함께 놀고 있었다. 그들은 노래를 불렀고 아무런 걱정 근심이 없었다. 소년이 어둠의 왕자를 발견했다. 소년은 왕자의 말을 타고 함께 마을을 돌아다니고 싶었다. 그런데 왕자는 소녀를 데리고 갔다. 소년은 절망했다. 그 광경을 지켜본 소년의 부모는 왕자가 소녀를 데리고 갔으니 기뻐하라고 말해 주었다.

---

8) 영어권 아이들이 어릴 적에 듣고 자라는 달걀 모양의 캐릭터 험티 덤티에 관한 시를 빗댄 표현이다. 시의 내용은 이렇다. 험티 덤티가 담장에 올라 앉았네 / 험티 덤티가 쿵하고 떨어졌다네 / 왕의 기병과 신하들 누구도 / 험티 덤티를 다시 붙일 수 없었다네

몇 년이 흘렀다. 왕자는 계속해서 소녀를 태워 주었다. 소년은 소녀가 갖고 있는 유리 심장을 보았다. 소녀는 왕자가 주었다고 말했다.

소년은 어디론가 멀리 떠날 결심을 했다. 소녀는 말했다.

날 두고 가지 마. 무서워.

무서운 건 나도 마찬가지야.

날 잊으면 안 돼. 이 심장을 가져가. 늘 간직해 줘.

소년은 소녀가 준 심장을 지닌 채 배에 올랐고 그 느낌이 좋았다. 하지만 그의 일부는 그 심장이 왕자에게서 온 것이라 기분이 나빴다. 어느 날 전쟁 중에 소년은 칼에 맞아 부상을 입었다. 병원에서 심장이 없어진 걸 알게 된 그는 차라리 죽고 싶었다.

하지만 소년은 다시 전쟁터로 돌아갔고, 이내 심장과 왕자와 누이동생을 잊었다. 전쟁이 끝난 뒤 집으로 갔지만 마을은 파괴되어 흔적조차 찾을 수 없었다. 그는 다시 머나먼 섬으로 배를 타고 나갔다. 동굴에서 심장처럼 생긴 유리 조각을 발견했다. 머리칼을 잘라 꼰 줄로 유리 심장을 동여매어 목에 걸자 그는 누이동생과 그를 둘러싼 모든 사랑을 지니게 되었다.

마이클은 이야기에 등장하는 인물이 되어 말했다. 처음에는 왕자였다.

난 오랫동안 힘들게 싸워 왔어. 정착할 곳, 내 가정을 꾸릴 곳이 있으면 좋겠어. 전쟁은 끝나 가지만 아직도 계속되고 있지. 난 그런 집을 찾고 있어.

작은 소녀로서 말했다.

내겐 사랑과 아름다움이 있어. 사람들을 잃었지만 그래도 심장이 있잖아. 난 사랑을 위해 태어났으니까 앞으로도 얼마든지 사랑하고 용서할 수 있어.

또 심장으로서 말했다.

난 치유의 돌이야. 인간의 제약을 상징하지. 내겐 사람들을 하나로 묶는 힘이 있어. 난 여성이자 남성이고 소년이면서 소녀인 균형자야. 난 모든 선물 중 가장 위대하단다.

마지막으로 소년을 연기해 보라고 하자, 마이클은 이렇게 대답했다.

해냈어요. 어른이 된 소년을 연기했다고요. 첫 번째 어른 연기였어. 난 당신이 왕자라고 생각했어요.

마이클은 소년과 왕자의 역할이 뒤섞여 혼란을 느꼈다. 그 둘을 분리할 수 있게 되자, 소년으로서 이렇게 말했다.

난 내가 본 빛나는 왕자를 사랑해. 왕자도 나를 이 모습 그대로 사랑해 주면 좋겠어. 하지만 동생이 훨씬 사랑스럽기 때문에 난 별로라는 걸 알아. 난 혼자야. 내 가슴속엔 아주 큰 심장이 있어. 그 심장이 찢어지는 소리에 부모님이 날 보셨어. 그래도 누이동생을 위해 울지 말고 기뻐해야 한다고 하셔. 하지만 내 심장은 유리로 되어 있어서 산산이 부서지고 말 거야.

심장으로서 그는 말을 이어 갔다.

난 심장이야. 소년의 몸속에서 다시 태어났어. 난 너의 심장이야. 넌 누이동생이 아니지만 다시 사랑받을 수 있어. 사랑은 왕자가 아니라 내게서 나오거든. 난 너의 심장이고 이제부터 넌 사랑받을 거야.

마이클은 28세의 자기로 돌아와 유리 심장에 대해 이야기했다. 그는 여성적인 역할을 눈에 보이게 드러내야겠다고 생각했고, 그래서 자기에게 주는 생일 선물로 유리 심장을 샀다. 그런데 나를 만나러 오는 길에 마주친 동성애 혐오자가 그의 차림새를 훑어 보며 비웃었다는 것이다.

바깥 전쟁터에서 마이클은 상징적인 부모들의 학대와 무관심 그리고 구원자 역할에 대한 일관된 거부로 인해 쉽게 심장을 잃곤 했다. 그리고 똑같은 전쟁이 마이클의 내부에서도 격렬하게 일어나고 있었다.

이야기에서 심장의 역할은 동굴 곧 마이클의 내면세계에서 발견되어 부활했다. 심장은 마이클의 여성적인 부분과 남성적인 부분 사이에 위치한 전이적 대상으로 기능한다. 이야기 속에서 그는 심장을 선물이라고 표현했다. 그것은 비록 유리라 깨지기 쉽고 투명하지만, 복원력이 있고 변형적인 치유의 역할을 한다. 심장은 여성적인 역할을 표면으로 이끌어 내고, 소년의 왕자 부분이 어른 남자의 힘을 발휘할 수 있게 해 주며, 그 두 성적 역할을 연계하여 거절당한 소년을 사랑스러운 소년으로 변형할 수 있는 잠재력을 갖고 있다. 마이클은 어른 남자로서 너무 연약하고 겁에 질려 있는 터라 왕자 역할을 하기가 어려웠다.

심장은 복합적인 역할이다. 배신자인 왕자와 연인인 여동생 두 사람에서 비롯된 그것은 마이클의 양면성, 즉 사랑과 배신, 근친상간과 안전한 섹스, 남성적 정체성과 여성적 정체성 사이의 모호성을 집중적으로 조명한다. 동화 스타일의 연기는 마이클이 감정적으로 과부하를 일으키지 않으면서 도덕적인 주제를 집중적으로 파고들어 양면성을 탐험할 수 있게 도와주었다.

왕자는 아버지의 재현으로서 때로 무섭고 자주 혼란스러운 인물이다. 이야기에 나오는 왕자처럼, 아버지는 여성적인 것을 통해 남성적 유산을 지키고 배신하고 전해 준다. 긍정적인 남성 모델의 부재 속에서 마이클은 식구들 중 여자들에게 의지했고, 그 결과로 엄마와 누이동생을 그 품행과 태도 면에서 남성적 여성으로 간주하면서 더한 혼란에 빠지게 되었다.

그의 싸움 속에서 마이클은 성적 통합의 가능성, 남성적인 부분을 잃을까 두려워하는 마음에서 해방되어 자기 속에 있는 여성적인 부분을 자유롭게 놓아줄 수 있기를 기대했다. 아직까지 적당한 신발을 찾지 못했지만, 그래도 유리 심장이 있어 그 덕분에 그 '무시무시한 균형'(블레이크의 '호랑이' 1794/1960[9] 참고)을 향해 한걸

9) 호랑이 윌리엄 블레이크

음 가까이 다가갈 수 있을 것이다.

벌레

마이클의 부모는 아이를 둘만 가질 계획이었고, 엄마는 둘째가 딸이길 원했다. 마이클의 출산은 아주 힘들고 고통스러웠지만, 부모는 그 고통을 웃음으로 견뎌 내려 노력했다. 마이클은 말했다.

> 부모님은 날 얻기 위해 정말로 고생했어요. 엄마는 딸을 두려워하면서도 원했죠. 근데 내가 달이 차고 지나도록 나올 생각을 안 했대요. 그래서 유도 분만을 했죠. 마지막엔 거의 기절할 지경까지 갔대요. 그런데도 내가 세상에 막 나왔을 때 엄만 날 보고 웃었대요. 내가 기억하기로 엄만 날 보고 늘 '엄마 아들'이라고 했죠.

부모는 딸을 얻기 위해 또 한 번 임신을 시도했고 그래서 베아가

호랑이여! 호랑이여! / 밤의 숲 속에서 빛나는 불꽃이여, / 어떤 손, 어떤 불멸의 시선이 / 그대 무시무시한 균형을 빚어 놓을 수 있었던 거냐? / 어떤 먼 심연 또는 하늘에서 / 그대의 눈은 불타는가? / 어떤 날개 위로 훌쩍 치솟아 올라, / 감히 어떤 손이 그대의 불꽃을 움켜쥐는가? / 어떤 어깨, 어떤 기법으로 / 그대 심장의 힘줄까지 비틀어 놓을 수 있었나? / 그대의 가슴이 고동치기 시작할 때 / 포악한 손길이? 그 무슨 두려운 발로? / 망치는 어디에 있느냐? 사슬은? / 그대의 뇌는 어떤 용광로에, / 모루 위에 있었던가? 그 어떤 무서운 손아귀로 / 그대 무시무시한 공포마저 움켜쥘 수 있었던가? / 별들이 창칼을 내던지고, / 당신들의 눈물로 천국을 적실 때 / 자기 작품을 보고 그는 웃었을까? / 양을 만드신 그분께서 그대를 만들었는가? / 호랑이여! 호랑이여! / 밤의 숲 속에서 빛나는 불꽃이여, / 어떤 손, 어떤 불멸의 시선이 감히 / 그대 무시무시한 균형을 빚었던 거냐?

태어났다. 마이클은 그 뒤로 벌레를 보기 시작했다. 베아가 태어난 첫날 마이클은 의사 앞에서 말했다.

베아가 거미로 보여요.

마이클은 벌레를 아주 무서워했다. 어릴 때 고열로 앓은 적이 있는데, 그때 반쯤 정신이 나간 상태에서 욕실에 갔다가 커다란 물벌레가 발등으로 지나간 일이 있어 겁에 질렸다.

마이클은 공원에서 젊고 아주 매력적인 청년 조를 만나 연인이 되었다. 섹스가 두려웠지만 마이클은 긴장을 풀고 여성적인 역할을 했다. 그런데 그 느낌이 썩 좋지 않았다. 내가 물었다.

여성적인 게 나쁘다고 말한 사람이 누군가요?

아빠 아니에요. 내가 생각하기엔 엄마인 것 같아요. 우리 가족에게 섹스는 아주 낯선 것이었거든요. 난 베아에게 성적으로 끌렸던 것 같아요. 베아가 어릴 적에 형은 그 애 방에 자주 들어가서 좋지 않은 행동을 하곤 했죠.

조와 성숙하고 신뢰 있는 관계를 맺는 대신 뭔가를 포기해야 한다면 어떤 걸 택하겠어요?

부모님이요. 뭐든지. 다신 안 볼 수 있어요.

하지만 마이클의 비판적인 측면이 고개를 들었다.

근데 조는 너무 유머가 없어요. 또 우리 가족도 아니고요.

양면성이 강화되었다. 마이클은 연인을 위해 가족을 포기할 수도 있다고 했지만, 가족이 아니기 때문에 연인을 포기할지도 모르는 일이다. 그리고 이러한 양면성이 그의 두려움인 벌레로 나타난 것이었다.

더 많은 유리

마이클은 또 꿈 이야기를 했다.

> 애들이 갖고 노는 딱총처럼 생긴 고무총이 있었어요. 근데 총알이 없어요. 난 총을 쏘아 보려고 아무거나 넣어 보았어요. 베아가 나한테 총알을 주었죠. 그 총으로 유리를 쏘려고 해요. 발사. 근데 유리는 안 깨졌어요. 그냥 표면에 갈색 흔적만 남겼죠.

마이클은 조에게 차여 매우 상기되어 있었다. 그동안 여러 남자를 만나 왔지만 모두들 하나같이 그를 거절했다. 그는 피해자였고 분노에 차 있었다. 나는 그에게 방에 있는 피아노를 쳐 보라고 했다. 그는 낮게 깔리는 베이스와 가늘게 떠는 고음부의 극명하게 대조되는 소리를 냈다. 중간 음역은 거의 손대지 않았다. 마이클은 나중에 자기 연주의 날카로운 대비를 말하면서 중간 소리를 찾을 필요가 있다고 했다.

나는 마이클에게 각 음역을 우리가 찾아낸 역할로 바꿔 보라고 했다. 낮은 소리는 검은 격노가 그리고 높은 소리는 유리가 되었다.

그리고 소리와 움직임을 사용해 두 역할을 번갈아가며 연기했다.

검은 격노가 된 마이클은 때리는 동작을 하기 시작했다. 팔을 풍차처럼 휘두르면서 쉰 소리 및 게우는 듯한 소리와 함께 있는 힘을 다해 허공을 가격했다. 유리를 연기할 때는 팔을 벌려 앞으로 뻗으면서 숨 막힌 외침 같은 소리를 냈다. 바닥을 구르면서 흐느끼더니 지칠 대로 지친 다음에야 안정을 되찾았다.

기분이 좋아요. 격노가 사라졌어요.

우리는 검은 격노를 길들이는 방법, 상처를 인식하고 적당한 방식으로 표현함으로써 놓아주는 방법에 대해 이야기했다. 성적 양면성은 여기서도 나타났다. 유리가 약하고 언제라도 부서질 수 있는 여성적인 것이라면, 검은 격노는 지나치게 힘을 쓰는 남성적인 것이다.

마이클의 꿈은 아버지 곧 전통적인 남자—강하고 섹시하며 진짜 총알이 든 권총을 찬 마초—가 되고 싶은 질기고 강한 욕망을 나타내 보여 준다. 그러나 꿈에 나온 총은 남성적인 에너지가 고갈된 고무총이다. 오직 소녀만이 능력을 줄 수 있는데, 그것도 제대로 된 것은 아니다. 유리로 말하자면, 너무 투명해서 강력한 힘을 향한 서툰 노력을 빗나가게 할 뿐이다. 마이클은 어쨌든 자신의 양면성을 인정하고 그것을 유지할 수 있는 능력, 그 요령부득의 균형을 추구하기를 포기하지 않았다.

저기 먼 곳에 있는 삶

가을이 되어 날씨가 점점 차가워지면서 감기에 걸려 콜록대는 사람들이 많았다. 마이클은 감기 바이러스로부터 자신을 지키고 싶어 했다. 그는 옛날에 여러 가지 바이러스에 양성 반응을 보였는데, 그중에는 임신부만 가능한 바이러스도 있었다며 이렇게 말했다.

> 아마 난 에이즈 바이러스와도 거뜬히 싸울 수 있을 거예요. 만약 에이즈에 걸린다 해도 내 몸에 독성 물질이 들어오는 건 원치 않기 때문에 AZT는 절대 안 먹을 거예요.

전날 밤 마이클은 주방에서 커다란 물벌레와 마주쳤다.

> 정말 무섭고 떨렸어요. 하지만 주방에 있는 걸 다 집어 던져 가며 벌레를 쫓아가서 결국 죽였죠. 주방은 완전히 전쟁터가 되었어요. 근데 그런 뒤에는 밤새 한 잠도 못 잤어요.

마이클의 전사 역할이 표면으로 올라왔다. 그리고 그만큼 피해자 역할이 힘을 잃었다. 그는 딱딱거리는 여자들처럼 집안 구석구석을 돌아다니는 악마 같은 물벌레를 죽일 수 있는 힘을 끌어내면서, 자기 내면의 의심과 공포와 분노의 벌레와 훨씬 더 무서운 한판 대결을 준비하고 있음을 알아차리기 시작했다.

그의 삶의 서사는 부엌에 사는 벌레와 싸우는 재현적인 이야기에서 지극히 낭만적이고 현실도피적인 이야기로 비약하곤 했다.

한 젊은 게이 배우가 있었다. 그는 자기 속에 위대함이 있음을 알았지만 늘 위대할 수는 없으며, 다른 문화를 보고 다른 소리를 듣고 싶어 했다. 그는 겨울에도 따뜻한 곳, 미소와 바다가 있는 곳으로 가기를 원했다. 그래서 차가운 도시의 소음과 피로를 떠나 아름다운 녹색의 천국으로 날아갔다. 사람들은 친절했고 그를 있는 그대로 받아들여 주었다. 마을에는 고요와 평화가 넘쳐흘렀고, 그는 떠오르는 생각을 스페인어로 적어 두었다. 그리고 많은 아름다운 남자들을 만났는데, 그들은 그의 푸른 눈과 다른 피부색에 매력을 느꼈다. 그는 스페인어를 쓰는 한 남자와 해변에서 여러 밤낮을 지냈다. 둘은 손을 잡고 오랫동안 걸었다. 그는 더 이상 바랄 게 없었다. 그런데 이윽고 비행기로 돌아가야 할 시간이 되었다. 그는 연인의 검은 눈을 바라보며 말했다.

이제 가야 해요.

가지 말아요.

난 당신을 원하고 사랑해요.

하지만 난 배우라고요.

아니 당신은 다른 무엇보다 내 연인이에요.

청년은 연인의 눈동자를 바라보았다. 승무원이 그를 불렀다. 비행기에 탑승하세요.

나랑 같이 가요.

난 도시의 정글에서는 살 수가 없어요. 그렇게 되면 돌처럼 변해 당신이 더 이상 날 사랑하지 않을 거에요.

비행기가 이륙하기 시작했다. 젊은이는 겁이 났지만 자기가 무엇을 원하는지 느낄 수 있었다. 짐은 이미 비행기에 실었지만 그냥 남기로 결정했다. 그는 검은 눈의 연인을 두 팔로 껴안았다. 그리고 아이들에게 스페인어를 가르칠 둘만의 보금자리로 갔다.

집에서 그에게 돌아오기를 간청하는 편지를 여러 차례 보냈다. 하지만 그는 자기가 있어야 할 장소를 찾았다. 답장은 하지 않았지만 행복하게 잘 지내고 있다고 알려 주었다.

난 사랑을 찾았고 삶을 찾았고 언제까지나 여기에 머물 거예요.

마이클은 이 이야기에 '저기 먼 곳에 있는 삶'이라는 제목을 붙였다. 나는 이야기에 나오는 역할, 즉 해변, 아이들, 순수하고 사랑스러운 에너지인 연인, 사랑과 자극과 자연을 추구하는 질문하는 젊은이, 편지 쓰는 사람들, 승무원에 이름을 붙이고 설명해 보라고 했다. 그는 편지를 쓰는 사람이 누이동생과 부모님이라고 더 구체적으로 말했다. 그리고 여동생이 특히 그립다고 했다. 그는 승무원이 양심을 나타내며, 그것이 "네가 배우 역할을 어떻게 포기할 수 있니?"라고 묻는다고 했다.

벌레에서 멀리 떠나 마이클은 또다시 순진무구한 인물들이 어울려 사는 환상의 세계를 창조했다. 어린아이, 진실한 연인, 온화하고 생명력 있는 자연 이 모두를 가지기 위해서는, 가족 중에서도 특히 여동생과 위대한 배우가 되겠다는 야망을 포기해야 한다는 것을 알고 있었다. 또한 스토리텔러로서 '저기 먼 곳에 있는 삶'이 '여기 이곳의 삶'과 어느 정도 일치해야 함도 모르지 않았다. 두 번째로 그는 아이들에게 스페인어를 가르치는 환상을 표현했다. 그의 내면의 어린아이가 배워야 하는 게 무엇일까? 어떤 낯선 목소리가 활성화되어야 하는 걸까? 아마도 그 답은 순진한 아이 역할과 경험 많은 어른의 역할, 낭만적이고 멀리 있는 부분과 일상의 현실, 치유적인 자연과 분열된 환경, 자연스러운 것과 배우라는 마이클의 양면성에서 찾아야 할 것이다.

혼란스러운 추구자

다음 회기에서 질문하고 추구하는 젊은 청년의 역할은 일반적인 추구자 역할과 달리 양면성을 띤 혼란스러운 추구자가 되었다. 나는 마이클이 진정으로 헌신적인 관계에 관심 있는 성숙한 남자를 만났기 때문에, 이런 변화가 나타났다고 생각한다. 그것은 마이클에게 정말 결정적일 수 있는 반면 그 어느 때보다 훨씬 두려운 경험이기도 했다.

새로운 연인 빌은 게이 역할을 편안하게 받아들였고, 게이됨을 축하하는 정치적이고 사회적인 행사를 조직하는 데 참여했다. 마이클은 드디어 사랑스럽고 따스한 어른 아버지 인물과 만나게 되었다. 그는 새로운 관계를 시작할 때 흔히 그래왔듯 처음에는 섹스를 하지 않겠다고 마음먹었다.

나는 마이클이 '저기 먼 곳에 있는 삶'과 같은 동화적이고 현실도피적인 스타일에서 감정을 더 직접적으로 재현하도록 돕기로 했다. 그래서 전처럼 의자 세 개를 가지고 작업해 보자고 했다. 하나는 빌, 다른 하나는 마이클, 중간에 있는 의자는 마이클과 빌의 대화를 성찰하며 평가하는 해설자가 되었다. 마이클은 먼저 자기 자신으로 시작했다.

난 통제력을 잃고 싶지 않아. 섹스가 아주 지긋지긋해. 잘 모르겠어.

(빌로서) 난 당신을 정말로 좋아해. 하지만 지나치게 빠져들고 싶지는 않아. 당신은 젊고 난 당신이 뭘 원하는지 잘 모르겠어. 난 당신과 함께 있고 싶어. 당신이 섹스가 싫다면, 그것도 난 괜찮아.

(해설자로서) 둘 사이에 거리감이 있어요. 마이클은 자기의 성을 외면하고 있어요. 자기가 뭘 찾고 있는지를 모르는 거죠. 빌은 자기 충족적인 사람이에요. 그는 상처 받고 싶어 하지 않아요. 나흘 뒤에 둘은 처음으로 섹스를 했어요. 침대에 함께 누워 있었죠.

(마이클로서) 내가 어떤 느낌인지를 모르겠어요. 무서워요. 상처, 분노 이런 게 어디서 오는지를 모르겠어요. 뭘 어떻게 해야 할지도 모르겠어요.(마이클은 가슴을 가리키며 울었다.) 혼자 있고 싶다고 말하고 싶어요. 그런데 하지 않아요. 겁이 나요. 당신이 내게 화나지 않았으면 좋겠어요.(그는 흐느낀다.)

(마이클은 해설자 의자에 앉았다. 하지만 말을 잇지 못했다. 그리고 빌의 의자로 옮겨 갔다.)

(빌로서) 난 어쨌든 당신을 불편하게 만들고 싶지 않아. 난 나 자신에게 만족하고 당신도 그랬으면 좋겠어.

(마이클은 다시 해설자 의자로 옮겨 갔지만 역시 입을 열지 못했다.)

나는 그에게 각 역할의 조각상을 만들고 이름을 붙여 보라고 했

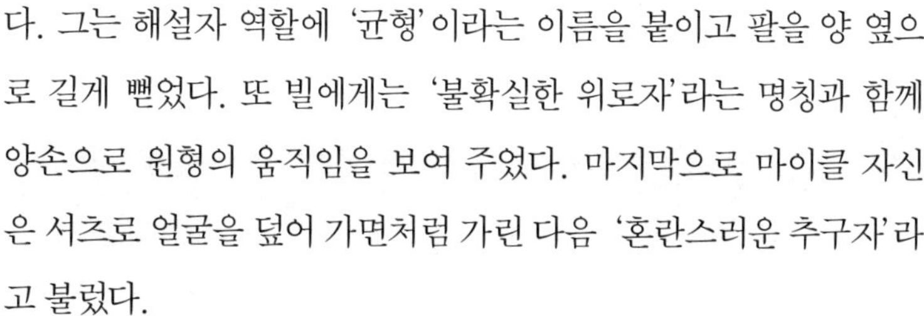

다. 그는 해설자 역할에 '균형'이라는 이름을 붙이고 팔을 양 옆으로 길게 뻗었다. 또 빌에게는 '불확실한 위로자'라는 명칭과 함께 양손으로 원형의 움직임을 보여 주었다. 마지막으로 마이클 자신은 셔츠로 얼굴을 덮어 가면처럼 가린 다음 '혼란스러운 추구자'라고 불렀다.

검은 날개 조각

내면으로 깊이 들어감에 따라 마이클은 신화의 제시적인 특성으로 돌아갔다.

> 집에는 여러 가지 공포가 있었다. 하지만 그 집은 꽤 근사하고 편안했다. 거기서는 강과 나무들이 내려다보였다. 당신은 아마 천국에 있다고 생각할지도 모른다. 당신은 그 집을 당신의 함정으로 만들려고 한다. 그 집에서 한 청년이 늙은 남자와 잠자리를 한다. 청년은 다른 사람과 함께 있는 게 어떤 기분인지를 느꼈다.
>
> 그 평화스러운 집 안에서 벽장에 있던 무시무시한 괴물이 나왔다. 늙은 남자는 나쁜 꿈을 꾸었다. 젊은이는 늙은 남자와 괴물을 모두 벽장에 밀어 넣고 말했다. "날 떠날 수 있을 때까지 거기 있어! 난 이 집에서 평화롭게 있을 거야!"
>
> 문 밑으로 검은 벌레들이 들어와 청년을 둘러쌌다. 도와줘! 당신의 공포가 나한테 들러붙는 게 안 보여? 벌레를 치워 줘. 싫단 말이야.
>
> 늙은 남자가 말했다. 먼저 날 여기서 꺼내 줘야지.

청년은 주변을 에워싼 벌레들을 걷어 찬 뒤에 벽장 문을 열어 젖혔다. 그런데 벌레는 사라지고 늙은 남자만 거기 있었다.

늙은 남자가 말했다. 자 봐, 네가 무서워할 건 아무것도 없어. 이 집은 안전하다고.

더 이상 당신을 믿지 않아. 청년이 말했다. 당신이 이 괴물들을 데리고 왔잖아.

하지만 청년은 밖에 폭풍이 몰아치고 있어 집을 떠날 수 없었다. 그는 늙은 남자가 자길 만지게 하고 싶지 않았다.

아침이 되자 폭풍이 잠잠해졌다. 모든 게 악몽이었나? 벽장 속에는 옷뿐이었다. 침대도 사람이 누웠던 흔적 없이 말짱했다. 청년은 옷을 입고 창문을 열었다. 그리고 창밖에서 검은 벌레의 날개 조각을 보았다. 그는 그것을 창밖으로 던지고는 날개가 햇살을 받으면서 땅에 떨어질 때까지 몇 번이고 뒤집히며 나풀거리는 광경을 바라보았다. 가슴속에서 뭔가가 느껴졌다. 두려움이었을까? 날개는 햇빛에 금색으로 변했다. 그것은 단지 두려움만이 아니었다. 청년이 그 정체를 알아차리자마자, 태양이 그의 눈을 멀게 해 기억을 지워 버렸다. 청년은 늙은 남자가 돌아오기를 기다렸지만 끝내 오지 않았다. 하지만 청년은 그 모든 일들이 정말로 일어났었는지 궁금해하며 기다리고 또 기다렸다.

마이클은 빌과 하룻밤을 함께 보낸 뒤에 '검은 날개 조각'이라는 제목의 이야기를 만들었다. 섹스는 만족스러웠고 마이클은 수동적인 역할과 능동적인 역할을 모두 할 수 있었다. 빌은 깊고 깊은 단잠을 자다 갑자기 비명을 지르며 패닉 상태로 깨어났다. 마이클은 너무나 놀랐다. 그는 자리에서 일어나 물벌레가 나오지 않을까 걱정하며 홀 아래에 있는 욕실로 갔다. 욕실의 불을 켜자 커다란 물벌레가 나타났다. 마이클은 벌레를 죽일 엄두도 내지 못하고 얼른 불을 끄고는 다시 침실로 달려갔다. 그가 공포에 질려 있을 때, 누군가 욕실의 불을 켰다. 어떻게 침대에서 나왔는지 빌이 욕실에 있었다. 마이클은 그냥 다시 잠자리에 들길 원했고, 빌에게 무슨 꿈을 꾸었는지 묻지 않았다. 두 사람은 결국 그 소동에 대해 이야기하지 않은 채 다시 잠들었다.

마이클은 이야기에서 청년, 늙은 남자, 무시무시한 괴물, 검은 벌레, 날개의 역할을 뽑았다. 처음에는 집이나 태양이나 벽장은 언급하지 않았다.

그는 청년을 혼란에 빠진 추구자라고 불렀다. 안전하고 사랑스러운 집을 구하는 청년은 믿음직하고 열린 마음을 갖고 있지만 혼란에 빠져 있다. 청년의 역할 속에서 마이클은 말했다.

> 난 내 감정을 잘 모르겠어. 무서워. 상처, 분노 이런 게 어디서 오는지를 알 수가 없어.

늙은 남자 역시 추구하는 사람이다. 하지만 그는 좀 더 복합적이다. 마이클에 따르면 한편으로 그는 '무지개의 끝을 찾고 있기'도 하고 다른 한편으로는 무서운 괴물의 주인이기도 하다. 그에게는 뭔가 보이지 않는 것이 숨어 있다. 그래서 완벽하게 안전하지가 않다. 늙은 남자가 없다면 무서운 괴물도 없을 것이다.

마이클은 괴물에 대해서는 특별히 설명하지 않았다. 다만 괴물은 자기가 언제 나타나야 하는지 그리고 청년이 자기를 언제든 불러낼 수 있다는 것을 알고 있다고만 말했다. 내 생각에, 그 괴물은 마이클 아버지의 무시무시한 힘인 검는 격노와 관련지을 수 있을 것 같았다. 빌의 비명은 아마도 마이클에게 검은 격노를 만났을 때와 비슷한 반응을 일으켰을 것이다. 그리고 그게 사실이라면 그런 공포는 마땅히 벽장에 가두어 두어야 할 것이다.

마이클이 본 대로 작은 날개 조각은 무서운 괴물이 남겨 둔 것이다. 초자연적인 능력이 있는 그것은 공포의 일부지만 태양에 의해 아름다운 것으로 변형되기도 한다. 마이클은 그것을 '선물이나 뭔가 중요한 걸 보여 주려고 애쓰는 천사' 같다고 표현했다.

마이클은 또 처음에 뽑지 않은 역할을 언급했다.

> 태양은 치유자예요. 태양은 빛을 발하거나 어둠의 장소에서 사랑을 나누어 주지요. 태양은 믿음을 만들고 혼동이 있는 곳에 지식을 나누어 줄 수 있어요.
>
> 벽장은 무서운 괴물의 은신처, 공포의 공간이에요.

나는 마이클에게 어떤 인물이 가장 가깝게 느껴지는지 물었다. 그는 답했다.

> 태양…… 내가 지금 갖고 있는 안전함과 거리. 검은 날개 조각은 늘 있어요.
>
> 태양이 당신의 삶에서 어떤 기능을 하나요?
>
> 난 태양을 닮았어요. 그게 날 지켜 줄 거예요. 혹시 지나치게 보

호하는지도 몰라요. 물러남과 드러냄, 공포 대 삶…… 아마도 그건 검은 날개일 거예요.

나아가 마이클은 자기가 보호 이상의 것을 원하는지 궁금해했다.

날 슬프고 화나고 의심하게 만든 사람을 욕하고 싶어요. 근데 그게 누군지 몰라. 태양이나 늙은 남자가 날 구해 주지 않는 게 화가 나. 그러면 좋을 텐데. 누군가 날 돌봐 줬으면 좋겠어(그는 바닥에 누워 뱃속의 아기 같은 자세를 취했다.). 난 검은 날개가 섹시하게 느껴져요. 성적인 공포…….

나는 그가 돌아보지 않고 넘긴 검은 벌레 역할을 해 보라고 했다.

몰라요. 그냥 검은 벌레예요. 난 어둠에서 나와요. 그리고 아주 천천히 움직여요. 난 내 욕구를 충족시키기만 바라죠. 난 어둠에서 나와요. 찾고…… 찾고…… 근데 뭘 찾는지 몰라요. 당신이 무방비 상태에 있을 때, 난 팔을 지나 잠든 당신의 입 위로 지나가죠. 만일 당신이 그걸 원한다는 걸 인정한다면 무섭지 않을 거예요. 난 기어다니죠. 내 욕구를 채울 뿐이에요. 내가 건드려도 당신은 죽지 않아요. 당신이 날 바라본다면 난 아름다울 수 있어요. 하지만 당신이 날 죽이려 들면 너무나 무서워요. 당신의 두려움 때문에 죽어야 해요. 두려움 때문에 죽는 것, 그게 나의 운명이죠.

검은 벌레의 운명은 곧 검은 격노의 운명이다. 성적이고 혐연적인 사랑의 기회를 모두 죽여 버릴 수 있는 일종의 마비시키는 공포인 것이다. 그러나 마이클은 벌레 역할을 하면서 태양을 통해 날개의 이미지를 변형할 수 있는 가능성을 발견했다. "만일 당신이 날 바라본다면 난 아름다울 수 있어요."라고 말했다. 그가 만일 진정으로 자기 삶에서 두려움의 강력한 역할을 받아들이고 충분히 알아차린다면, 검은 격노의 운명은 변형될 수 있을 것이다. 마이클에게 그 변형을 뭐라고 부르고 싶은지 묻자, 그는 '사랑의 삶'이라고 대답했다. 그 삶은 요령부득의 것이었는데 어느 순간 돌연 가능해졌다. 마이클은 빌이 아버지가 아니며, 자기에게 벌레를 무찌를 수 있는 힘이 있다는 것 혹은 최소한 벌레에 대응할 힘이 있음을 깨달았다.

아버지의 몸

빌은 45세의 변호사였다. 억울하게 기소된 피해자를 옹호하고 보호하는 변호사의 기능은 마이클의 의식에 깊이 각인되어 있었다. 하지만 빌이 아버지처럼 매력적이고 털이 많으며 남성적인데다 나이가 많다는 사실이 마이클에게는 상당한 부담을 주었다. 마이클은 이제 아버지가 자신의 사적이고 성적인 생활에 침투해 있음을 부분적으로 자각하고 있지만, 효율적이고 근친상간적이지 않은 관계를 위한 투쟁은 이제 막 시작 단계에 있을 뿐이었다. 마이클은 빌에게 아버지뿐 아니라 줄리앙을 비롯한 환상 속의 변호사—순진한 피해자인 마이클 자신을 감정적이고 도덕적인 악마로부터 구원해 줄 거라 믿는—를 모두 투사했다.

빌과의 섹스는 환상적이었다. 적당한 시간에 적절한 곳(빌의 집)에 있는 깔끔한 침대에서 몸을 깨끗이 씻고 잠자리를 했다. 마이클은 여러 가지 금기와 양면성을 갖고 있었지만 그중 가장 그를 괴롭히는 것은 누가 위에 있고 누가 아래에 있느냐 하는 문제였다. 마이클은 대개 수동적인 역할을 맡았는데, 빌과의 관계에서는 지배적인 역할을 할 수 있었다. 분명 그 경험은 관능적이고 강렬했음에도 불구하고, 마이클은 일종의 반감을 느꼈다. 지배적인 섹스를 하면서 아버지에게 깊이 동일시된 나머지 혹시 여성적이고 순진무구한 부분이 사라지지 않을까 하는 두려움이 생긴 것이다. 반면에 수동적인 역할을 할 때는 상상 속의 엄마처럼 굴었다. 마이클은 엄마가 다른 데서 발휘하던 통제력을 놓아 버리고 침대에서는 극히 소극적이었을 거라 믿었다. 수동적인 역할은 근친상간에 대한 두려움을 불러일으켰다.

마이클은 성적인 딜레마에 빠졌다. 두 가지 성적 모델이 모두 마뜩찮았다. 아버지의 성적 파워는 공격적이고 과격한 거세자의 그것이었다. 마이클의 의식 속에서는 어머니 역시 남편을 혹독하게 비난하고 자신감과 힘을 빼앗는 거세의 힘을 행사했다. 사실상 아버지는 아주 작은 남성적 승리, 침대에서 위에 있을 수 있는 권리를 제외하고는 모든 걸 빼앗겼다. 성적 공포감과 성적 접촉의 실패를 되풀이하면서 마이클은 “섹스 대신 나는 불임을 가졌다.”고 말했다.

꿈에서 마이클은 집 밖에 있었는데 그곳 잔디에는 구멍이 아주 많았다. 아버지는 그에게 구멍을 조심하라고 경고했다. 내가 구멍의 관점에서 말해 보라고 하자 마이클은 성성을 직접적으로 드러냈다. 구멍은 마이클을 병들게 하는 성적 악마의 영역이었다. 앞서 만든 이야기에서 무서운 괴물과 벌레들 역시 아버지의 영역에 속한다. 아버지의 몸에 대한 반감과 끌림이 빌과의 성적 관계를 지배했다.

나는 마이클에게 아버지의 몸을 장황하게 설명해 보라고 했다.

> 아버지의 몸은 털북숭이다. 아버지의 몸은 무섭다. 아버지의 몸은 거대하다. 아버지의 몸은 탄탄하다. 아버지의 몸은 살덩어리다. 아버지의 몸에선 냄새가 난다. 아버지의 몸은 단단하다. 아버지의 몸은 땀이 많다. 아버지의 몸은 짜증스럽다. 아버지의 몸은 늘 벌거숭이다. 아버지의 몸은 털북숭이고 무섭다. 아버지의 몸은 섹시하다. 아버지의 몸은 매력적이다. 아버지의 몸은 언제나 벌거숭이다. 아버지의 몸은 언제나 으스대며 다닌다. 아버지의 몸은 텔레비전 보는 걸 방해한다. 아버지의 몸은 내가 쳐다봐 주길 바란다. 아버지의 몸은 이기적이다. 아버지의 몸은 젊다. 아버지의 몸은 짜증스럽다. 아버지의 몸은 털북숭이다. 아버지의 몸은 무섭다.

마이클은 또다시 아버지의 몸에 끌리면서 동시에 혐오감을 느끼는, 엄마 곁에 누운 어린아이가 되었다. 그는 아버지의 성적 과시가 끌어낸 부자연스러운 욕구—보는 것 그리고 아마도 근친상간적 소망을 만족시키는 것—를 혐오했다.

마이클은 이런 이야기를 들려주었다.

> 어느 옛날 작은 소년이 있었다. 아이의 아버지는 깃털을 뽐내는

공작처럼 항상 으스대며 걸어 다녔다. 이웃들은 아버지에게 "당신은 정말로 몸이 좋군요!"라고 했다.

하루는 소년이 아버지에게 "아빠 몸은 참 근사해요."라고 말했다.

아버지는 "그런 말을 하면 못써."라고 대답했다.

소년은 아버지의 몸이 얼마나 아름다운지 알고 있었기 때문에 그렇게 말하는 아버지가 이상했다. 아버지를 칭찬할 때마다 야단을 맞아 화가 난 소년은 이렇게 말했다. "아빠 몸은 추하고 뚱뚱하고 역겨워요. 그래서 난 아빠 몸도 싫고 아빠도 미워요!"

아버지는 "네가 몸에 대해 뭘 안다고 그래. 내 몸은 아름다워. 네 방으로 가!"라고 했다. 방에 있는 동안 소년은 생각했다. '아빠 몸이 싫어. 아빠는 추하고 무서워.'

그러던 어느 날 소년은 청년이 되었고, 아버지도 그만큼 늙었다.

청년은 아버지의 몸이 형편없다고 생각했다. 어느 더운 여름날 옷을 거의 걸치지 않은 채 집 안으로 들어온 아들을 보고 아버지는 "네 몸이 참 아름답구나."라고 했다.

청년은 "아버지가 아들의 몸을 보고 그런 말씀을 하시면 안 되죠."라고 했다. 청년은 자기 몸이 정말로 아름다운지 아니면 보기 흉한지를 알고 싶어 거울을 보았다. 마을 사람들은 그를 아름답다고 했다.

어느 날 아들은 아버지 같은 몸을 가진 남자를 만났다. 그 남자는 청년의 몸을 좋아했고 청년 역시 그의 몸이 좋았다. 둘은 몸을 섞으면서 서로를 탐닉했다.

때로 남자의 몸이 아버지와 닮아 추하다는 생각이 들기도 했다.

마이클은 그 이야기에 '임금님의 새 몸'이라는 제목을 달았다. 그것은 순진한 소년이 어른들의 어리석음과 위선을 꿰뚫어 볼 수 있다는 내용의 '임금님의 새 옷'이라는 동화를 빗댄 것이다. 마이클의 이야기에서 아버지와 마을 사람들(코러스)로 나타나는 어른은 혼란스러우며, 그 혼란을 소년에게 옮겨 그마저 혼란에 빠뜨린다. 소년/청년의 시각과 아버지/코러스의 시각은 동일하다.

혼란에 빠진 소년을 돕는 유일한 어른 역할은 아버지와 비슷한 몸을 가진 남자다. 그러나 그 조력자의 역할도 소년의 마음속에서 아버지의 몸과 지나치게 밀착되어 있기 때문에 충분하지는 않다.

여기서 또다시 근친상간의 금기를 가르치면서 동시에 그 가르침을 위반한 아버지로 인해 생긴 마이클의 근원적인 양면성이 나타난다. 이 이야기에는 아버지이자 연인, 좋은 몸이자 나쁜 몸, 아름다우면서 혐오스러운 것, 소년과 남자의 양면성이 널려 있다.

빌과 잠자리를 한 후에도 마이클은 다른 남자들과 그랬던 것처럼 샤워를 하고 침대 시트를 바꾸는 데 심한 강박을 느꼈다. 그리고 빌과 밤을 함께 보내기로 한 날은 빌이 아침에 성적인 애정 행위를 요구할 거라는 생각을 떨쳐 내려 애썼다. 마이클은 일관성 없고 위협적이며 압도적인 아버지 역할에 지나치게 노출되어 있었다. 마이클이 내면화한 아버지의 이미지는 그가 다른 남자와 성적으로 친밀한 관계를 맺지 못하도록 방해할 뿐 아니라 그를 거세 공포와 성적이고 도덕적이며 정서적인 양면성으로 몰아넣어 꼼짝 못하게 만들었다. 그래서 다른 남자와 친밀하고 성적인 관계를 맺을 수 있으려면 날개 조각의 작은 변형을 넘어서서 내면에 사는 아버지 역할을 변형해야 했다.

미키와 제이크, 당신은 당신의 인생을 걸고 꿈꾼다

마이클은 내리막을 걷고 있었다. 외적인 생활은 이런저런 일시적인 돈벌이와 베트남전에 관한 작은 연극에서 맡은 역할로 분주해졌지만, 여러 차례 약속을 취소했고 빌에 대해서도 상당히 양면적인 감정을 표현했다. 추수감사절 연휴를 집에서 보내면서 혼자 있게 된 어느 밤, 그는 빌 대신 아주 안전하고 일시적이나마 만족스러운 성적 접촉을 제공하는 나이 든 폰섹스 상대에게 연락을 했다.

연극에서 맡은 역할도 썩 만족스럽지 않았다. 그는 제이크와 미키라는 두 역할을 위해 오디션을 보았다. 제이크는 상처 입은 아이의 원형으로, 베트남의 지뢰밭에 갇혀 의심과 두려움에 떨고 있는 내적 자원이 고갈된 인물이었다. 그리고 미키는 강하고 영웅적인 타입의 보호자이자 보살피는 사람으로, 집으로 돌아가는 데 온 힘을 쏟았다. 그 작품에는 무대에 등장하지 않는 로저스라는 또 하나의 인물이 있었다. 그는 전쟁의 카오스에서 살아남을 수 없는 사람이지만 부르주아적인 평온함 역시 견뎌 내지 못하는 인물이었다. 무대에 등장하지 않음에도 불구하고, 마이클은 로저스를 동일시했다.

그는 탐내던 제이크 역할을 충분히 따낼 만큼 오디션에서 훌륭한 연기를 보여 주었다. 그런데 연출자는 그 역할을 그보다 못한 연기자에게 주고, 마이클을 미키로 낙점했다. 그는 연출자의 잘못된 선택에 분노했다. 하지만 연출자는 그가 원하는 것을 주지 않은 엄마처럼 마이클의 화나고 상처 받은 아이에게 적절하게 반응하지 않았다. 그는 제이크 역할을 맡은 배우가 무능하고 서투른 데다 게

이임을 노골적으로 밝히고 다닌다고 화를 냈고, 심지어 무대 감독에게도 분노를 터뜨렸다. 어느 날 무대 감독이 제이크 역할을 대신했는데, 지문에 너무 집중한 나머지 마이클을 벽으로 세게 밀어붙였다. 부지중에 어린 시절의 아버지처럼 마이클을 거칠게 대한 것이다. 마이클이 항의하자 그는 말했다.

> 난 배우가 아니잖나. 얼마나 세게 밀었는지 몰랐단 말이네. 난 그저 대본에 있는 대로 했을 뿐이야.

마이클에게 그 대답은 곧바로 아버지를 연상시켰다.(4장 참고하시오.)

> 하지만 난 그냥 어린애일 뿐이었다……. 내가 달라지리라고(그러니까 아버지처럼 행동할 거라고) 기대하지 마라.

무엇보다 마이클을 가장 화나게 한 것은 상처 받은 아이 역할을 연기할 수 없게 된 것이었다. 그 역할은 아무런 대책도 없이 그를 감정의 지뢰밭으로 내몬 사람들에 대한 분노와 밀접하게 연결되었다.

미키 역할을 연습하면서 마이클은 형이 지뢰밭에 갇혀 있고 그를 구해야 한다고 상상했다. 추수감사절에 집에 있는 동안 그는 좀 더 실감나는 리허설을 위해 스티브에게 부탁해 비명소리를 녹음하기도 했다. 그리고 여동생 베아가 어리석게도 로저스처럼 전쟁터에서 죽었고, 그녀와 그녀를 구하지 못한 자기 자신에게 화가 나 있다고 상상하기도 했다. 마이클에게 허구와 일상 현실의 경계는 상당히 유동적이었다.

나는 제이크와 미키의 역할로 대화를 해 보라고 했다.

제이크: 난 살아 있어. 두려움을 마주하고 싶지 않아. 난 죽기 싫어. 그냥 여기서 벗어나서 눕고 싶어.

미키: 그들은 내게 상처를 줬어. 난 상처 받는 데 지쳤어. 불 속으로 걸어 들어갈 거야. 때려요, 아빠, 괜찮으니까. 젠장 날 패라고! 우리 아기를 여기서 구해 낼 거야. 아직은 느낄 수도 있고 싸울 수도 있지. 그 부분은 당신에게서 떼어 갈 거야. 난 죽어도 상관 안 해. 이제 더 이상 신경 안 써요, 아빠. 날 쏴 버리라고! 난 죽을 수 있어.

제이크: 난 죽고 싶지 않아. 지쳤어. 눕고 싶어. 무서워. 더 이상 아무것도 알고 싶지 않아.

미키: 이리 온, 이 망할 놈의 게으른 돼지야. 일어나. 안 그럼 머리끄덩이를 잡아 올릴 테다. 이 개자식아! 일어나! 어서, 제발. 포기하지 마. 제발, 내가 빌게. 난 네가 없으면 안 돼. 이 망할 놈의 돼지새끼야! 너도 알잖아. 나도 포기하고 싶어. 하지만 난 안 돼. 그놈들을 만족시킬 수 없지. 난 누굴 위해서도 드러눕지 않아. 아빠, 젠장 당신이 날 남색가라고 불렀지. 하지만 난 당신을 위해 눕진 않는다고. 일어나, 제발!…… 내가 일분만 누워 있을게, 그럼 일어날래?

제이크: 내가 일어날 수 없다면 어떻게 해? 난 무서워. 집에 데려다 줘. 집에 보내 달라고!

미키: 더 이상 누워 있을 수가 없어. 어떻게 해야 할지 모르겠어. 어

떻게든 해 봐야지. 누워 봐야지.

제이크: 다시 일어날 수 없게 되면?……(마이클이 운다.) 도와줘!

대화에서 미키는 양면적이다. 한편으로 그는 전사이자 생존자로서 아버지의 학대를 극복하고 전우를 구하며 죽음을 정복하기로 한다. "우리 아기를 여기서 구해 낼 거야."라고 했을 때, 그것은 포기하지 않고 폭력과 위협에 맞서 싸우기로 한 감정적인 부분을 드러내 보여 준다. 반면에 그는 지쳐 문을 닫아걸었고 혼자선 할 수 없다는 두려움에 휩싸여 있었다.

그 격차로 인해 제이크 역할은 우울해진다. 마이클은 훌쩍거리는 불쌍한 어린아이를 넘어서 한 걸음 나아갔다. 그가 미키로 선택된 데는 그만한 이유가 있었다. 이제 준비가 된 것이었다. 미키 역할은 양면적이고 현실적이었으며, 그런 점에서 어른의 삶을 연습할 수 있는 기회가 되었다. 마이클은 자기 속에 있는 미키가 제이크보다 강함을 인식했다. 변화가 일어난 것이다.

마이클은 미키를 두려워하는 데 지친 인물로 묘사했다. 실제로 그는 집에 돌아가기 위해 갖은 노력을 기울였다. 공연을 하면서 마이클은 역할 안에서 안전함을 느끼기 시작했는데, 대사 한 줄이 계속해서 풀리지 않았다. 그 난감한 대사는 군에서 제대했지만 집에 가서도 그 세계에 적응하지 못해 다시 전쟁터로 돌아와 갑작스러운 죽음을 맞게 되는 로저스가 한 말, "당신은 당신의 인생을 걸고 꿈꾼다." 였다.

베트남에서 전투 중인 병사 미키가 있었다. 그는 자기가 그 땅에서 누구를 상대로 왜 싸우고 있는지를 알지 못했지만, 살아서 집에 돌아가야 한다는 것만은 잘 알고 있었다. 그는 밀림과 거기서 들려오는 소리가 무서웠다. 그 소리는 "두려워하지 마. 네게 필요한 건 나를 아는 것뿐이야."라고 말했다.

그는 뒤를 돌아보았다. 두 개의 에너지가 있었고, 그중 밝고 빛나는 에너지가 말했다. "네가 뭘 하든 상관없이, 넌 결국 여기 나와 함께 끝나게 될 거야. 난 네가 신이라 부르는 것이지."

어두운 다른 에너지가 말했다. "어서 앞으로 가, 내가 네 뒤를 따를 테니. 그냥 가면 돼."

미키는 달렸다. 그는 혼란스러웠고 그렇게 무작정 뛰어가다가 로저스를 만났다. 그가 말했다. "더 이상 두려워하지 말라고, 난 괜찮을 거라고 말하는 밝은 빛을 보았어. 그걸 따라가려고 하는데 계속해서 움직여. 지금은 이 어두운 구름 속에 서 있지. 근데 여기서 빠져나갈 수가 없어…… 난 죽고 싶지 않아."

미키가 말했다. "이제 두려워하지 마."

로저스가 말했다. "너무 무서워, 내가 어디로 가는지 모르겠어."

미키가 물었다. "대체 뭐가 두렵니?"

로저스가 말했다. "몰라. 난 내가 모든 걸 가졌다고 생각했어. 아내, 돈, 사랑, 명성 말이야. 그것들이 있는 곳으로 돌아갔고, 그것들이 날 뚫어지게 바라보길래 나도 그랬지. 근데 더 이상 아무런 감흥이 일어나지 않았어. 그래서 차를 타고 미친 듯이 달려 보기도 했어. 난 그냥 두려워지고 싶었어."

미키가 물었다. "그게 무슨 소리야?"

로저스가 말했다. "나도 몰라."

미키가 말했다. "넌 미쳤어. 두려워지고 싶다니 대체 이유가 뭐야?"

로저스가 말했다. "왜냐하면 두려울 때 비로소 진실을 알게 되거든. 공포가 곧 진실이라고."

미키가 말했다. "공포는 진실이 아니야."

로저스는 총을 집어 들었다. 그리고 말했다. "이 총엔 총알이 한 개 들어 있어. 이제 탄창을 돌린 다음 쏠 거야."

미키가 말했다. "미쳤구나."

로저스는 탄창을 돌렸다. 그리고 방아쇠를 당겼다. 찰칵 소리가 났고 그는 웃음을 지었다.

미키가 말했다. "이 정신 나간 얼간이."

로저스가 말했다. "더 이상 아무것도 날 감동시키지 못해."

미키는 달리고 또 달렸다. 누군가 뛰쳐나와 자기를 쏠까 봐 두려웠다. 한 발의 총성과 비명소리가 들려왔다. 로저스가 스스로 목숨을 끊은 것이다. 그는 숲과 그 숲을 뒤덮은 먹구름을 응시했다. 그는 말했다. "난 네가 두렵지 않아. 네가 날 휘두르게 가만 두지는 않을 테다."

그는 포연과 시신을 먹어치우는 벌레와 쥐떼를 뚫고 빛이 보일 때까지 달렸다. 겨우 빛에 다다르려 하자 빛은 가뭇없이 사라지고 말았다. 사방이 고요했다. 목소리가 들려왔다. "무엇을 원하는가?"

미키는 빈손을 앞으로 내밀고 말했다. "당신이 내게 무엇이 필요한지 말해 주십시오."

목소리가 말했다. "넌 알아야만 한다."

미키는 두 손을 하늘로 향한 채 그 자리에 앉았다. 마비된 듯 가슴이 먹먹해졌다. 천둥과 번개가 점점 더 가까이 다가왔다. 빗방울 하나가 손바닥에 떨어져 손목을 타고 흘러 내렸다. 그는 물었다. "내게 빗방울을 주시는 이유가 뭡니까?"

목소리가 말했다. "그것이 너이기 때문이다."

그는 답이 없음을 이해했다고 생각했다. 그는 웃었고 하늘은 우렁우렁 울었다. 그가 소리 내어 울자 비가 내렸다. 그는 웃고 또 울었다. 눈을 떴다. 앞에 로저스가 서 있는 게 보였다. 그가 말했다. "어이, 로저스, 이제 알 것 같네."

로저스는 거기 그렇게 머리에 구멍이 난 채 서 있었다. 그는 말했다. "이제 보이지? 그게 당신을 감동시키길 바라선 안 되는 거였어. 당신이 그걸 먼저 감동시켰어야지. 하려고 들면, 당신은 분명 해낼 거야. 그게 당신을 감동시키기를 꿈꾼다면, 당신은 당신 인생을 걸고 그렇게 하는 거야."

마이클은 무덤 저편의 세계에서 배달된 로저스의 메시지를 보았다. 그것은 수동적인 삶의 위험에 관한 것이었다. 꿈꾸는 사람 역할은 마이클이 수동적인 양태에 머무르게 만들었다. 완벽한 가정과 완벽한 아버지와 완벽한 연인의 환상에 빠져 정서적인 지뢰밭에 갇혀 있었던 것이다. 그런 꿈을 꿀 때, 그는 미키로 대표되는 어른의 역할, 능동적인 부분—무시무시한 전쟁터에서 벗어날 길을 끊임없이 찾는 부분—을 상실할 수밖에 없다.

연극 속의 인물이라는 맥락에서 보면, 마이클이 감수해야 하는 위험은 집에 돌아갈 수 없는 것이었다. 이야기 속에서 그는 여러 역할을 꺼내 놓았다. 그중 한 가지는 미키로 대변되는 영적인 것을 추구하는 영웅이었다. 미키는 마이클이 지뢰밭과 무시무시한 밀림을 통과하여 이성과 희망의 빛을 향해 갈 수 있도록, 두려움을 넘어 진실에 다가갈 수 있도록 돕는 기능을 한다.

로저스로 재현된 또 다른 부분은, 희망을 포기하고 진실은 두려움이라는 말을 받아들인 겁쟁이다. 그는 물질적인 꿈을 좇다가 그 공허함을 느끼고 다시 전장으로 돌아온다. 그곳만이 진정으로 살아 있음을 느끼게 해 주기 때문이다. 무덤가에서의 위험한 춤은 결국 죽음을 부른다. 그는 스스로 목숨을 끊고, 나중에 "당신은 당신의 인생을 걸고 꿈꾼다."는 교훈을 주기 위해 무덤에서 부활한다.

로저스 역할은 마이클을 공포와 절망에 매어 놓았다. 공포스러운 삶을 사는 것은 마이클에게 상처 받은 사람, 정서적으로 죽은 피해자의 이미지를 주기 때문에 편안하고 익숙했다. 로저스는 또한 인식과 이상적 사랑을 향한 양면적 욕구를 일깨웠다. 그것은 충분히 할 수 있는 경우에도 내면의 공허함 때문에 자기 파괴적인 행동으로 빠져든다는 사실을 상기시킴으로써, 마이클의 절망감을 부추겼다.

그러나 죽은 로저스가 전하는 깊이 있는 메시지는 마이클의 또 다른 측면을 보여 준다. 그 말을 빌려 로저스는 마이클에게 수동성을 거부하고 어둠의 세력에 맞서 싸울 것을 권한다. 그 메시지는 딜런 토머스[10)]의 말(1957, p. 128)과도 울림을 같이 한다.

10) 딜런 토머스(Dylan Thomas, 1914~1953)는 "고이 안녕의 밤으로 들지 마세요(Do not go gentle into that good night)."라는 시를 쓴 영국의 시인이다.

고이 안녕의 밤으로 들지 마세요.

밤이 사위는 걸 맞서 분노하고 분노하세요.

'검은 날개 조각' 에서 그랬듯 여기서도 자연적이고 초자연적인 여러 역할이 등장한다. 빛의 세력은 치유자다. '검은 날개의 조각' 에서 검은 벌레의 날개는 태양을 통해 아름다운 것으로 변형된다. 여기서도 역시 태양은 고요함과 평화를 가져온다. 그리고 신 앞에서 미키는 자연의 완벽한 작품인 한 방울의 비에 견주어진다. 미키는 그의 감정을 비와 천둥처럼 자연스럽게 흐르도록 놓아둠으로써 자유로워진다.

자연적이고 초자연적인 역할들은 사랑을 통해 두려움을 초월할 수 있게 한다. 그리고 로저스는 미키에게 현실에서 그것을 감동시키는 사람이 되라고 권한다. 마이클의 삶에서 '그것' 은 그가 가장 두려워하는 것, 즉 벌레, 에이즈, 검은 격노, 아버지의 몸, 죽음의 얼굴을 한 신의 손을 나타낸다. 검은 날개 조각 이야기에서, 마이클은 검은 벌레로서 "내가 건드려도 당신은 죽지 않아요."라고 말했었다. 여기서 그는 다시 한 번 그 메시지를 전했다. 접촉은 죽음을 부르지 않는다. 그것은 오히려 자연스럽고 치유적이다. 마이클의 초월적인 부분은 자신의 깨어 있는 부분에게 이 메시지를 전할 능력이 있었다. 도전이란 말하는 부분과 듣는 부분이 서로 소통하는 것이기도 하다. 귀 기울여 들은 덕분에, 마이클은 그 대사의 의미를 발견하였다. "당신은 당신의 인생을 걸고 꿈꾼다." 그는 이제 전보다 더 깨어 있으며 자기가 만든 지뢰밭에서 길을 잃는 위험을 감수하는 일도 줄어들었다.

피해자/가해자/승리자

로저스의 "더 이상 아무것도 날 감동시키지 못해."라는 대사에서 다시 한 번 꿈의 세계가 나타났다. 마이클은 고립된 가운데 안전을 추구하고, 다른 사람을 판단하면서 자기를 보호하는 아웃사이더, 엿보는 사람의 역할로 후퇴했다. 그는 변호사임에도 불구하고 보호자이기보다 피해자에 가깝다 할 만큼 연약하고 야망이 없으며 성공적이지도 못한 빌에게 실망했다고 말했다. 마이클은 사람들이 제 역할에 일치되기를 바라마지 않는다. 변호사라면 모름지기 아버지처럼 강하고 약자를 보호해야 한다는 것이다.

나이 든 남자와의 폰섹스에 한 술 더 떠서 마이클은 스스로 완벽한 성적 대상이라고 광고하는 남자들의 음성 메시지를 들었다. 두 걸음 물러난 것이다. 그는 인생을 걸고 꿈을 꾸었다.

베아에 대한 꿈도 꾸었다. 중국 식당(사실 그가 빌과 만나던)에서 베아는 오빠를 심하게 모욕했다. 그녀의 목소리는 검은 격노 그 자체가 되어 마이클을 공격했다.

그리고 뭔가가 변했다. 폭발적인 깨달음이나 엄청난 카타르시스도 없었다. 그저 지난 2년 동안의 치료 작업이 조금씩 쌓여 온 것뿐이었다. 마이클은 한동안 도시를 떠나 스페인에 가서 그곳 말을 배우겠다고 결정했다. 공연이 막을 내렸고 미키 역할—어른이자 생존자이자 행동하는 남자—이 그에게 좀 더 단단하게 통합됨을 느꼈다.

마이클은 빌에게 처음으로 자기 감정을 솔직하게 전했다. 마침

휴가철이라 둘은 주말을 이용해 빌의 게이 친구들과 시골로 놀러 가기로 했었다. 마이클은 통제력을 잃고 유혹에 빠질까 봐 겁이 났다. 피해를 입거나 아니면 다른 남자들에게 빠져 빌과 멀어질까 봐 두려웠다. 그는 빌에게 집에서 멀리 떠나 자제력을 잃게 될까 무섭다고 털어놓았다. 많은 말을 하지는 않았지만, 빌은 자기가 잘 돌볼 것이고 절대 상처 주지 않을 거라고 설득했다. 마이클은 그의 마음을 받아들였다.

눈보라가 치는 밤에 마이클과 빌은 잠자리에 들었다. 빌은 섹스를 원했지만 마이클은 이중적이었다. 그는 목이 아프다며 뒤로 물러났다. 빌은 그를 부드럽게 주물러 주었고 마이클은 울음을 터뜨렸다. 그리고 둘은 아무 말도 하지 않았다. 마이클은 자리를 바꾸어 온통 눈으로 뒤덮인 도시를 바라보았다. 자연은 또다시 덮어 주고 어루만지고 치유해 주었다.

치료에서 마이클은 그의 딜레마를 어느 때보다 선명하게 드러냈다.

> 성적으로 행동할 때는 감정에 거리를 둘 필요가 있어요. 친밀해지는 것 같으면 늘 희생당하는 느낌이 들거든요.

마이클은 아버지와 관련한 주제의 핵심에 닿았다고 말했다. 그는 아버지와 친밀해지려 할 때마다 학대를 당했고, 그래서 그에게 친밀함은 근친상간적 환상에 매이게 되었던 것이다. 그리고 그렇게 친밀함과 자기 방어적인 거리가 짝을 이룬 것처럼, 섹스와 폭력이 하나가 되었다.

마이클에게 이 깨달음은 피해자, 친밀한 성적 연인이라는 역할을 이해하고 거듭 통찰하는 출발점이 되었다. 지나치게 분리적인 역할로 잠시 퇴행했지만 그래도 '충분히 좋은' 남자와 관계를 유지하였고, 덕분에 폭풍우 치는 어두운 밤을 뚫고서 스스로 지키고 보호하며 지탱할 수 있는 자기 안의 어른의 가능성을 발견하였다.

그는 더 나아갔다. 아버지의 악마적인 힘의 실체가 더 뚜렷해졌기 때문에, 이제 엄마의 권력에 분노했다. 그는 어머니가 아버지보다 훨씬 더 강력하다고 느꼈다. 아버지도 어머니 앞에서는 순순히 피해자 역할을 했기 때문이다. 어머니는 아버지의 물리적인 위협을 말로 무력하게 만들었다. "만약 당신이 날 건드리면 이걸 끝으로 사라져 주겠어."

그렇게 접촉은 관계를 말살하거나 적어도 위협할 수 있었다. 신체적으로 학대하는 아버지와 버리겠다는 위협으로 폭력적인 접촉의 두려움을 극복한 어머니의 영향으로, 마이클은 친밀함과 관련한 양면성을 발달시키게 되었다.

힘과 통제력에 대한 마이클의 감각은 어머니에게서 물려받은 바가 크다. 남자들이 폭력이나 섹스로 위협을 할라치면, 가차 없이 그들을 버렸다. 마이클은 빌에게도 "날 이상하게 건드리면 가 버릴 거예요."라고 경고하곤 했다.

엄마는 또한 자기 생각에 대해 최고이자 절대적인 비평가였고, 말로 공격하는 데서는 따를 사람이 없을 만큼 단연 최고였다. 마이클 역시 엄마를 좇아 여자가 남자를 통제하는 방식대로 재기 넘치는 바보광대 역할을 했다. 바보광대가 되어 낮은 사회적 지위를 자처한 다음, 날카로운 혀를 교묘하게 휘둘러 자기보다 힘 있는 사람들을 통제했다. 그의 방식은 햄릿의 그것처럼 간접적이고 익살맞으며 신랄했다. 가해자의 두 역할—아버지의 직접적이고 신체적인 학대와 어머니의 간접적이고 언어적인 폭력—이 마이클로 하여금 친밀함에서 멀어져 피해자 역할을 고수하게 만들었다.

빌의 친구들과 시골 여행을 떠나기 직전에 그는 꿈을 꾸었다.

> 여자 친구 한 명이 시내에 있는 집 천장 밑에 달린 선반에 올라가 있어요. 나는 그녀가 바퀴벌레와 이상한 벌레들이 우글대는 곳에 너무 가까이 있어 불안해하면서 올려다보고 있고요. 그녀가 아기를 낳았는데 진짜 아기가 아닌 것 같아요. 그녀가 내게 아기를 전해 주어요. 또 다른 여자, 배우가 연기 수업 시간에 감정에 몰입하려 애쓰고 있어요. 그 곁에는 선생님이 있는데 아주 흐릿한 모습이에요. 벌레들이 선반에 있는 여자 근처에 나타나요. 벌레가 사방에 널려 있어요. 내가 벌레를 모두 눌러 죽여요. 그리고 "이사를 가야겠어." 라고 말해요.

꿈에 나온 인물 중에서 마이클은 자기 역할을 가장 가깝게 느꼈다. 그는 그것을 엿보기 좋아하는 사람—그는 전사의 역할을 맡아 벌레를 몽땅 죽인다—이라고 표현했다. 그는 또 선생님 역할을 의심스러운 지식인이라 말하면서 가장 멀게 느꼈다. 두 인물은 다음과 같은 대화를 나누었다.

엿보는 사람: 선생님은 왜 그렇게 멀찌감치 뒤에 서 있나요? 왜 아무것도 안 하는 거죠? 어째서 여배우가 감정을 가지고 멀뚱히 혼

자 서 있게 놔두냐고요?

선생님: 나한테 원하는 게 뭐야? 이 사람이나 저 사람이나 전부 나한데 갈 길을 가르쳐 달라고 하지. 너한테도 몇 군데 추천해 줄 수가 있어. 하지만 그 여잔 자기가 알아서 하라고 해. 네가 뭔데 그 여자를 걱정하는 거냐? 그 사람은 저기서 저렇게 애쓰면 되고, 넌 또 이렇게 뒤에 서서 바라보는 사람일 뿐이야. 넌 벌레를 죽여야 해. 움직여야지. 감정에 몰입하지 못하는 저 여자 걱정일랑 그만두시란 말이지.

엿보는 사람: 이 빌어먹을 벌레들, 정말 지긋지긋해. 어디나 널려 있어서 문으로 나갈 수도 없다고. 당신은 도움이 안 되는군. 이 벌레 새끼들을 몽땅 죽여 버릴 테다. 고향 집 내 방에는 벌레가 없는데 말이야. 여배우, 거기서 내려와요. 벌레가 득실거리는데 괜찮아요? 아기가 벌레 때문에 죽으면 어떻게 하려고 그래요?

나는 마이클에게 다른 역할을 마음대로 연기해 보라고 했다.

아기: 저 남자는 정신이 나갔어. 미쳤다고. 난 괜찮아. 무섭지 않다고.

벌레: 습기, 습기. 온기. (마이클은 바닥에서 기었다.) 갓난아기가 벌레를 하나도 안 무서워하네. 아기가 벌레를 하나도 안 무서워해…….

마이클은 역할을 벗고 꿈에 나온 여러 역할과 자기의 관계에 대해 이야기했다. 그는 벌레를 가해자이자 피해자로 구체화했다. 벌레는 갑자기 나타나 사람들을 놀라게 한다. 하지만 아이들 앞에서

(이 경우에는 아기)는 힘을 쓰지 못한다. 벌레는 가해자이자 공포를 퍼뜨리는 자이지만, 순진함과 공포 앞에 연약한 피해자의 특질(마이클이 앞서 검은 벌레의 역할을 연기할 때 "네가 날 죽이려고 하면 난 너무 무서워."라고 말한 것처럼)을 구현한다. 마이클의 전사 역할이 이처럼 활성화되면 벌레는 짓밟혀 죽는다. 겁에 질린 벌레들은 마이클에게 점점 더 힘을 잃을 것이다.

처음 만났을 때 마이클은 '미녀와 야수' 이야기에 집중해 있었다. 벌레 역할은 점점 더 야수—다른 사람을 희생시킬 수 있는 거대한 힘을 가진 추방당한 자 역할—를 닮아 갔다. 그러나 그 안을 들여다보면 이 동화에 나오는 야수는 사악한 주문에 걸려 순진한 미녀의 충직한 사랑을 받아야만 본래 모습으로 돌아갈 수 있는 불쌍한 왕자이자 피해자이기도 하다. 꿈에서 벌레/야수는 아기라는 중립자를 발견한다.

마이클에 따르면 아기는 순진한 사람이다. 아기에게 악이란 존재하지 않으며 그것은 벌레도 다를 바 없다. 하지만 아기는 보호받아야 한다. 이 순진함은 마이클이 다양한 어린아이 역할을 내놓았을 때 가장 뚜렷하게 제시되었던 것이다. 마이클 내면의 아기는 완벽에 대한 몽상에 그를 가두어 놓는 기능을 했다. 혼자 있을 때, 그 역할은 지나치게 수동적이고 연약했다. 꿈에서는 벌레/야수의 형식으로 보호가 제공되며 그것이 순진한 사람을 생존할 수 있게 해준다. 순진한 자-야수의 무시무시한 균형 내에서, 마이클은 공포와 열려 있음의 양면성을 갖고 살아갈 수 있는 방법을 찾을 수 있었다.

마이클은 꿈에 나온 아기가 가짜일지도 모른다고 말한다. 그것은 마이클 안에 사는 순진함이 거짓일 수도 있음을 의미한다. 마이클은 순진한 사람의 역할을 연기할 때 동화적인 인물의 낭만적 특징뿐 아니라 원하는 것을 얻어 내기 위한 조작적인 특성을 천천히 인식해 갔다.

마이클에 따르면 선생님은 자기 욕구를 드러낼 수 있는 어른이다. 이른 바 계몽된 지식인으로서 어느 만큼의 지혜를 가지고 있으며, 사람들이 각자의 지혜에 따르게 하는 데도 능하다. 이 역할은 꿈에서 흐릿하게 나타났는데, 그것은 마이클이 자기 속에 있는 어른의 존재를 자주 의심했기 때문이다. 그러나 어른이고자 분투하면서, 그는 빌에게 자기 욕구를 주장하는 법을 배워 갔다.

마이클은 여배우 역할이 감정을 표현하려 애쓰는 자기의 일부라고 말했다. 순진한 사람과 마찬가지로, 여배우 역할은 상처 받기 쉽고 존속을 위해 다른 이의 도움을 필요로 한다. 아기를 낳는 엄마의 이미지는 자기 감정을 밖으로 표현하는 여배우 역할을 비춰준다. 어른/아버지 역할의 변형인 선생님은 감정과 아기를 돕기 위해 존재한다. 마이클 속에 있는 여배우는 끊임없이 감정을 낳기 위해 노력했다. 여러 가지 측면에서 그는 감정을 낳는 방식으로 배우라는 직업을 선택했다고 볼 수 있을 것이다. 여배우의 여성성은 감정과 보살핌으로 가득 찬 자신의 여성적인 부분을 표현하고 싶은 마이클의 욕구를 강화한다는 점에서 중요하다.

마이클은 선반에 올라간 여자의 기능을 아기를 낳아 자기에게 전해 준 데서 찾았다. 그녀는 순진함과 창조성의 원천이며, 마이클이 엄마에게 물려받은 덕성이기도 하다. 그녀는 주어진 기능을 할 때 벌레/두려움에 가까이 있지만, 그럼에도 불구하고 어쨌든 생명을 만들어 낸다. 마이클은 때로 자기 안에 있는 이 부분이 서먹서먹하고 무섭게 느껴지기도 하지만, 그 창조성의 근원에 더 다가가고 싶은 욕구를 알아차렸다.

마지막으로 엿보는 사람 역할은 마이클에게 아주 익숙하다. 꿈에서 엿보는 사람은 뒤에 서 있으면서 다른 사람들(예를 들어, 선생님)이 벌레 문제를 해결하지 않는다고 비난한다. 징징대고 불평하면서 어린 시절의 안전한 집을 갈망한다. 하지만 다른 드라마에서 보여 준 지나치게 분리적인 특성과 달리, 이 화나고 상처 입은 아이/피해자는 사태에 대응하여 영웅적으로 벌레를 죽이고 집을 옮기겠다고 마음먹는다. 피해자에서 곧 승리자가 될 참이다. 마이클에 따르면 승리자는 살아남은 사람 곧 도덕적 전투를 성공적으로 치르고 이사할 준비를 마친 사람이다.

이 꿈으로 작업하면서 마이클은 미녀와 야수, 학생과 선생님, 아기와 엄마, 피해자와 가해자와 승리자를 연결 지었다. 마이클은 선반에서 내려받은 아이를 품에 안았다. 전에 자기 속의 희생당한 부분이라 표현한, 말 못하는 패티를 안고 얼러 주었던 것처럼 말이다. 아이로서(마이클은 그 아이를 '불신의 아기'라고 불렀다.) 그는 두렵지 않다고 말했다. 벌레를 죽이면서 그는 엿보는 사람, 꿈꾸는 사람, 피해자라는 수동적인 역할을 변형했다. 마이클은 이 수동적인 역할들 뒷면에 승리자와 생존자뿐 아니라 위험천만하지만 자기 발견이라는 목표를 향해 용감한 여정을 떠나는 영웅의 역할이 있음을 발견했다. 역할 체계가 변화된 덕분에, 친밀함의 이중성을 향한 영웅적 여정 역시 새로운 차원으로 도약하게 되었다.

반지

반지는 우리 작업에서 맨 처음 떠오른 이미지로 '미녀와 야수'에서 마이클이 선택한 역할이었다. 2년 동안 내게는 그 역할의 유형과 특질과 기능이 미스터리로 남아 있었다. 4장 첫머리에서 나는 반지를 아버지와 딸의 결속, 미녀와 야수의 결속, 미녀가 아버지와의 결속을 깨뜨리고 연인에게 옮겨 가는 전이적 대상의 상징으로 언급했다.

치료의 종결 단계에 접근하면서, 마이클은 반지를 다시 꺼냈다. 그는 그것을 부적, 통일자, 자기의 역할 전부를 아우르는 완전한 원이라고 설명했다. 그리고 이런 이야기를 만들었다.

> 옛날 옛적에 이글거리는 불과 차가운 얼음이 뒤섞인 데서 만들어진 빛나는 금반지가 있었다. 불과 얼음의 결합이 순수한 금의 중용을 낳았다. 반지는 원하는 것은 무엇이든 할 수 있을 만큼 부유한 한 왕에게 팔렸다. 그 반지를 끼자 왕은 위대한 지혜를 얻게 되었다. 신하들이 어려운 질문을 들고 오면, 왕은 언제나 반지를 끼고 완벽한 해답을 주었다. 왕국에 축제가 열려 왕은 성대한 행렬을 이루어 행차했다. 그 와중에 반지가 손가락에서 빠졌는데도 왕은 그 사실을 알아채지 못했다. 사람들이 몰려와 질문을 던졌지만, 반지를 잃은 왕은 앞뒤가 맞지 않는 이야기를 늘어놓을 뿐이었다. 그제야 반지가 없어진 걸 알게 된 왕은 반지를 찾아 필사적으로 사방을 뒤졌다. 하지만 반지는 행렬을 지나 길 한구석에서 울고 있는 한 청

년의 발 아래로 굴러갔다. 그가 반지를 주워 닦자 태양만큼 환한 빛이 났다. 반지가 물었다. "왜 울고 있니?"

그가 대답했다. "행렬이 나를 지나쳤어요."

청년은 엄지손가락에 반지를 끼고 집으로 걸어갔다. 그는 현명하고 강해진 자기를 느꼈다. 사람들이 그를 주목하기 시작했고 그를 따르는 무리가 생겼다. 무리가 점점 커지더니 사람들은 자기들끼리 수근댔다. "저 청년은 누구지?" 왕이 나타났고, 그는 이 특별한 청년에게 깊은 인상을 받았다. 사람들이 청년을 어깨에 들어 올려 환영했다.

난 이제 행렬을 구경하지 않아. 내가 행렬 그 자체라고, 청년이 말했다.

갑자기 반지가 그의 손가락에서 땅으로 떨어졌다. 그것이 왕의 반지라는 걸 알아본 사람들이 청년을 땅에 던지고 도둑으로 몰았다. 그를 왕 앞에 끌고 가자 왕이 말했다. "네 놈이 내 반지를 훔쳤구나. 넌 죽어 마땅하다."

왕은 반지를 끼고 다시 사형을 언도받은 청년을 바라보았다. 그는 소리쳤다. "잠깐! 그를 다시 데려오라." 그리고 소년에게 말했다. "이 반지를 어디서 얻었느냐?"

소년이 말했다. "반지가 갑자기 나한테 굴러 왔어요. 그게 내가 원하는 걸 주고 싶어 한다는 걸 알았죠."

왕이 대답했다. "널 살려 주겠다. 단 왕자가 되어 내 아들로 평생을 살겠다는 약속을 해야 한다."

청년은 흐느껴 울었다. 그리고 침울하고 자기 연민에 빠져 있던 과거를 그리워하지 않으리라고 다짐했다. 청년의 머리엔 왕관이 씌

> 워졌고 그는 왕국의 왕자가 되었다. 왕은 용접공을 불러 반지를 두 개로 나누라고 명했다. 왕과 왕자는 그 반지를 하나씩 나누어 끼고 영원히 행복하게 살았다.

여기서 마이클이 보았듯이, 모순에서 태어난 반지는 수동성을 행동으로, 무지를 지혜로, 죽음을 사랑으로, 고립을 연계로 변형시키는 창조적 원리다.

이 시점에서 아버지와 마이클 관계의 운명의 수레바퀴가 완벽한 하나의 주기를 완성했다. 이전에 우리는 아들을 피해자 역할로 몰아넣는 거세하는 아버지에 대한 마이클의 심각한 성적 공포를 보았다. 또한 아버지에게 맞서려는 노력이 결국 아버지가 전혀 어른 역할을 맡으려는 생각이 없다는 걸 확인하는 데 그쳤음을 알고 있다. 그리고 종국에는 그가 아버지와 마찬가지로 혐오스럽고 받아들일 수 없는 남자들 앞에서 어른으로서 자신의 성성을 실현하고자 했던 노력이 수포로 돌아간 과정을 지켜보았다. 마이클이 안전하게 안을 수 있었던 유일한 아버지 인물은 폰섹스를 나눈 익명의 나이 든 남자였다.

빌을 아주 천천히 받아들이면서, 그 운명의 바퀴는 마이클과 아버지의 수용 가능한 특질을 연결하는 데 점차 근접해 갔다. 빌은 상징적 아버지로서 느리지만 꾸준하고 점잖은 데다 마이클을 잘 보살피고 돌봐 주었다. 또한 마이클에게 긍정적인 역할 모델이 될 수 있는 일종의 '일반화된 타자'인 큰 규모의 또래집단과도 정치적으로 연결되어 있었다. 신년 휴가 동안 시골을 여행하면서, 마이클은 디오니소스적인 성향이 강한 집단의 희생양이 되지 않을까, 또 다시 손 내밀 곳 없는 피해자 역할로 내몰리지 않을까 하는 두려움에서 벗어나, 우정을 느끼고 입문식을 치르며 동료 집단의 일원이 되는 기쁜 경험을 했다. 그는 푹푹 찌는 불가에서 다른 남자들과 벌거벗고 앉아 사우나 의식을 치르면서 만족감과 소속감을 느끼는 자신을 발견했다. 본질적으로 자기와 닮은 사람들과 함께였던 것이다. 만약 그들이 만진다 해도 두려워할 필요가 없을 것이며, 그 접촉은 치명적이거나 분노에 찬 것이 아니었을 것이다. 그는 자기 속의 변호사와 함께였고 다른 어린아이 역할도 마찬가지였다. 마이클은 아마도 처음으로 아버지로서 자신을 돌보는 능력을 발휘했다.

반지 이야기에서 왕/아버지와 외로운 소년/아들은 하나가 된다. 한 차원에서 아버지와 아들의 반지는 마이클이 아버지와 관련한 본질적 갈등을 해결했음을 보여 준다. 외로운 소년/아들을 자기 아들로 인식하지 못하고 사형을 선고했던 왕/아버지는 잘못된 생각을 고쳐 말했다. 지혜의 반지가 그에게 진실을 보고 아들과의 관계를 구할 수 있게 해 준 것이다. 그리하여 아버지와 아들은 화해하고 권력과 집과 지혜를 나누어 가졌다.

또 다른 차원에서 반지는 내적 순환이 완결되었음을 보여 준다. 마이클의 야만적이고 혼란스러우며 근친상간적인 부분이 소외되고 거세되어 지나치게 연약해진 부분을 지배하는 힘이 느슨해진 것이다. 마이클 안에서 가해자 역할과 피해자 역할이 평화를 이루어 냈다. 마이클은 이제 치료 과정에서 제공된 지속적인 아버지됨과 빌의 긍정적인 아버지됨을 마주 따라 하면서 자신을 보호하고 보살필 수 있는 새로운 방법을 찾았다.

나는 마이클에게 그의 삶에서 중요한 사람을 그려 보라고 했다.

그는 자신을 화면 중앙에 배치했다. 빌을 자기와 가장 가까운 곳에 큰 비중으로 그렸다. 엄마는 가장 멀리 있었고 아버지는 아예 화면에 나타나지도 않았다. 실제로 아버지는 더 이상 마이클을 학대할 수 없었다. 그리고 마이클 내면의 가상의 아버지 역시 측면으로 밀려 났다.

마이클은 나이 많은 남자와 관계 갖는 것을 부끄러워하지 않고, 빌과 함께 있을 때 성적으로 행동하는 법을 배웠다. 가끔씩 익명의 안전한 성적 접촉을 갖는 것으로 볼 때 여전히 양면성이 남아 있긴 하지만, 빌과의 관계를 잘 유지하면서 강한 반감과 보살핌의 혼재를 수용하는 법을 익혀 나갔다. 그것이 지나치게 꼬일 때는 검은 격노의 가장자리에서 흔들렸지만, 완전히 바닥으로 떨어지기 전에 이내 자신을 추슬렀다. 그리고 빌은 낙담과 환희를 오가는 마이클의 모습을 그대로 지켜보았다. 빌과 함께 있으면서도 마이클은 침대에 홀로 있는, 순결한 침대 속에서 일체의 위협 없이 안전한 자신의 모습을 꿈꾸었다. 한순간에 존재하면서 동시에 존재하지 않는 것, 그것이 답이다.

마이클은 '저기 먼 곳에 있는 삶'에서 예고된 여행을 떠나기로 작정했다. 그는 스페인어를 공부해서 두 가지 언어를 쓸 수 있는 교사가 되려고 했다. 빌의 방문은 허락했지만 가족에게는 연락을 하지 않았다. 검은 눈동자를 가진 완벽한 연인에 대한 흥미는 시들해졌다. 여행에서 돌아온 다음에는 치료 작업에서 어머니와의 관계—그의 판단과 분노와 죄책감의 근원인—를 더 다루고 싶어 했다.

그가 평생 알았던 한 가지 언어—폭군과 피해자가 사용하는 공포와 분노의 언어—는 가족에게서 물려받은 것이었다. 아직 과정 중에 있지만 그가 배우는 새로운 언어는 영웅 곧 자신의 양면성이 인생 여정에서 마땅히 짊어지고 가야 할 짐이라는 것을 알아차려 기꺼이 받아들이는 사람이 사용하는 것이었다. 이 출발의 시점에서 변형된 역할 체계가 나타났다.

후기

4개월 동안의 여행을 마치고 돌아오면서, 마이클은 그 어느 때보다 명료함을 느꼈다. 그는 눈물을 흘리며 "사랑해."라고 말할 만큼 빌과의 관계를 돈독하게 유지했다. 그가 누군가에게 사랑한다고 말한 것은 그게 처음이었다. 꿈에서 그리고 현실에서 벌레들과 맞붙어 잘 살아남았다. 벌레는 여전히 공포스럽지만, 마이클에게는 그에 저항하여 공격할 힘이 있었다. 보다 근본적으로 의미 있는 것은, 드디어 마이클이 자신의 유한함에 직면하기를 두려워하지 않고 기꺼이 그 무시무시한 에이즈 검사를 받았다는 사실이다. 이 단계에서 비로소 마이클은 아마도 가장 공포스러운 역할, 우리가 결국 사라지고 만다는 필멸성을 받아들였다. 그는 또한 그동안 아프고 우울증에 걸린 역할에 집착했던 것은, 그를 핑계 삼아 어머니에게 보살핌을 받고 건강하고 어른스러운 선택을 해야 하는 부담을 피할 수 있었기 때문임을 깨달았다. 검사 결과가 음성임을 알고서, 마이클은 곁에 있던 빌을 껴안은 채 한참을 엉엉 울었다. 그리고 연인과 함께 축하 행사를 했다.

직업적인 차원에서 마이클은 스스로 자기애적인 직업이라 생각하는 배우에서 한 걸음 나아갈 준비를 했다. 그는 새로 배운 언어—스페인어 그리고 책임 있는 어른의 언어—를 사용하고 싶어 했고, 법률학교에 들어가 어렵고 힘없는 사람들을 돕는 변호사가 되려 했다. 영웅의 여정을 지속할 채비를 마친 것이다. 다음 항해가 끝날 때쯤이면 다른 사람들을 위한 모델이 될 거라는 희망에 부풀어서 말이다.

역할 접근법은 마이클에게 매우 효과적이었다. 그는 다양한 역할을 연기하면서 자기 삶에서 각 역할의 기능을 이해할 수 있었다. 작업 과정에서 자주 일어난 역할의 복합적인 혼융 현상은 이 접근법을 직접적이고 선형적인 방식으로 적용하기가 어려움을 드러내 준다. 하지만 그 과정은 마이클이 피해자 역할—지배하는 힘(아버지들, 어머니들, 상징적인 부모들)에 통제당하는—에서 벗어날 수 있게 도와주었다는 점에서 효과가 있었다. 그러나 생존자 혹은 승리자의 영웅적 자리에 도달하기 전에, 마이클은 수동적이고 두려움에 떠는 우울한 역할에 집착함으로써 스스로 희생시키는 행동 방식을 놓고 작업할 필요가 있다. 변호사, 보호적인 판사, 연인, 친구의 모습으로 나타나는 조력자들은 그가 내면의 악마적인 힘과 기꺼이 맞서 싸우려 할 때만 그를 도울 수 있다.

연극치료의 효율성을 입증하는 것이 고통스러운 역할에서 만족스러운 역할로의 변형만은 아니다. 그 효율성은 궁극적으로 피해자와 승리자처럼 갈등하는 역할의 양면성—의식으로 끌어내 행동의 변화로 구별 지었음에도 불구하고, 마치 시간이 흘러도 그 매력을 잃지 않는 익숙한 이야기처럼, 때때로 돌이켜 다시 찾아볼 필요가 있는 싸움—을 살아 낼 수 있는 능력에 의해 시간을 두고 검증될 수 있는 문제일 것이다. 누군가 변형된 역할 체계를 다 읽은 책처럼 취급한다면, 그것은 아마도 금세 이전의 지배력을 되찾으려 할 것이다.

다음 장에서는 치료적 이야기를 집단의 맥락에서 다룬다. 그 사례에서 동화는 피해자에서 생존자로 옮겨 가는 참여자들의 여정을 살펴볼 수 있는 방식으로 기능한다.

CHAPTER 06

헨젤과 그레텔: 집단 작업의 보기

여기서는 집단 작업에 적용된 역할 접근법을 조명한다. 역기능적인 가정에서 성장한 참여자들이 많은 이 집단은 모두 여덟 명이며, 1년 동안 함께 작업을 해 왔다. 이 시점에서는 각자의 관심사를 집약하는 원형적인 이야기로 과정을 진행했다. 여기 소개된 작업은 알코올 중독증 아버지를 둔 30세의 앤을 중심으로 한 것이다. 앤은 극화할 이야기로 '헨젤과 그레텔'을 선택했다.

기존의 이야기는 역할 유형을 가지고 작업하는 또 다른 접근법을 제공한다. 4장과 5장에서 볼 수 있듯이, 마이클은 원하는 역할 유형을 자발적으로 끌어내 대부분의 이야기를 그 자리에서 직접 만들었다. 그에 비해 여기서 사용되는 역할 유형, 즉 등장인물 가운데 헨젤과 그레텔로 대표되는 역할 유형은, 서구에서 널리 알려진 허구적 서사에 바탕을 둔다. 참여자들은 이야기 자체와 등장인물에 대한 동일시의 두 원천에서 역할을 끌어냈을 것이다.

나는 여기서도 앤(Ann)과 다른 참여자들이 경험한 치료적 역할 과정을 드러내기 위해 스토리텔링과 해석적인 접근을 사용한다. 즉, 다시 쓰는 헨젤과 그레텔 이야기와 동화처럼 제삼자의 입장에서 서술하는 앤의 과거 이야기로 후자는 전자를 말하고 극화하는 가운데 나타났다.

앤의 이야기

극화할 이야기로 '헨젤과 그레텔'을 선택한 앤에게 어떤 인물이 가장 가깝게 느껴지는지 묻자 헨젤이라 했다.

> 헨젤은 위급한 상황 그리고 이 이야기에서는 생사가 걸린 문제를 다뤄야 하는 인물이에요. 나도 알코올 중독인 아버지 밑에서 동생 넷을 건사하는 맏이거든요. 전 이 영웅 역할에 분명하게 동일시할 수 있어요.

그래서 구조자로서의 영웅 역할에 대한 극적 탐험이 시작되었다. 어린 시절 앤은 아버지가 살인을 저지를지도 모르는 상황에서 기지와 매력과 용기를 발휘하여 아버지를 구했다. 그 경험을 설명하기 위해 이런 이야기를 들려주었다.

> 1970년대 초반, 아홉 살 난 어린 소녀는 이상한 소리에 또 잠이

꿨다. 그녀는 침대에서 일어나 조심스럽게 부엌으로 갔다. 아버지가 또 등을 돌리고 앉아 칼을 갈고 있었다. 오래된 깡통 따개에 칼날이 긁히는 날카로운 소리가 소녀를 겁먹게 했다. 새벽 3시였다. 소녀는 용기를 있는 대로 쥐어짜냈다.

아빠 여기서 뭐하세요? 소녀가 물었다.

내가 널 죽일 거라고 생각하지, 안 그래? 깜짝 놀란 아빠가 말했다.

아니, 아니에요. 절대 그렇지 않아요. 소녀가 말했다.

소녀의 목소리가 가벼워졌다. 그리고 아버지가 술에 취했을 때마다 익혀 온 장난스럽고 은근한 태도로 그를 진정시켰다. 그는 위험했고 무엇보다 그 자신으로부터 구조되어야 했다. 구조자 역할을 맡아 온 소녀는 그 점을 누구보다 잘 알고 있었다.

먼저 앤은 '헨젤과 그레텔' 이야기를 사람들에게 들려주었다. 그리고 앤은 헨젤이 되었고 다른 참여자들은 각자 동일시하는 인물을 선택하여 이야기를 극화했다. 그 작업은 세 시간 동안 진행되었다. 앤은 그 경험을 통해 자신의 욕구를 부인하면서 아버지를 구하기보다 욕구를 표현함으로써 자기를 구하는 것으로 방향을 바꿨다. 그리고 영웅 역할을 그렇게 변형한 결과 어린 시절 부엌에서 겪은 무서운 일들을 이겨 낼 수 있었다.

극화 작업을 마치고 앤은 그 허구를 실제 경험과 연결 지었다. 그 성찰 중 일부를 소개하면서 작업 과정을 설명하면 이와 같다.

앤은 이렇게 이야기를 시작했다.

아이가 둘 딸린 남자가 과부와 재혼을 했다. 그들은 너무나 가난

> 했고, 그래서 계모는 아이들을 숲에 버리면 그나마 먹고 살 수 있을 거라고 남편을 설득했다. 남편은 그럴 수 없다며 저항했지만, 얼마 못 가 아내의 사악한 논리에 항복하고 말았다. 늦은 밤이라 눈치 채지 못할 거라 생각했지만, 헨젤과 그레텔이 두 사람의 이야기를 듣고 있었다. 헨젤은 그레텔이 무서워하지 않게 안심시켰다. 그가 그들을 구할 것이다.

앤은 식구들을 보살피기 위해 밤에도 편히 못 자고 깨어 있곤 했던 일을 떠올렸다. 술에 취한 아버지가 끝도 없이 늘어놓는 불안과 두려움의 넋두리를 들어 주어야 했다. 나중에 앤은 말했다.

> 그러면서 아버지가 괜찮고 다른 식구들도 아버지로부터 안전하다는 걸 확인했어요. 장면에서 부모가 하는 말을 들었을 때, 헨젤이 얼마나 끔찍하게 무서웠을지 느낄 수 있었어요. 나도 틀림없이 그렇게 무서웠을 거예요. 하지만 헨젤은 그레텔을 돌봐야 한다고 생각했기 때문에, 그 두려움을 묻어 버리는 수밖에 다른 선택의 여지가 없었죠.

이처럼 앤은 처음에 헨젤을 다른 사람을 살리기 위해 자신을 희생하는 순교자로 인식했다. 하지만 다른 한편으로는 헨젤에게서 억압적이고 불합리한 부모의 요구를 거절하는 사춘기 반항아를 보기도 했다. 순교자와 반항아 역할은 사춘기 시절 앤의 경험을 반영한다. 당시 그녀는 가족을 위해 자기를 희생하기도 했지만, 성적이고 영적인 자양분을 찾아 바깥 세계로 나가려는 것을 막는 부모에게 반항하기도 했다.

앤은 순교자 역할을 목적을 위해 기꺼이 죽을 수 있는 반항아로 생각했다. 그리고 그녀의 목적은 역기능적인 가족—아버지의 병과 분노, 엄마의 전면적인 부인, 희생당하는 아이들—의 통합을 유지하는 것이었다. 그 결과 순교자/반항아 역할은 앤에게 상당한 양면성을 부여했다. 더 고상한 이유를 위해 죽을 수만 있다면—가족의 고통을 거부하고 반항하면서 살 수 있다면—그녀는 진정으로 만족할 수 있을 것이다.

더 자세히 들여다보면 앤에게 헨젤은 분노에 찬 순교자였다. 그것은 자랑스럽게 십자가를 껴안는 전통적인 순교자에게는 잘 나타나지 않는 특징이다. 앤의 이야기에서 헨젤은 돌봐 주어야 하는 존재인 그레텔에게 화가 났고, 계모의 사악한 계획에 손을 들어 버린 아버지에게도 분노를 느꼈다. 그것은 앤이 자매들과 아버지에게 느끼는 감정을 반영한다.

그녀의 이야기는 계속된다.

> 처음으로 숲에 갔을 때, 영리한 헨젤은 흰 돌을 떨어뜨려 흔적을 남겼다. 그리고 달빛을 받아 빛나는 그 돌을 따라 그레텔과 함께 집으로 돌아왔다. 하지만 그는 편안히 쉴 수 없다. 한 번 자식을 버린 부모는 분명히 또 그럴 것이기 때문이다. 헨젤은 계모와 아버지가 어떤 음모를 꾸미고 있는지 몰라 답답했다. 그런데 잠이 오겠는가? 다시 숲에 버려졌을 때, 길에 뿌려 놓은 빵 부스러기를 새들이 전부 먹어치운 걸 안 헨젤은 정말 미칠 것만 같았다. 머릿속이 뒤엉켜 버렸다. 그는 절망하고 당황한 겁에 질린 불완전한 영웅이었다.

이때 헨젤의 페르소나에서 불완전함이 나타나기 시작한다. 구조자로서 영웅의 가면에 금이 간 것이다. 헨젤은 어리석게도 빵 부스러기로 재현된 음식이 돌의 영원함과 중립성을 훌륭하게 대신할 수 있으리라 믿었다. 앤은 돌은 안전하지만 음식은 그렇지 못하다고 말한다. 음식은 겉보기엔 양식을 주는 것 같지만 실은 속을 텅 비게 만든다. 더구나 헨젤의 음식은 거지들에게나 어울리는 빵 부스러기였다. 앤의 이야기에서, 자신의 실수에 직면한 헨젤은 영웅 역할이 미끄러져 달아나는 걸 느낀다. 그는 또 다른 해법에 무지한 얼간이이자 모욕당하고 목적을 상실한 길 잃은 사람이 되었다.

가족을 구하려는 영웅적 노력이 수포로 돌아갔을 때 앤의 처지가 꼭 그랬다. 식구들은 앤이 애면글면 노력하여 생명줄처럼 던져준 몇 안 되는 빵 부스러기를 순식간에 게걸스럽게 먹어치웠다. 가족을 다시 집으로 데려갈 수 없다는 걸 알게 되었을 때, 앤 역시 목표를 잃어버렸다.

앤은 계속했다.

> 헨젤과 그레텔은 숲 속을 헤매다 과자로 된 집 한 채를 발견했다. 아이들은 지붕에서부터 단것을 신나게 먹기 시작했다. 착한 마녀가 나타나 아이들을 집 안으로 들였다. 집에 들어서자 착한 마녀는 나쁜 마녀로 돌변해 아이들을 잡아먹겠다고 위협했다.

헨젤은 속임수에 넘어갔다. 앤은 헨젤이 그것을 자신의 불완전함에 대한 형벌로 여긴다고 설명한다. 요컨대 이야기가 전하는 메시지는 이것이다. 가족을 위해 길을 잃어라, 구조자 역할을 버려라, 선해 보이는 것도 가까이 들여다보면 모두 악하게 변한다. 길 잃은 사람의 역할 속에서 앤은 헨젤처럼 절망감을 느꼈다. 도움을 구하는 것도 돕는 사람이 실은 굶주린 아이들을 잡아먹으려 음식으로 덫을 놓는 사기꾼이기 때문에 안전하지 못하다.

앤은 자기에게 아버지와 가족을 구할 힘이 있다고 믿게 했다는 점에서 엄마를 착한 마녀와 동일시했다. 술에 취한 아버지가 폭력을 휘두를 때 앤이 고통과 두려움 속에서 도움을 청하면, 엄마는 이내 나쁜 마녀로 돌변해 현실을 부정하면서 앤이 또 쓸데없는 망상을 한다고 비난했다. 마땅히 보살펴야 할 어머니가 오히려 딸을 망친 것이다.

이야기는 계속되었다.

> 마녀에게 잡힌 뒤로는 사태를 지켜볼 뿐 다른 선택의 여지가 없었다. 마녀는 헨젤을 우리에 가두고 음식을 잔뜩 먹여 살찌우려 했다. 하지만 그는 창살 틈으로 가는 막대기를 내밀어 마녀의 눈을 속였다.

앤은 몇 년 동안 몸이 불었다 줄었다를 반복하면서 먹는 사람 역할과 싸움을 해 왔다. 마녀가 헨젤을 살찌우려 하는 이 대목은 살찌는 데 대한 앤의 느낌을 반영했다. 헨젤처럼 일종의 심리적 우리에 갇힌 앤은 구조자 역할에 대한 절망감을 덜기 위해 먹어 댔다. 하지만 겉으로는 가는 막대기, 행복하고 마른 여자라는 거짓 이미지로 포장을 했다. 다른 사람들에게 자기가 괜찮음을 전시하면서 스스로 그렇게 믿고 싶은 것이다. 실제로 앤의 전략은 효과가 있어서, 주변 사람들이 그 거짓 이미지를 순순히 받아들였다. 그러나 앤은 자기기만에서 벗어나지 못했고, 감옥에 갇힌 몸에서 가족의 무게를 덜어 내지도 못했다.

앤은 계속했다.

> 그레텔이 드디어 마녀를 죽였을 때 헨젤은 무감각 상태에 가까웠다. 딱히 집에 가고 싶은 마음이 없는데도 집, 모든 문제를 잊을 수 있는 일종의 림보인 그 집으로 가는 길을 즐겼다.

독립한 뒤로 앤은 15차례나 집을 옮겼다. 어린 시절의 삶이 반복될까 봐 도저히 한 곳에 정착할 수가 없었다. 이사할 때마다 그곳이 안전한 마지막 집이길 바랐지만, 한편으로는 새집을 찾아 옮겨 다니는 과정이 재미있기도 했다. 그레텔이 보여 준 구조자 역할은 앤 내면의 양면적인 반응을 드러내 주었다. 헨젤은 자유로우면서 동시에 자유롭지 않았다.

앤은 이야기를 이어 갔다.

> 집에 도착했을 때 계모는 없고(죽었다) 아버지만 그들을 기다리고 있었다. 아버지는 헨젤과 그레텔을 너무나 반갑게 맞아 주었다. 세 사람은 잠자리에 들었다. 그러나 성이 난 헨젤은 씩씩거리며 잠들지 못했다.

계모의 죽음 덕분에 헨젤은 아버지를 온전히 차지할 수 있었다. 이제 그는 무엇을 할 것인가? 나는 앤이 선택의 기로에 서 있는 것에 주목했다. 그녀는 몹시 흥분해 있었다. 어떻게 할 것인가? 사느냐 아니면 죽느냐? 나는 앤에게 원하는 대로 결말을 만들어 보라고 했다. 그녀는 바로 반응했다.

> 헨젤과 그레텔은 집에 돌아왔고 아버지는 기쁘게 둘을 맞았다. 세 사람은 잠자리에 들었다. 한밤중에 일어난 헨젤이 아버지를 죽였다. 그리고 헨젤과 그레텔은 영원히 행복하게 살았다.

앤과 자넷: 극적 상호작용의 차원

작업 과정에서는 앤의 이야기를 참여자 모두가 함께 극화했다. 사람들은 그레텔, 아버지, 엄마, 착한 마녀, 나쁜 마녀, 생강빵 집(그 역할을 한 참여자는 과자 집이라고 불렀다.), 집으로 오는 길 역할을 선택했다. 장면을 마치고서 앤은 이야기를 폭력적으로 끝맺은 데 대해 사람들이 좋지 않은 시선으로 볼까 봐 두려워했지만, 그러면서도 일종의 안도감을 느꼈다. 그녀는 이렇게 말하면서, 특히 아버지를 연기한 자넷(Janet)의 반응에 관심을 두었다.

> 내 감정에 아주 솔직했던 것 같아요. 그런데 그 분노 속에 살면서 하마터면 아버지 역할을 하는 사람을 죽일 뻔했어요.

나는 그녀가 어떤 아버지를 말하는 것인지 궁금했다. 혹시 '자넷'을 죽일 뻔했다는 말일까? 그렇다면 그건 무슨 의미였을까? 최근에 끔찍한 강간을 당한 자넷은 참여자들 중에서 가장 취약한 상태였다. 앤의 아버지처럼 역기능적이지는 않았지만, 자넷의 아버지 역시 도덕적인 운동에 심취하여 집에 있는 날이 별로 없었던, 강하지만 소원한 아버지였다.

앤은 집단 초기의 일화를 기억해 냈다. 참여자들이 집에서 여러 가지 물건을 가져와 방 여기저기에 흩어놓았다. 그런 다음 그중 몇 가지를 골라 가지고 놀면서 그것을 통해 다른 사람들과 관계를 맺기 시작했다. 누군가 진짜 접이식 칼을 가져왔는데, 그날 방에 있던 물건 중 유일하게 위험한 물건이어서 참여자들 대부분은 그것을 건드리지 않았다. 그런데 자넷이 유일하게 그 칼을 휘두르며 몇 사람을 놀라게 했고, 특히 앤이 거기에 심하게 반응했다. 어린 시절 술 취한 아버지가 부엌에 앉아 칼을 갈던 모습과 그것을 지켜보며 어떻게 하면 아버지를 진정시킬까 고심했던 기억이 떠올랐기 때문이다. 하지만 앤은 놀이를 하면서 자연스럽게 그 두려움을 중화시킬 방법을 찾아냈다. 그녀는 주머니에서 피임약을 꺼냈고, 그 순간 웃음이 터져 두려움이 안전하게 변형되었다. 앤은 이렇게 말하는 듯 보였다. 아주 재밌어. 이제 아무도 다치지 않을 거야. 피임약이 칼보다 강하다니까.

함께 만든 장면을 돌아보면서, 앤은 아버지를 연기한 자넷과 부엌에 있던 아버지의 연관성을 인식했다. 두 사람은 모두 피해자이자 가해자인 역설적인 특징을 보여 주었다. 자신의 양면성을 훈습하면서, 앤은 아버지를 실제 아버지에게서 취한 하나의 역할로 인식할 수 있었다. 그리고 그런 관점에서 볼 때, 역기능적인 아버지 역할은 더 건강한 삶을 위해 상징적으로 죽을 필요가 있다.

장면에서 자넷에 대한 앤의 관계는 극적 상호작용의 복합성을 드러내 보여 준다. 그것은 연극적, 원형적, 전이적, 일상적인 네 가지 차원에 존재*한다.

연극적 차원은 장면 안에서 배우와 역할 혹은 다른 역할의 관계를 말한다. 사례를 통해 연극적 차원을 살펴보면 다음과 같은 상호작용이 있다.

1. 헨젤과 관련한 앤
2. 헨젤의 아버지와 관련한 헨젤
3. 헨젤의 아버지와 관련한 자넷
4. 헨젤과 관련한 헨젤의 아버지
5. 장면에서 다른 인물(들)과 관련한 헨젤 또는 헨젤의 아버지

원형적 차원은 역할 유형 사이의 관계를 이른다. 역할 유형은 허구적으로도 비허구적으로도 표현될 수 있다. 앤의 사례에서 원형적 차원의 상호작용은 다음과 같다.

* 존슨(1981)은 구조적 역할 모델을 설명하면서 즉흥극에서 두 사람 사이에 일어나는 극적 상호작용의 네 가지 차원을 비슷한 방식으로 분류한다.

1. 대역할적: 연기된 역할 사이의 관계(헨젤과 헨젤의 아버지)
2. 개인 내적: 배우 개인과 역할의 관계(앤과 헨젤, 자넷과 헨젤의 아버지)
3. 개인 외적: 배우 개인과 상대 배우 역할의 관계(앤과 헨젤의 아버지, 자넷과 헨젤)
4. 대인적: 두 개인의 관계(앤과 자넷)

이는 정신분열증 상태에 대한 존슨의 논문에 포함된 내용이다. 그래서 그는 경계 혼란과 참여자가 연극적, 전이적, 일상적 차원에서 역할에 대한 분별을 유지할 수 있도록 돕는 데 관심을 둔다.

1. 아버지와 관련한 구조자/영웅
2. 아버지와 관련한 아들/딸
3. 피해자와 관련한 가해자

전이적 차원에서는 가상의 인물이 배우의 실제 생활에서 의미 있는 관계의 상징이 된다. 중요한 타인과 관계함에 있어, 배우는 허구에서 자극된 조건을 통해 훈습을 시도한다. 이 사례에서 나타난 예는 다음과 같다.

1. 헨젤의 아버지와 관련한 앤
2. 헨젤과 관련된 자넷
3. 헨젤의 아버지와 관련한 자넷

마지막으로 일상적 차원에서는 역할 연기의 맥락 밖에서 실제 관계가 발생한다. 이 사례에 나타난 예는 다음과 같다.

1. 자넷과 관련한 앤
2. 앤과 관련한 자넷

앞서 앤이 말한 '살인을 저지를지도 모르는 상황'을 이해하기 위해서는 이 네 가지 차원의 가능성을 모두 고려해 보아야 할 것이다. 그녀가 말한 '아버지'는 연극적일 수도 있고 원형적이거나 전이적이거나 비허구적일 수 있으며 혹은 네 차원 모두에 존재할 수도 있다. 그렇다면 앤의 과제는 아버지 역할이 어떤 차원에 존재하는지

를 파악하고, 그것이 역할 체계 안에서 기능적으로 작동할 수 있는 방식을 찾는 것이 될 것이다. 또 가능하다면, 자넷을 비롯해 역할 안팎에서 앤과 상호작용한 다른 참여자들에게 같은 과정을 적용한다. 더 나아가서는 극화 과정에서 불러내어 명명하고 훈습한 모든 역할로 확장한다.

허구와 실제: 앤의 이후 작업

스토리텔링과 장면 만들기를 마친 뒤에는 연극적 차원에서 한 발 물러나 허구와 실제 역할을 연계하는 작업을 시작했다. 역할에 대해 말하면서 앤은 현실의 경험과 역할의 원형적 본질을 관련지었다. 처음에는 살인자 역할에 초점을 맞추었다. 앤은 그것이 자기 역할 체계에서 가장 무시무시한 역할이라면서 지난 일을 떠올렸다.

> 여섯 살 때, 샐리네 집 뒷마당에서 소꿉놀이를 하고 있었어요. 그런데 샐리가 내가 하라는 대로 하지 않았죠. 어린 앤은 분이 끓어올라 샐리의 눈에 숟가락을 던졌어요. 숟가락은 빗나갔지만 얼굴에 큰 상처가 나서 바늘로 꿰매야 했어요. 어린 앤은 너무 무서운 나머지 그 자리에서 꼼짝도 못했어요. 극단적인 분노와 함께 '나는 다른 사람을 해치고 죽일 수 있을 만큼 강하다.'는 생각이 들었죠. 그 충격적인 경험은 오랜 시간이 지나도 절대 잊을 수 없을 것 같았어요. 분에 못 이겨 한 행동이 준 죄책감은 믿을 수 없을 만치 강력했죠.

> 엄마한테는 일부러 그런 게 아니었다고 거짓말을 했어요. 엄마도 그 말을 믿고 싶었을 거예요. 그 일이 있은 뒤로는 화난 대로 다 드러내면 사람들이 다칠 수밖에 없다는 걸 알게 되었어요. 죽일 수도 있는 거죠.
>
> 1년쯤 뒤에, 샐리의 동생 마리가 나를 때려눕히고 젖니를 몽땅 부러뜨려 버렸어요. 정말 소름끼쳤죠. 그래도 그런 일을 당해 싸다고 생각했던 게 기억나요. 나중에 엄마가 찾아가 따지자 샐리 엄마는 어릴 적 숟가락 때문에 생긴 흉터가 아직도 남아 있다고 했죠. 엄마는 마리가 그 앙갚음을 한 거라고 했어요. 지금도 내 분노의 흔적을 지닌 누군가가 주변에 살고 있는 거예요.

앤 안에 있는 살인자는 구조자의 또 다른 측면이다. 그것은 숨막히는 가족의 삶이라는 굴레를 거부하는 반항아 역할에 더 가깝다. 앤은 살인자 원형의 극단적인 특징을 인식했다. 그것은 한편으로 구조자 역할을 완전히 포기해선 안 된다는 것이었고, 그 역할은 다른 사람들을 상처 입힐까 봐 두려워하는 자기 자신을 구조하는 데 사용해야 함을 일깨우는 위험 신호로 기능했다. 반면에 살인자 역할은 행동하고자 하는 충동을 자극했다. 이는 심리 내적 차원에서는 수동적이고 자기 파괴적이며 가학적인 경향을 죽여 없애는 것이고 대인적 차원에서는 기능적인 역할 체계를 향한 여정을 방해하는 시도에 반격하는 것이다.

앤은 구조자와 반항아라는 서로 연관된 원형 사이의 긴장을 말하면서 구조자-살인자의 또 다른 형태를 제시하였다. 앤에게 있어 구원자는 예수처럼 다른 사람들을 구하려 애쓰는 사람이다. 그러나 앤은 구원자를 믿음이라는 덫에 걸려 메시아적인 함정에 빠지고 마는 일종의 바보광대로 묘사하기도 했다. 구원자 역할은 다소 황당하고, 실패 속에서 불평분자라는 동전의 뒷면을 드러낸다.

불평분자는 화가 나 있고 때로는 세상의 모든 악으로 살아가는 분노에 찬 역할이다. 그러나 앤은 이 역할 역시 구원자처럼 복합적으로 이해했다. 불평분자는 대부분 깡마른 막대기 같은 태도로 유쾌하게 가장한 숨겨진 역할이라는 것이다. 이 역할은 지나치게 압도적일 때 살인자 역할로 변할 수 있다는 점에서 위험하다. 다행히 통제가 가능한 경우에는 앤이 예수 같은 역할을 필요 이상으로 진지하게 취급하지 않도록 조절하는 기능을 했다. 구원자와 불평분자 역할 덕분에 앤은 자신을 돌볼 수 있었다. 또한 그 역할은 다른 사람을 돕고자 하는 욕구를 비판적인 눈으로 볼 수 있게 그리고 낡은 가족 패턴으로 퇴행하지 않도록 도와주었다.

앤은 아버지와 어머니 역할을 모두 부정적으로 보았다. 더구나 아버지 역할은 비겁하고 무능하고 무력하며 이기적이고 욕심 많고 강한 엄마를 거역하지도 못한다고 했다. 아버지 역할은 뭔가 결정을 내려야 하거나 자기 행동에 책임을 져야 할 때 그것을 회피하게 해 주고, 어머니 역할은 자기가 살기 위해 모두가 죽기를 바라는 살인자의 어두운 형태라고 인식했다.

결국 어머니가 아버지보다 훨씬 큰 심리적 영향력을 행사하는 것이다. 이 어머니 역할은 할 수만 있다면 역할 체계의 통합성을 깨고 다른 역할을 모두 집어삼킬지도 모른다. 살인적인 어머니는 보살피지 않을 뿐 아니라 가장 흉악한 경우에는 자식을 죽여 저녁 만찬에 내놓는 메디아의 원형적 파워를 행사하기도 한다. 내사로서, 살인적인 어머니 역할은 앤을 결핍의 정신세계—스스로 정서적 양분을 빼앗고 건강한 음식을 들여올지 모르는 다른 역할을 통제하려는 욕구—에 가두어 놓음으로써 부정적인 영향력을 행사했다.

앤은 어머니가 음식과 집이라는 두 가지 다른 역할을 그 지배권 내에 두고 있음을 주목했다. 앤에게 음식이란 소망 충족 곧 보살핌과 사랑을 받고자 하는 욕망이었다. 그러나 그 심리적 양분을 추구함에 있어서 앤은 굶주림과 포만감이라는 양가적인 감정을 느꼈다. 카프카의 단식 광대처럼 그녀는 적당한 음식을 찾지 못했고, 그래서 먹을 수 있을 때 폭식을 했다. 음식 역할은 그녀를 죄책감과 절망의 실존적 상태에 가두었다. 거기서 앤은 어머니 역할이 자기를 굶주리게 하는 것과 음식 역할이 그 어머니 콤플렉스에 연결되어 있음을 보았다.

집 역시 양면적이었다. 앤은 집 역할을 압도적인 역할 양면성으로 가득한 지옥이라고 불렀다. 집은 안전한 장소가 아니라 일종의 덫이며, 오직 집으로 가는 길만이 심리적 대안 곧 어머니로부터 분리된 안전함을 약속하는 과정이 되어주었다. 역할로서 집으로 가는 길은 하얀 돌멩이의 지지를 받았다. 즉, 아름다운 자연의 일부이자 영원하고 믿을 수 있는 것, 집으로 가는 길을 밝혀 주는 것, 안전한 길을 제공하는 것이다.

부정적인 여성 역할은 착한 마녀와 나쁜 마녀의 페르소나로 연장된다. 앤은 착한 마녀가 유혹적이고 조작적이며, 어머니처럼 자기가 이길 수밖에 없는 권력 싸움에 갇힌 존재라고 보았다. 심리내적 역할로서 그것은 앤의 다른 부분, 특히 보살핌을 필요로 하는 역할을 기만했다. 나쁜 마녀는 욕망을 숨기지 않고 단순하게 부도덕해서 악을 행하려는 목적을 정력적으로 추구한다. 앤에게 있어 이 부분은 반항적인 행동으로 나타났고, 순진무구하고 양순한 듯 가장한 그녀의 역할에 좋은 장식을 제공했다.

마지막으로 앤은 오빠와 누이 역할에 대해 말했다. 헨젤과 그레텔은 순진한 고아이며 피해자이지만, 궁극적으로는 부모와 사악한 마녀를 속여 넘길 만큼 어른스럽고 경험 많은 전사이자 지혜로운 아이들이다. 누이인 그레텔은 결핍되어 있지만 현명한 앤의 여성적인 부분을 반영한다. 이 역할은 그녀가 지혜와 인내심과 어려운 상황에서 잘 처신하는 능력을 통해 복잡한 문제를 해결할 수 있게 해 주었다.

누이 역할은 오빠 역할인 헨젤을 잘 보완한다. 오빠는 영리하고 강하지만 자신의 결함에 직면할 때 좌절하는 경향이 있다. 소년 역할에서 앤은 공격적이고 잘난 체하는 자기 모습을 확인했다. 그것은 앤이 남자들과 친구처럼 어울려 지낼 수 있게 해 주는 특성이기도 했다. 헨젤과 그레텔의 상호작용처럼, 여성적인 역할과 남성적인 역할이 어울려 앤을 자유롭게 해 주었다. 그레텔은 마녀의 페르소나로 나타난 어머니의 이미지를 죽인다. 헨젤은 햄릿처럼 분노의 대상인 아버지를 죽인다. 살인자를 죽이면서 앤은 햄릿의 유명한 양면성을 상징적으로 해결했다. 자살 대신 존재를 선택한 것이다. 헨젤과 그레텔의 특징을 모두 취함으로써, 앤은 자신을 성적으로나 정신적으로 세워 나갈 준비를 마쳤다.

칼을 가는 아버지의 모습은 희미하게나마 여전히 앤의 마음속에 공포스러운 이미지로 남아 있었고, 앞서 자넷과의 관계에서처럼 가끔씩 전이적으로 표면화되기도 했다. 그러나 내적 아버지의 파괴적인 영향력은 현저하게 약해졌다. 그리고 실제로도 나이 든 남자와 헌신적인 관계를 형성할 수 있었다. 두 어린 전사 역할의 지혜와 강인함을 바탕으로 앤은 아버지와 어머니를 상징적으로 죽이고, 그들에게서 벗어나 자기만의 집을 만들었다. 그녀는 구조자와 순교자라는 역할을 넘어서서, 무시무시한 용을 죽이고 나서 풍성한 식탁을 기대하며 집으로 향하는 영웅의 역할을 찾아 나섰다. 연극적 역할이 어떻게 전이되고 어떤 기능을 하는지 알아차린 앤은 원형적이고 일상적인 역할 가운데서 풍부한 존재를 누릴 수 있게 되었다.

다른 참여자들의 작업

이 집단에서는 앤이 중심인물이었고, 다른 참여자들은 다양한 방식으로 헨젤 역할을 탐험하는 앤을 지지해 주었다. 그러나 그 경험은 집단 전체와도 매우 관련이 깊었고, 참여자 모두 자기가 선택한 역할로 고유한 주제를 탐험할 수 있었다. 앞서 말했듯이, 다른 역할에는 그레텔, 엄마, 아빠, 착한 마녀(이를 연기한 참여자는 역할을 '가장 슬픈 미혹'이라고 불렀다), 나쁜 마녀, 생강빵 집(혹은 과자 집), 집으로 오는 길이 있었다.

이어지는 긴 글은 역할과 그 역할을 연기한 사람의 연관 관계를 드러내는 경험에 관한 것이다. 나는 참여자 모두에게 자기가 선택한 인물의 관점에서 이야기를 다시 써 보라고 했다. 다음은 그레텔 역할을 연기한 도라(Dora)의 이야기, '그레텔과 헨젤'이다. 도라는 자신의 도덕적이고 문화적인 관심을 반영하는 보편적인 형식을 찾고자 노력하면서 원형적인 수준의 역할 연기를 보여 주었다.

옛날 옛적에 그레텔이라는 한 소녀가 있었다. 그녀는 벌목꾼 아버지와 사악한 엄마 그리고 사랑스러운 오빠 헨젤과 함께 살았다. 아버지는 자식들을 사랑했지만, 사랑을 할 줄 모르는 엄마는 아이들에게 혹독하게 일을 시켰다. 그레텔은 아빠의 사랑에 기뻤지만, 위로는 오빠와의 친밀함에서 얻었다. 헨젤은 그레텔을 보살펴 주었고 그레텔은 오빠를 따르고 좋아했다. 하지만 둘 가운데 그레텔이 언제나 더 지혜로웠다.

어느 날 밤, 그레텔과 헨젤은 자기들을 숲에 버리려는 부모의 이야기를 엿듣게 되었다. 헨젤은 집으로 오는 길을 표시할 수 있게 돌멩이를 모으기로 했다. 그레텔은 그 계획에 안심을 했고 이내 잠이 들었다. 다음 날 가족은 숲으로 소풍을 갔고, 헨젤은 걸어가면서 계속해서 돌멩이를 떨어뜨렸다. 결국 아이들만 숲에 남게 되었고, 이슥한 밤이 되어 달이 떠올랐다. 아이들은 달빛을 반사하는 흰 자갈을 따라 집으로 돌아왔다. 이것은 아이들이 결국 달로 나타난 여성적인 원칙에 의해 집으로 인도될 것임을 암시한다. 아이들이 집에 들어서자 엄마는 놀라 비명을 질렀고, 아버지는 반가워했다. 정신을 차릴 틈도 없이 엄마는 아이들에게 방 청소를 시켰고, 늘 그랬듯 엄마의 말은 곧바로 현실이 되었다. 그레텔은 그것을 알고 있었고 받아들였다. 하지만 그레텔은 혼자가 아니라 헨젤과 함께여서 행복했다.

아이들은 또다시 자기들을 숲에 버릴 계획을 꾸미는 대화를 엿들었다. 이번에도 헨젤은 그레텔을 안심시키며, 길을 가면서 빵 부스러기를 던지겠다고 말했다. 그레텔은 뭔가 문제가 있다고 생각했지만, 그것을 말하기가 힘들었다. 어쨌든 지난번에는 성공하지 않았는가. 오빠에게 의지하고 힘을 북돋워 주며 보살핌을 받는 편이 더 쉬웠다.

다음 날 아이들은 또다시 숲에 버려졌다. 하지만 달이 집으로 가는 길을 비추었을 때는 새들이 빵 부스러기를 먹어 버리고 없었다. 그레텔과 헨젤은 길을 찾아 헤매고 또 헤맸다. 어떤 길목에서 그레텔은 집으로 가는 길이 맞다는 강한 느낌이 들었다. 하지만 그 느낌 대신 헨젤의 선택을 따랐고, 그 길은 아이들을 과자 집으로 데려다 주었다. 맛있는 과자를 보고 너무나 신난 나머지 남매는 건드리지 말라는 경고에도 불구하고 집을 마구 먹어치우기 시작했다. 얼마 지나지 않아 한 노파가 고개를 내밀더니 집 안으로 들어오라고 했다. 집으로 들어서자, 악한 마녀가 나타나 그레텔과 헨젤을 갈라놓았다. 그리고 헨젤을 우리에 가두고는 살찌워 잡아먹으려 했다. 잔뜩 겁에 질린 그레텔은 헨젤에게 화가 나면서도 그 마음이 미안했다. 결국 헨젤은 저녁거리가 될 판이었다.

마녀는 그레텔에게 요리와 청소를 시켰고, 그레텔은 미친 듯이 오빠를 구해 낼 방법을 찾았다. 이번에는 어떻게든 스스로 문제를 해결해야만 했다. 그렇지 않으면 오빠를 영원히, 그것도 가장 소름끼치는 방법으로 잃어버릴 수밖에 없었다. 마녀가 헨젤을 잡아먹을 준비를 마쳤을 때, 그레텔은 오빠가 늘 눈엣가시였다며 자기가 화덕을 깨끗이 치워 놓겠다고 말했다. 그리고 불씨가 꺼진 척해서 마녀를 끌어들인 다음 있는 힘껏 소리를 내지르며 불구덩이 속으로 떠밀었다.

그레텔과 헨젤은 과자 집에서 빠져나와 그레텔이 전에 보아 두었던 길을 찾아갔다. 집에 이르자 아버지는 눈물을 글썽이며 사랑스러운 아이들을 반겨 주었고, 어머니가 죽었다고 전해 주었다. 그 소식에 모두가 기뻐했다. 그레텔과 헨젤은 잠자리에 들었다. 그레텔은 헨젤과 사랑하는 아버지와 함께 집에 있게 되어 기뻤다. 그러나 헨젤에 대한 불만이 커지고 있음을 느꼈다. 그레텔은 이제 스스로 믿고 의지할 수 있다는 것과 헨젤이 방해가 될 때는 그렇다고 말하고 오빠와 자기를 분리시킬 수 있음을 알게 되었다. 친밀함과 행복감을 위해 다른 사람과 융합될 필요는 없다는 것과 분리되어 있을 때 누군가와 진정으로 친밀해질 수 있다는 것을 배웠다.

이 사례에서 도라는 그레텔을 영웅으로 보았다. 그레텔의 여정은 성 역할의 복합성과 양면성을 탐험하는 것이었다. 지혜와 남성적 인물의 강함에 대한 동경에서 시작하여 현명하고 강하고 도덕적인 여성인 자기 자신의 힘을 발견하는 것으로 끝맺는, 힘을 향한 여성주의자의 투쟁이었다. 마지막에 도라는 그레텔로서 독립과 상호 의존에 대한 욕구를 동시에 충족시키는 연결된 분리됨을 선택했다. 그녀의 가족 역할은 이와 같다. 아버지는 자애롭고 아마도 그 덕분에 아내 앞에서의 비겁함을 용서받았을 것이다. 사악하고 흉칙한 어머니와 마녀는 죽는다. 그리고 사랑스러운 오빠는 불만이 있음에도 불구하고(아버지에게? 혹은 자기가 아닌 어린 누이가 영웅이라는 사실에?) 안전하게 침대에 들어가고 또 누이로부터 분리된다. 그레텔의 역할을 벗으면서 도라는 이런 가족 형태를 이상적이라고 보았다.

이야기에 제시된 여성의 이미지를 살펴보면서, 도라는 두 가정 곧 헨젤과 그레텔의 집과 과자 집을 비교했다. 둘은 모두 부정적인 기능을 하는 야만적인 어머니에게 지배당했다. 긍정적인 여성 모델은 집으로 가는 길을 밝혀 주는 달의 페르소나로 표현된다. 다시 말해 길과 조명과 과정을 제공함으로써 집으로 가는 방향을 일러 주는 것이다. 어둠 곧 자기 안의 탐욕스러운 어머니에 맞서는 싸움에서 도라는 영웅답게 개인적인 강인함과 사회적인 관계로 이끌어 줄 적절한 길을 찾아냈다. 비겁하고 패배한 남자와 이기적이고 굶주린 여자 그리고 그 특질을 생산하는 자기 인성의 예속에서 벗어나기 위해서는, 때때로 살인자와 구조자 역할의 힘을 받아 쓸 필요가 있음을 인식했다. 가정적인 역할을 바로 세우려면 반드시 마음의 어두운 숲 속으로 영웅의 여정을 떠나야 함을 확인한 것이다.

집단 작업을 하면서 코니는 도라를 질투심 많은 여동생과 동일시하여 상당한 어려움을 겪었다. 과정을 시작할 때는 도라와 상호작용할 때마다 나타나는 전이적인 차원을 전혀 자각하지 못했다. 앤과 마찬가지로 코니 역시 알코올 문제가 있는 가정에서 자랐다. 알코올 중독자의 성인 아이라는 자조 집단 경험을 통해, 그녀는 상호의존적인 역할을 인식하기 시작했다. 상호 의존은 가족 구성원이 역기능적인 역할에 머물 수 있게 하며, 그것은 상호 의존을 통해 서로를 구원하려는 경우에도 마찬가지다(Mcfarland & Baker-Baumann, 1989 참고).

여러 측면에서 코니(Connie)의 가족사는 신데렐라와 유사했다.

그녀는 여동생의 질투를 살 만큼 미모가 뛰어났을 뿐 아니라 식구들의 억압된 분노의 재를 처리하고 가족을 위해 살림을 꾸렸다. 그리고 그렇게 하기 위해 신데렐라처럼 착한 소녀이자 완벽주의자에 겸손한 사람이 되어야 했다. 어른이 되면서 코니는 상업 배우로 성공하여 역기능적인 가족의 그늘에서 벗어났다. 하지만 그것이 오히려 여동생의 질투에 기름을 부었다.

그런데 집단에서 다룬 이야기는 헨젤과 그레텔이었기 때문에, 코니는 등장인물에게 다소 이질감을 느꼈다. 하지만 곧 과자 집에 끌렸고, 왜 그 역할을 선택했는지 묻자 이렇게 답했다.

> 장면을 연기하기 시작했을 때는 '왜'에 대해 아무런 생각이 없었어요. 그저 불쌍한 아이들을 먹이고 싶어 안달이 난 보살피는 집이었죠. 그런데 시간이 흐르면서 아이들의 탐욕스러움에 상처를 받았고, 자기 연민에 압도되었어요. 그것이 분노로 변했고, 그래서 표현을 했는데도 헨젤과 그레텔은 완전히 무시했죠. 이걸 인정하기가 참 어려워요. 왜냐하면 이 '과자 집'은 알코올 중독자의 가정에서 영웅으로 살아온 내 삶에 대한 은유거든요. 정말 똑같은 패턴을 따라왔어요. 나를 너무 많이 내주고는 고갈된 느낌에 허덕이면서도 그 사실을 알아차리지 못한 거죠.

과자 집 역할에 대한 이해는 영웅/구조자 역할이 얼마나 쉽게 피해자 역할로 전환될 수 있는지를 볼 수 있게 도와주었다. 역할 체계를 재구축하는 과정에서, 코니는 피해자 역할이 천천히 구조자 역할로부터 벗어나도록 해 주었다. 그녀의 과자 집 역할은 여전히 유혹적이고 달콤하지만, 거기에는 흉악하고 굶주린 마귀할멈이 아닌 훨씬 위대한 뭔가가 있다. 아름다움의 집 안에는 힘과 지혜가 있었다. 신데렐라가 왕자를 얻은 것에 해당하는 코니의 부분(다시 말해 그녀의 욕구를 충족시킨)은 단순히 남자가 유리 구두를 들고 문을 두드려 주기를 수동적으로 기다리는 데서 얻어지지 않았다. 코니의 대안적인 신데렐라 역할은 적극적으로 꿈을 추구하고 자신만의 여정에 올라야 한다고 믿었다. 물론 그렇게 하다가 길을 잘못 들어 괴물에게 잡아먹힐 수도 있다. 실제로 코니는 자기 연민적인 피해자 역할이 전면에 부각될 때, 걸음을 멈추어 자기를 돌아보려 애썼고, 그럼으로써 얽매이지 않을 권리를 일깨웠다.

집단이 종반부로 가면서, 코니는 도라에 대한 전이를 자각하게 되었다. 그리고 여전히 자신을 비방하는 질투심 많은 여동생과 실제로 코니의 영웅적인 여정을 지원한 도라를 분리시키면서, 자연스럽게 전이를 해결할 수 있었다.

네 번째 참여자인 줄리아(Julia)는 엄마 역할을 연기했다. 앤과 코니처럼 그녀 역시 알코올 중독자 아버지를 두었다. 줄리아는 대가족 출신이었고, 어려서부터 형제들을 보살피는 모성적인 역할을 도맡아왔다. 그러나 사물의 이면을 보는 데 익숙한 줄리아는 자신을 다른 사람들에게 무제한의 권력을 행사하고 싶어 하는 차갑고 사악한 어머니로 여겼다. 줄리아는 다시 쓴 헨젤과 그레텔 이야기에 '심장 없이 태어난 엄마'라는 제목을 붙였다.

옛날 어느 한 마을에 겉모습은 사람인데 속은 텅 빈 뭔가가 살았다. 그것은 여자처럼 보였다. 그녀는 젖가슴도 있고 치마를 입었으며 보통 여자들과 다를 바 없었다. 그렇기 때문에 다른 사람들도 그녀를 여자로 보았지만, 정작 그 여자는 아무것도 가슴으로 느끼지 못했다. 텅 빈 황량함 외에는 아무런 감정도, 다른 여성적인 감각도, 성적인 느낌조차 없었다.

어느 날 한 남자가 지나다 그녀를 보았고 둘은 함께 침대를 쓰게 되었다. 그 남자는 가슴속에 많은 느낌을 갖고 있었지만, 여자와 잠자리를 할 때면 늘 텅 빈 느낌이 들었다. 여자는 두 아이를 낳았다. 아이들을 뱃속에서 키우면서도 그녀는 여전히 아무것도 느끼지 못했다. 그녀는 심심풀이로 아이들에게 욕지거리를 했다. 그리고 아기를 먹일 젖도 만들지 못했다. 남편은 아기들을 사랑하는 듯 보였다. 그것이 여자를 긴장하게 했다. 그녀는 늘 그 때문에 두통을 앓았다. 두통은 그녀가 느낄 수 있는 유일한 것이었다. 그 밖에 자신을 해할 때의 고통을 느낄 수 있었다. 그녀는 손가락을 물어뜯거나 뜨겁게 달군 다리미를 다리에 대곤 했다. 불타는 감각이 살아 있다는 느낌을 주었다. 여자는 벌레와 작은 짐승들 죽이기를 좋아했다. 그런 의식을 치를 때 그녀는 입을 꽉 다물고 턱을 당겨 이를 갈곤 했다. 그러면 두통이 조금 가라앉는 것 같았다.

여자의 남편은 자주 우울해했고 일도 거의 하지 않았다. 여자는 집안을 아주 깔끔하고 질서정연하게 정리했다. 그녀는 모든 게 제자리에 있기를 원했지만, 집안은 엉망이 되곤 했다. 특히 아이들이 그랬다. 아이들은 코를 훌쩍였고 틈만 나면 그녀의 무릎 위로 기어올라 치마를 구기거나 금방 정리해 놓은 침대를 엉망으로 어질러 놓았다. 그 때문에 또 머리가 아파오면 그녀는 다른 작은 동물을 죽여야 했다.

그녀는 밥을 굶기거나 놀지 못하게 허드렛일을 시켜 아이들에게서 즐거움을 빼앗고 노예처럼 부렸다. 아이들이 자기 명령에 따를 때만 두통의 압력에서 벗어날 수 있었다. 그럴 땐 모든 것이 깔끔하고 정연하게 느껴졌다. 그런데 아이들은 자라면서 점점 더 통제하기가 어려워졌다. 그래서 여자는 아주 불편했다. 그녀는 통제력을 모두 잃게 될까 두려웠고 급기야 아이들을 없애 버리고 싶어졌다.

언제나 그녀에게 쉽게 조종당하는 남편은 두 아이를 숲에 버리자는 아내의 말에 넘어갔다. 여자는 아이들이 없어지는 것만이 자신이 삶을 지속할 수 있는 유일한 방법이라고 믿었다. 그렇게 해서 남편이 아이들을 멀리 내다 버렸다. 그가 혼자 돌아왔을 때, 여자는 작은 짐승 다섯 마리를 산 채로 끓는 물에 넣어 죽인 듯 마음이 가벼워지는 것을 느꼈다. 그녀는 웃고 또 웃었다. 그러다 갑자기 텅 빈 자기 속에서 울리는 기분 나쁜 웃음소리를 들었다. 그 텅 비고 황폐한 내면이 점점 커져 온 존재를 덮어 버릴 것만 같았다. 그것이 그녀를 겁에 질리게 했다. 공허함이 그녀를 산 채로 집어삼키기 시작했다.

절망 속에서 길을 잃은 여자는 작은 짐승들과 함께 스스로 끓는 물에 뛰어들었다. 끓는 물이 몸을 빨아들이자 커다란 안도감이 느껴졌다. 그녀는 펄펄 끓는 가마솥 안에 누워 떠다녔다. 몸이 파스타처럼 한껏 부풀어 올랐다. 하지만 두통은 여전히 남아 있었다. 몸 안쪽에 수포가 생기기 시작했고 거기서 물방울이 눈물처럼 흘렀다. 물이 줄줄 흐르더니 급기야는 눈에서까지 눈물이 새기 시작했다. 그녀는 충만한 축복을 느꼈다. 죽음의 고요함이 삶아진 몸을 덮치기 전에, 그녀의 얼굴에 미소가 떠올랐다. 그리고 그녀는 비밀스럽게 아이들과 남편이 잘 지내기를 빌었다.

이 이야기는 〈말피 공작 부인〉과 〈하얀 악마〉처럼 권력 추구 과정에서 나타나는 잔인함과 극단성을 집중적으로 파고든 자코비안 복수 비극의 고딕 스타일로 묘사되어 있다. 이 어머니는 여성성의 장식—젖가슴과 치마—을 가지고 있지만 반면에 무성적이며 악마적이다. 그녀는 음식과 사랑을 멀리하며, 오직 가학과 자학의 극단적인 형식을 통해서만 가슴으로 경험을 할 수 있다.

그녀는 디오니소스의 주문에 걸려 자기 아들을 잔인하게 죽인 〈바커스의 사제들〉에 나오는 아가베나 친자식들을 해치고 망가뜨릴 수 있는 메디아 같은 디오니소스적인 여자다. 그녀는 권력에 대한 욕구가 그 끝을 모르는 폭군이며 살인자이자 자살자다. 그녀의 행동은 결과적으로 치료적인 목적에 봉사한다. 다시 말해 그녀가 한 번도 가질 수 없었던 것, 가슴으로 느낄 수 있는 그 귀한 능력을 얻을 수 있게 도와주었다. 마지막에 가서 얻게 되지만 그것은 생명이라는 비싼 값을 치른 후였다.

줄리아에게 이 무정한 여자의 내면 역할은 도움 청할 곳이 없는 가엾은 아이를 숨기는 기능을 했다. 줄리아는 그 아이가 슬프고 분노에 차 있다고 표현했다. 보살핌에 대한 욕구를 부모가 한 번도 충족시켜 준 적이 없기 때문이다. 줄리아는 또 피해자 역할을 품고 있다는 것 역시 더 심하게 무시받고 모욕당할지 모른다는 두려움에 눈에 띄지 않게 숨겨 두어야 했다.

무정한 어머니 역할은 줄리아의 드라마에서 규칙적으로 등장했다. 그것은 그녀가 가엾은 아이에게 좀 더 관심을 쏟아야 한다는 것뿐 아니라 자기가 성적으로 성숙한 여자임을 가슴과 머리로 온전히 표현할 방법을 찾아야 한다는 점을 상기시켜 주었다. 줄리아는 그녀 내면의 연약한 아이가 성인 여자의 잠재적으로 압도적인 권력을 부인하지 않으면서 살아 낼 수 있는 방법을 탐험했다. '심장이 없는 여자'를 성찰하면서 그녀는 성과 죽음, 고통과 쾌락, 순수와 경험, 강렬하고 압도적인 감정들, 아이와 여자의 양면성을 살아 내고자 하는 욕구를 다시 한 번 인식하였다.

1년에 걸친 작업 끝에 집단은 상당한 응집력을 갖게 되었고, '헨젤과 그레텔'을 극화할 당시에는 집단 역동의 많은 부분이 이미 형성되었다. 앤과 코니와 줄리아는 집단 내에서 여러 가지로 유사한 역할을 수행했다. 세 사람 모두 역기능적인 가정에서 구조자이자 피해자였고, 또 그 역할 양면성을 집단으로 가지고 들어왔다. 그들은 서로 다른 특징을 지녔지만 앤은 착한 소녀의 페르소나 '깡마른 막대기'로 세상에 맞섰고, 코니는 훌륭한 외모를 넘어서서 궁핍한 사람들에게 좋은 것을 주고자 했으며, 줄리아는 착한 소녀 이미지를 뒤집어 자신의 보살핌을 필요로 하는 사람들에게 대항했다. 세 사람은 각자의 방식으로 질투나 권위 혹은 무력감 등 집단의 통일성을 위협하는 요인에 대해 책임감을 느꼈고, 집단에 활기를 불어넣어 치료 작업에 기여했다.

도라는 독립적인 힘을 추구했다. 그레텔 이야기처럼 그녀는 집단의 자매들과 협력하고자 했다. 사실 이야기에 나타난 단서로 보자면, 참여자들 대부분은 도덕적 권위가 의심스러운 부모들의 세상에 던져진 상태에서 살아남기 위해, 서로를 필요로 하는 사람들 속에서 친밀하고 지지적인 가족을 재창조하려 했다. 집단 경험을 마무리하면서 마지막 역할 벗기를 할 때, 참여자 대부분은 이러한 역동을 보고 또 각자의 역할이 이 치료 집단에 어떻게 기여하는지를 이해할 수 있었다.

헨젤의 아버지 역할을 했던 자넷이 유일한 예외였다. 앞서 말했듯이 앤은 아버지를 죽이는 극중 행동이 자넷을 무섭게 했다고 느꼈다. 자넷은 실제로 그 뒤 몇 주 동안 집단에 참여하지 않았다. 한동안 결석한 다음 다시 모습을 나타냈을 때도 꾸준한 참여를 보이지 않았다. 자넷에게는 집단이 가족이 되지 못한 것이다. 그녀는 다른 사람들에 비해 배경이 유복했고 그래서 부유하고 영향력 있는 사람들과 어울리는 데 익숙해 있었다. 하지만 거기에도 양면성이 있었다. 그녀는 소수 집단이 되어 권리를 박탈당한 사람들과 함께 작업했고, 특권 계층임에도 불구하고 강간 피해자라는 외상의 흉터를 간직하고 있었다. 몇 달 동안은 집단 안에서 적극적이고 통합적인 역할을 했지만, 그녀의 연기 스타일은 밀착적이었다. 다시 말해 지나치게 사실적이고 극단적이었다. '가해하기'를 초점으로 한 헨젤과 그레텔 이야기는 자넷의 현실 딜레마를 그대로 비추어 주었다. 그리고 다른 참여자들은 최근에 자넷에게 무슨 일이 있었는지 잘 알고 있었지만, 극화 과정에서 그녀를 충분히 지지해 줄 수 없었다. 그녀는 속이는 자와 가해자의 역할을 연기했고, 사람들은 역할 속에서 반응할 수밖에 없었기 때문이다. 참여자들은 대체로 연극적 맥락 안에서 연기를 했는데, 자넷은 너무 자주 전이적이고 일상적인 차원으로 미끄러졌고, 그것이 폭행당한 경험을 자꾸만 자극하여 견디기가 힘들어졌던 것이다.

이야기에서 아버지의 운명은 열띤 논쟁거리였다. 앤을 비롯한 일부는 아버지의 유약함을 벌주고 싶어 했지만, 도라 같은 이들은 아버지뿐 아니라 악당의 요구에 굴복하곤 하는 자기 내면의 약한 부분까지 용서하길 원했다. 아버지 역할을 한 자넷은 드라마와 개인적 차원에서 느끼는 압도적인 양면성으로부터 거리를 둘 필요가 있었다. 그런데 피해자 역할과 너무 깊이 융합된 그녀의 드라마—칼에 맞설 것인가 아니면 교묘히 피할 것인가—는 너무나 현실적이었고, 정신적 외상을 막 겪은 뒤라 허구와 현실의 연관 관계를 제대로 통찰하기가 힘들었다. 참여자들뿐 아니라 집단의 리더인 나 역시 그녀가 현실의 위기를 지나 다시 집으로 돌아가는 길을 찾을 수 있도록 돕지 못했다.

돌이켜 보면, 자넷에게는 개인 치료가 더 필요했던 것 같다. 그리고 집단 안에서는 아버지가 아닌 좀 더 안전한 역할이 주어졌어야 했다. 여러 가지 측면에서 자넷은 앤이 준 역할 압력—본의 아닌 수동적인 공범, 좋은 일을 하려던 피해자—속에서 집단을 떠났다. 그리고 지지적인 가족 네트워크 안에서 천천히 치유의 과정을 재개했다. 외상후스트레스 장애와 싸우면서, 그녀는 절망적인 상황에서도 견딜 수 있는 생존자의 강인함을 추구했고, 또 헨젤과 그레텔처럼 무시무시한 악마와 싸워 이기고 집으로 돌아올 수 있는, 상처가 있지만 온전한 전사가 되고자 했다.

집으로 가는 안전한 길은 어린 시절 옛날 옛적에로 시작되는 동화에나 나옴직한 것이다. 하지만 건강한 어른에게 집으로 돌아가는 길은 동화이면서 동시에 적나라한 현실, 우리 부모들이 약속한 이상적인 역할, 그리고 그 약속이 다른 많은 상징적 부모들에 의해 깨질 때 만나게 되는 현실적인 역할이기도 하다. 피해자가 되면서

피해자가 되지 않기, 위험한 여정을 떠나면서 집으로 안전하게 돌아오기—이것이 바로 이 집단이 연기한 헨젤과 그레텔 이야기의 핵심이다.

진단을 위한 역할 접근법의 활용

지금까지 참여자를 순수하게 연극치료적인 관점에서 진단하는 도구를 개발하려는 시도는 거의 없었다. 현재 연극치료사들이 사용하는 접근법은 주로 정신분석과 발달심리학의 두 가지 모델에 기초한다. 어윈(Irwin, 1985; Irwin & Shapiro, 1975)과 포트너(Irwin & Malloy, 1975; Portner, 1981)는 개인과 가족을 대상으로 손인형을 이용해 즉흥적으로 말을 하는 인형 인터뷰를 사용했다. 가족 치료의 경우에는 다양한 인형이 담긴 바구니를 준비한 다음 참여자들이 마음에 드는 인형을 골라 자발적으로 극을 보여 주게 한다. 이때 치료사는 거기서 나타나는 심리역동을 평가하여 이후 치료 과정에 도움을 되는 정보를 얻는다. 정신분석적인 모델을 배경으로 한 어윈과 포트너는 구체적인 평가에 정신분석적인 준거를 적용하여 인형극의 내용과 형식을 검토한다.

존슨(1988)은 즉흥극에 기초를 둔 '진단적 역할 연기 검사'라는 도구를 고안했다. 그 검사는 참여자에게 다섯 가지 사회적 역할을 주고 연기하게 하거나, 세 가지 역할을 원하는 대로 선택하여 연기하게 하는 두 가지 형태가 있다. 두 경우 모두 존슨은 발달심리학과 대상관계 이론(Johnson, 1991)에 바탕한 발달적 접근법에서 다음과 같은 준거를 추출하여 적용한다.

1. 공간, 과제, 장면에서 역할의 구조
2. 장면에서 사용된 재현 수단(소리, 움직임, 이미지, 단어)
3. 인물과 상황의 복합성
4. 인물들 사이의 상호작용
5. 정서의 형식과 강도

역할 접근법을 진단에 적용할 때는, 다음을 준거로 참여자의 기능 정도를 평가할 수 있다.

1. 역할을 불러내고 명명하는 능력
2. 불러내어 명명한 역할의 개수
3. 역할에 특징을 부여하는 능력
4. 대안적인 특징이나 하위 역할을 묘사하는 능력
5. 역할의 기능을 인식하는 능력
6. 역할 연기에 나타난 미적 거리와 역할 연기의 스타일
7. 가상의 역할을 현실과 연관시킬 수 있는 능력

진단 과정에서 치료사는 일반적으로 참여자에게 이야기를 하게 한 다음 그 이야기에 나오는 역할에 이름을 붙이고 각각의 특징과 대안적 특징, 기능, 그리고 일상 현실과 역할의 관계를 구체화하도록 한다. 또한 참여자의 역할 연기 스타일과 그에 따른 정서, 인식의 정도에 주목한다. 스토리텔링은 개인과 가족 같은 소규모 집단

에 모두 적용할 수 있다. 후자의 경우에 치료사는 역할 특징, 기능, 스타일뿐 아니라 이야기를 함께 만들어 가는 과정에서 일어나는 상호작용에 초점을 맞추어야 한다.

언어적인 검사가 적절하지 않을 때는 움직임이나 모래놀이를 활용할 수도 있다. 움직임 접근법은 3장에서 설명한 바 있다. 공간을 돌아다니다가 몸의 어느 한 부분에 집중하여 움직임을 확장하면서 하나의 인물이 나타나도록 하는 것이다. 그런 뒤에 진단적 준거에 따라 토론을 한다.

모래놀이는 가로 120cm, 세로 60cm가량의 직사각형 모래상자 안에 모형 장난감(예를 들어, 사람, 동물, 구조물, 운송수단 모형을 치료사가 제공한다)을 배치하여 그림을 만드는 것이다. 모래놀이는 4장 마이클의 사례에서 보았듯이 대개 개인적으로 실행되지만, 경우에 따라서는 두세 명이 함께 작업할 수도 있다. 그림을 완성하고 나서 그에 맞는 이야기를 만들 수도 있고, 치료사가 그림에 나타난 역할에 대해 직접 이야기를 할 수도 있다.

첫 번째 준거인 역할을 불러내고 이름을 짓는 능력은 연속선상의 세 가지 점에서 진단할 수 있다. 가장 낮은 1점은 역할을 불러내지 못하는 경우를 나타낸다. 2점은 역할을 불러낼 수는 있지만 명명하지는 못하는 것을 말한다. 가장 높은 3점은 역할 하나를 불러내 이름 붙일 수 있는 능력이 있음을 가리킨다.

그다음 기준은 불러내어 이름 붙일 수 있는 역할의 양에 따라 달라지며, 가장 낮은 수준이 위의 3점에 해당한다. 다음 4점은 그 역할의 개수가 3개 이하임을 나타낸다. 가장 높은 수준은 불러내어 이름 붙일 수 있는 역할이 네 개 이상인 경우다. 스토리텔링과 모래놀이는 여러 역할을 쓸 수 있지만 움직임 활동은 한 번에 한 가지 역할밖에 다룰 수가 없다는 점에서, 이 척도를 적용하기가 힘들 수도 있다. 역할을 불러내 명명할 수 있다 해도 그것이 역할을 가장 높은 수준으로 연기하는 것과 반드시 연결되지는 않는다. 참여자에 따라 특정한 역할을 불러내도록 했을 때 역기능적인 연기를 보여 주기도 한다. 일반적으로 역기능적인 참여자는 역할을 전혀 불러내거나 이름 붙이지 못하고 역할의 양이 지나치게 많거나 적은 경우를 말한다. 주어진 과제에 적합한 정도의 역할을 불러내 명명할 수 있는 참여자들은 일반적인 범주 안에서 연기를 한다.

치료사는 극화를 마친 후에 참여자와 역할의 특징 전반에 대해 이야기를 나눈다. 이때 참여자에 따라서는 좀 더 구체적인 기준을 원할 수도 있는데, 그런 경우에는 다음 영역 가운데 한 가지 이상의 범주를 제공하도록 한다.

1. 신체적(강인한 데서부터 약한 것까지, 건강함에서 병든, 게이에서 스트레이트, 젊음에서 늙음, 아름다운 데서 평범함을 거쳐 추함까지)
2. 인지적(단순한 데서 복잡한, 무식한 데서 현명한, 양면적인 데서 도그마적인)
3. 도덕적(순수한 데서 기만적인, 피해를 입는 데서 가해하는, 도덕적인 데서 부도덕한, 사교적인 데서 인색한, 비겁한 데서 용감한)
4. 정서적(화난 데서 평화로운, 증오하는 데서 사랑하는, 생기 없는 데서 황홀한)
5. 사회적(가족 중심적인 데서 반항적인, 중산층적인 데서 귀족적인, 가난한 데서 부유한, 소외된 데서 사회적인)

6. 정치적(보수적인 데서 급진적인, 권위적인 데서 민주적인)
7. 영적(무신론적인 데서 독실한, 영웅적인 데서 허무주의적인, 디오니소스적인 데서 아폴론적인)
8. 미적(창조적인 데서 비창조적인, 이상적인 데서 현실적인)

참여자들은 일반적으로 최소한 세 가지 질적 범주를 언급할 수 있다. 예를 들어, '경건한'이라는 여자 역할의 특징을 구체화한다면, 참여자는 인물의 신체적 외형과 더불어 가족에 대한 강한 집착과 독실한 종교적 믿음에 대해 말할 수 있다. 기능 수준이 낮은 참여자는 역할에 아무런 특징도 부여하지 못한다. 한 가지나 매우 제한된 특징만을 구체화하는 경우 역시 상대적으로 낮은 수준에 있다고 할 수 있다. 역할에 상세한 특징을 많이 부여할수록 기능 수준이 높다고 볼 수 있다.

기능 수준이 높은 참여자들은 또한 대안적인 특징이나 하위 역할을 묘사할 수 있다. 가령 '경건한' 역할이라면 그 이면의 유혹, 곧 가족과 신앙이 성적이거나 미적인 욕구를 방해할 때 느끼는 양가적인 감정을 살피는 것이다. 그렇게 할 수 있을 때 '경건한'의 도덕적인 복합성이 무게를 더하게 된다. 기능 수준이 낮은 참여자들은 대안적인 특징이나 하위 역할을 자각하지 못한다. 가장 낮은 수준에서 역할은 그 자체를 넘어선 변형의 가능성과 양면적인 표현 방식을 일절 배제한 자기 완결적인 고정된 정체로 존재한다. '경건한'이 명실상부하게 바르고 정당한 길만 선택하며 전혀 뒤돌아볼 필요를 느끼지 않는 인물이 되는 것이다.

역할의 기능을 평가하기 위해서는 "그 역할이 인물에게 어떻게 기능하나요?"라고 질문할 수 있다. 참여자의 반응을 몇 가지 기능으로 나누어 구체화하는 것이 필요하다. 먼저 가장 낮은 수준 1은 부인이나 부적절한 반응(예를 들어, "'경건한' 역할은 아무런 목적도 없어요."라든가 "'경건한'은 자기 자신을 잘 돌봐요."와 같은)을 나타낸다. 수준 2는 외부 대상이나 단순한 외부적 인과관계(예를 들어, '경건한'의 기능이 흰옷을 입는 것이라거나 신앙심으로 더 많은 선행을 하게 된다고 말할 수 있다.)에 초점을 맞춘다.

수준 3은 뚜렷한 도덕적 관점을 견지하여 역할의 좋고 나쁨, 이로움과 해로움을 판단한다. 예를 들어, '경건한'은 타고나길 도덕적인 인물이며 테레사 수녀처럼 도움이 필요한 사람들에게 헌신한다고 말할 수 있다. 수준 4는 경험적이거나 직관적인 증거를 바탕으로 보다 열린 관점을 표현한다. '경건한'은 억압적인 정부에 대항하기 때문에 선량하게 보일 수 있다거나 아버지의 학대에 맞서 자기를 주장할 수 있는 내적인 힘을 지녔다고 말하는 식이다.

마지막으로 수준 5는 역할에 대안적인 의미를 부여하고 역할 양면성을 살아 낼 수 있는 능력을 나타낸다. 여기서 '경건한'은 억압적인 상황에 맞서고 억압의 피해자들을 돕는 데 헌신했기 때문만이 아니라 최소한 환상 속에서는 자신의 부도덕한 측면을 드러낼 줄 알고 억압과 표현이라는 두 마음과 함께 살아가는 법을 익혔다는 점에서 훌륭하다고 볼 수 있다. 수준 5에 해당하는 참여자들은 일반적으로 치료를 받을 필요가 없다. 그러나 개중에는 너무나 양면적이고 발산적인 사고 경향으로 도리어 효율적인 의사결정을 하지 못하거나 불안과 우울에 빠져 다른 감정을 표현하지 못하는 사람들도 있다. 그런 경우에는 치료가 도움이 될 것이다.

치료사는 또한 역할 연기의 스타일을 통해 감정과 사고의 균형을 평가할 수 있다. 스타일의 한 극단은 특이하고 추상적인 움직임과 말 그리고 사실주의 양식으로부터의 분리를 특징으로 하는 매우 제시적인 스타일이다. 거기 속한 참여자는 감정을 표현할 수 없거나 표현하기를 꺼릴 것이다. 앞서 말했듯이 연극치료사는 그런 참여자를 분리적이라고 본다. 그와 반대쪽에는 성찰과 비판적인 사고의 여지는 적은 반면 풍부한 정서적 표현과 현실적인 묘사가 특징인 극히 재현적인 스타일이 있다. 그런 참여자는 인물과 정서적인 차원에서 지나치게 융합되어 밀착적이다.

역할 연기의 스타일을 평가함에 있어, 치료사는 거리의 스펙트럼을 가로질러 움직일 수 있는 능력과 그럼으로써 미적 거리(즉, 감정과 사고의 균형, 현실과 추상의 균형)를 찾아낼 수 있는 능력에 주목한다. 분리적이고 밀착적인 참여자 모두 일상의 역할을 연기할 때 균형에 접근하도록 도와줄 필요가 있다.

끝으로 치료사는 참여자에게 가상의 역할과 일상생활을 연관 짓도록 청한다. 가령 일상의 차원에서 '경건한'은 어떻게 행동하나요? 그 역할의 특징, 기능, 스타일은 어떤 작용을 하나요? 다시 한 번 수준 1에서 5까지의 반응을 일별하면 이와 같다. 수준 1에서 참여자는 허구와 일상에서 아무런 연관 관계를 찾지 못한다. 수준 2에 있는 참여자들은 '경건한'이 다른 사람의 입장을 더 잘 고려할 수 있게 해 준다고 말할 수 있다. 수준 3에서는 신앙심 덕분에 자기를 도덕적이라 느낄 수 있고, 자신에 대한 부정적인 생각을 멀리할 수 있다고 볼 것이다. 수준 4에서 '경건한' 역할이 일을 잘 수행하는 데 도움이 된다(예를 들어, 정치적으로 헌신하는 정신건강 전문가로서)

고 말할 수 있다. 그리고 수준 5에서는 '경건한' 역할이 도움을 주는 방식뿐 아니라 참여자가 소진되었을 때 스스로 돌보고자 하는 욕구를 알아차리지 못하게 막는 방식까지도 비판적이고 열린 시각으로 볼 수 있다. 더 나아가 이 수준에 있는 참여자들은 경건한 행동을 사회적이고 문화적인 맥락에서 관찰할 수 있다.

이상 다섯 수준은 피아제의 인지발달 단계처럼, 제한된 관점에서 다양한 관점을 취할 수 있는 상태로의 진전을 반영한다. 그러나 나는 단순히 연령에 따른 인지적 발달보다 심리 전반의 성숙 과정에 역점을 둔다. 그러므로 연속선상의 숫자로 표시된 점수 자체로는 참여자를 진단하기에 충분하지가 않다. 따라서 치료사는 5점 척도상의 위치와 상관없이, 역할을 취하고 연기하는 능력과 관련된 특성과 기능과 스타일을 살펴 기술함으로써 평가 점수를 참여자의 상태에 대한 임상적 인상을 제공하는 질적인 서술로 보충할 필요가 있다.

진단의 핵심은 참여자가 역할에 얼마나 잘 접근하고 연기하며 삶의 다양한 차원에서 그것이 기능하는 방식을 어느 만큼 이해하는가를 평가하는 것이다. 역할 연기를 어려워하는 사람들에게도 역할 접근법은 적절한 치료 방식이 될 수 있다.

몇몇 극적 도구의 축적에도 불구하고, 예술 형식에 근거한 충분히 검증된 진단 도구는 여전히 태부족인 실정이다. 이런 맥락에서 나는 역할 수령자와 역할 취득자, 역할 연기자로서의 인간 존재에 대한 개념과 역기능적인 역할 및 역할 체계를 치유하는 역할 접근법에 근거하여, 참여자를 더 잘 진단할 수 있는 방식을 제안하고자 한다.

평가

치료사나 연구자는 역할 접근법의 성공 여부를 어떻게 알 수 있을까? 일반적으로 어떤 형식의 치료든 긴장이 풀리기 시작하면서 비로소 식별 가능한 변화가 나타난다. 행동중심적인 치료에서는 행동상의 변화가 일어날 것이고, 심리역동적인 경향의 치료라면 참여자가 무의식의 주제를 의식으로 떠올리게 될 것이며, 인지적인 형식의 치료는 문제를 정식화하고 해결하는 새로운 방식을 이끌어 낼 것이다. 역할 접근법을 따르는 연극치료라면, 변화는 역할 체계에서 일어날 것이며 참여자가 달라진 역할을 일상생활에서 연기하면서 더 명확해질 것이다. 치료사/연구자는 그 변화를 평가하기 위해 앞서 말한 진단적 기준을 수정할 수도 있다.

우선 역할 체계의 접근성이 성공 여부를 가리는 잣대일 수 있다. 이는 참여자가 주어진 상황에 적합한 역할을 불러내어 만족스러운 방식으로 연기할 수 있어야 한다는 뜻이다. 마이클을 예로 든다면, 빌에게는 친밀한 연인의 역할을 그리고 부모와 있을 때는 어른이 된 아들의 역할을 연기하는 것이다. 혹 잠시 퇴행하더라도 이내 자신의 역할 양면성을 성찰하여 그 역할(예를 들어, 피해자)이 역할 체계 전체에 지나친 통제력을 행사하기 전에 멈출 수 있어야 한다.

효과적인 치료는 또한 참여자가 역할을 어느 정도 깊이 있게 연기할 수 있는 능력에 대해서도 책임을 져야 한다. 깊이가 있다는 것은 역할이 본래 가지고 있거나 모순되는 역할의 충돌로 인해 생긴 모호성을 의식하는 것을 말한다. 물론 친구들 여럿이 부산을 떨면서 빠른 인사를 주고받는 상황처럼 피상적인 역할 연기가 적절한 경우도 있다. 하지만 깊이 관계 맺는 상황에서라면, 좀 더 소통적이고 상대를 배려하는 특성이 필요할 것이다.

한 걸음 더 나아가 성공적인 치료에서 참여자는 역할 체계를 의미 있게 확장함으로써 다양한 역할을 연기할 수 있다. 앤을 예로 든다면, 그것은 구조자와 피해자 그리고 고통 받는 딸의 역할을 넘어서는 것을 뜻한다. 역할의 양이 많아짐에 따라, 앤은 반항적인 역할들뿐 아니라 친밀하고 강력한 역할들(예를 들어, 연인과 친구, 승리자와 독립적인 여자)까지 연기할 수 있었다.

역할 체계의 확장을 평가함에 있어, 치료사/연구자는 역할 접근법이 바람직하지 않은 행동을 없애듯 역기능적인 역할을 소거하는 데 목적을 두지 않음을 명심해야 한다. 역기능적인 역할은 기능적인 역할의 균형자이자 거울의 뒷면으로서 체계의 일부로 남아 있다. 그것은 정신분석에서 자아가 현실을 적절하게 검증하는 힘을 견지하는 경우에도 원초아와 초자아는 여전히 건재 하는 것과 마찬가지다. 그 위대한 심리적 전투는 신과 악마의 신화적 전투를 닮았다. 한동안은 신이 승리를 구가한다 하더라도, 악마와 신은 한 쌍으로서 영원히 서로에게 연결되어 있으며 그 변증법적 싸움은 끝없이 지속될 것이다.

치료가 성공적일 때, 역기능적인 역할은 사라지는 대신 변형이나 수정을 겪는다. 전에 비해 현저하게 약해지긴 했지만 치료 과정이 막바지에 다다랐을 때도 앤에게는 여전히 구조자 역할이 남아 있었다. 힘들어하는 연인을 곁에서 지켜봐야 할 때처럼 구조자 역할이 고개를 쳐드는 상황이 간간이 있었지만, 대개 그 힘이 자신을 위협적이고 불쌍한 아버지가 있는 부엌으로 끌고 들어가기 전에, 너무 늦지 않게 알아차릴 수 있었다.

다른 사람들 역시 낡은 패턴으로 곤두박질치기 전에 스스로 제어할 수 있다는 측면에서 성공적이라 할 수 있으며, 그다음에는 대안적인 존재 방식을 연기하는 것으로 한 걸음 더 나아가야 한다. 앤의 경우에 구조자에 대한 대안은 스스로 가엾다고 느낄 때 보살핌과 지지를 받을 수 있도록 자신을 여는 능력이었다. 연인과 친구들이 위로와 평안을 제공하도록 허락하면서, 앤은 비로소 구조자 역할로부터 멀리 벗어나기 시작했다. 연극치료의 영향력 중 상당 부분은 참여자가 하위 역할에 담겨 있는 대안적인 역할 특징을 찾아 연기할 수 있는 힘에 달려 있다.

또한 참여자들은 지배적인 역할의 기능 방식을 이해할 수 있어야 한다. 긍정적이고 부정적인 역할, 본래 역할과 변형된 역할의 가치뿐 아니라 역할들이 서로 엉켜 각기 다른 방향으로 끌어당기는 보다 복잡미묘한 방식을 아는 것이 중요하다. 앞서 헨젤과 그레텔의 사례에서 보았듯이, 역할은 흔히 서로 교차하면서 긴장과 양면성(예를 들어, 앤의 구조자-살인자 역할)을 만들어 낸다. 치료의 효율성을 평가함에 있어, 치료사/연구자는 모종의 해결, 다시 말해 어떤 역할에 대한 다른 역할의 승리를 추구하기보다 모호함 속에 살아가는 방식을 구해야 한다. 이는 역할 기능의 측면에서, 두 가지 역할의 상보적 목적을 이해함을 의미한다. 앤에게서 이미 보았듯이 살인자 역할은 자신을 구조하기 위해서는 역기능적인 가족의 이미지를 없애야 한다는 점을 상기시킴으로써 구조자 역할과 협력했다.

마지막 평가 기준으로 치료사나 연구자는 적절한 때 제시적인 스타일에서 재현적인 연기 스타일로 자연스럽게 변화할 수 있는 능력을 살펴야 한다. 충분히 건강한 참여자는 풍부한 감정을 실어 연기하기도 하고 탄탄한 지성으로 연기하기도 하며 그 둘 사이를 오가기도 한다. 다시 말해 어떤 역할로부터는 분리되어 자유롭게 익살을 부리고 바보광대 노릇을 하거나 비웃을 수 있어야 한다. 그렇지만 〈한여름 밤의 꿈〉에 나오는 바텀과 같이, 잠시 나귀머리를 쓴다고 해서 영원히 나귀로 살아야 하는 것은 아님을 알기에 안전하다. 또 거꾸로 현실적인 역할들 역시 유희적이고 비판적인 부분을 상실할지도 모른다는 두려움을 뛰어넘어 스스럼없이 연기할 수 있어야 한다.

그러므로 성공적인 치료란 스타일과 거리의 스펙트럼을 종횡할 수 있는 능력, 그리고 감정과 사고, 현실과 환상 사이에서 균형을 유지할 수 있는 능력, 그리하여 내면화된 신이나 부모 혹은 가해자의 명령이 아닌 자신의 의지에 따라 역할을 자유로이 취하고 벗을 수 있는 그런 상태를 뜻한다. 건강한 참여자는 필요한 역할을 효율적으로 불러낼 수 있고, 그것과 그 대안을 사회적 상황과 해당 역할에 어울리는 스타일로 연기할 수 있다. 또 자기 역할에 명확하고도 의미 있는 기능을 부여할 수 있으며, 나아가 그 역할을 유동적인 체계에 창조적으로 통합할 수 있다. '유동적'이라는 말은, 필요한 경우에 한 가지 역할이 또 다른 역할의 반경 내에서 쉽게 움직일 수 있는(예를 들어, 앤의 구조자와 살인자 역할처럼 그리고 줄리아의 무정한 여자와 불쌍한 아이들 역할처럼) 체계를 의미한다. 그 역할들은 정확하게 상극을 이루지는 않지만 서로 조합되어 긴장을 만들어

내며, 바로 거기에 강력한 치유적 가능성이 잠재되어 있다. 역할 체계가 유동적일 때 비로소 개인이 까다로운 문제를 헤쳐나가도록 새롭게 조합될 수 있다.

궁극적으로 역할 접근법의 가치는 역할을 변형함으로써 개인을 문제를 해결할 수 있는 존재로 보는 관점에 있다. 연극치료사는 그 과정을 처음부터 끝까지 안내하는 역할을 한다. 치료가 성공적일 때는 완고했던 역할이 훨씬 부드러워지고, 잠자는 듯 고요했던 역할은 접근이 더 쉬워지며, 역할 체계 전체를 쥐고 흔들던 역할은 영향력이 줄어든다. 그 결과 역할의 통합 혹은 균형에 이르게 되며, 그것은 참여자가 새로운 도전을 추구하거나 그에 직면할 때 역설적으로 전환된다. 역할 체계는 학습과 창조성과 치유를 점화하는 역할 양면성으로 지탱되고 움직여진다.

역할 접근법에서 치료사나 연구자는 단순히 균형에 이른 사람이 아니라 불균형-모순되는 특징과 스타일의 혼돈, 충돌하지만 똑같이 매력 있는 두 관점을 놓고 어려운 선택을 해야 하는 혼돈의 순간에 대처할 수 있는 사람을 가장 높이 산다. 바꿔 말해 존재의 양면성을 살아 낼 수 있는 능력을 지닌 사람, 하나이면서 여럿이고, 현실적이면서 추상적이며, 감정이 풍부한 철학자이자 성찰적인 배우인 사람이다. 즉, 존재하면서 동시에 존재하지 않는 것이다. 그는 다른 사람들에게 역설과 양면성의 지혜를 전할 수 있는 사회적 역할 모델이지만, 외부에서 그를 알아보기는 쉽지 않다.

성숙한 사람을 그렇게 내면적으로 개념화하면서, 나는 상호작용적인 역할 체계 모델을 구축해 왔다. 그 체계는 유전적, 사회적, 행동적 요인에 의해 발달되며 그를 통해 역할을 찾아 취하고 연기할 수 있다. 극적 역할 모델은 특징, 기능, 연기 스타일이 저마다 다른 여러 가지 역할 유형으로 구성된다. 앞서 보았듯이, 극적 역할 모델은 연극치료에서 역할 접근법이라는 하나의 메소드이자 개입 방식으로서 참여자를 진단하고 평가하는 방식으로도 유용하다.

이어지는 장에서, 나는 역할 유형이 조직화될 수 있는 방식을 고찰하고 역할 체계의 내용을 드러냄으로써 극적 역할 모델을 확장할 것을 제안한다. 이는 참여자가 역할 체계를 이해하고 변형하는 역할 접근법을 통한 치료 과정을 더 확실하게 조명한다는 점에서 중요하다. 그리고 드라마와 치료와 일상 현실을 비판적으로 연계함으로써 역할 이론을 좀 더 알기 쉽게 정립할 수 있는 길을 열어줄 것이다.

다음 장은 일상생활에서 우리가 취하고 연기하는 역할의 조직화에 초점을 맞춘다. 그리고 다시 역할의 가장 중요한 근원인 연극으로 돌아가 역사 속에서 수차례 반복 등장한 역할 유형을 분류체계의 형식으로 서술한다. 역할은 특정한 기본적인 원형의 형식을 개괄하는 정도에 근거하여 일상 현실과 연극에서 선택된다.

CHAPTER 07

일상 현실에서의 역할

역할 유형과 원형

유형화 작업은 일상 현실과 연극 두 영역이 모두 인물의 복합성을 매우 가치 있게 평가한다는 점에서 녹록치 않다. '전형'이라는 개념은 그 자체로 경멸적이다. 거기에는 사람을 격하시키고 왜소하게 만들며 무시하는 의미가 담겨 있다. 그러나 복합적인 인성을 이해하기 쉬운 형식으로 분석하고 환원하는 것은 예술가와 치유자의 일이기도 하다. 예술과 치유는 인성의 구성요소를 고립시켜 단편에 초점을 맞춤으로써 전체를 이해하려 한다. 전형은 분명히 과도한 단순화와 클리셰로 개인을 평면화한다. 그러나 그것이 유형을 분류하는 목표는 아니다. C. G. 융을 비롯한 심리적 유형학자는 인성의 숨겨진 구조를 찾고자 한다. 블라디미르 프로프(Vladimir

Propp) 같은 문학적 유형학자는 내재된 서술 구조를 추구하며, 스티븐 제이 굴드처럼 생물학을 배경으로 하는 유형학자 역시 생명의 고대 형식을 유형화하는 새로운 방식을 찾아내어 진화의 전 스펙트럼을 명료하게 보여 주고자 한다. 유형화는 최상의 경우에 구체화된 규준에 근거하여 특정한 현상을 범주화하는 선택의 방법론이다.

융은 초기의 심리적 유형학자 중 한 사람으로 인간을 네 가지 기능(감각, 사고, 감정, 직관)과 두 가지 전반적 태도(내향과 외향)의 관점으로 범주화하였다. 그에 따르면 여덟 가지의 심리적 유형이 있다. 즉, 내향적 감각 유형, 외향적 감각 유형, 내향적 사고 유형, 외향적 사고 유형, 내향적 감정 유형, 외향적 감정 유형, 내향적 직관 유형, 외향적 직관 유형이다. 이러한 분류는 인성 유형을 개념화하는 데 유용함이 입증되었지만, 융의 표현은 때로 혼란스럽고 모순되기도 한다. 유형학자로서 융의 명성은 '원형'이라는 좀 더 시적인 개념에 굳건한 바탕을 두고 있다. 인성의 신화적이고 상징적이며 집단적인 본질을 비교 문화적으로 철저하게 분석하면서, 융은 개인이 일상 현실 속에서 역사, 문학, 예술, 종교, 신화에 존재하는 보편적인 주제와 원형적인 역할을 어떻게 취하고 연기하는가를 보여 준다. 그리고 그런 극적 경향이 집단 무의식에 저장되어 유전되는 것으로 추측한다.

많은 분석심리학자들이 UFO, 연금술, 점성학, 비교秘教의 경전을 검토하면서 비밀스러운 장소에 대한 연구(융이 그러했듯이)를 진행해 왔다. 그중 일부는 경박하게 보일 수도 있지만, 그들의 저작은 은유가 매우 풍부하며, 이 책과 중심 주제를 공유한다. 인간의 몸과 마음과 영혼에 반복되는 유형과 형식이 존재함을 역설한다는 점에서, 그 형식들은 명명될 수 있고 구체적으로 근원을 추적할 수 있다. 융은 그것을 '원형'이라 불렀고, 다양한 문화의 신화와 상징에서 그 근원을 찾아냈다. 원형을 분석하고 의식과 무의식의 원형적 내용을 통합함으로써, 융은 개인이 건강한 심리적 기능 상태—그가 '개성화'라 부른—에 다가갈 수 있다고 믿었다.

이 책 전반에서 연극 용어인 '역할 유형'은 여러 가지 측면에서 심리학 용어인 '원형'과 동격에 놓인다. 보편적 형식이 임상 상황과 일상 현실에서 어떻게 반복하여 나타나는지를 해명하고자 하는 것, 그리고 심리적 건강을 위해서는 원형적 역할을 정체화하여 개인의 인성 구조로 통합할 필요가 있다고 주장하는 데서 나는 융과 어긋남 없이 일치한다.

그러나 몇 가지 측면에서 분석심리학자들과 의견을 달리한다. 우선 분석심리학의 원형 체계는 갖은 종류의 비교적인 사상가와 실천가의 잡동사니 주머니로, 도무지 중심이 어딘지 가늠하기 힘들 만큼 광범한 준거로 넘쳐나는 학문이 되었다. 범문화적이고 초개인적인 지식을 추구하는 경향으로 인해, 원형 심리학 분야는 지나치게 지적이면서 동시에 너무나 신비적인 수수께끼가 되어 버렸다. 많은 분석심리학자들이 스승을 본받아 '적극적 명상'이라 부른 표현적인 치유 방식을 사용한다. 그럼에도 불구하고 창조적 과정은 여전히 치료의 주류에 최소한으로만 통합되며, 통합된 경우에도 분석을 위한 수단으로 제한되는 경향이 있다.

이 장은 일상 현실에서 활용될 수 있는 다양한 역할을 기술하고 분류한다. 그리고 다음 장에서는 그와 관련된 좀 더 완벽한 역할의 원형적 체계를 제공한다. 그것은 연극에 바탕을 두며 유형 분류의 형식으로 표현된다. 나는 융처럼 우리 삶에 대해 말해 주고 또 균형이 깨질 때 통합된 인성의 발달을 차단하는 역할 유형을 찾아내려 한다. 그러나 역할을 고립된 실체로 제시하려는 것은 아니다. 비록 그런 식으로 개념화된다 해도, 현실에서 역할은 서로 작용을 주고받으며 복합적인 방식으로 교차하는 것으로 이해되어야 한다. 융의 원형처럼 어떤 역할은 블레이크가 '호랑이'에서 말한 '무시무시한 균형'—폭발할 가능성이 있는 역설적인 균형—속에서 공존한다.

일상 현실의 역할은 신체적, 인지적, 정의적, 사회적/문화적, 영적, 미적인 여섯 가지 범주로 조직화될 수 있다. 이들 범주는 임의적인 것이 아니라 인류의 몸과 마음과 감정과 영혼과 습성을 끊임없이 탐구하는 의사, 철학자, 심리학자, 사회학자, 인류학자, 신학자, 예술가의 관심사에 상응한다. 또한 일상의 역할은 유형과 특징과 기능에 따라 구체화되며, 역할의 기원에 대한 의문에도 접근한다.

신체적 역할

생존 역할

주로 유전적 요소에 바탕을 두는 신체적 역할은 그 기능과 발달과 발현에서 몸과 관련된다. 그 첫 번째 묶음은 개인의 생존에 필요한 역할을 아우른다. 예를 들면, 숨 쉬는 사람, 빠는 사람, 먹는 사람, 배설하는 사람, 자는 사람, 움직이는 사람, 상호작용하는 사람이 포함된다. 생식하는 사람의 역할 또한 이 범주에 해당한다.

생존 역할은 개인의 삶에서 많은 변화를 겪는다. 역할의 본질은 유지되지만 그 특징과 기능은 발달 단계에 따라 달라질 수밖에 없다. 사람들은 평생 동안 먹는 사람 역할을 연기한다. 그러나 아동기의 먹는 사람은 청소년기나 성인기 혹은 노인기의 먹는 사람과 다를 수 있다. 어린아이는 음식을 먹지 않겠다고 저항하기도 하며, 음식을 가지고 놀거나, 더 신나고 덜 부담스러운 과제로 옮겨 가기 위해 씹지도 않고 꿀꺽 삼키기도 한다. 청소년은 음식을 외모와 결부시키기 시작하고, 문화적으로 좀 더 바람직한 페르소나를 가꾸는 수단으로 사용하기도 한다. 어른은 음식 자체에서 감각적인 즐거움을 찾는 법을 배워 음식을 만들고 먹고 비평하는 데 많은 에너지를 소비한다. 반면에 노인은 음식을 단순한 필수품으로 간주하며 그것을 준비하는 데 별 기쁨을 느끼지 못한다. 그리고 경제적인 환경과 특정 상황(예를 들어, 집에서 기관으로 옮겨 가는 것), 내적 심리 상태(예를 들어, 정서적 균형 상태에서 우울한 상태로의 전환) 역시 먹는 사람 역할의 개념과 연기에 많은 변화를 가져온다.

나이와 발달 단계

신체적 역할의 두 번째 분류 항목은 나이 및 발달 단계와 관련된다. 연령 역할에는 어린이, 청소년, 어른, 노인이 포함된다. 각 연령 역할이나 발달 단계는 연령대에 기초한다. 아동기는 대략 12세까지로 볼 수 있으며 그 뒤에 10대를 아우르는 사춘기가 따른다. 어른 역할은 정년이나 퇴직 연금 생활 시기(대략 65세)까지로 볼 수 있고, 그 뒤에 에릭슨(Erikson)이 절망과 지혜의 투쟁을 구현한다고 말한 노령기가 찾아온다.

각각의 발달 단계는 생물학적으로 결정된 것일 뿐 아니라 심리학적인 바탕을 가지고 있다. 7살 난 어린아이가 14세의 인지 수준에서 기능하는가 하면 사춘기 청소년은 때로 아이처럼 행동하기도 한다. 이런 역할 반전은 흔한 일이다. 쇠약한 노인이 질병과 소외로 인해 의존적인 어린아이 상태로 퇴행하기도 하고, 아이들이 가난이나 이혼 또는 죽음에 떠밀려 미성숙한 채 어른의 역할을 입기도 하는 것이다. 이들 예에서 아이 같은 노인 혹은 어른이 된 아이는 부분적으로 역할 반전을 선택한다. 그러나 그 선택은 주어진 심리적, 생리적, 문화적 조건에 적응하기 위한 것이다. 예를 들어, 심한 알츠하이머병을 앓는 환자는 어른 역할을 적절하게 연기할 수 있는 능력에 제한을 받는다. 폭탄 테러로 부모를 잃은 소녀에게는 분명히 더 많은 선택의 기회가 주어진다. 어른 역할을 취하여 형제들에게 어머니가 되어 줄 수도 있고, 어린아이 역할에 머물러 있으면서 대안적인 부모를 찾을 수도 있다.

유아의 역할을 취하는(사람들이 있는 데서나 없는 데서나 아기 젖병이나 고무젖꼭지, 엄지손가락을 빠는 행동 등으로 나타나는) 이상한 문화적 현상이 미국의 일부 도시 청소년 사이에 번지고 있다. 이 집단 내에서 증가하는 자살과 살인 그리고 열두세 살 아이들이 총기를 난사한 사고를 고려할 때, 그런 현상이 이해 못할 것만은 아니다. 극심한 가난과 심리적으로 위협적인 환경에서 성장한 청소년들이 젊음을 부인하도록 강요당한다면, 그들로서는 심리적 안전감을 주는 원시적인 단계로 퇴행하는 데서 안정감을 취하는 게 당연할 것이다. 또 그중 일부가 온전한 가족 안에서 심리적으로 건강한 아동기를 보내지 못했다면, 그러한 퇴행은 훨씬 더 가슴에 사무칠 것이다. 성인의 폭력과 무관심을 정도 이상 경험한 청소년에게, 유아 역할에 담긴 정서적 고무젖꼭지에 대한 욕구는 매우 클 수밖에 없다.

성별과 성 역할

성별과 성 활동은 신체적 역할의 세 번째 항목이다. 다른 항목과 마찬가지로, 성별은 유전적으로 결정되지만 환경에도 영향을 받는 듯하다. 그 영향 요인은 매우 다양하다. 첫 번째는 가족이다. 가족 안에서 아이들은 남성적이고 여성적인 역할 모델을 취하여 연기한다. 또 다른 요인은 문화다. 문화는 남성성과 여성성의 이미지를 제공하고 그것을 연기하는 규준을 세운다. 세 번째는 심리적 요소로 구성된다. 그것은 남자 혹은 여자로서 내적인 정체감을 제공한다. 가족과 문화로부터 주어진 인습적인 기대를 통합하면서, 개인은 성별에 대한 관습을 따르게 된다.

그러나 성별 역할이 반드시 해당 문화의 전형에 순응하는 것은 아니다. 문화가 이질적이고 허용적일수록, 개인이 여성적 혹은 남성적 역할을 언제 어떻게 연기할 것인가와 관련한 선택의 폭이 넓어진다. 여성주의의 등장과 그 뒤를 이은 남성의 운동으로, 사람들은 새로운 역할 모델을 취하여 성 역할을 새롭게 연기하는 방식을 탐험하고 있다. 그리고 융처럼 강력한 통합의 심리적 모델은, 남자와 여자의 내면세계 속에서 성적 반대자의 자리를 찾는다. 융에 따르면 여성은 남성적 원형인 아니무스를 통합할 필요가 있고, 남성 역시 건강한 성적 균형을 성취하기 위해서는 여성적 원형인 아니마를 통합해야 한다고 한다.

생물학과 문화와 심리학은 때로 남성적인 것과 여성적인 것의 경계를 모호하게 만드는 데 공모하기도 한다. 가령 한 사람이 생물학적인 남자로 태어나 남성적인 모델을 따르도록 강화되었는데도 스스로 여자라고 느끼는 경우가 그렇다. 그런 이례적인 상황뿐 아니라 성 정체성에 혼란을 경험하는 좀 더 평범한 경우에, 성 역할의 발생을 이해하는 한 가지 단서는 개인에게 내면화된 역할 모델에서 찾을 수 있다. 그리고 그것을 알 수 있다면, 개인의 역할 연기의 특징과 형식에 대한 이해에 한 발 더 다가갈 수 있을 것이다.

남성성과 여성성의 균형감을 찾으려는 노력과 함께 게이, 이성애자, 양성애자, 무성애자 혹은 또 다른 조합으로서 만족스러운 성적 정체성을 연기하고자 하는 투쟁이 공존한다. 어떤 사람은 종교적 신념에서 독신을 선택하기도 하며, 에이즈나 성적으로 감염되는 다른 질병을 두려워한 나머지 금욕생활을 하는 사람들도 있다. 또 어떤 이들은 성적으로 허용적이던 시기에 대한 강한 반작용으로 순결을 맹세하거나 최신 유행을 좇는 히피로서 무성으로 남기를 선택하기도 한다. 그러나 개인이 진정으로 자신의 성적 정향을 선택하는 것인지는 분명하지 않다.

유전은 여전히 개인의 성성을 결정하는 가장 강력한 요소로 보인다. 앞서 보았듯이 환경의 영향에는 가족과 문화와 심리적 요인이 함께 작용한다. 해당 환경 내에서 가용한 사회적 역할 모델의 저장고로서 적절한 성 역할의 추구를 지지하는 것이다.

외모 역할

신체적 역할의 네 번째 항목은 외모다. 신화와 동화에 반복해서 나타나는 두 가지 극단적인 역할 유형은 미녀와 야수다. 같은 제목의 동화에서, 미녀는 겉보기에 사랑스러울 뿐 아니라 아름다운 만큼 매우 도덕적이고 순수하다. 미녀의 역할 유형은 주로 신체적 특징과 관련된다. 그런데 거기에 도덕적인 특징이 결부되어 순수한 미녀 대 유혹적인 미녀로 갈라지면, 좀 더 복잡해진다.

역할 유형으로서 야수는 미녀의 반대이고 얼굴과 체형이 추하며 불쾌감을 주고 손상된 경우도 있다. 도덕적인 차원에서 야수는 악마적인 특징이나 숨겨진 선을 구현할 수 있다. 예를 들어, 동화에 나오는 야수는 미녀의 사랑으로 왕자로 변하며, 내면의 아름다움이나 순수함을 추한 외모로 감춘 손상된 캐릭터도 많이 있다(마리 셸리의 프랑켄슈타인에 나오는 괴물과 영화 가위손의 날카로운 손과 황금 심장을 가진 괴물 같은 소년 가위처럼).

세 번째 외모 역할은 보통 사람이다. 이 유형은 평범한 외모에 보통 키가 특징이다. 보통 사람의 역할을 취하고 연기하는 것은 외모 이상의 것을 내포한다. 보통이라는 것은 한계를 수용함을 의미한다. 화려하고 강렬한 삶의 가능성은 환상의 차원에 남겨 두는 것이다. 보통 사람 역할은 때로 소외의 실존적 상태, 우주에서 길을 잃은 느낌을 내포하기도 한다. 자신을 보통보다 못하다고 인식하는 사람들(비정상이거나 큰 반점이 있거나 장애가 있는)은 주류에 편입되어 수용감을 느끼기 위한 방편으로 보통 사람 역할을 가지려 노력한다.

외모는 유전된다. 그러나 외모에 대한 최종적인 판단은 변화하는 유행과 자기 이미지를 반영한다. 그리고 그 변화는 개인이 다른 사람들과 상호작용하면서 그들의 관점을 취할 때 일어난다. 가령 누군가 나를 아름답게 본다면 나 역시 스스로 아름답다고 여길 것이다. 그러므로 아름다움은 보는 사람과 보이는 사람 양자의 눈에서 비롯된다. 같은 방식으로 야수의 역할과 보통 사람 역할 역시 다른 사람들로부터 주어진다. 외모의 측면에서 진정으로 기능적인 삶을 산다는 것은, 아름답고 야수 같고 평범한 특징이 연기하는 역할로 드러나게 하면서 자기를 지켜보는 사람들과 효과적으로 상호작용하는 것이다.

건강 역할

건강은 신체적 영역에서 다섯 번째 항목에 해당한다. 여기에는 정신적으로나 신체적으로 아프고 장애가 있는 사람과 건강한 사람이 모두 포함된다.

많은 질환이나 병-건강의 경향이 유전되는 것이 사실이지만, 건강 역할은 일반적으로 출생 후에 발달된다. 건강 역할이 심리신체적인 바탕을 가질수록 개인은 특정한 목적을 위해 역기능적인 역할을 선택하기가 쉬우며, 그것은 대부분 무의식적인 상태에서 이루어진다. 한 예로 편두통은 분명히 생리적인 근거가 있는 증상이지만 급성 스트레스나 회피의 수단으로 무의식적인 선택에 의해 나타나는 것을 흔히 볼 수 있다. 그러므로 심리신체적 역할은 신체적이고 정서적인 질병 사이 어딘가에 위치하는 전이적 역할이라

할 수 있다.

건강염려증 환자는 아픈 척하는 게 특징이지만, 그 병을 앓는 많은 사람이 실제로 아프다고 믿고 스스로 환자라 여긴다. 그런 사람들은 상상의 공포로부터 자신을 보호하기 위해 병을 가장한다는 점에서 늑대 소년과 유사하다. 대개 외모상으로도 어리석어 보이는 건강염려증 환자는 지나치게 관심을 끌려 애쓴다.

인지적 역할

인지적 역할은 문제에 대해 생각하고 해결하는 방식과 관련된다. 사실적인 정보를 암기하는 낮은 차원의 인지적 과제는 종합하고 평가하는 높은 차원의 과제와는 사뭇 다르다. 인지 과정을 서술하고 범주화하는 시도들은 보통 적은 지식에서 많은 지식 혹은 낮은 차원에서 높은 차원의 인지 기술을 위계화한다.

블룸(Bloom)과 그 동료들은 '교육 목표의 분류'에서 인지 영역을 지식에서 이해, 활용, 분석, 종합, 평가로 진행되는 잘 정리된 위계로 제시한다. 그리고 각 단계의 인지적 목표는 그에 상응하는 역할을 함축한다고 볼 수 있다. 예를 들면, 사실을 수집하는 사람(계산원 샘), 경험적 관점에서 사실을 이해하는 사람, 사실에 대한 이해를 다른 정보에 활용하는 사람, 특정한 규준에 따라 사실을 해석하는 분석적인 사람, 기존의 아이디어를 통합하여 새로운 아이디어를 구축하는 종합하는 사람, 아이디어의 가치를 판단하거나 측정하는 평가자 등이다.

아랍의 한 속담은 인지적 역할을 바보광대, 얼간이, 잠자는 자, 현명한 자의 네 가지 역할로 나눈다.

> 알지 못하면서 자기가 알지 못함을 모르는 사람은 바보광대다. 그를 멀리하라.
> 알지 못하지만 자기가 모르는 것을 아는 사람은 얼간이다. 그를 가르쳐라.
> 알고 있지만 자기가 알고 있음을 모르는 사람은 잠자는 자다. 그를 깨워라.
> 알고 있으며 자기가 알고 있음 또한 아는 사람은 현명한 자다. 그를 따르라.

이 위계는 역할을 극적이고 시적인 느낌으로 표현하고 있지만, 일상생활에서 나타나는 인지적 역할에도 적용된다. 예를 들어, 우리는 모두 살면서 때때로 바보광대를 연기한다. 그러나 속담이 말하는 대로라면, 이 유형은 흔히 월등한 지능과 솜씨를 광대 복장과 낮은 지위로 가린 고전적인 바보광대에게는 잘 맞지 않는다. 찰리 채플린이나 우디 앨런 같은 현대의 대중적인 바보광대도 슬랩스틱을 통해 상당한 역설과 기지를 보여 준다.

그러므로 우리의 시각에서 가장 낮은 차원의 인지적 역할이라면 그것은 바보광대보다는 얼간이—하디보다는 로렐, 마르크스 형제보다는 세 명의 졸개—일 것이다. 이들은 자신의 무지를 자각하지 못하는 인물 유형이다. 우리는 우리의 무지를 일깨우고 그 당황스러움을 해소시켜 주기 때문에 그들을 보고 웃는다. 가장 높은 단계는 물론 빈틈없이 현명한 사람의 역할이다. 그것은 기본적으로 속담이 말하는 바와 같다. 많은 지식인이 이 역할을 열망하지만, 대부분은 우유부단함과 비판주의와 현학적 태도의 늪에 빠져 거기에 이르지 못하고 만다.

얼간이와 현명한 자 사이에 또 다른 역할이 있다. 잠자는 자는 발견한 바를 자랑스러워하지 않고 자의식 없이 애써 나아가는 겸손한 지식인에 견줄 수 있을 것이다. 인지적 역할의 다른 보기에는 우유부단한 사람 곧 이것도 알고 저것도 알지만 둘 중 어느 것이 더 중요한지 선택하지 못하는 사람이다. 그리고 전에는 알았었는데 지금은 그 사실조차 기억하지 못하는 길 잃은 사람이 있다. 또 비평가와 현학자는 스스로 알고 있다고 생각하고 자기가 알고 있음 또한 알고 있다고 생각한다.

과학적이건 시적이건 많은 인지 모델이 발달적이고 위계적인 방식으로 인지적 역할을 관찰한다. 피아제를 비롯해 도덕적 발달을 관찰한 콜보그와 리코나 그리고 사회인지적 발달을 연구한 셀만 같은 뛰어난 제자들은, 특정 단계에 따른 사고의 발달을 입증하는 설득력 있는 결과를 제시한다. 그에 따르면 인지적 역할은 단일하고 자기중심적인 관점에서 다중적이고 탈중심적인 관점으로 옮겨 가는 불가피한 흐름 속에서 획득된다고 볼 수 있다. 그러나 이러한 선형적 접근만이 인지적 역할 생성의 유일한 방식이라 할 수는 없다.

인지적 역할을 개념화하는 데 유용한 변증법적 모델이 있다. 예를 들어, 햄릿이라는 인물은 연령상으로는 청소년이나 청년에 해당하지만, 짧은 동안에 매우 다양한 인지적 역할(그중 일부는 상호 모순적이기도 하다.)을 선보인다. 그는 얼간이이자 현명한 자이며,

바보광대이자 잠자는 자다. 그는 때때로 덴마크의 정치적이고 심리적인 입지에 대해 무지한 듯하면서 또 알고 있는 듯 보이기도 한다. 그는 지식을 활용하여 실존적 딜레마를 해결하는 데 무능하면서 또 유능하기도 하다. 또한 그는 분석적이면서 비합리적이다. 한편으로는 덴마크를 부패하게 만든 사건을 옳게 해석하면서 다른 한편으로는 우유부단함에 빠져 행동하지 못한다. 햄릿의 마지막 역할, 복수심에 불타 행동하는 남자는 극이 진행되는 동안 내내 의심과 우유부단함과 합리화로 그의 발목을 잡아끈 분석적 역할의 수동성이 대폭 축소되면서 비로소 영향력을 발휘한다.

셰익스피어의 연극은 그의 마음속에 다양한 방식으로 살면서 외부의 연대기보다 심리에 따라 동시에 여러 방향으로 발전하는 사람의 복합적인 초상을 그려 낸다. 햄릿과 마찬가지로 우리가 사회에서 물려받거나 취하거나 연기하는 인지적 역할은 그 세계의 변화무쌍하고 때로 모순적인 인력과의 상호작용을 통해 우회적으로 발달한다고 할 수 있다.

정의적 역할

정의적 역할은 가치 및 감정과 관련된다. 그것은 우화나 전설이나 종교적 가르침에 나타나는 다양한 도덕적 가치를 나타내며, 엄마 말을 듣지 않을 때마다 심하게 벌을 받는 메시 피터에 관한 독일의 교훈적인 동화나 낭만적인 시인이자 예술가인 윌리엄 블레이크의 〈순수와 경험의 노래〉 같은 다양한 근원을 찾을 수 있다.

정의적 역할은 또한 감정 상태—한 극단에는 감정에 압도되는 충동적인 외향성, 그 반대쪽에는 감정적 표현을 두려워하는 강박적인 내향성이 존재한다—를 나타낸다.

도덕적 역할

정의적 역할을 통해 나타나는 기본적인 도덕적 가치는 선과 악 그리고 순수와 경험의 상호작용을 재현하며, 흔히 양자를 갈등 관계로 제시한다. 예를 들면, 처녀와 창녀, 순교자와 기회주의자, 조력자와 기만하는 자 등이다.

아이들은 수용될 수 없는 행동과 감정을 담아내기 위해 나쁘거나 고약한 역할을 꾸며 내기도 한다. 가령 접시를 떨어뜨려 음식이 사방에 흩어지고 유리가 산산조각 났을 때, 얼른 그것이 금방 지어낸 악마 역할인 '깨비'의 짓이라고 핑계 대는 식이다.

청소년기는 도덕적 투쟁이 끊임없이 불거져 나오는 단계다. 이 시기에는 아동기에 취한 역할이 의미 있게 확장되거나 반대로 거기 갇히게 된다. 어릴 때 성폭행을 당한 13세의 피해자는 역시 폭행당한 사람들 중에서 역할 모델을 찾거나 거꾸로 가해자와 동일시하여 해를 입힐 사람을 물색할 수도 있다. 또 순교자 역할을 맡아 예수처럼 고통 받는 하인의 역할을 연기하는 청소년도 있다. 순교자 역할은 역기능적인 가족 내에서 무의식중에 누군가 한 사람에게 문제의 원인을 떠넘기려는 욕구에 잘 부합하기도 한다. 순교자로 선택된 사람은 아무 말 없이 태연하게 그 짐을 받아 안음으로써 폭력과 부인의 순환 속에서 다른 가족 구성원들이 공범이라는 사실을 자각하지 않을 수 있도록 방어해 준다. 폭행당한 피해자는 세 번째로 좀 더 긍정적인 역할 모델, 즉 조력자나 치유자 혹은 선생님처럼 반복되는 고통에 대안적인 접근 방식을 제공하는 역할을 찾을 수 있다.

아동기에 뿌려진 도덕성의 씨앗은 청소년기에 도덕주의자, 부도덕한 자, 피해자와 가해자, 관대한 사람과 편협한 사람의 형식으로 꽃피게 된다. 개인은 이 역할을 또래와 부모 및 기타 권위적인 인물로 재현되는 사회로부터 취하여 내면화한다. 도덕적 역할이 일단 견고한 체계를 갖추면, 어른의 도덕적 인물이 나타난다. 이는 어른이 그 도덕적 역할에 갇혀 있다기보다 도덕적 구조의 변화에 저항하는 경향이 있다는 뜻이다. 도덕적 역할의 변화는 종교적인 개종과 유사하다. 변화가 나타나려면 고유한 양면성에 기꺼이 직면하는 자세와 깊은 개인적 확신이 요구된다.

노예화와 민족 말살에 대한 체계적인 기도로 점철되었던 20세기 말에는 말하고 행동해야 할 많은 사람들이 그 책임감을 부인했다. 그러나 부인한다 해도 도덕적 역할은 사라지지 않는다. 대신 그것은 내면으로 향하여 선하거나 악한, 무구하거나 책임 있는, 혹은 그 둘 사이 어딘가에 있는 존재로서의 느낌을 이끌어 낸다. 그리고 개인의 도덕성이 밖으로 표출되는 경우에도, 도덕적 입지를 확증하기 위해 반복적으로 표현될 필요가 있는 내면의 도덕적 투쟁이 반드시 해결된다고 할 수는 없다. 도덕적으로 가장 성숙한 역할 모델은 세상 속에서 도덕적으로 행동할 수 있고 또 바름과 부도덕함 사이에서 진행 중인 내면의 투쟁을 인식할 수 있는 사람이다.

감정 상태

사회학자 셰프는 감정 상태를 밀착, 분리, 미적 거리의 세 가지로 구체화한다. 각각의 상태는 그에 따른 정서의 정도를 구현하는 역할로 번역될 수 있다.

첫 번째 감정 상태인 밀착은 자제하지 못하고 감정에 떠밀려 다니며 한 가지 역할에 과도하게 동일시하거나 다른 사람들에게 지나치게 융합되는 경향을 보이는 조증의 충동적인 사람들에게서 흔히 나타난다. 밀착은 이따금씩 심판을 얕잡아 보고 얼굴에 모래를 차 던지기로 유명했던 고 빌리 마틴처럼 성미가 불같은 코치에게서 잘 볼 수 있다. 밀착적인 정서적 역할의 예로는 성마른 사람, 분노한 젊은이, 황홀경에 빠진 혹은 접신한 역할을 들 수 있다. 마이클의 사례에서는 그가 검은 격노를 불러냈을 때 밀착적인 행동을 볼 수 있었고, '태우는 법을 배운 소년'이라는 이야기에 분노한 젊은이로서 마이클의 모습이 잘 나타나 있다.

분리의 역할은 그 반대다. 지나치게 통제하고 감정이 결여되어 있어 배우와 역할, 개인과 타인 사이의 간격이 넓게 벌어진다. 그 극단적인 예가 바로 움직이는 시체인 좀비다. 공포영화에 자주 등장하는 좀비는 자기 감정을 어떻게든 부인하고야 마는 사람의 역할을 잘 보여 준다. 마이클은 때로 눈멀고 좌절한 폭행당한 소녀 패티처럼 분리적인 역할을 취하기도 했다.

이들 역할이 유래된 거리조절 모델은 일종의 연속체로 개념화되며, 그 중간 지점에 정서와 인식이 균형을 이루는 미적 거리가 존재한다. 미적 거리는 감정적으로 생각하고 열정에 압도될 듯한 두려움 없이 느낄 수 있는 이상적인 상태를 말한다. 칙센트미하이(Csikszentmihalyi, 1990)는 이 상태를 '흐름', 문제 해결, 창조성, 인간관계에서 효과적인 경험을 구별 짓는 자발성의 지점이라고 개념화했다. '흐름' 혹은 미적 거리에 있을 때, 개인은 새로운 경험에 자발적으로 반응하고 오래된 경험을 마치 처음인 듯 받아들이며 유희적일 수 있다. 미적 거리는 예술과 과학에서, 집에서, 직장에서, 운동장에서 경험되는 바 창조적 과정에 적용되는 최적의 감정 상태다.

감정 상태를 확증함에 있어 개인은 일반적으로 어느 만큼의 미적 거리를 나타내는데, 그것은 변화하는 조건에 따라 매우 폭넓게 달라진다. 따라서 개인이 정서적인 역할을 어떻게 연기할 것인지 예견하기란 쉬운 일이 아니다. 그를 위해 고려해야 할 요인에는 가족 역할 모델, 정서적으로 수용 가능한 표현에 대한 문화적 기대치, 심리적 경향, 환경적 조건 등이 포함된다. 극단적인 상황(예를 들어, 전쟁)에서는, 일견 온순해 보이지만 영웅적인 행동을 할 만큼 내적 자원이 큰 사람이 나타날 수 있다. 또 좀 더 일상적인 환경에서, 강한 수치감을 내면화한 사람은 다른 사람들이라면 중립적으로 받아들일 상급자의 잔소리에 심각하게 반응할 것이다.

감정 상태와 관련된 역할은 개인이 거리의 스펙트럼을 통과해 움직이는 데 따라 유동성을 보이는 경향이 있다. 분리와 밀착이 극단적인 경우에는 치료가 그 조화와 흐름을 회복할 수 있게 도움을 줄 수 있다.

사회적/문화적 역할

사회적이고 문화적인 역할은 가족, 지역사회, 각종 단체, 국가 등 사람을 집단으로 조직화하는 방식을 반영한다. 문화적 역할은 도덕성, 종교, 나이, 성별, 성성, 장애뿐 아니라 민족의 주제와 관련된다. 우리는 흔히 청년 문화, 게이 문화, 청각장애인 문화, 유태인 문화, 여성주의 문화를 거론하곤 한다.

사회와 문화는 공히 우리가 역할을 언제, 어떻게, 왜 취하여 연기하는지를 결정하는 강력한 요인이 된다. 1960년대 말과 1970년대 초의 청년 문화에 동일시한 사람들은 바람직한 외모, 가치, 신념뿐 아니라 어떻게 역할을 연기할 것인가 하는 방식까지도 모범을 따랐으며, 청년의 역할이 왜 중요한가에 대한 의미—정치적 혁명을 겪은 사람들이 경험한 바와 유사한 저항과 자유와 기쁨의 증거로서—마저도 대다수가 공유했다. 사람들은 의식적으로 히피나 그보다 정치화된 이피의 역할을 취했다. 그리고 종교적이거나 정치적인 다른 운동과 마찬가지로, 청년 운동은 의미 있는 역사적 사건(예를 들어, 캄보디아 폭격과 베트남전 당시 워싱턴에서 벌어진 다양한 평화 행진, 시카고 폭동과 뒤이은 시카고 세븐의 재판, 선동적인 우드스탁 페스티벌)에 결속되었다. 당시 청년 역할 모델—밥 딜런, 존 바에즈, 롤링 스톤스, 도어스, 지미 헨드릭스, 제니스 조플린, 애비 호프먼, 안젤라 데이브스—은 저항, 약물, 섹스, 로큰롤이라는 청년 문화의 원형을 제공했다. 1960년대 말 여성 운동과 청년 운동과 흑인 운동이 그랬듯이, 대규모의 사회적 운동은 역할을 형태 짓는 경향이 있으며, 그것은 그 운동의 주도자에게도 마찬가지다. 역사적으로 결정적인 어떤 시기에 핵심적인 역할을 취하여 연기하는 사람은 의미 있는 문화적/역사적 사건에 동참하고자 하는 다른 사람들에게 역할 모델이 된다.

많은 문화적 역할은 출생과 함께 주어진다는 점에서 일차적이라 할 수 있다. 문화적 역할은 생존에 필수적이지는 않지만, 명확한 정체성을 형성하는 데 꼭 필요하다. 일례로 인종적 역할을 들 수 있다. 인종적인 역할은 멕시코계 미국인, 아프리카계 미국인, 유태인, 아랍인, 아메리카 인디언같이 태어난 장소와 혈통에 따라 주어진다. 그러나 개인은 어떤 인종적 특징을 취하여 연기할 것인가와 관련하여 매우 다양한 선택을 할 수 있다. 전통적이지 않은 문화일수록 그런 선택의 기회가 증가한다.

그리고 때로는 다양한 인종 집단에 속하는 하위 문화적 역할과 동일시하기도 한다. 교도소 환경을 예로 들면, 거기서는 인종적 배경이 다양한 백인들이 가장 강력해 보이는 흑인이나 히스패닉의 어투와 몸짓을 따라하곤 한다. 더구나 그렇게 폐쇄된 사회에서 거칠고 상처 받지 않는 단일한 역할에 순응하는 경향은 수감자와 간수를 똑같이 물들이며, 그 거친 수감자 역할의 원형을 거부하는 사람들은 다양한 방식으로 큰 도전을 감수하게 된다. 따라서 그런 역할은 생존에 필요한 만큼 중요해진다. 대부분의 기관은 저마다 독특한 문화적 역할과 그것을 수행하는 바람직한 방식을 제시하기 마련이다. 교도소에서는 수감자 역할, 군대에서는 병사 역할, 기업에서는 사업가 역할이 그것이다.

사회적 역할은 아마도 일상의 역할 연기에서 가장 명확한 형식일 것이다. 사회심리학자들은 그 역할을 결정론적으로 간주하는 경향이 있다. 다시 말해 역할이 행동을 결정하고 그것은 다시 개인의 사회적 환경에 의해 결정된다고 믿는 것이다. 실제로 상당수의 사회심리학 문헌이 역할을 개인의 사회적 지위와 관련한 권리와 의무의 집합으로 서술한다.

가족 역할

가족 역할 중 일부—딸과 아들, 자매와 형제, 다양한 혈연관계—는 주어진다. 그리고 아내와 남편, 아버지와 어머니, 결혼과 생식의 상대적으로 덜 관습적인 형식에서 발생하는 역할은 취득된다. 주어진 것이든 취득한 것이든, 가족 역할을 내면화하여 연기하는 방식은 상당히 다양하다.

어떤 가족 역할을 분석해도 권력, 통제, 의사 결정과 관련한 위계는 분명히 나타난다. 이 구조는 외부 조건(직업의 상실이나 가족의 죽음 등)이나 내적 조건(정치적이거나 영적인 혹은 치료 경험에서 비롯된 의식의 변화 같은)에 따라 변화하지만, 각 가족 역할의 특징은 그 구성원에게 강력한 영향력을 유지한다. 가족 역할의 정의는 해당 문화 속에서 일일이 꼽을 수 없을 만큼 다양한 방식으로 강화된다. 개인의 일상의 존재를 에워싼 신화와 상징의 형식 속에서 범문화적으로 반복 재현됨으로써 원형적으로 결정되는 것이다. 신화와 문화에 바탕을 둔 전통적인 가족 위계는 〈아버지가 가장 잘 안다〉부터 〈코스비 쇼〉에 이르는 텔레비전 코미디에 심어진 감성을 보면서 자란 사람들에게도 역시 친숙하게 느껴질 것이다.

아버지/남편은 가장 상위의 가족 역할이라 할 수 있다. 아버지는 강력하고 이성적이며 통제력이 있다. 그는 가장 중요한 결정을 내리고, 가정의 첫 번째 경제적 부양자이며, 성부, 가부장, 왕, 사제, 상인과 기업가, 공급자와 보호자, 지시자와 대통령, 선장, 집주인(자주 집을 비운다 해도)의 이미지를 구현한다. 아버지의 지위는 충성과 존경과 가정 평화의 권리를 동반한다. 그는 가족을 보호하고 부양하는 것뿐 아니라 유산을 자식들에게 물려주는 것—특히 아들에게 아버지가 되는 법을 가르치는 것—을 의무로 한다.

어머니/아내의 전통적인 역할은 아버지/남편에 부수한다. 어머니는 명령 체계에서 이인자다. 그녀의 권력과 통제력은 아버지와 아이들을 보살피고 기르는 데 한정된다. 어머니는 가족을 위해 도덕적 바탕을 제공하고 가슴으로 교훈을 가르치는 보다 정서적인 사람이다. 어머니는 대지의 어머니, 여왕, 모가장, 여신, 여사제, 양육자, 안주인, 불씨의 수호자, 동시에 어디에나 존재하고 믿을 수 있는 존재로 나타난다. 어머니/아내가 직업적인 역할을 하기도 하지만, 그것은 아버지의 역할에 종속된다. 어머니에게는 보호와 안전과 충성의 권리가 주어지며, 가족의 가정적이고 정서적인 안녕을 유지하는 의무를 갖는다.

서열 세 번째인 아들의 역할은 천천히 아버지의 역할을 내면화하고 그 의무와 책임을 확증함으로써 아버지의 이미지를 영속케 하는 것이다. 사람들은 장남, 왕자, 훈련 중에 있는 왕인 아들이 남성적인 게임을 하고 남성적인 과목을 공부하며 남성적인 기술을 습득하기를 기대한다. 아들의 권리는 아버지의 유산을 상속받는 것과 어머니의 가치를 내면화하는 것이다.

딸의 역할은 전통적으로 가장 서열이 낮다. 딸의 의무는 어머니를 돕고 어머니의 역할을 내면화하며 아버지가 그 권력을 영속화할 수 있도록 돕는 것이다. 딸은 아들의 유산이나 권력과 무관한 지참금을 받는다. 아들이 없을 경우에는 딸 역할의 지위가 상승하여 실질적인 재산을 상속받을 수 있다. 그러나 그것은 딸이 감정적으로 자신의 가치를 입증한 후에야 가능한 일이다. 리어의 딸들처럼 먼저 아버지에게 자신의 사랑을 확신시켜야 하며, 따라서 딸은 아첨, 사랑, 충성과 관련된 최소한의 권리를 부여받는다.

역사적으로 의미 있는 또 다른 가족 역할은 노인 혹은 조부모다. 노인의 전통적인 의무는 자녀 양육에 관한 지혜를 부모에게 전하는 것과 아이들에게 도덕적 규약을 전수하는 것이다.

전통적으로 내려오는 이 역할들 사이의 상호작용 패턴은 꽤 복잡한 편이다. 문화에 따라 특정한 원칙과 금기를 두어 역할 정의가 유지될 수 있게 돕는다. 프로이트는 근친상간에 대한 서구 가족의 첫 번째 금기를 부각시키기 위해 오이디푸스라는 극적인 인물을 사용했다. 그는 인간의 심리적 발달이 아들이 어머니를 향해 근친상간적인 감정을 품고 아버지에게는 살인적인 감정을 품는, 오이디푸스와 아트레우스 가문의 고대 드라마를 집약한다고 말한다. 프로이트는 〈토템과 터부〉에서 한 고대 부족의 예를 들었다. 그 부족장은 질투심이 강한 가부장으로 여자들을 통제하고 아들들이 성적으로 성숙기에 이르면 추방했다. 그런데 아들들이 집단적으로 저항하여 아버지를 살해한 다음 그 권력과 지위를 취하기 위해 시신을 의식적으로 먹어치웠다. 그러나 아버지에 대한 애증의 양가감정 속에서 죄책감을 느낀 아들들은 거기에서 벗어나기 위해 부모 살해를 금지하고 아버지에게 속했던 여자들을 거부했다. 프로이트는 이것이 바로 역할 혼동의 여지를 없애고 가족 역할을 연기하는 전통적인 방식을 명확하게 정의함으로써 문명과 도덕이 시작되는 기점을 이룬다고 주장했다.

프로이트의 '엘렉트라 콤플렉스'는 상당히 정밀하지 못하고 시적이지만, 그는 딸 역시 심리성적으로 어릴 때는 무의식적으로 아버지에 대한 욕망을 키우고 그래서 그 가치 있는 대상을 독점한 어머니에게 분노한다고 가정했다.

이상에서 그린 가족 역할의 그림은 가족 역할을 따르고 취하는 많은 사람들에게 여전히 현실로 존재한다. 그러나 동시대의 문화적 현실에 좀 더 직접적으로 영향 받는 사람들에게, 가족 역할은 상당히 변형되고 재편되어 왔다. 요즘에는 이혼과 거듭되는 재혼으로 인해 배우자의 아이들과 사는 가정이 많으며, 그중 일부는 형제나 또래라 해도 될 만큼 나이가 많은 경우도 있다. 사실상 1990년도 미국 인구조사국의 통계에 따르면, 미국 가구의 21%가 최소한 한 명 이상의 계자녀와 함께 살고 있다고 한다. 아프리카계 미국인 가구만 따지면 그 수치는 33%로 올라간다.

어머니가 일차 양육자이자 부양자 역할을 하는 가구도 상당히 많다. 미국 인구조사국은 1990년도 백인 가정의 19%를 싱글 맘이 꾸려 가고 있다고 보고한다. 통계수치는 히스패닉계와 흑인 가정을 중심으로 하면 더욱 상승하여, 히스패닉계의 29% 그리고 흑인 가정의 33%가 싱글 맘 중심의 가정이다. 가족 내에 유일한 어른인 싱글 맘은 아버지와 어머니의 특징을 모두 떠안고 있다. 이 세 인종 집단 전체 인구의 4%를 차지하는 독신 아버지 역시 어머니이자 아버지로서 이중적인 역할을 감당하고 있다.

일부 여성들은 아버지의 존재나 경제적인 도움 없이 혼자서 아이를 낳고 기르기를 선택해 왔다. 여성주의 운동의 대두와 함께, 여성의 역할은 의미 있게 변화되어 왔으며 급기야 아내와 어머니라는 가족 역할의 재편을 가져왔다.

아이들 역시 부모의 변화하는 가치에 영향 받으며, 그 결과 부모 역할을 친구 역할로 대신하거나 아예 부모 역할을 거부하고 도리어 아이 역할을 연기하는 사람들도 있다. 그런 가정의 아이들은 가족 역할에 대한 전통적인 이해를 거부하는 것으로 주의를 환기해 왔다. 아이들이 아이다움을 박탈당할 때—다시 말해 놀 권리와 책임 있는 어른에게 보살핌 받을 권리를 잃을 때—어른이 되어 황폐한 정서 상태에 이를 수 있다. 이러한 문화적 현상은 앨리스 밀러에 의해 잘 정리되었다(재능 있는 어린이의 드라마, 당신을 위해, 그리고 아이에 대한 사회의 배신을 참고).

그러나 양면성과 변화의 시기에도, 전통적인 역할 정의는 멀리 가지 않는다. 사회는 그것을 보존하는 데 상당한 이해관계를 갖고 있으며, 전자 매체와 인쇄 매체 역시 여전히 전통적인 가족 체계를 선전한다. 그리고 대부분의 부모들—독신이건 결혼을 했건, 이성애자건 게이건, 그 심리정치적 정향과 무관하게—은 아직도 그들 내부에 전형과 원형, 사회적인 클리셰와 문화적인 벽돌의 씨앗을 지니고 있다.

정치적 · 법적 역할

사회적 역할의 두 번째 항목은 정치 철학과 지위를 나타내며, 그 중 한 역할 유형은 집단의 정부와 관련된다. 그 꼭대기에 있는 사람은 지명되거나 선출되거나 힘으로 임명되거나 어떤 방식을 통하든 지도자 역할(예를 들어, 우두머리, 노인, 왕, 여왕, 대통령, 주지사)로서 움직인다. 지도자 아래에는 다양한 조언자, 각료, 법 집행인, 군인, 공무원, 관리가 있다.

다양한 정부 역할을 연기함에 있어, 개인은 명시적으로든 암시적으로든 자신을 특정한 정치 철학을 통해 표현하는 경향이 있다. 각 철학은 반동적, 보수적, 자유주의적, 평화주의적, 혁명적인 스펙트럼으로 펼쳐진 또 다른 정치적 역할을 나타낸다. 그 스펙트럼의 오른쪽 끝과 왼쪽 끝 모두 지식을 조직화하고 분석하며 평가하는 방식을 함축한다.

정치 역할과 연관된 것으로 법적 체계를 반영하는 역할이 있다. 억압적인 사회에서 국가의 이익에 기울기 마련인 법적 역할은 국가를 지배하는 법의 해석과 법을 위반한 사람을 기소하고 변호하는 것을 다룬다. 법적 체계 내에서 변호사와 검사, 피고와 증인, 판사와 배심원의 역할을 맡게 되는 것이다. 배심원 역할은 법률 전문가가 아닌 평범한 사람들로 구성된다는 점에서 민주사회에서 특별한 의미를 지닌다. 일종의 그리스 코러스인 배심원은 사람들의 소리를 대변하여 합의에 의한 '평균적'인 관점을 제공하는 인민주의적 법정을 만든다.

사회경제적 역할

사회경제적 역할의 스펙트럼은 네 계층을 포함한다. 노숙인, 복지기금 수령자, 거지, 농부 등의 하층민, 블루칼라 노동자로 대변되는 노동 계층, 숙련 노동자, 사무직 노동자, 건강 의료 관계자, 공무원, 교육자 및 다른 직업군이 속한 중산층, 그리고 귀족과 사교계 명사, 성공한 전문인이나 기업가의 상류 계층이다.[11] 개인의 사회경제적 지위는 집단의 정치 현실이나 문화와 매우 관련이 깊다. 제3세계의 많은 전통 사회는 경제적, 정치적, 기술적 발전에도 불구하고 엄격한 계급이나 카스트 제도를 버리지 않고 있다.

사회경제적 역할은 주어지며 따라서 일차적으로 보이기 쉽다. 특히 가난하게 태어난 사람은 가난하게 죽고 또 그 자녀들 역시 동일한 유산을 물려받게 되는 전통 문화권에서는 더욱 그렇다. 그러나 계급과 카스트 체계는 출생이 역할 지위를 결정하는 하나의 요인에 불과한 지점까지 변화되어 왔다. 산업혁명을 통해 중산층이 개화한 이후로, 개인은 기회와 창의성 때로는 착취를 수단으로 보다 높은 지위의 역할을 취할 수 있게 되었다. 그 결과 노동자와 상

---

11) 매년 소비 경향에 대한 천 개 이상의 연구 보고서를 분석한 〈Research Alert〉의 저자 에릭 밀러는 인구조사국이 '중산층'의 정의를 제공하지는 않겠지만, 자기는 인구조사국의 통계에서 1967년 이후로 중산층이 꾸준히 줄어들고 있음을 말해 주는 표지를 읽는다고 내게 이야기했다. 이는 부유한 가구수(한해 수입 50,000달러 이상)가 전체 미국 인구의 18.7%에서 30% 이상으로 증가한 데서 확인된다. 그리고 같은 기간에 가난한 사람(한해 수입 15,000달러 이하)은 13.9%에서 17%로 역시 증가했다. 이 두 결과를 합쳐 보면 넓은 의미에서 중산층이 14% 가량 감소했음을 알 수 있다. 밀러는 미국에는 세 계층, 즉 분투하는 계층(빈곤 계층과 저소득층), 중산층, 상류층이 있으며, 각각이 인구의 1/3을 차지한다고 본다.

인은 사회경제적 유동성에 힘입어 일차적인 사회적 역할을 이차적인 것으로 변형시켜 왔다.

계층 역할은 서로 다른 기원과 구별되는 특징을 나타낸다. 예를 들어, 상류계층 사람들은 풍부한 물적 재화를 누리고 즐기며 정치적 캠페인을 재정적으로 지원하거나 고위직의 지명이나 임명을 받아들임으로써 정부에 영향을 끼치는 권력을 증명한다. 수세기 동안 정치적이고 종교적인 혁명의 표적이 되어 왔지만, 그들은 하나의 계층으로서 상대적으로 온전하게 생존해 왔으며, 〈피플〉 류의 잡지부터 〈부유하고 유명한 사람들의 라이프스타일〉이라는 텔레비전 프로그램에 이르는 매체의 주요 관심 대상이다.

중산층 역할은 부르주아로 부상하면서 풍자의 단골 대상이 되었다. 르네상스기에 등장한 이후로, 중산층은 흔히 문화적 소양과 감수성이 부족한 존재로 그려졌다. 안락하고 존경받을 만한 삶을 열망하되 정치적으로는 보수적이고 문화적으로는 속물이며 상업적으로는 물질주의자로 가장 잘 표현되는 가치 체계를 구축해 왔다.

노동 계층은 마르크시즘의 표적 집단을 구성한다. 노동 계층 역할은 중산층처럼 문화를 획득하는 데보다는 기존 사회 내에서 기본적인 안락함을 확보할 수 있는 돈을 버는 데 관심이 있다.

하층 계급 역할은 대개 출생과 문화와 인종에 의해 결정되지만, 도덕적이고 철학적인 목적을 위해 가난의 역할을 선택하는 사람도 있다. 그것은 예수 그리스도, 아시시의 성 프랜시스, 붓다, 모하메드, (현대에 와서는)모한다스 간디 같은 영적 지도자들에게서 잘 드러난다. 그러나 가난은 일반적으로 출생과 함께 주어지며 억압과 모욕의 수단으로 기능한다.

추방당한 자

추방당한 자 혹은 버림받은 자는 이상에 속하지 않는 다섯 번째 계층이라 할 수 있다. 억압적인 사회에서, 추방당한 자는 일체의 억압을 은폐하려는 정부를 공개적으로 비판함으로써 정치적 기능을 수행할 수 있다. 지식인인 안드레이 사하로프와 알렉산더 솔제니친이 소비에트 연합에서 그 일을 했다. 억압적인 국가에서 사는 예술가들 역시 추방당한 자 역할을 맡아 간접적인 비판을 제시하곤 한다. 넬슨 만델라 같은 이는 살아서 혁명적인 정치적 변화를 목도했고 그 결과 추방당한 자에서 영웅의 자리로 옮겨 가기도 했다. 또 체코의 극작가 바츨라프 하벨은 추방당한 자에서 지배자로 변화된 경우다.

추방당한 자에는 범죄자, 중독자, 소수민족, 정신질환자, 임종을 앞둔 환자, 노인, 에이즈 환자, 노숙인, 장애인 등 사회적 지위가 매우 낮은 다양한 유형이 있다. 추방당한 자는 사회의 밑바닥을 드러내 보여 주며, 건강, 부, 젊음, 안전, 도덕의 이면에 또 다른 역할이 있고, 그것이 우리 내부에 존재할 뿐 아니라 언제든 경고 없이 표면화될 수 있음을 일깨우는 기능을 한다. 우리는 그들을 추방하고 감금하면서 그 존재로부터 우리 자신을 보호한다고 믿을 수도 있다. 그러나 우리는 추방당한 자의 이미지에서 결코 자유롭지 못하다. 그것은 미디어를 통해 우리를 유혹하고 또 악몽으로 우리에게 찾아온다.

직업 역할

추방당한 자 역할과는 반대로 직업/일 역할은 대개 개인을 그가 속한 사회에 연계시킨다. 사회는 각 직업 역할에 사회적 지위를 부여하며, 그것은 시간과 장소에 따라 매우 다양하다. 농업사회에서는 농부가 가치 있겠지만 기술 중심의 사회에서는 별 주목의 대상이 되지 못하듯이, 일의 종류마다 사회적 지위와 사회경제적 혜택 및 만족의 정도가 다르다.

개인이 직업 역할과 맺는 관계 또한 다양하다. 어떤 이에게 직업 역할은 그 자체로 불충분하거나 제한적일 수 있다. 위대한 미국의 근대 시인 중 한 사람인 윌리엄 칼로스는 의사로 일하며 생계를 유지했다. 그리고 그와 동시대인인 월리스 스티븐스는 보험설계사였다. 또 어떤 사람들은 한 가지 직업에서 싫증을 느껴 중도에 다른 직업으로 전환하기도 한다. 그런가 하면 안전이 보장된 상태에서 좀 더 활기 넘치는 역할을 비밀스럽게 꿈꾸며 만족스럽지 않은 직업 역할을 계속해서 연기하는 사람들도 있다.

내면화된 직업 역할은 행동뿐 아니라 자기 자신에 대해 생각하는 방식에도 영향을 준다. 예를 들어, 나는 스스로 기술에는 젬병이라 생각하며 그래서 갑자기 차가 멈추거나 컴퓨터가 변덕을 부리는 상황을 만나면 손 하나 까딱 못하고 얼어붙는다. 그것은 아마도 내게 기계적인 적성이 부족하기 때문일 테고, 그로 인해 나는 역할 모델로서 기계를 잘 다루는 사람과 접촉하기를 피해 왔다.

내면화된 일군의 직업 역할은 우리가 일상에서 연기하는 한두 가지의 직업 역할보다 인간의 복합성과 가능성을 훨씬 더 명확하게 보여 줄 것이다. 나는 교사지만 교사 이상의 뭔가가 될 수 있을 때, 소진되거나 일중독에 빠질지도 모른다는 두려움이 최소화된 상태에서 풍부하고 온전한 직업 생활을 누릴 수 있다. 직업 역할은 전통적으로 재단사, 농부, 대장장이, 변호사, 의사 같은 직업이 대물림되어 왔다는 측면에서 일차적인 역할로 비칠 수 있다. 그러나 사회/문화적 세계의 규모가 확장됨에 따라 개인이 취할 수 있는 가능성과 선택의 기회가 많아졌다. 그리고 이러한 직업적인 가능성을 연기하면서, 개인은 행복감을 확장한다. 나는 절대 차를 고칠 수 없지만, 기계적인 성공의 가능성이 아주 가깝게 다가온 것이다. 하지만 그 일에 손을 대기 전에 우선 기계 작업을 할 수 있는 사람으로 나를 상상할 수 있어야 한다. 적절한 역할 모델이 없다면, 신체적 한계에 굴복하여 필요 이상의 힘을 기계에 넘겨주게 될 것이다.

권위와 권력 역할

사회/문화적 역할의 마지막 항목인 권위와 권력 역할은 여러 가지 측면에서 앞서 언급한 다른 항목과 관련된다. 그것은 수동적인 데서 공격적인 데까지 하나의 연속체를 따른다.

수동적인 역할은 흥미의 결여, 개입, 권력 유지, 통제의 두려움 등 다양한 이유로 사회적 접촉으로부터 물러나 위축되는 경향을 보이며, 연약하거나 강한 특징을 나타낼 수 있다. 연약할 때 수동적 역할은 드러나지 않고 다른 이들에게 무시당하기 마련이며, 공격자와 악당의 손쉬운 먹이가 된다. 반면에 정치적 행동으로서 수동적으로 저항하는 경우처럼 강한 수동적 역할은 사회에 커다란 영향을 미칠 수 있다. 모한다스 간디와 마틴 루터 킹은 모두 비폭력적인 저항으로 지배적인 정치 질서를 바꾸는 데 기여한 사람들이다.

역할 유형으로서 공격자는 도덕적으로 반대되는 특징을 나타낼 수 있다. 가장 부정적일 때 공격자는 권력을 행사하기 위해 자발적으로 순응하지 않는 사람들에게 힘을 사용한다. 부정적인 공격자에는 전제군주, 독재자, 악당, 사디스트, 살인자, 폭력적인 부모 등이 포함된다. 때로 힘이 공격자 자신을 향할 때는 마조히스트 역할이나 극단적인 경우 자살자 역할로 귀결되기도 한다.

한편 전사 역할에서 볼 수 있듯이 공격에는 긍정적인 측면도 있다. 권력을 빼앗거나 포기하는 대신 전사는 원칙을 위해 싸운다. 전사의 힘은 신체뿐 아니라 지적이고 도덕적인 데서 나온다. 전사는 자신의 수동적이고 보수적인 경향과 싸운다는 점에서, 내면의 전투를 치른다고 할 수 있다. 그러나 자신의 힘을 축소시키려는 권위적 인물과 협상하거나 대적하면서 외부의 적을 상대하기도 한다. 부모의 권력을 시험할 때 아이들은 전사가 되며, 거꾸로 부모는 아이들에게 한계를 정해 줄 때 전사가 된다. 학자는 용감하게 기존의 이론을 넘어설 때 전사이며, 변호사는 원칙에 근거해 변호할 때 전사이고, 중독자는 병에 맞서 치료하기를 힘쓸 때 전사다. 전사 역할은 가장 억압받고 희망 없는 이들이 살아가게 해 주는 힘이 될 수 있다.

우리는 권위적 역할을 호의적으로나 악의적으로 연기하는 경향을 물려받는다고 할 수 있다. 그러나 그렇다 해도 청소년들이 벽에 붙여 놓는 포스터와 사진들처럼, 우리가 따르기로 선택한 역할 모델은 적어도 우리가 거리와 집에서 권위를 어떻게 연기할 것인가를 말해 줄 것이다.

영적 역할

개인의 영적 양심과 흔히 교회나 그 밖의 종교 단체의 관료적 의지로 나타나는 집단적 양심 사이의 갈등은 문학과 역사에서 계속해서 되풀이되어 왔다. 잔 다르크 이야기는 중세 이래로 이 주제를 실증해 왔다. 잔 다르크는 신자의 일종인 신비가라는 영적 역할을 구현한다. 이 역할은 전적으로 수용되거나 내적 갈등의 원천이 될 수도 있다. 잔 다르크가 자신이 본 것을 신의 계시라고 확신하지 않았다면 어떻게 되었을까? 만일 예수가 자신의 신성을 의심하여 관습적인 삶을 살기를 선택했다면—니코스 카잔차키스의 소설과 마틴 스코세이지의 영화 〈그리스도 최후의 유혹〉이 그린 상황—어떤 일이 벌어졌을까? 이런 질문은 신념과 의심 사이에서 갈등하는 일상의 덜 신성한 존재들에게도 역시 밀접한 관계가 있다.

사회적으로 볼 때, 신비가는 상당히 의심스럽다. 신의 환영을 보는 사람들은 일반적으로 망상적이거나 정신이 온전치 않다고 여겨지며, 기술적으로 진보한 대다수 사회에는 신비적인 역할에 대한 냉소적 시선이 존재한다. 미국에서 신비가는 악행을 저지를 때만 명성을 떨치는 경향이 있다. 샘의 아들이란 별명으로 불리는 연쇄 살인범 데이비드 버코비츠는 개에게서 살인의 계시를 받았다고 주장했다. 아마겟돈이 머지않았다며 약물에 취한 길 잃은 신도들을 설득하여 집단 살해한 카리스마적 살인자 찰스 맨슨 또한 비슷한 예다.

그런 한편 신비가 역할은 우리의 일상생활에서 중요한 기능을 한다. 그리고 비록 순간적이지만, 일상과 기존의 장막 너머를 볼 수 있는 창조적 예술가와 과학자에게는 그 역할이 필수적이며, 그 통찰로써 독특한 평가나 종합을 이루어 낼 수 있다. 그러나 신비가 역할은 코페르니쿠스나 뉴턴, 셰익스피어와 모차르트, 아이슈타인과 프로이트에게만 허락된 자질이 아니다. 그것은 사물이 어떠해야 한다는 감각과 새로운 질서를 상상할 수 있을 때, 우리 모두의 일부가 된다. 신비가 역할은 외부 사건을 통제하는 것뿐 아니라 내적인 것을 길들이는 데도 쓰인다. 다시 말해 경험적 세계를 이해하기 위해 자기 내부로 시선을 돌릴 때 통찰을 얻는다. 신비가 역할을 취하는 많은 사람들은 실제로 일부러 그것을 선택하기보다 마치 역할이 그를 부른 듯이 무언가를 보게 된다.

삶의 어느 지점에서 우리는 비전 이상의 것, 초월을 욕망하게 된다. 파우스트처럼 초월적인 지식이나 권력을 위해 기꺼이 값비싼 대가를 치를 수도 있다. 일상적으로 우리의 통제력 밖에 있는 자연의 질서를 제어하려 들면서 강력한 신의 역할을 취하는 것이다. 같은 맥락에서 디오니소스의 황홀경에 몰두하기도 하고, 아폴로의 예언이나 제우스의 전능함과 거대한 분노, 아테네의 지혜, 아프로디테의 아름다움, 예수의 용서와 사랑에 빠져들기도 한다. 혹은 혹독한 심판에 대한 두려움에 얼어붙어 있던 무시무시하고 끔찍한 충동을 표현하기 위해 사탄이나 복수의 여신 혹은 마녀로 변신하여 악마적인 역할을 연기할 수도 있다.

신과 악마의 초월을 향한 이러한 욕구 혹은 요정의 미묘함과 장난스러움에 대한 욕구는 지상에 묶인 대부분의 존재들, 특히 전통적인 종교를 거부한 이들에게 매우 중요한 기능을 한다. 신을 연기하는 것은 일상생활의 평범함으로부터의 유예를 보상할 만한 유희성과 창조성을 표현할 수 있게 한다. 통제권 밖에 있는 것을 다스리는 존재를 연기하면서 모든 것을 뜻대로 휘두르고 싶어 하는 욕구가 잠시나마 채워지는 것이다. 햄릿의 대사처럼 그것은 비록 잠시 동안 일지라도 우리의 직관적이고 비합리적이며 유희적인 부분이 온전히 살아 있음을 일깨워 준다.

> 하늘과 땅 사이엔 호레이쇼,
> 우리네 학문으로는 짐작할 수 없는 해괴한 일들이 많이 있지.[12)]
> (1막, 5장)

종교나 신에 대한 믿음과 관련된 영적 역할은 다음과 같이 분류할 수 있다. 즉, 독실한 신자, 불가지론자, 무신론자, 허무주의자로 분류할 수 있다. 독실한 신자는 믿음에 완전히 헌신한다. 불가지론자는 신에 대한 믿음을 확신하지 못한다. 무신론자는 과학적이거나 정치적이거나 미적인 대상을 경배할지언정 종교적 신성함을 믿지는 않는다. 허무주의자는 우주의 신적 존재와 목적 일체를 부정한다. 신념 체계는 도덕적 역할과 같이 일차, 이차, 삼차 역할 경험의 조합을 통해 형성된다.

신자와 불가지론자와 무신론자를 막론하고 모두 적용되는, 존재

---

12) 햄릿, 셰익스피어 지음, 신정옥 옮김, 전예원, p. 54.

내에서 의미를 추구하는 일반화된 영적 역할이 있을 수 있다. 신화와 인류학과 대중문화와 드라마에 나타나는 그 역할은 영웅이다. 추구자로도 알려진 영웅은 여행을 한다. 그것은 말 그대로 바깥세상으로의 탐험일 수도 있고 혹은 자신의 존재를 이해하기 위해 내면화된 역할 체계의 깊은 데로 떠나는 항해일 수도 있다. 영웅의 여정은 심리적이고 신체적인 차원에서 의미 있는 위험과 위협에 직면하는 것이다. 영웅 역할은 그런 의미에서 직업, 정치, 도덕, 가족, 성별, 건강과 관련된 역할과는 구별된다. 그러나 개인이 존재의 의미를 추구할 때 그것은 모든 역할의 일부가 된다.

영웅적 역할 모델은 개인에게 완전성과 희망의 정서를 제공하며, 그렇기 때문에 모든 문화권에 빠짐없이 등장한다. 영웅의 위업은 어린이와 청소년의 놀이와 판타지뿐 아니라 위대한 지혜와 권력에 대한 어른의 욕망에서도 재현된다.

영웅이 없는 시대를 사는 우리는 오히려 역할 모델로서 반영웅에 더 기대고 있다고 말할 수도 있다. 반영웅은 유언장을 작성하는 샘(2장 참고)처럼, 평범한 문제와 씨름하는 평범한 사람이다. 어떤 사람들은 여정의 의미 없음에 직면하여 영웅을 연기하려는 시도 역시 아무 쓸모없음을 스스로에게 일깨우면서 허무주의자 역할로 급선회하기도 한다. 전 세계적인 스킨헤드족과 신나치 운동의 문화적 현상이 그 증거라 할 수 있다. 한편 의미와 목적의 부정은 그 허무주의를 공연하고, 텍스트, 움직임, 음악의 전통적인 개념을 파괴해 포스트모던한 예술 형식으로 창출해 내는 사람들에게는 도리어 뚜렷한 목적이 되기도 한다.

그러나 비존재를 수용하고 추구자 역할을 부정하면, 개인은 점차 좀비나 자살의 영역에 다가가게 된다. 자살을 꿈꾸거나 계획하는 사람은 많지만 실제로 실행하는 사람은 매우 적다. 사느냐 죽느냐-그것은 햄릿의 질문이지만, 반영웅과 허무주의자 역할에 빠져들었을 때는 우리의 물음이 될 것이다. 무엇이 될 것인가 혹은 무엇이 되지 않을 것인가? 사는 것? 죽는 것? 영웅의 답은 한 가지뿐이다. 영웅적이지 않은 삶은 죽어 가는 것이며, 영웅적인 삶은 우리 인생을 이해하려 노력하는 것이다. 그 방식이 신이나 악마의 관점인가 슈퍼우먼이나 비천한 남자의 관점인가 혹은 독실한 신자나 허무주의자의 관점인가는 전혀 중요하지 않다. 앞서 말한 대로, 역할 속에서의 삶은 이것 아니면 저것의 명제가 아니다. 그것은 존재와 비존재가 공존하는 역설이다. 누군가 영웅의 역할을 취할 때—예를 들어, 폭력적이고 위협적인 권력 앞에서 권위를 잃지 않으려 노력하면서—거기에는 권력에 지배당할 가능성뿐 아니라 대항할 권리에 대한 회의에 굴복할 가능성이 항상 존재한다. 만일 그 의심 때문에 물러난다면, 그 사람은 햄릿의 질문에 "죽는 것, 그것이 답이다."라고 반응할 수밖에 없을 것이다. 반대로 싸우기를 선택한다면, 그는 햄릿의 물음을 이것 아니면 저것의 세계가 아니라 이것이면서 동시에 저것인 세계를 사는 것으로 바꿀 것이다. 그것이 바로 영웅의 영역이다.

미적 역할

서사적敍事的 차원의 영적 역할은 창조 과정과 관련된 미적 역할과 자주 교차한다. 가장 중요한 미적 역할인 예술가 역할은 영웅이나 신비가 역할로도 간주될 수 있다. 예술가는 본질적인 진실을 찾아 세상 속으로 혹은 마음속으로 여행을 떠난다.

시각, 무용, 음악 예술가는 이미지와 형태와 움직임과 리듬, 소리와 시간—감각을 통해 관객과 소통하는 형식—을 통해 발견한 바를 소통한다. 이들 형식은 역할과 동일하지는 않지만, 아마도 각 예술 영역에서 고유한 본질적 특징을 담아내는 유사한 기능을 할 것이다. 극예술과 문학은 말로서 역할을 더 직접적으로 다룬다. 그 창조 과정은 가상의 인물에 예술가의 비전과 이미지를 덧입히는 투사로서, 그 결과 빚어진 인물들은 예술가와 비슷하면서도 다르다.

일종의 창조자인 예술가 역할은 생명 없는 것에 생명을 불어넣고, 아무것도 없는 상태에서 이미지를 만들며, 혼돈에서 질서를 구하는 신의 역할과 겹친다. 실제로 많은 종교적 전통이 신을 예술가에 빗대어 표현한다. 신은 피조물에 언어로써 이름을 주는 시인이고, 흙으로 사람을 빚는 조각가이며, 창조적 활동의 영감을 불러일으키는 뮤즈이자 지휘자이며 무용수이기도 하다.

창조자 역할은 인성의 명명할 수 없는 직관적 부분에 주의를 기울이게 한다. 창조하기 위해서는 예상 가능한 것과 평범한 것을 뛰어넘거나 마치 처음 보는 듯 예상 가능한 것과 평범한 것 안으로 들어갈 수 있어야 한다. 창조자 역할은 그러므로 가능성으로 가득 차 있다. 그것은 '흐름'(칙센트미하이), '자발성'(모레노), 미적 거리(셰프), '절정 경험'(매슬로), '리미널리티'(터너) 등으로 불리는 유희적인 역할이다.

창조적 예술가는 창조적 역할의 한 형식이다. 일거수일투족을 경건하게 할 수 있듯이 일상생활의 모든 행동은 창조적으로도 수행될 수 있다. 창조자 역할을 취할 때, 개인은 예상 가능한 언어와 몸짓 사용하기를 멈추고 평범한 것과 비범한 것 사이의 공간으로 이동한다. 창조자 역할 안에서 개인은 가장 단순한 행동에서 의미를 발견할 수 있고 몇 초 되지 않는 순간에도 살아 있음을 충만하게 느낄 수 있다.

그러나 미적 역할은 짧게 살아지는 경향이 있다. 천재는 1%의 영감과 99%의 땀으로 만들어진다는 토머스 에디슨의 낭만적이지 않은 등식처럼 말이다. 모름지기 작업하는 예술가는 모두 확장된 창조 과정의 고역을 알고 있다. 그리고 미적 영역에 속한 또 다른 유형인 몽상가 역시 낭만적인 꿈을 포기하고 이내 일상의 땅으로 귀환해야 함을 알고 있다. 그러나 많은 이들에게 창조적 순간이 없다면 삶은 견디기 힘든 것이 될 것이다. 인간이 역할 모델로서 신을 필요로 하는 한 가지 이유는, 창조자인 신의 역할을 연기할 수 있는 능력을 유지해야 하기 때문이다. 20세기의 많은 위대한 예술가들은 베케트의 유명한 경구 "아무것도 없다."(고도를 기다리며)로 표상되는 신이 없는 우주를 제시해왔다. 그러나 정작 사뮈엘 베케트와 잉그마르 베르히만은 창조자 역할을 끌어안기를 멈추지 않았으며, 아마도 그것이 그들 내면에서 가장 중요한 단 하나의 부분일 것이다.

위대한 예술가들이 온전한 창조적 역할을 가지고 태어나는 것은 사실이다. 그러나 우리 모두가 미켈란젤로와 마사 그레이엄을 역할 모델로 삼을 필요는 없다. 창조적 역할은 유희성과 자발성을 가지고 일상생활의 과제에 접근하는 사람들에게서도 얼마든지 나타날 수 있다.

CHAPTER 08

역할 유형 분류: 연극적 원형 체계 만들기

연극적 원형 체계를 구축함에 있어 나의 목표는 역할 유형 사이의 연관을 정리하고, 인물을 통해 드러나는 존재의 복합성을 이해할 수 있는 연극적 형식의 체계를 밝히는 것이다. 이 체계는 앞서 설명한 다양한 범주와 유형에 의존한다. 좀 더 구체적으로는 서구 연극사에서 되풀이되는 역할 유형을 정리하는 것이라 할 수도 있다. 어머니와 아내, 바보광대와 영웅처럼 역할 유형의 복합성을 순화시키기 위해 많은 유형을 하위 유형으로 세분한다.

반복되는 역할 유형을 완벽하게 이해하기 위해서는 연극사에 대한 폭넓은 이해가 필요하다. 이미 그 작업을 훌륭하게 이루어 놓은 (Brockett, 1990) 사람들이 있어 그것을 참고하였으며, 역할 유형의 지속성을 예증하기 위해 연극사에서 서로 다른 시기에 취한 인물의 사례를 덧붙였다.

유형 분류의 형식

8~11장까지 네 장에 걸쳐 제시된 유형 분류는 서구 극문학에 나타난 인물을 분류하기 위해 인물이 함축하고 있는 원형적 형식인 일련의 역할 유형을 수집하는 환원적인 접근을 시도한다. 유형 분류는 다음 여덟 가지 부분으로 구성된다.

1. 영역
2. 영역 내 항목
3. 역할 유형
4. 하위 유형
5. 특징
6. 기능
7. 스타일
8. 연극적 보기

영역

영역은 역할의 가장 넓은 범주로서 인간의 기능을 나타낸다. 7장에서 보았듯이 모두 여섯 가지 영역이 있다.

1. 신체적–발달적, 성적, 신체적 측면과 관련된다.
2. 인지적–사고 양식과 관련된다.

3. 정의적–도덕성 및 감정 상태와 관련된다.
4. 사회적–정치적이고 사회경제적인 지위, 가족 내에서의 위치, 권위와 권력을 포함한다.
5. 영적–의미를 추구하는 것과 개인이 초월적 존재나 자신의 초월적인 부분과 맺는 관계를 포함한다.
6. 미적–인간 심성의 창조적이고 예술적인 부분과 관련된다.

영역 내 항목

항목은 해당 역할 유형 집단을 포함하는 영역의 하위 분류 체계다. 예를 들어, 신체적 영역은 나이, 성적 취향, 외모, 건강의 항목으로 세분된다. 7장에서 논의된 항목은 연극적 역할 유형의 측면에서는 지나치게 일반적(예를 들어, 성별)이기 때문에 유형 분류에서는 제외된다. 일부 영역은 역할 유형의 양이 많지 않고 그 본질상 뚜렷하게 상호 연관되기 때문에 항목으로 세분하지 않기도 한다. 예를 들어, 인지적 영역에서는 유형들이 서로 연관되기 때문에 다섯 가지 역할 유형—얼간이, 바보광대, 우유부단한 사람, 비평가, 현명한 사람—만을 구분한다.

반면 정의적 영역에는 두 가지 항목이 있다. 첫 번째는 도덕적 유형으로, 그 밑에 15가지 역할이 있어 유형 분류 체계에서 단일 항목 중 최대 규모를 이룬다. 도덕성이 다른 어떤 기능보다 연극적 인물을 추동함은 당연할 것이다. 정의적 영역의 두 번째 항목은 감정 상태와 관련되며, 극도로 합리적인, 분리적인, 감정에 지배되지 않는/냉정한, 비합리적인, 밀착적인, 무아경에 이르는 일련의 감정에 상응한다.

사회적 영역은 33가지의 역할 유형을 아우른다. 이들 유형은 가족, 정치/정부, 법, 사회경제적 지위, 권위와 권력의 다섯 항목으로 나뉜다. 직업 역할은 너무 일반적이라 제외한다.

영적 영역에는 인간과 초자연적 존재의 두 항목이 있다. 이 영역에는 유형이 10가지뿐이지만, 가장 극적이고 신화적인 역할이라 할 수 있는 영웅을 포함하기에 중요하다.

마지막으로 미적 영역에는 두 가지 역할 유형이 있으며 따라서 항목은 없다.

각 영역과 항목을 정리하면 이와 같다.

영역: 신체적

항목: 나이

항목: 성적 취향

항목: 외모

항목: 건강

영역: 인지적

영역: 정의적

항목: 도덕적

항목: 감정 상태

영역: 사회적

항목: 가족

항목: 정치/정부

항목: 법적

항목: 사회경제적 지위

항목: 권위와 권력

영역: 영적

항목: 인간

항목: 초자연적 존재

영역: 미적

역할 유형

각 역할 유형은 관련된 특징의 의미 있는 덩어리, 역할의 전형적인 특징보다는 원형적인 특징을 제시한다. 신화에서 추출한 원형에 주목한 융에 이어 여러 심리학자와 신화학자가 역할 유형의 구체화를 시도해 왔다. 예를 들어, 피어슨(Pearson)은 역할 유형을 순수한 자, 고아, 방랑자, 전사, 순교자, 마법사의 여섯 가지로 분류했다. 그리고 고대의 신비적 도형에 바탕을 둔 또 다른 시도인 애니어그램은 역할의 유형을 돕는 자, 지위 추구자, 예술가, 생각하는 자, 충성하는 자, 다재다능한 자, 리더, 중재자, 개혁자의 아홉 가지로 구체화한다. 알코올 중독자 가정을 치료하는 사람들 가운데 일부는 부추기는 자,[13] 영웅, 희생양, 잃어버린 아이, 바보광대

13) 부추기는 자(enabler)는 도움을 주려 하지만 실제로는 문제를 고착화하는 역기능적 접근을 지칭한다. 부추김의 흔한 예는 알코올 중독자와 상호 의존적인 그 배우자의 관계에서 볼 수 있다. 배우자는 자기가 알코올 중독인 남편/아내를 위하며 상대가 판단력을 잃었을 때 저지른 복잡한 일을 처리함으로써 돕는다고 믿지만, 그것은 사실이 아니다. 부추김은 오히려 배우자의 심리적 성장을 저해하고 부정적인 증상에 기여할 수 있다.

의 역할 유형으로 가족의 역동을 나타냈다. (크리츠버그) 교류 분석에서는 역할 유형에 상응하는 자아 상태를 부모, 어른, 아이의 세 가지로 구분한다. 문학 비평의 영역에서 프로프는 러시아 민담에 나오는 인물 중에서 영웅, 가짜 영웅, 악당, 전달자, 돕는 자, 기부자, 공주, 아버지의 유형을 구분하였다.

연극에 집중하여 일상 현실에서 되풀이되는 유형을 추출하는 과정에서, 나는 84가지의 역할 유형을 선별하여 다시 영역과 항목으로 분류하였다. 그를 위해 아이스킬로스의 고대 그리스 연극에서 서구의 현대 드라마 형식까지 약 600편의 희곡을 읽되, 대상 작품은 〈드라마 리뷰〉, 〈연극 저널〉, 〈뉴욕 타임스〉 같은 간행물에서 자주 인용하고 비평하며 정기적으로 다루는 드라마로 한정했다. 그렇게 선택된 극문학 작품을 검토하면서 시간과 장르를 넘나들며 반복해서 등장하는 역할 유형을 가려냈다.

연극의 인물은 모두 어느 정도 유형이라 할 수 있다. 중세 도덕극에 나오는 도덕적 품성을 의인화한 인물이나 이탈리아 코메디아 델라르테의 전형적 인물처럼, 일부 인물은 역할 유형과 동격으로 비쳐지기도 한다. 비겁한 군인, 구두쇠 아버지, 오쟁이 진 남편, 현명한 하인, 낭만적인 연인이 그 예라 할 수 있다. 그에 반해 안티고네, 햄릿, 블랑쉬 드보아, 윌리 로먼 같은 인물은 다차원적이고 풍부하며 복합적이다. 가령 햄릿은 배우이자 학자, 연인이자 복수자, 영웅이자 바보광대로서 여러 역할 유형을 모두 끌어안는다. 그러나 햄릿을 위시하여 여타 복합적인 인물도 결국 인간 정신을 추상화한 결과다. 도덕극의 인물만큼 전형적이지는 않지만 원형적인 비극의 영웅이나 현대의 사실적인 반영웅 모두 유형임에는 변함이 없다.

그러므로 역할 유형은 또 다른 역할 유형을 구현하는 인물의 일부가 될 수 있으며 혹은 넓고 단순하게 한 인물을 그려 낼 수도 있다. 역할 유형과 인물이 동일할 경우에 극적 기능은 다소 단순해질 테고, 연기 스타일 역시 현실보다 크고 추상적인 경향을 띨 것이다. 반면에 햄릿과 안티고네처럼 인물이 다양한 역할 유형을 구현할 때는 그 극적 기능이 각 유형마다 구체화될 필요가 있고 연기 스타일은 보다 재현적이게 된다. 인물이 복합적일수록 인간의 실제 상태에 근접하기 때문일 것이다.

그렇지만 셰익스피어의 〈한여름 밤의 꿈〉에 나오는 어리석고 순진한 바텀처럼, 극작가가 특정한 본질과 단순한 특징으로 잘 빚어 낼수록, 인물은 많은 관객의 경험을 담아내는 눈에 쏙 들어오는 형식을 창조할 수 있다. 아마도 인물에게 그 특정한 뉘앙스를 부여하는 것이 역할의 주요한 기능일 것이다. 크고 추상적이며 개념적인 가면을 작고 개인적이며 인간적인 방식으로 채우는 법을 발견함으로써 관객이 "그래, 저 역할에서 우리 경험에 관한 어떤 진실을 보게 돼!"라는 반응을 이끌어 내는 것이다.

역할 유형과 복합적인 인물의 관계는 역설적이다. 복합성이 실제 삶에 근접하는 재현적인 스타일을 이끌어 내는 반면, 전형적인 인물 유형의 단순성, 작고 잘 관찰된 움직임이 인간 행동에 대한 복합적인 이해—시인 윌리엄 블레이크(William Blake)가 한 줌 모래 속에서 세계를 상상하며 표현한 생각(순수의 조짐)—를 불러오기도 한다. 블레이크의 상상은 셰익스피어와 몰리에르처럼 위대한 극작가들 역시 공유했을 것이다. 그들의 단순한 역할 유형은 복합성에 근접하고, 복합적인 인물은 각 부분을 우아하게 드러내면서 인간과 우주의 단순함을 제시한다.

하위 유형

하위 유형은 역할 유형을 세분하는 것으로, 한 유형의 대안적 특징이나 유사한 주제의 변형을 분류하는 데 유용하다. 예를 들어, 바보광대 유형은 트릭스터와 실존적 어릿광대의 하위 유형으로 갈라질 수 있다. 이들은 바보광대 유형의 변형이지만, 각각 독특한 특징과 기능과 스타일을 내포하며 특정한 장르와 시대에 한정적으로 존재한다.

또 다른 보기로 어머니를 들 수 있다. 보살피는 어머니와 극명한 대조를 이루는 잔혹한 어머니는 하나의 하위 유형으로 구체화된다.

특징

특징은 역할 유형이나 하위 유형에 대한 서술로서 신체적, 인지적, 도덕적, 정서적, 사회적, 영적 측면을 포함한다. 유사한 유형(혹은 하위 유형의)의 인물은 그 행동과 동기에서 유사한 특징을 보인다. 유형적인 악당—예를 들어, 크레온과 이아고—들은 권력과 통제력에 대한 욕망을 공유한다. 복합적인 역할 유형들은 다양하고 때로 모순적인 특징을 나타낸다. 고전적인 악당인 이아고는 상처받지 않으면서 또 쉽게 상처 받기도 하고, 신임받으면서 욕을 먹고, 지능이 높지만 동기는 낮다. 여러 측면에서 그는 밀턴의 〈잃어버린 낙원〉에 나오는 신이 되기를 열망하는 사탄과 닮았다. 그러나 유사한 유형들 사이의 연계는 공통된 특징뿐 아니라 공유된 극적 기능에서 형성된다. 대조적인 특징이 모순적일 때, 하위 유형이 만들어진다.

기능

기능은 작품의 맥락뿐 아니라 역할 유형과 관객의 관계에서 특정 역할의 목적을 말해 준다. 100편 이상의 러시아 민담을 바탕으로 그 구성과 인물의 특징을 유형 분류한 프로프(1968)는 인물의 기능을 "행동 과정에서의 의미라는 관점에서 정의된 인물의 행동"(p. 21)이라고 했다. 역할 기능에 대한 나의 정의 역시 이와 유사하지만, 나는 거기에 연극적 의미를 추가한다. 각 역할은 텍스트와 인물의 심리 내에서 특정한 기능을 수행하는데, 그것을 찾아 관객에게 전하는 것이 배우의 일이다. 역할은 한 드라마에서 모순적인 기능을 수행할 수도 있지만, 각 유형에 목적감을 제공하는 중추 혹은 우선적인 동기는 늘 있다. 예를 들어, 같은 바보광대 유형이라도 각 인물마다 기지와 지혜를 표현하는 방식은 다를 수 있다. 그러나 일반적으로 바보광대는 기꺼이 귀 기울이는 이들이나 귀를 막을 만큼 미련한 이들에게 어리석은 지혜를 제공한다. 관객과 관련해서는 개인의 욕구에 따라 다양한 기능을 수행한다. 그러나 대부분의 관객은 무대에 있는 역할 유형에 동일시함으로써 일정한 거리를 둔 상태에서 자신의 어리석음을 볼 수 있을 것이다.

스타일

역할 유형과 관객의 동일시 정도는 공연의 스타일에 크게 영향을 받는다. 스타일은 역할이 극화되는 행동적 형식으로 재현적이거나 추상적이고 제시적이거나 혹은 그 둘 사이의 어딘가일 수 있다. 각 스타일은 그에 따른 정서와 인지의 정도를 내포한다. 재현적 스타일은 상대적으로 정서를 강조하고 제시적 스타일은 인지를 함축한다. 연극의 스타일은 앞서 말한 거리조절 모델과 유사한 방식으로 작동한다. 풍부한 인식과 빈약한 정서를 특징으로 하는 분리적 상태는 제시적인 스타일을, 과도한 정서와 인식의 결핍이 특징인 밀착적 상태는 재현적인 스타일을 반영한다.

여러 가지 측면에서 스타일은 행동과 정서 표현의 수위를 결정한다. 그러나 특정 장르의 연극이 특정한 스타일을 지정한다 해도, 배우와 연출자는 추상적이면서 현실적이고 보편성을 띠면서 구체적인 상황에 처한 복합적 인물을 묘사하기 위해 그에 반하는 선택을 할 수도 있다.

하지만 어떤 역할이 역사적으로나 미학적으로 특정한 스타일과 결혼했다고 보일 경우에는 그 관행에 따른다. 예를 들어, 베케트의 작품에 나오는 실존적 어릿광대는 의심할 여지없이 제시적이다. 그러나 쉽게 두 가지 스타일로 연기할 수 있다면 특정한 스타일을 지명하지 않는다.

연극적 보기

보기는 연극사에서 적어도 서로 다른 세 시기/장르에서 제공된다(예를 들어, 그리스와 로마의 고전, 르네상스, 현대). 이는 부분적으로 역할 유형의 보편성에 대한 근거가 되기도 한다. 현대적이고 포스트모던한 반영웅 같은 일부 역할 유형은 특정 시기에 한정되는 경향이 있다. 그 경우에는 그 시기에 쓰인 다양한 작품에서 보기를 제시한다. 그러나 84개의 역할 유형 대부분은 시간과 장소와 장르를 관통하여 반복적으로 나타난다.

역할 유형 분류

전체 유형 분류는 아래에서 제시되며 11장까지 계속된다.

영역: 신체적

항목: 나이

1. 역할 유형: 어린이

특징: 어린이는 장난스럽고 재미있는 것을 좋아하며 자기중심적이고 표리부동하지 않다. 이 역할 유형은 대부분 이런 특징에 일치하는 사춘기 이전의 아이들에 해당한다. 때때로 늙은 사

람이 아이처럼 행동하면서 이 역할 유형의 특성을 구현하기도 한다.

기능: 어린이는 유희 정신, 순수함, 어린 시절의 경이로움을 나타낸다.

스타일: 이것은 낭만화된 어린이다움의 개념으로 제시적인 공연 형식을 내포한다. 어린이 캐릭터는 대체로 이러한 관점에 일치하며, 그래서 무대에서는 그다지 사실적이지 않다. 그러나 사회적이거나 심리적인 주제를 다룬 양질의 현대 어린이 연극 작품에서 나타나듯이, 여러 스타일의 혼합을 요구하는 경우도 적지 않다. (제더의 〈금 밟기〉와 케셀만의 〈매기, 마갈리타〉를 보라.)

보기: 어린이 역할 유형은 적어도 고대 그리스 비극과 단순화된 형식의 희극 이후에 등장했다. 하지만 르네상스 시대부터 빈번하게 등장하기 시작해 오늘날에는 그 복합성이 상당히 확장되었다. 어린이 역할의 원형이자 대표인 피터 팬은 수없이 많은 연극 공연과 사회적이고 심리적인 성찰의 원천이 되어 왔다.

다음 보기는 16세기 말 이후의 긴 시간과 다양한 장르를 가로지른다. 에드워드 3세(말로의 에드워드 2세), 어린이(뷔흐너의 보이첵), 작은 에바(스토의 소설을 아이켄이 각색한 톰 아저씨의 오두막), 헤드윅(입센의 들오리), 티르티르와 미티르(메테를링크의 파랑새), 한넬레(하우프트만의 한넬레), 드러블(벨라스코의 나비 부인), 피터 팬(배리의 피터 팬), 애니(마한, 스트라우스, 샤닌의 애니).

2. 역할 유형: 청소년

특징: 청소년은 자의식적이고 도덕적이며 정의롭고 뭔가를 추구하며 감상적이고 낭만적이며 순진하고 서투르다. 보통 십대에 한정되지만 사춘기의 특징은 어른에게도 나타난다.

기능: 청소년은 아이다움과 어른다움 사이의 전이적 시기를 나타낸다. 하나의 역할 유형으로서 청소년은 순수하지도 그렇다고 경험이 많지도 않은 심리 상태로 살며 희극적이고 비극적인 결과를 드러낸다.

스타일: 곧잘 풍자되는 이 역할 유형은 양식화된 공연 형식에 부합하지만, 테네시 윌리엄스와 피터 섀퍼 같은 현대 극작가의 작품에서는 좀 더 재현적으로 그려진다.

보기: 셰익스피어는 청소년 캐릭터를 매우 풍부하게 제시한다. 그중에서도 가장 유명한 인물은 로미오와 줄리엣이다. 19세기와 20세기의 강렬한 보기에는 멜치와와 웬들라(베데킨드의 봄이 깨다), 니나(체호프의 갈매기), 웬디(배리의 피터팬), 리처드 밀러(오닐의 아, 황무지!), 도로시(봄의 오즈의 마법사), 로라(테네시 윌리엄스의 유리동물원), 앨런 스트랭(피터 섀퍼의 에쿠우스), 모차르트(피터 섀퍼의 아마데우스)가 있다.

3. 역할 유형: 어른

특징: 역할 유형으로서 어른은 책임감 있고 헌신적이며 합리적이고 의지할 만하며 강하지만 상처도 쉽게 받는다. 어른 인물은 특정한 나이나 성별과 결속되지 않으며, 신뢰감을 갖게 하는 사람이다.

기능: 어른은 흔히 도덕적 인물로서, 상대적으로 불안하고 이성적이지 못한 이들에게 안정감과 이성을 제공하는 균형자로 기능한다.

스타일: 특히 20세기부터는 많은 어른 인물이 사실적인 방식으로 그려진다. 물론 특정한 고전 작품에서는 장르의 특성에 따라 제시적으로 묘사되기도 한다.

보기: 본보기가 될 만한 어른 인물에는 테세우스(소포클레스의 콜로누스의 오이디푸스), 유모(셰익스피어의 로미오와 줄리엣), 달링 부부(배리의 피터 팬), 아티쿠스 핀치(리의 소설을 푸트가 각색한 지빠귀 죽이기), 빅 대디(테네시 윌리엄스의 뜨거운 양철 지붕 위의 고양이), 랄프 클라크 대위(T. 베르텐베이커의 우리 마을을 위해)가 있다.

4. 역할 유형: 노인(조부모 참고)

특징: 노인은 현명하고 철학적이며 예언적이고 동정적이다. 때로 젊은 사람이 이런 특징을 보일 수도 있지만, 이 역할 유형은 일반적으로 노인에게 주어진다. 반데로프(카우프만과 하트의 우리들의 천국)처럼 기괴한 노인도 있다.

기능: 노인은 연륜과 경험에서 얻은 지혜를 젊은 세대에 전하는 기능을 한다. 노인은 또한 나이과 관련하여 매력적인 기괴함을 선보이기도 한다.

스타일: 현명하고 철학적인 노인은 사실적인 스타일로 극화되는 경향이 있다.

보기: 곤잘로(셰익스피어의 템페스트), 로실리온 백작(셰익스피어의

끝이 좋으면 다 좋아), 선장 쇼토버(버나드 쇼의 심장발작 하우스), 제이콥(오데츠의 일어나 노래하라), 애비와 마사 브루스터(케슬링의 무기와 낡은 레이스), 에밀과 조지(마멧의 오리 변주).

4.1. 하위 유형: 호색가

특징: 노인은 성마르고 음탕하며 통제적이고 자기중심적이며 어리석게 묘사되기도 한다.

기능: 호색가는 젊은이를 통제하려 들거나 턱없이 갈망하여 그 과정에서 스스로 웃음거리가 되곤 한다.

스타일: 음탕한 노인은 일반적으로 제시적인 스타일로 연기된다.

보기: 이 유형은 고전 드라마 특히 그중에서도 로마 희극에서 쉽게 찾을 수 있으며, 르네상스기 코메디아 델라르테에 나오는 판탈로네와 함께 대중적인 인기를 구가했다. 구체적인 보기로는 늙은 리지다무스(플라우투스의 카지나), 토비 벨치 경(셰익스피어의 십이야), 남편/보스(트래드웰의 머시널), 막스(핀터의 귀향)를 들 수 있다.

항목: 성적 취향

5. 역할 유형: 거세된 자

특징: 거세된 자는 말 그대로 거세되어 성적으로 무능한 존재다. 거세된 자는 일반적으로 성적으로 모호하기 때문에, 성적으로 불안정한 사람들에게 신뢰를 얻기도 하고 거꾸로 위협적이기도 한 역설적 상태에 놓인다. 그들은 흔히 말이 많고 재기 넘치

며 때로는 밝고 희극적이지만 가슴 아프게 보이기도 한다.

기능: 거세된 자는 관객에게 웃음을 통해 거세 불안을 해소할 수 있는 기회를 제공한다. 성적으로 불안정한 사람들에게 가해지는 위협을 완화하면서 동시에 위협하기도 하는 모순적인 기능을 수행한다.

스타일: 이 캐릭터는 고전기의 로마 드라마와 르네상스 드라마에 가장 빈번하게 등장하며, 거친 터치로 매우 양식화되는 것이 보통이다. 그 현대적 화신은 브릭의 캐릭터(테네시 윌리엄스의 뜨거운 양철 지붕 위의 고양이)가 잘 보여 주듯이, 좀 더 인간적으로 그려지면서 훨씬 큰 정서적 밀도를 가진다. 일부 관객은 성적 부적합성에 대한 두려움을 희미하게 감추고 있을 수 있다. 거세된 자로 인해 불거진 성적 긴장감은 흔히 양식화된 연기를 통해 관객이 안전한 방식으로 성적 공포를 웃어넘길 수 있도록 허용한다.

보기: 고전기와 근대와 현대 드라마에서 추출한 보기에는 거세된 자(테렌스의 거세된 자), 루크레티아(마키아벨리의 만드라골라), 카스드로네(벤 존슨의 볼포네), 알렉사스(드라이든의 사랑을 위해 모든 것을), 애크맷(만레이의 로열 미스치프), 두 거세된 자(뒤렌마트의 방문), 포티누스(버나드 쇼의 카이사르와 클레오파트라), 힌케만(톨로의 힌케만), 라 잠비넬라(바틀렛의 사라진느)가 있다.

6. 역할 유형: 동성애자

특징: 이 역할 유형은 감수성과 기지, 연약함, 열정적인 감정 표현을 특징으로 한다. 동성애자는 아웃사이더인 경향이 있지만

다양한 방식으로 수용을 위해 싸운다. 주류에 속해 있지 않다면, 적어도 동료 집단에 속하기 위해 애쓴다. 게이 캐릭터 역시 불안정하고 화나 있고 적대적이며 음란하고 퇴폐적으로 극화된다.

기능: 게이 역할은 인습적인 성도덕에 도전하며, 때에 따라서는 이성애자 세계의 동성애 혐오증에 분노를 터뜨리기도 한다. 이 역할 유형은 또한 대안적인 생활방식을 제공하기도 한다.

스타일: 말로의 〈에드워드 2세〉에서, 기회주의자인 게이브스톤에 대한 에드워드의 사랑은 정치적 견지에서 묘사된다. 그 때문에 귀족들이 왕에 대항하여 일어나 결국은 에드워드를 야만적으로 처형하기에 이른다. 이 관계는 아리스토파네스의 희극에 간간이 암시되는 나이 든 남자와 어린 소년의 목가적인 놀이와는 판이하다.

동성애자 역할은 최근 들어 상당히 진화되어 왔다. 20세기 중반의 연극은 그들을 상처받기 쉬운 추방당한 자, 대안적으로 분노한 음란하면서 점잖은 존재로 좀 더 개인적인 시각에서 묘사한다. 에이즈의 시대 작품에서는 다시 한 번 개인적인 데서 정치적인 영역으로 옮겨 가 추방당한 자로서 인습적인 질서를 바꾸기 위해 분노와 혁명적인 정신을 표현한다. 동성애자는 흔히 다른 성적 역할과 함께 현실보다 크게 그려져 제시적인 스타일을 띤다. 그러나 최근에는 대체로 인물을 좀 더 사실적으로 묘사하곤 한다.

보기: 연극과 그 역사를 공유함에도 불구하고, 동성애자 캐릭터는 근대와 현대 연극에 와서야 주요 역할 유형으로서 온전한

지위를 성취하였다. 최초의 게이 캐릭터는 르네상스기에 나타난 〈에드워드 2세〉의 게이브스톤이다. 좀 더 현대적인 보기에는 게스위츠 백작(베데킨트의 판도라의 상자), 이네즈(사르트르의 비상구 없음), 크리스토퍼(반 드루텐의 나는 카메라다), 알프레드 레들(오스본의 나에게 충성하는 자), 제프리(델라니의 꿀맛), 준(마커스의 조지 죽이기), 린(처칠의 클라우드 나인), 막스(셔먼의 벤트), 케니(윌슨의 6월 5일), 리치와 사울(호프만의 만약 ~라면), 에드(피어스타인의 횃불 노래 삼부작)가 있다.

7. 역할 유형: 복장 도착자

특징: 옷을 바꿔 입는 복장 도착자는 흔히 속된 것의 좋은 점을 인정하고 반도덕적이며 분노에 차 있고 반인습적이다. 이 유형은 또한 매우 말을 잘하고 재치가 있으며 창조적이기도 하다.

기능: 복장 도착자는 인습적인 성 도덕을 조롱하고 양면적인 성 성의 자유로운 표현을 축하한다.

스타일: 복장 도착자는 일반적으로 제시적으로 그려지지만, 현대의 두 작품 피어스타인의 〈새장 속의 바보광대〉와 〈횃불 노래 삼부작〉에서는 소극과 관계없는 스타일로 다루어진다. 거기에서는 복장 도착자인 주인공이 사실적으로 묘사되고 따라서 관객과 직접적으로 감정이입 관계를 형성한다. 여기서 복장 도착자 역할은 여전히 추방당한 자이지만 부르주아의 지위를 열망한다. 그런데 좀 더 제시적으로 그려진 C. 루들람의 인습타파적인 캐릭터는 자신을 우스꽝스러운 우주 속에서 정상적으로 기능하는 존재로 본다는 점에서 이들과 매우 다르다. 피어스타

인의 주인공 아놀드는 게이로 남아 있기를 바라면서도 사회적 명성을 열망하기 때문에 이성애자의 세계 속에서 기능한다.

보기: 셰익스피어와 동시대인인 벤 존슨(Ben Jonson)은 인물 유형을 빚어 내는 장인이다. 역할 유형의 관점에서 존슨의 독창적인 작품은 동명의 희곡에 등장하는 에피신일 것이다. 양성을 가진 그는, 말없는 여자라면 누구와도 혼인할 수 있다고 떠벌이는 결혼 혐오자에 건강염려증 환자인 늙은 모로즈의 허세를 조롱한다. 모로즈는 조카가 꾸민 사기극에 걸려 여장을 한 소년을 아내로 맞이하게 된다.

에피신은 루드람의 〈카미유〉에 나오는 복장 도착자 주인공처럼 드랙이 등장하여 인습적인 성도덕의 허를 찌르는 현대적인 성적 소극 형식을 예견한다. 성적 소극의 본격적인 형태는 J. 오턴의 작품에서 찾을 수 있다. 그의 〈버틀러가 본 것〉은 갖은 종류의 복장 도착자와 동문서답식 말놀이를 즐비하게 전시한다. 그 밖에 보기로는 리오 리타(B. 베한의 인질), 레슬리 브라이트(L. 윌슨의 브라이트 양의 광기), 송 릴롱(D. H. 황의 나비 부인)이 있다.

8. 역할 유형: 양성애자

특징: 양성애자는 이성과 동성 모두에게 성적인 매력을 느끼는 사람이다. 이 역할 유형은 흔히 반도덕적인 특징을 나타난다.

기능: 양성애자는 동성애자처럼 인습적인 도덕에 도전한다. 이 역할은 나아가 이성이나 동성 사이의 성적 이끌림의 경계를 모호하게 만든다. 그 점에서 양성애자는 보는 이의 성적 양면성을 일깨울 수도 있는 혼란스러운 역할이다. 반면에 양성애자

역할은 원형 심리학의 아니마와 아니무스가 뜻하는 건강한 심리적 양성성을 가리키기도 한다.

스타일: 다른 성적 역할과 비슷하게, 양성애자는 흔히 제시적인 연기 스타일과 짝을 이룬다. 그러나 현대적인 전통에서는 역시 다른 성적 역할 유형이 그렇듯 사실적이고 인간적으로 그려질 수 있다.

보기: 양성애자 캐릭터의 사실적인 보기는 최근 몇 년 사이 주류 희곡에서 나타났다. 피어스타인의 〈횃불 노래 삼부작〉과 W. 핀의 〈팔세토〉가 그 예다. 극작가들은 성성과 씨름하면서 이 역할을 모든 인간이 갖고 있는 일차원적인 갈등을 탐험하는 수단으로 사용해 왔다. 가장 유명한 첫 번째 보기는 그리스 드라마에 이름을 빌려 준 신인 디오니소스다. 그는 수많은 고전극과 현대극에 등장하였다(유리피데스의 〈바커스의 신도들〉, 퍼포먼스 그룹의 〈디오니소스 인 69〉).

양성애자 역할의 또 다른 보기에는 에드워드 2세(말로의 에드워드 2세), 아킬레스(셰익스피어의 트로일러스와 크레시다), 안드로지노(벤 존슨의 볼포네), 테레즈(아폴리네르의 티레시아스의 젖가슴), 니콜라스 베케트(J. 오턴의 버틀러가 본 것), 빅토리아(C. 처칠의 클라우드 나인)가 있다.

항목: 외모

9. 역할 유형: 미녀(순결한 사람과 부도덕한 자 참고)

특징: 미녀는 얼굴과 몸이 뛰어나게 아름답고, 때로 신체적 아름

다움이 도덕적이고 영적인 특징으로 확장되기도 한다. 동화에 나오는 미녀는 순결하다.

기능: 미녀는 황홀하게 하고 감탄하게 한다. 이 유형은 순수 혹은 사랑의 대상으로 기능한다.

스타일: 이올레(소포클레스의 트라키스의 여자들), 미란다(셰익스피어의 템페스트), 트로이의 헬렌(말로의 파우스트 박사), 멜리상드(메테를링크의 펠리아스와 멜리상드), 데어드레(싱그의 슬픔의 데어드레), 매기(밀러의 가을 뒤에)

9.1. 하위 유형: 유혹자/유혹녀

특징: 유혹자/유혹녀로서의 미녀는 경험 많고 이기적이며 미모를 물질적이고 심리적인 욕구를 충족시키는 수단으로 사용한다.

기능: 타산적인 미녀는 이기적인 목적을 위해 유혹한다.

스타일: 이 유형은 매우 양식적으로 연기될 수 있음에도 불구하고, 현대 드라마에서는 흔히 재현적으로 묘사되기도 한다.

보기: 아마도 모든 신화와 드라마를 통틀어 가장 유명한 미녀는 트로이의 헬렌일 것이다. 그녀의 얼굴은 수천 척의 배를 침몰시켰다. 순결한 헬렌은 앞서 말한 말로의 르네상스 시대 작품에 잘 나타나 있다. 타산적인 헬렌은 유리피데스의 작품 〈헬렌〉이 보여 준다. 그 밖의 보기에는 클레오파트라(셰익스피어의 안토니와 클레오파트라), 카르멘(멜락과 할레비의 카르멘), 룰라(바라카의 더치맨)가 있다.

10. 역할 유형: 야수(신체장애인과 악마 참고)

특징: 야수는 얼굴과 몸이 극단적으로 보기 흉하고 때로는 그 추함이 도덕적이거나 영적인 특징으로 확장된다.

기능: 야수의 기능은 두렵게 하고 겁을 주는 것이다. 심리적인 차원에서 야수는 인간 본성의 어둡고 그늘진 면을 드러낸다.

스타일: 야수는 일반적으로 양식화된 아주 극적인 방식으로 묘사된다.

보기: 최초의 야수는 그리스 드라마의 사티로스로 나타났다. 반인반수인 사티로스는 사티로스극의 바탕을 형성한 희극적 장치다. 이들은 일반적으로 음탕하고 풍자적인 방식으로 그려지지만, 유리피데스의 〈사이클롭스〉는 좀 더 진지한 야수를 보여 준다. 호머의 〈오디세이〉에서 가져온 사이클롭스는 야수의 훌륭한 예다. 외눈박이에 야만적인 그 거인은 나무를 뿌리째 뽑고 사람을 통째로 삼킨다. 그 밖의 보기에는 칼리반(셰익스피어의 템페스트), 드 플로어(미들톤과 로울리의 바꿔친 아이), 하이드 씨(스티븐슨의 소설을 에드가가 각색한 지킬 박사와 하이드 씨), 레일라(주네의 스크린)가 있다.

10.1. 하위 유형: 순결한 야수

특징: 생김새는 추하고 무섭지만, 영적인 순결함을 간직하고 있으며 동정과 공감을 불러일으킨다.

기능: 순결한 야수는 몸과 영혼의 역설적 관계를 예증한다.

보기: 로드 라벤스베인(맥케이예의 허수아비), 프랑켄슈타인의 괴물(셸리의 소설을 웰링이 각색한 프랑켄슈타인), 골룸(레이빅의 골

룸), 이보나(곰브로비츠의 부르군디아의 공주), 렌니(스타인벡의 쥐와 사람의), 존 머릭(포메란스의 코끼리 인간), 유령(스틸게와 로이드 웨버의 오페라의 유령).

11. **역할 유형: 보통 사람**(중산층, 길 잃은 자, 평범한 사람, 반영웅 참고)

특징: 보통 사람은 평범하고 별 특징이 없으며, 평균적인 키와 외모에 보잘것없는 존재로 흔히 소외된다. 평균적임에도 불구하고, 보통 사람은 때때로 특수한 상황에 말려들게 된다.

기능: 이 역할 유형은 다른 사람과 비슷해 보이고 튀지 않게 행동하며 그들 속에 섞여 든다. 특별한 상황에 말려든 보통 사람은 인간의 순응성을 표현한다.

스타일: 보통 사람은 일반적으로 미니멀하고 부조리적인 스타일로 연기되는 현대적인 캐릭터다. 현대극에 등장하는 보통 사람 캐릭터는 엘머 라이스 〈계산기〉의 미스터 제로처럼 상징적인 이름을 갖거나 고유한 이름을 상실했다. 그러나 이 유형은 또한 매우 제한된 심리적 반경 내에서 움직이는 아서 밀러 〈세일즈맨의 죽음〉의 윌리 로먼(11장 참고)처럼 반영웅으로서 사실적인 작품에서 좀 더 성숙한 모습을 보여 주기도 한다.

보기: 조셉 K.(카프카의 소설을 바로가 각색한 심판), 베렝거(이오네스코의 살인자), 엄마와 아빠(올비의 아메리칸 드림), 천사(메도프의 당신이 집으로 올 때, 레드 라이더), 청소부(슈만의 도메스틱 리서렉션 서커스). 특수한 상황에 빠져든 보통 사람의 보기에는 갈리 가이(브레히트의 남자는 남자다), 조니 존슨(그린의 조니 존

슨), 판타글레이즈(겔데로드의 판타글레이즈), 안톤 이그냐티에비치 케르젠체프(코후트의 가난한 살인자)가 있다.

항목: 건강

12. 역할 유형: 정신질환자/미친 사람

특징: 미친 사람은 예측할 수 없고 비합리적이며 조증이거나 울증이고, 자신이나 다른 사람에게 위협적이다.

기능: 이 역할은 인간 본성의 어둡고 그늘진 면을 드러내고 온전함에 대한 인습적인 개념에 도전한다. 이 양식화된 유형이 수세기 동안 주목할 만한 대중성을 유지해 온 데는, 일상에서 도피하여 대리적으로나마 광기의 어둠을 방문하고 싶은 관객의 욕구가 한몫하고 있으며, 또 다른 한편에 좋은 공포를 향한 욕망이 있다.

스타일: 그리스 드라마에서 우리는 디오니소스의 영향 아래 광란의 행동을 저지르는 여러 인물(예를 들어, 펜테우스와 복수의 여신들)을 볼 수 있다. 그들은 매우 제시적인 방식으로 표현된다. 셰익스피어의 극에서 광기 어린 행동은 심리적 요소에 근거해 좀 더 명확하게 동기화된다. 리어 왕은 모든 권력을 손에서 놓쳐 버리고 아무런 목적 없는 황폐한 상태에 떨어질 때 광야에서 격노를 폭발시킨다. 맥베스 부인은 살인을 저지르고 나서 그 피할 수 없는 죄책감에 강박적으로 손을 씻는다. 그렇게 심리적인 요인 때문에 미친 인물은 좀 더 재현적으로 표현되는 경향이 있다.

보기: 18세기의 대중적인 오락으로서, 일부 특권층 인사들은 재미 삼아 광인수용소를 방문하곤 했다. 그것은 피터 바이스의 20세기 작품인 〈마라/사드〉에 잘 나타난다. 1950년대 이후로는 미친 사람들이 저지르는 폭력적 행동을 다루는 공포 영화의 다양한 하위 장르가 발달하였다. 이 역할 유형의 또 다른 보기를 찾자면, 에이젝스(소포클레스의 에이젝스), 헨리 4세(피란델로의 헨리 4세), 마리 타이론(오닐의 밤으로의 긴 여로), 블랑쉬 드보아(테네시 윌리엄스의 욕망이라는 이름의 전차), 선장 퀴그(우크의 케인 호 반란 군법 회의), 잭(바네스의 지배 계급)을 들 수 있다.

13. 역할 유형: **신체장애인 혹은 기형**(야수 참고)

특징: 이 유형은 무섭고 예측할 수 없으며 변덕스럽고 수동적이거나 공격적이다. 여러 가지 측면에서 앞서 설명한 야수 유형과 가깝다. 그런데 이 유형은 공상 과학의 괴물이기보다는 기형적인 인간일 경우가 많다는 점에서 그와 다르다.

기능: 이 유형은 겁나게 하는 것 그리고 아름답고 수용할 만한 것과 추한 것 사이의 경계를 드러낸다. 그리고 기형적인 외모를 반영하는 인물의 어두운 동기를 행동으로 보여 준다.

스타일: 일반적으로 제시적인 스타일로 연기된다.

보기: 기원전 100년 이후에 로마에서 나타난 네 명의 인물 유형, 허풍선이 전사 부코와 희극적인 늙은이 파푸스, 욕심 많은 바보광대 마쿠스, 끔찍한 외모의 곱추 도세누스는 기원을 알 수 없는 고대의 즉흥 희극 형식인 아텔란 소극에 뿌리를 둔다. 그

중 셰익스피어의 리처드 3세의 선조격인 곱추 캐릭터는 신체장애인 역할 유형의 초기 사례다. 좀 더 현대적인 보기에는 눈먼 남자(스트린드베리의 몽상극), 브래들리(셰퍼드의 매장된 아이), 줄리아(포네스의 페푸와 그녀의 친구들)가 있다.

13.1. 하위 유형: 초월자로서의 기형

특징: 이 유형은 도덕적이고 감정이 풍부하며 열정을 불러일으키고 활기차고 강력한 성장세를 보인다.

기능: 이 유형은 기형적인 외모 속에 아름다운 영혼이 산다는 신화적이고 낭만적인 개념을 나타낸다. 비극적 영웅인 오이디푸스는 태어날 때부터 발이 기형이었고 그래서 그런 이름을 얻게 되었다. 오이디푸스의 이 특징은 신체장애인의 극적 기능—날 때부터 주어지거나 중도에 얻게 된 결함으로 다른 사람들에게 거부당하는 고통을 겪는 것—을 잘 보여 준다. 그 거부에 맞서 어떤 이는 오이디푸스의 영웅적 경로를 따르기도 하고 리처드 3세의 악한 행실을 좇는 사람들도 있다.

스타일: 이 유형은 배우에게 좀 더 정서적이고 영향력 있는 공연을 요구하기 때문에 점차 더 재현적인 스타일에 근접하고 있다.

보기: 글로스터(셰익스피어의 리어 왕), 포기(헤이워드의 포기), 헬렌 켈러(깁슨의 기적을 일으키는 사람), 사라 노먼(메도프의 작은 신의 아이들), 켄 해리슨(클라크의 내 인생은 나의 것).

14. 역할 유형: 건강염려증 환자

특징: 강박적이고 자기 몰입적이며 어리석고 불안정하고 잘 속는

이 유형은 끊임없이 아픈 것에 대해 걱정한다.

기능: 건강염려증 환자는 질병이라는 상상의 공포와 바깥세상으로부터 안전하게 보호받기 위해 사력을 다한다. 그래서 부유하다면 개인적인 이득을 위해 옆에서 늘 대기하는 돌팔이 의사와 구혼자와 식객을 거느릴 것이다. 이 역할 유형은 흔히 희극적인 휴지를 제공한다.

스타일: 건강염려증 환자는 일반적으로 희극적이고 어리석은 캐릭터로 큼직하고 제시적인 스타일로 연기된다.

보기: 〈상상의 환자〉에서 몰리에르는 고전적인 건강염려증 환자인 아르강을 창조했다. 그는 앞서 말한 특징을 잘 보여 준다. 현대극에서는 체호프이 〈청혼〉에서 로모프라는 걸출한 인물을 빚어 냈다. 몰리에르의 〈상상의 환자〉, 로데일과 메이어의 〈토이네트〉, 투나와 제이콥슨과 로버츠의 〈내게 황금시대를 보여 줘〉 등에 바탕을 둔 뮤지컬이 여러 편 제작되었다. 마지막 작품에서 아르강은 부유한 유태인 상인인 아론이 된다. 몰리에르의 작품에서와 같이, 이 인물은 소극에 바쳐진다. 다른 보기로 지나(와튼의 소설을 O.와 D. 데이비스가 각색한 에탄 프롬), 펠릭스(닐 사이먼의 이상한 커플) 등을 들 수 있다.

15. 역할 유형: 의사

특징: 의사는 몸과 영혼의 치유자이며, 그 긍정적인 화신으로서 도덕적이고 헌신적이며 유능하다.

기능: 의사는 몸과 마음의 병을 치료함으로써 사람들을 돕는다.

보기: 의사는 고전에서는 대부분 중요하지 않은 역할로 등장하지

만, 드라마 역사 전체를 관통하고 있다. 작자 미상의 〈만인〉에서 의사가 등장하고, 셰익스피어의 〈리어 왕〉에도 나온다. 근대와 현대극에서는 의사 역할이 비극적이고 희극적인 주인공의 지위를 획득하여 치유자로서 보다 두드러진다. 그 보기에는 아스트로프 박사(체호프의 바냐 아저씨), 콜렌조 리전(버나드 쇼의 의사의 딜레마), 호흐버그 박사(킹슬리의 흰옷을 입은 남자), 월터 리드(호워드의 옐로우 잭), 다이자트 박사(피터 섀퍼의 에쿠우스), 혼비(핀터의 알래스카 같은) 등이 있다.

15.1. 하위 유형: 돌팔이 의사

특징: 고대 로마 희극인 플라우투스의 〈메나에크미〉는 후대 희극의 전형적 인물이 될 유형을 선보인다. 특성상 돌팔이 의사는 교만하고 탐욕스러우며 착취적이고 현학적이며 어리석다.

기능: 이 유형은 건강염려증 환자나 치료가 필요한 환자를 착취하기 위해 치유자라는 강력한 지위를 이용한다.

스타일: 고도로 양식화된 인물임에도 불구하고, 돌팔이 의사는 뒤렌마트의 〈방문〉 같은 재현적인 작품에서도 발견된다.

보기: 다양한 시대의 작품에서 돌팔이 의사의 보기를 들 수 있다. 스가라넬(몰리에르의 의사 자기도 모르게), 노크 박사(로마인의 노크 박사), 프렌티스 박사(오턴의 버틀러가 본 것). 20세기 전반 50년 동안은 미국 벌레스크와 영국의 뮤직홀 연극에서 돌팔이 의사가 널리 활약했다.

CHAPTER 09

유형 분류: 인지적 영역과 정의적 영역

영역: 인지적

16. 역할 유형: 얼간이

특징: 얼간이는 바보광대와 자주 혼동된다. 두 유형의 차이는 바보광대가 일반적으로 명석하고 재기 넘치는 데 반해, 얼간이는 순진하고 겉과 속이 같으며 쉽게 조롱의 표적이 된다는 데 있다. 얼간이는 무지한데다 자신의 무지함을 알아차리지 못한다. 그러므로 얼간이는 바보광대의 특권과 지성을 결여한 어리석음을 나타낸다.

기능: 얼간이는 남들에게 조롱거리가 되며, 어떤 일에든 단순하고 깨어 있지 못한 상태로 남아 있다.

스타일: 얼간이는 일반적으로 큼직하고 제시적인 방식으로 표현

된다.

보기: 르네상스 드라마에는 다양한 얼간이가 나타난다. 그 좋은 예가 바로 셰익스피어의 〈한여름 밤의 꿈〉에 나오는 우둔하고 무표정한 바텀이다. 그는 말 그대로 그리고 상징적으로 나귀 대가리를 쓴다. 이탈리아의 코메디아 델라르테는 얼간이를 하인으로 자주 등장시키는데, 그것은 알레키노 같은 명석한 하인과 대조를 이룬다.

또 다른 보기에는 스트렙시아데스(아리스토파네스의 구름), 바톨로뮤 코크스(벤 존슨의 바톨로뮤 페어), 포포의 왕 페터(뷔흐너의 레온체와 레나), 주드케(핀스키의 보물), 밤(데이비드 마멧의 아메리칸 버펄로), 론니 로이 맥닐(존스의 백목련 기사들의 마지막 만남)이 있다.

16.1. 하위 유형: 오쟁이 진 남편

특징: 오쟁이 진 남편은 일반적으로 순진하고 성적으로 무능하게 비쳐진다. 그들은 모욕의 대상으로 존재하며, 아내의 불륜을 눈치 채지 못한 덕분에 바보 취급을 받는다.

기능: 오쟁이 진 남편은 다른 사람들이 명백하게 알고 있는 사실—아내가 성적으로 충직하지 않다는 것—을 알아차려 모욕당할 때 희극적인 휴지를 제공한다.

스타일: 이 유형은 일반적으로 큼직한 스타일로 표현되지만, 현대적인 작품(예를 들어, 핀터의 배신)에서는 예외다.

보기: 암피트리온(플라우투스의 암피트리온), 남편(헤이우드의 요한, 요한), 매스터 포드(셰익스피어의 윈저의 즐거운 아낙네들), 핀치

와이프(위철리의 시골 아낙네), 부부로슈(쿠틀링의 부부로슈), 브루노(크롬메릭의 위대한 오쟁이 진 남편), 카사노바(윌리엄스의 카미노 리얼), 막스(스토파드의 진짜).

17. **역할 유형: 바보광대**

기능: 바보광대의 역할 유형은 그리스 희극에서 처음 나타나 로마 희극에서 매우 발달한 재치 있는 하인에서 파생된다. 특성상 재치 있는 하인과 나중에 등장한 좀 더 일반적인 바보광대 유형은 모두 자유롭지 못하고 비천한 주인을 비추는 거울로서 존재한다. 바보광대는 주인에게 속하지만, 기지와 실용적인 지식에서는 오히려 주인을 앞선다. 또 바보광대는 관객과 지식을 공유하지만 다른 인물들에게는 감추는 모순적인 경향이 있다. 바보광대의 매력은 그 월등한 지혜와 머리 나쁜 사람을 조작하는 능력에 있다. 하지만 기지에도 불구하고 바보광대는 낮은 지위에 머물러야 하며, 그렇게 사랑스럽지 않고 또 사회적으로도 받아들여지지 않는 까닭에 측은하고 불쌍하기도 하다.

기능: 바보광대의 기능은 주인(과 관객)을 매료시키는 한편 다른 사람 앞에서 그의 약점을 비판한다. 이 생동감 넘치는 인물은 주인의 우둔함에 대안을 제공한다. 바보광대의 낮은 사회적 지위는 높은 지성을 가린다. 사회적 지위가 낮기 때문에 절대로 진지하게 취급되지 않는다는 점에서, 바보광대의 날카로운 비판과 통찰에는 안전판이 있다고 할 수 있다. 바보광대는 자신의 특권적인 지식을 공유함으로써 그와 같이 되기—다른 대가를 치르고서라도 월등한 지혜를 갖고자 하는—를 욕망하

는 관객 구성원과 공감적인 끈을 형성한다.

스타일: 바보광대는 일반적으로 매우 양식화된 캐릭터로서 대사 표현에 있어 고도의 기민함과 날랜 손재주를 요구한다.

보기: 바보광대는 세우돌루스(플라우투스의 세우돌루스 같은 캐릭터에서 재현되는)와 같은 초기 로마 희극에서 두드러진다. 또 르네상스기의 코메디아 델라르테 그리고 쉐벨로브와 길버트 손다임의 음악 희극 〈광장으로 가는 길에 생긴 우스운 일〉(여기서는 세우돌루스와 이름도 비슷한 이가 열변을 토한다) 등 많은 후대의 작품에서도 그렇다. 재치 있는 하인에게 큰 빚을 진 고전적 바보광대의 원형은 이탈리아의 알레키노라 할 수 있다. 그는 재치 있고 현명하며 장난스러운 희극적인 트릭스터다. 알레키노는 흔히 바보라기보다 사기꾼에 가까운 잔혹한 기질의 냉소적인 난봉꾼 브리겔라와 붙어 다닌다.

알레키노는 이후에 바보광대 풀치넬라로 발달하는데, 그는 영국 인형극 캐릭터인 펀치의 조상이라 할 수 있다. 이 바보광대는 상냥함과 기만, 지혜와 무지, 순수와 교활함을 구현하는 역설적인 인물이 된다. 풀치넬라에서 우리는 가장 발달한 인물에게서 나타나는 역할 특징의 양면성을 발견한다.

〈리어 왕〉에 나오는 셰익스피어의 바보광대는 이 유형의 세련되고 복합적인 형태를 보여 준다. 재기롭고 모순적이지만 바보광대는 또한 순진하게 정치적 사건에 휘말려 살해됨으로써 특정한 인간의 비극을 완성한다. 셰익스피어의 바보광대는 그 형태와 크기가 다른 많은 변종을 낳는데, 그중에서 가장 잘 다듬어진 인물은 펄스타프와 토비 벨치 경이다. 그들은 또 계승

자의 무한한 탄생을 가져왔다. 거기에는 골도니의 〈두 주인을 섬기는 하인〉에 나오는 코메디아 델라르테류의 장난꾸러기인 트루팔디노, 안드레이예프의 추상적인 〈모욕당한 그 남자〉에 나오는 가슴 아픈 바보광대인 그, 또 동명의 작품(어빙의 소설을 부시코가 각색한)에 나오는 어리석고 졸린 립 반 윙클, 바이스의 〈마라/사드〉에 나오는 모순적인 헤럴드, 매스트로프와 칸더와 엡의 〈캬바레〉에 나오는 양성의 무시무시한 의식 주재자가 포함된다.

17.1. **하위 유형: 트릭스터**(요정 참고)

특징: 본래 신화적인 인물인 트릭스터는 짓궂고 반도덕적이며 유희적이다. 흔히 양성적이고 디오니소스적인 영혼을 가진 트릭스터는 질서정연함과 효율성을 요구하는 사람들에게 참혹한 피해를 가져다준다.

기능: 트릭스터는 친숙한 것을 낯선 것으로 변형하고 예상되는 것과 인습적인 사물의 질서를 뒤흔들어 놓음으로써 부조화와 혼돈(적어도 일시적으로는)을 유발한다. 바보광대의 이 초기 형태는 혼란과 장난에 전념한다.

스타일: 트릭스터는 대개 제시적인 스타일로 표현된다.

보기: 여러 측면에서 디오니소스는 최초의 트릭스터(유리피데스의 바커스의 신도들을 보라)라 할 수 있다. 셰익스피어의 〈한여름 밤의 꿈〉에 나오는 퍽은 트릭스터이자 바보광대로서, 현대의 많은 바보광대의 조상이다. 그 보기에는 팔래스트리오(플라우투스의 허풍선이 전사), 토니 럼프킨(골드스미스의 그녀 치욕을

참고 목적을 이루다), 기니퍼(콕토의 원탁의 기사), 사건(A. 그레이의 그 이야기를 알게 된 사연), 송 릴롱(D. H. 황의 나비 부인)이 포함된다.

17.2. 하위 유형: 실존적 어릿광대

특징: 고전적이고 명석하고 재기 넘치는 말솜씨의 바보광대가 있는가 하면 그 반대편에는 내가 실존적 어릿광대라 부르는 현대적인 유형이 있다. 의미 없는 우주에 갇힌 채 무덤가에서 농담을 하는 이 유형은, 시적이고 감상적이지 않으며 허무주의적이고 미니멀하고 또 반도덕적이다.

기능: 이 현대적인 바보광대는 절망—다른 사람들뿐 아니라 자기 자신을 향한 모욕과 조롱의 논리적 결과로서—을 표현한다. 희극적 휴지를 제공하지 않는 대신 명백하게 어리석은 존재의 부조리함을 드러낸다. 우리는 모두 바보들의 천국에 살고 있다고 이 바보광대는 말한다. 실탄을 장전한 총을 쏘는 것은 깃발을 흔들며 '빵!' 하는 것만큼 어리석은 짓이다. 실존적 어릿광대는 관객에게 관심사의 진지함을 검토하도록 도전하는 복합적인 역할 유형이다.

스타일: 실존적 어릿광대는 100% 제시적인 방식으로 연기된다.

보기: 베케트는 그의 미니멀한 희곡에서 실존적 어릿광대의 광범한 선집을 제시한다. 〈고도를 기다리며〉에 나오는 럭키가 그 훌륭한 보기인데, 그는 줄 끝에 매어 주인에게 끌려 다니는 노예다. 이 불운한 바보광대의 삶은 최소한의 소유, 최소한의 욕구, 최소한의 행동으로 환원된다. 다만 한 가지 어릿광대스러

운 행동은 의미가 통하지 않는 말을 폭발적으로 쏟아내는 기벽이다. 그의 주인인 포조 역시 쉽게 럭키와 역할을 바꿀 만큼 어릿광대스러우며, 그렇게 스스로 실존적 어릿광대의 역할을 맡는다.

셰익스피어의 〈햄릿〉에 나오는 무덤 파는 사람은 실존적 어릿광대의 고전적 조상이다. 동시대의 보기에는 콘래드 게르하르트(J. 바이스의 집세를 받는 방법), 어릿광대 윌리(어윈의 비행의 관심)가 포함된다.

18. 역할 유형: 우유부단한 사람

특징: 이 역할 유형은 혼란스러운 상태에 빠지는 것이 특징이다. 우유부단한 사람은 두 가지 대안의 타당성을 모두 믿기 때문에 너무 많이 생각하고 그래서 흔히 행동을 할 수 없게 된다.

기능: 우유부단한 사람은 대립적인 생각의 노예가 되어 행동하지 못하며, 결국 어떤 선택을 할 때 그것이 파괴적인 결과를 가져오곤 한다.

보기: 여러 측면에서 햄릿은 우유부단한 사람의 대표라 할 수 있다. 셰익스피어는 그를 "창백한 생각들로 핏기를 잃어버린" 이라고 표현했다. 세기스문도(칼데론의 삶은 꿈이다)와 월렌스타인(실러의 월렌스타인)을 또 다른 고전적 사례로 들 수 있다. 동명의 희곡에 등장하는 스트린드베리의 미스 줄리는 오데츠의 〈황금 소년〉에 나오는 조 보나파르트와 함께 강력한 근대의 예를 보여 준다. 현대 흑인 연극의 경우에, 우유부단한 사람은 두 문화와 존재 방식 사이에 끼인 존재로 묘사되며, 바라카(예

를 들어, 화장실에서의 레이 푸트)와 케네디(예를 들어, 흑인 정신병원의 깜둥이 사라)의 작품에 많이 등장한다.

18.1. 하위 유형: 위장한 자

특징: 위장과 가면의 개념은 극적 행동의 정수—페르소나를 취하는 것, 인물을 드러내기 위해 배우를 감추는 것—를 집약하기 때문에 거의 모든 연극 장르에 스며 있다. 위장한 자는 우유부단한 사람의 하위 유형으로서 도덕적 목표를 성취하기 위해 의도적으로 이중의 정체성을 취한다. 위장은 또한 자기도 모르게 잘못된 페르소나를 취하여 어리석음을 범하는 경우에도 해당된다. 잘못된 정체성으로 귀결되는 이 상황은 극문학의 주요 요소다.

기능: 위장에는 여러 가지 극적 목적이 있다. 셰익스피어는 남자를 얻기 위해 정체를 감추는 여러 여자를 선보인다. 비올라(십이야), 줄리아(베로나의 두 신사), 로잘린느(뜻대로 하세요), 헬레나(끝이 좋으면 다 좋아)가 모두 그런 예다. 남자들 역시 위장을 하지만 여자와는 목적이 좀 다르다. 펄스타프(윈저의 즐거운 아낙네들)가 드레스와 뿔로 위장하는 것은 유혹하기 위함이며, 햄릿은 진실을 캐내기 위해 미친 사람과 바보광대의 옷을 입고 낮은 지위를 자청한다. 진실에 접근하거나 욕망의 대상에 우회적으로 접근하기 위해 위장하는 것이다. 잘못된 정체성을 입는 경우에 위장한 사람은 그 사실을 자각하지 못하며, 따라서 자신을 웃음거리로 내주는 얼간이를 연기하게 된다.

스타일: 위장한 자는 일반적으로 제시적인 인물이다.

보기: 고전의 디오니소스(아리스토파네스의 개구리)는 위장한 자의 초기 사례다. 셰익스피어의 풍부한 보기들(앞에서 언급한) 이외에, 크리스티앙(로스탕의 시라노 드 베르주라크), 셴 테/수이타(브레히트의 사천의 착한 여자), 시즈웨 반지(푸가드의 시즈웨 반지는 죽었다), 슈퍼맨(벤튼과 뉴먼의 슈퍼맨)이 있다.

잘못된 정체성의 보기에는 시라쿠스의 쌍둥이(플라우투스의 쌍둥이), 시라쿠스의 안티폴루스(셰익스피어의 실수 연발), 시라쿠스의 드로미오(애봇, 로저스와 하트의 시라쿠스에서 온 소년), 그레고르 잠자(카프카의 소설을 디젠조가 각색한 변신)가 있다.

18.2. 하위 유형: 분신

특징: 근대극에서 무의식적으로 위장한 캐릭터는 좀 더 심리적인 기능을 부여받으며, 그 결과 인성의 숨겨진 부분을 드러내는 얼터 에고나 분신의 개념을 제공한다. 이 유형은 신비하고 계시적이며 심층적이다.

기능: 분신은 인성의 숨겨진 부분을 드러낸다.

스타일: 분신은 추상물이며 양식화된 방식으로 표현된다.

보기: 분신은 근대적인 유형이며, 브레히트의 〈남자는 남자다〉 같은 희곡에서 보기를 찾을 수 있다. 그 작품에서 단순한 노동자인 갈리 가이는 인간 싸움 기계인 제라이아 짚으로 변형된다. 카릴 처칠의 〈클라우드 나인〉에 나오는 인물들은 이중의 인종(예를 들어, 흑인 노예를 백인 남자가 연기한다), 이중의 성성(남자가 여자를 연기하고 여자가 남자를 연기한다), 양성성을 공개적으로 제시함으로써 성적 관점과 정치적 관점을 혼합한다.

하이드(스티븐슨의 소설을 에드거가 각색한 지킬 박사와 하이드), 차라투스트라(바로의 차라투스트라), 알리(노먼의 외출)는 또 다른 보기다.

19. 역할 유형: **비평가**

특징: 무지한 대중을 밟고 우뚝 솟아오른 이 속물적인 유형은 우월한 태도를 취하고 지성이나 도덕성이 모자라는 사람들에게 판단을 나눠 준다. 비평가는 가혹하고 우월한 태도를 견지하며 처벌적이고 흔히 독선적이다.

기능: 비평가의 기능은 우월하고 고매한 태도를 갖는 것이며 그 높은 위치에서 예술 작품, 인격, 사회적이거나 도덕적인 주제에 대한 판단, 사소하게는 옷의 재단 상태까지 품평을 한다.

스타일: 비평가는 작가(예를 들어, 아리스토파네스, 셰리단, 쇼 등)의 풍자적 관점에 부합하도록 주로 소극적인 스타일로 표현된다.

보기: 18세기 말 셰리단은 〈비평가〉에서 댕글과 스니어라는 소극 스타일의 연극 비평가를 등장시킨다. 그들은 이름만으로도 됨됨이를 짐작할 수 있다.[14] 갈 데 없는 풍자 작가인 버나드 쇼는 플라우너 바날(파니의 첫 번째 희곡)에서 그만의 독특한 형태를 보여 준다. 〈피그말리온〉(그리고 러너와 로웨가 만든 뮤지컬 마이 페어 레이디에서도)에 나오는 언어학자인 헨리 히긴스에게서도, 우리는 상상 속에서 세계를 개혁하기 위해 비평 기술을

14) 댕글(Dangle)은 '매달리다' '흔들흔들하다'라는 뜻이고, 스니어(Sneer)는 '비꼬아 말하다' '빈정대다'라는 뜻이다.

발휘하는 사회 질서 비평가를 발견한다. 그 밖의 보기에는 셰리단 화이트사이드(카우프만과 하트의 저녁 식사에 온 남자), 달과 버드부트(스토파드의 진짜 하운드 경위)가 있다.

20. **역할 유형: 현명한 사람**(신비가 참고)

특징: 이 유형은 특정한 주제에 관한 참된 지식과 통찰을 갖고 있다.

기능: 현명한 사람은 다른 사람들에게는 불명확하거나 이해할 수 없는 것을 이해하고 진실을 지적한다. 이 역할 유형은 그리스의 아테나와 유태인의 왕 솔로몬의 전통 속에 있다.

보기: 아이스킬로스의 〈유메니데스〉에서, 아테나는 재판을 열어 오레스테스의 운명을 정할 결정적인 표를 행사하는 판사로 등장한다. 지혜로운 아테나는 이 복잡한 사건을 충분히 해결할 수 있다. 일단 디오니소스적인 유메니데스를 진정시킨 다음 아테네 사회에서 유력한 입지를 제공함으로써 무시무시한 분노를 잠재우는 것이다. 아테나는 일종의 원형으로서 지혜로운 사람을 양산해 왔다. 셰익스피어 〈끝이 좋으면 다 좋아〉의 헬레나, 레싱의 〈현자 나탄〉의 18세기 술탄 살라딘, 아서 밀러의 〈가격〉에 나오는 현실적인 솔로몬이 그들이다.

20.1. **하위 유형: 지식인**

특징: 지식인은 분석적이고 비평적이고 유식하고 식견이 있지만, 때로는 창조적이지 못하고 통찰력이 부족한 모습을 나타내기도 한다. 지혜로운 부분이 있지만 인지적인 세계에 갇혀 지내

는 경향이 있다.

기능: 지식인은 개념을 연구하고 분석하며, 구조와 과정의 작동을 이해한다. 그를 위해 때로 좀 더 직관적이거나 진심 어린 지식을 대가로 치른다.

보기: 프로스페로스(셰익스피어의 템페스트), 파우스트(괴테의 파우스트), 로브보르그(입센의 헤다 가블러), 아버지(피란델로의 작가를 찾는 여섯 명의 등장인물), 아이작 뉴턴(버나드 쇼의 선왕 찰스의 황금기에), 로퍼(브레히트가 렌츠의 소설을 각색한 가정교사), 지미(프리엘의 번역), 필립(햄프튼의 박애주의자).

20.2. 하위 유형: 돌팔이 지식인/현학자

특징: 돌팔이 지식인은 가식적이고 자기중심적이며 어리석고 흔히 교만하다.

기능: 지혜를 과시하려 애쓰지만 무지함을 전시한다.

양식: 돌팔이 지식인은 양식화되고 제시적인 방식으로 극화되는 경향이 있다.

보기: 이 역할은 바보광대처럼 희극적 안도감을 제공하는 매우 대중적인 캐릭터다. 이 경우 관객은 돌팔이 지식인 역할을 통해 자신의 가식적인 경향을 표출한다. 소크라테스(아리스토파네스의 구름), 도토레(다양한 코메디아 델라르테의 대본들), 에드워드 노웰(존슨의 십인십색), 필라민타(몰리에르의 유식한 부인), 스팔키시 씨(위철리의 시골 아내), 퍼프(셰리단의 비평가), 세레브리아코프(체호프의 바냐 아저씨), 노인(이오네스코의 의자들), 조지(스토파드의 점퍼스) 등 연극사 전반에 걸쳐 나타난다.

영역: 정의적

항목: 도덕적

21. **역할 유형: 순결한 사람**(어린이와 미녀 참고)

특징: 순결한 사람은 순수하고 도덕적이고 순정하고 자의식이 없으며, 다른 사람에게 해를 끼치거나 모욕을 줄 생각이 없다. 이 역할은 폭군과 기만하는 자에 일종의 대척점이 되는 도덕적 인물로서, 인간 내면에 존재하는 순수하고 신사적인 덕목을 연상시킨다.

기능: 순결한 사람은 억압적이고 위협적인 권위에 직면한 상황에서도 순정함과 충성이라는 가치에 헌신하면서 순수하고 더럽혀지지 않은 채로 남아 있다.

스타일: 순결한 사람의 스타일은 제시적이다. 신화와 동화에 흔히 나오는 이상화된 역할이다. 연극 형식이 재현적으로 변모해 왔음에도 불구하고, 순결한 사람의 역할 유형은 계속해서 어둠과 빛의 우주적인 싸움을 상기시킨다.

보기: 르네상스 연극에서는 리어 왕의 코딜리어가 있다. 순결한 사람의 역할 유형은 한없이 신성하고 한없이 세속적인 인물들, 잔 다르크(실러의 오를레앙의 소녀)와 빌리 버드(멜빌의 소설을 콕스와 채프먼이 각색한 동명의 작품)만큼 동떨어진 인물들 사이에서 살아왔다. 또 다른 예로는 히폴리투스(유리피데스의 히폴리투스), 이삭(작자미상의 아브라함과 이삭), 저스티나(칼데론의

신비한 마술사), 아그네스(몰리에르의 부인학교), 콘수엘로(안드레예프의 모욕당한 그 사람), 조시(오닐의 미스비가튼을 위한 달), 킬로이(테네시 윌리엄스의 카미노 리얼), 테레사(베한의 인질), 아그네스(필메이어의 신의 아그네스)가 있다.

22. 역할 유형: 악당

특징: 악당은 도덕적 지위의 측면에서 영웅과 반대다. 악당은 영웅이 갖고 있는 물질이나 도덕감(곧 권력, 부, 지위, 올바름)을 원한다. 특징상 악당은 무식하고 야만적일 수 있으나 반드시 그렇지는 않다. 오히려 역할이 잘 발달된 경우에는 영웅의 정의감이나 순결한 지혜에 맞먹는 마키아벨리적 지혜를 과시한다. 영웅이 도덕적 인물이 되기 쉬운 것처럼, 악당은 부도덕하거나 초도덕적인(복잡하게 그려질 경우) 경향이 강하다.

기능: 악당은 영웅에 맞서 싸우면서 흔히 불공정한 수단을 동원하여 그 힘을 빼앗으려 한다.

스타일: 일반적으로 힘과 지성과 자각에서 세련된 악당일수록 현실적인 연기의 가능성이 커진다. 이아고 같은 복합적인 악당은 매우 양식적으로 쓰여 있지만, 현대적인 재현적 형식으로도 표현될 수 있다. 〈리어 왕〉에 나오는 에드문드나 리건이나 거너릴 같은 셰익스피어의 다른 악당과 달리, 이아고는 복합적인 동기를 갖고 있다. 그는 기대했던 승진이 무산된 데 대한 복수뿐 아니라 힘과 통제력, 궁극적으로는 파괴를 향한 욕망을 만족시키기 위해 행동한다.

보기: 그 밖에 크레온(소포클레스의 안티고네와 콜로누스의 오이디

푸스), 플라미네오(웹스터의 하얀 악마), 레지나 기든스(헬먼의 작은 여우들), 살리에리(샤퍼의 아마데우스), 폴(구아레의 분리의 여섯 단계)이 있다.

23. 역할 유형: 기만하는 자(야수, 부도덕한 자, 악마 참고)

특징: 위선자, 허풍선이, 트릭스터, 도둑, 반항자, 협잡꾼 등의 캐릭터를 한데 묶어 기만하는 자라 부를 수 있다. 기만하는 자는 불충하고 불공정하며 부도덕하다. 영웅과 순결한 사람의 반대이며 때로는 천민으로 표현되기도 한다.

기능: 기만하는 자는 드라마에서 자신의 유익을 위해 영웅과 다른 사람을 길을 잃게 만든다. 그중에는 대규모 재앙을 불러일으켜야만 만족하는 인물도 있다. 피에 덜 굶주린 사람은 위협적인 사람을 처벌하기보다 사욕을 채우는 데 더 관심을 두어 기만 자체에 족하기도 한다. 기만하는 자는 반대인물로 기능하며 그 결과 드라마 역사상 필수불가결한 존재의 입지를 다져왔다. 뮤지컬 〈올리버!〉(디킨스의 소설을 바트가 각색한)에 나오는 파긴처럼 매력적인 인물부터 브레히트가 히틀러를 패러디한 〈아르투로 우이의 저항할 수 없는 출세〉에 등장하는 아르투로 우이처럼 야만적인 캐릭터에 이르기까지 다양하다. 이들은 자신의 전복적 경향을 몰아내려는 관객의 욕구를 끊임없이 만족시킨다.

스타일: 22번 참고.

보기: 22번에서 인용된 보기가 이 역할 유형에 그대로 적용된다. 또 다른 예로는 위선자, 돌팔이, 사기꾼, 도둑을 두루 섭렵하

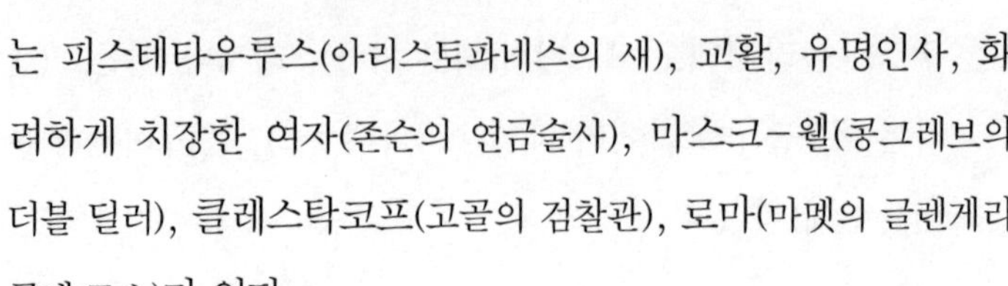

는 피스테타우루스(아리스토파네스의 새), 교활, 유명인사, 화려하게 치장한 여자(존슨의 연금술사), 마스크-웰(콩그레브의 더블 딜러), 클레스타코프(고골의 검찰관), 로마(마멧의 글렌게리 글렌 로스)가 있다.

24. **역할 유형: 도덕주의자**(순결한 사람 참고)

특징: 이 유형은 매우 도덕적이고 신실하며 고상하고 독선적이다. 문제를 대체로 좋거나 나쁜 것으로 보고 그 사이의 가능성에 주목하지 않는다.

기능: 도덕주의자는 매우 높은 가치의 이상이나 원칙, 신념을 수호하고 주장하는 극단적인 자리를 점한다.

보기: 선행(작자미상의 만인), 이사벨라(셰익스피어의 이에는 이), 삼손(밀턴의 삼손 아고니스테스), 아담 트루맨(모와트의 패션), 안톤(헵벨의 마리아 막달레나), 존 브라운(베넷의 존 브라운의 아기), 존 프록터(밀러의 시련).

24.1. **하위 유형: 위선자**

특징: 고대 그리스의 신희극은 매우 신실한 듯 보이지만 실상 거짓임이 드러나는 인물 유형을 만들어 냈다. 이 유형은 부도덕하여 도덕주의자 역할을 가면 삼아 다른 사람을 착취한다.

기능: 위선자는 개인적인 야심을 채우기 위해 경건함의 가면을 쓴다.

스타일: 이 유형은 일반적으로 제시적인 스타일로 연기된다.

보기: 우리는 메난다의 〈중재〉에서 위선자의 초기 사례를 찾을

수 있다. 거기서 외관상 품행이 방정한 카리시우스는 부유한 사업가의 딸과 결혼한다. 그리고 이내 바람둥이이자 술고래의 본성을 드러낸다. 위선자는 여러 희극작가의 손에서 대중적인 인물로 만들어졌다. 몰리에르가 동명의 희곡에서 빚어 낸 타르튀프는 자기보다 선하지만 재기가 모자란 사람을 등치기 위해 이 역할을 연기한다. 타르튀프는 가장 유명한 위선자로 300여 년 동안 수많은 번역자, 배우, 연출자, 관객에게 영감을 주어 왔다. 그 이유 중 하나는 아마도 위선자가 사회적 책임과 착취 사이의 미묘한 균형을 건드리면서, 이타성과 이기성이라는 모순되는 두 가지 힘을 환기시키기 때문일 것이다. 그 밖의 다른 예로는 랍비 질-오브-더-랜드 비지(존슨의 바르톨로뮤의 장날), 로베스피에르(뷔흐너의 당통의 죽음), 판사 아담(클라이스트의 깨진 항아리), 미스 길크리스트(베한의 인질)가 있다.

24.2. 하위 유형: 이상주의자

특징: 이는 원칙이나 이념에 맹렬하게 헌신하는 낭만적인 유형이다.

기능: 이상주의자는 삶에 의미를 제공하는 특정한 이념이나 이상에 충실하다.

보기: 안티고네(소포클레스의 안티고네), 브루투스(셰익스피어의 줄리어스 시저), 에드먼드(오닐의 밤으로의 긴 여로), 돈키호테(테네시 윌리엄스의 카미노 리얼), 아서(므로첵의 탱고), 시드니 브루스타인(한스베리의 시드니 브루스타인의 창문에 나타난 징조).

25. 역할 유형: 부도덕한 자

특징: 깡패, 호색한, 창부/창녀, 포주를 포함하는 이 유형은 세속적이고 방탕하며 음탕하고 관습에 매이지 않으며 부도덕하다. 그중 일부는 경제적인 상황이나 사회적인 억압에 의해 이 역할을 억지로 떠맡기도 한다.

기능: 부도덕한 자는 다른 사람의 욕망을 대가로 자기 욕망을 충족시키고 법의 제약 밖에서 행동한다. 억압받는 부도덕한 사람은 범죄적인 페르소나를 취함으로써 압제에서 벗어나고자 한다.

보기: 창녀는 가장 오래된 직업일 뿐 아니라 가장 자주 반복되는 유형 가운데 하나다. 플라우투스의 〈매나애크미〉에 등장하는 창부 에로티움은 탐욕스러운 여자 포주에 대한 저급한 희극적 묘사의 전조라 할 수 있다. 이 유형에는 또한 플라우투스의 〈커쿨리오〉에 등장하는 카파독스로 재현된 포주가 포함된다. 또 다른 예로는 오버돈 부인(셰익스피어의 이에는 이), 마리(뷔흐너의 보이첵), 두들리 스무드 씨(불워-리튼의 돈), 안나 크리스티(오닐의 안나 크리스티), 카르멘, 집행자, 판사, 이르마(주네의 발코니), 제니(브레히트와 바일의 서푼짜리 오페라), 키티(셔로연의 네 인생의 시간), 세넥스(셰벨로브, 길버트, 손다임의 광장으로 가는 길에 일어난 우스운 일), 엔지니어(부브릴, 숀버그, 말트비의 미스 사이공)가 있다.

25.1. 하위 유형: 방탕한 자

특징: 방탕한 자는 쾌락을 추구하고 매력적이고 유혹적이며 솔직하고 흔히 어린아이 같다.

기능: 이 유형은 쾌락을 추구하지만, 반드시 다른 사람의 희생을 대가로 치르지는 않는다.

보기: 필로라크(플라우투스의 유령의 집), 티타니아(셰익스피어의 한여름 밤의 꿈), 동 쥐앙(T. 드 몰리나의 세비야의 탕아와 돌의 손님), 도리먼트(에테레지의 멋쟁이 신사), 룰루(베데킨트의 판도라의 상자), 맥히스(브레히트와 바일의 서푼짜리 오페라), 마르키스 드 사드(바이스의 마라/사드), 샐리 보울스(반 드루텐의 나는 카메라다와 마스터로프, 칸더, 엡의 카바레).

25.2. 하위 유형: 간부姦夫/간부姦婦

특징: 간부는 새로운 성적 정복을 추구하는 왕성한 쾌락주의자이며, 흔히 비열하고 권태에 빠져 있다.

기능: 이 유형의 기능은 성적 욕구와 모험을 만족시키고 권태감을 덜어 내는 데 있다.

보기: 상상이든 실제로든 간음은 로마 희극에서 큰 역할을 담당한다. 가장 대표적인 사례 중 하나는 플라우투스의 〈암피트리온〉에 나온다. 거기서 신 주피터는 암피트리온으로 변하여 그의 아내를 유혹한다. 그것을 기점으로 간음의 유혹과 공모를 다룬 기나긴 전통이 시작되어 암피트리온이라는 제목의 희곡만 38편에 이른다(지로두의 암피트리온 38을 참고). 그 밖의 보기로는 아내(헤이우드의 요한, 요한), 아든 부인(작자미상의 피버샴의 아든), 존 미들톤(모옴의 정숙한 아내), 스텔라(크로멜릭의 위대한 오쟁이 진 남편), 제리와 엠마(핀터의 배신), 메르퇴이유(드라끌로스의 소설을 햄튼이 각색한 위험한 관계)가 있다.

26. 역할 유형: 피해자

특징: 희생양, 인질, 감옥에 갇힌 자, 노예의 다양한 형태로 나타나는 피해자는 연약하고 쉽게 덫에 걸리며 방어력도 없고 다른 사람의 통제를 받는다. 그리스 비극의 많은 영웅이 피해자로 시작하지만 궁극적으로는 억압자에 대항하여 싸울 수 있을 만큼 강한 존재가 된다. 그 뒤의 작품에 나타나는 반영웅적 피해자는 대개 자신의 힘을 증명하지 못하고 영원히 억압적인 조건에 갇혀 있다.

기능: 피해자는 항복하고 통제를 포기한다.

보기: 피해자 역할은 여러 가지로 비극적 영웅에 대한 그리스의 개념에서 비롯된다. 비극의 영웅은 심각한 피해를 당하고서 여정에 오른다. 오이디푸스, 오레스테스, 엘렉트라, 이피게니아, 프로메테우스, 이들은 모두 처음에 피해자였다. 프로메테우스는 신들에게 희생당하고, 안티고네는 억압적인 권력에 희생당하며, 오레스테스와 엘렉트라는 뿌리 깊은 가족의 반감에 희생당하고, 이피게니아는 아버지에게 희생당하고, 오이디푸스는 운명과 자존심이라는 고전적인 힘에 희생당한다. 이들은 희생시킨 힘에 맞서 싸우는 만큼 비극적 영웅의 지위를 성취한다. 상대적으로 덜 영웅적인 피해자에는 데스데모나(셰익스피어의 오셀로), 페드라(라신느의 페드라), 레슬리(베한의 인질), 다크맨(본드의 여자), 크레이그 도너(크레머의 노멀 하트), 노예들(바라카의 노예) 등이 있다.

26.1. 하위 유형: 순교자

특징: 피해자의 이 유형은 특정한 목적이나 이상을 섬기기 위해 자기 희생을 선택한다. 순교자는 절조 있으며 흔히 교조적이다.

기능: 순교자는 목적에 전적으로 헌신한다. 자기 욕구를 희생하면서 타인을 고통에서 구한다.

보기: 인간에게 불과 빛을 주기 위해 끔찍한 고통을 감내하는 프로메테우스(아이스킬로스의 프로메테우스)가 고전적인 순교자의 원형이라 할 수 있다. 그리고 인간을 고통으로부터 해방시키기 위해 몸 바쳐 기꺼이 고통을 짊어진 기독교의 원형적 순교자 예수(작자미상의 수난극과 라이스와 웨버의 지저스 크라이스트 슈퍼스타)가 그 뒤를 잇는다. 또 다른 보기로는 잔 다르크(맥카예의 잔 다르크), 캔터베리 대주교 토머스 베켓(엘리엇의 성당에서의 살인), 래리 포어먼(블리츠스타인의 요람이 흔들릴 것이다)이 있다.

26.2. 하위 유형: 이기적인 순교자

특징: 자기 희생을 가장하는 이기적인 순교자는 가식적이고 자기 연민이 강하며 자기에게 몰두해 있다.

기능: 이 유형은 자기 목적을 위해 다른 사람을 조작하여 동정과 죄책감을 불러일으킨다.

보기: 이 유형은 '유태인 엄마'로 대중 소설과 대중 매체에 잘 알려져 있지만, 그 원형은 펄스타프라 할 수 있다(셰익스피어의 헨리 4세, 2부에서 특히). 현대적인 보기로는 펠릭스(사이먼의 이상한 커플), 베코프 부인(피얼스타인의 횃불 노래 삼부작), 앨런

펠릭스(앨런의 샘, 다시 한 번 연주를)를 들 수 있다.

27. 역할 유형: 기회주의자

특징: 기회주의자와 그 혈족인 선동정치가에 대해 애로스미스(1970)는 '정책 없는 정치가'라고 논평했다(p. 10). 이 유형은 파렴치함, 강팍함, 교활함, 쉽게 만족할 줄 모르는 왕성한 에너지를 특징으로 한다. 그리고 일신의 유익을 위해 힘과 지위를 얻는 데 힘쓴다.

기능: 기회주의자의 극적 기능은 권력과 지위를 축적하는 것이다. 그 과정에서 누가 힘을 잃는지는 전혀 신경 쓰지 않는다.

보기: 아리스토파네스의 〈새〉에서, 우리는 아테네 사람인 피스테타이로스를 만난다. 그는 동료 유엘피데스와 함께 새들 사이에 있는 유토피아를 찾기 위해 시의 악습에 등을 돌리는 기만적이고 단순한 인물이다. 사실상 피스테타이로스는 힘과 통제력이라는 목표를 위해 새들을 조작한다. 그리하여 유토피아를 꿈꾸는 자가 교활함과 권력을 통해 하늘의 존재—새들과 신들—를 정복함으로써 정치가이자 기업가이자 제국주의자가 된다. 기회주의자 역할은 셰익스피어의 〈리처드 3세〉에서 그려지듯, 흔히 정치가의 어두운 면모를 드러내는 데 쓰인다. 브레히트의 아르투로 우이의 폭군들, 아서 밀러의 〈내 아들들〉에 나오는 조 켈러 같은 사업가가 그렇다. 그 밖의 다른 예로 맥베스 부인(셰익스피어의 맥베스), 맥버드(가슨의 맥버드), 엥스트랜드(입센의 유령), 클레스탁호프(고골의 검찰관), 에디(므로첵의 탱고), 램버트 라루(브렌통과 하레의 프라브다), 레빈(마멧의

글렌게리 글렌로즈)이 있다.

28. 역할 유형: 편협한 자

특징: 인종차별주의자, 성차별주의자, 남성우월주의자, 인간혐오자의 특징을 폭넓게 공유하는 편협한 자는 참을성이 없고 독선적이며 극단적이고 화가 나 있다.

기능: 편협한 자는 다른 사람을 모욕하고 공격하고 괴롭히며 희생양으로 삼는다. 이 유형은 특정 문화권에서 인종적이거나 성적인 혹은 민족적 긴장이 고조될 때 드라마에 만연한다.

스타일: 이 유형은 편협함의 본질에 대한 정치적 관점을 세우기 위해 과장되게 표현되는 경향이 있다.

보기: 이 역할 유형은 거리 연극이라는 현대적 형식에서 흔히 발견된다. 예를 들어, 빵과 인형 극단은 탐욕이나 제국주의 같은 악을 나타내기 위해 패스토 아저씨라 불리는 주먹코 인형과 샘 아저씨라는 모자를 쓴 거대한 인형을 사용한다. 반면 테네시 윌리엄스의 〈욕망이라는 이름의 전차〉같이 근대적인 드라마는 좀 더 현실적인 방식을 구사한다. 거기서 스탠리 코왈스키의 편협한 행동은 두 자매에게 영향을 미친다. 그 밖의 보기로는 스네몬(메난다의 시르콜로스), 페트루키오(셰익스피어의 말괄량이 길들이기), 알세스트(몰리에르의 인간혐오자), 패리스(밀러의 시련), 핼리(후가드의 '매스터 해롤드' …… 그리고 소년들), 가버너 레스터 왓츠-히즈-네임(터커의 빨강, 하양, 그리고 매독스)이 있다.

29. 역할 유형: 복수자

특징: 복수자는 복수에 대한 강박적인 욕구가 특징이다. 복수자는 흔히 원한을 갚으려는 열정, "눈에는 눈 이에는 이"라는 신조를 지킴에 있어 무자비하다.

기능: 복수자는 보복 행동을 통해 불만을 없앤다. 드라마에서 그것은 흔히 폭력적인 행위로 나타난다. 복수자는 관객의 분노를 잘 간취해 낸다. 그들에게는 사회적으로 수용될 만한 장소에서 화를 분출할 기회가 흔치 않으며, 그래서 자기 삶에서 만난 악에 대신 앙갚음을 해 줄 복수극을 필요로 할지도 모른다.

보기: 서구의 복수극 전통은 그리스에서 시작된다. 메디아의 강렬한 인물들(유리피데스의 메디아)과 아약스(소피클레스의 아약스)는 모두 복수의 동기로 움직인다. 전자는 유아 살해라는 끔찍한 범죄를 저지르고, 후자는 분노의 열기 속에 자살하고 만다. 가장 유명한 연쇄 복수극은 아이스킬로스의 〈오레스티아〉다. 거기서는 클리템네스트라가 남편 아가멤논에게 맞서고, 다시 그 부부의 자식인 오레스테스와 엘렉트라가 살인을 저지른 어머니에게 대적함으로써 복수의 모티프가 지속된다. 아트레우스 가문의 이 놀라운 인물들은 서구 드라마 역사를 통해 다양한 형식으로 거듭 등장하는데, 그중 가장 유명한 것이 자코뱅 시대의 복수비극이다. 장 폴 사르트르와 유진 오닐 역시 〈파리들〉과 〈상복이 어울리는 엘렉트라〉에서 각각 현대적 실존의 어둠을 드러내기 위해 오레스티아의 인물을 끌어와 사용했다. 그 밖의 보기로는 아트레우스(세네카의 티에스테스), 벤디체(터너의 복수자의 비극), 에바드네(보몽과 플레처의 하녀의 비

극), 복수(키드의 스페인 비극), 클레어 자차나시아(뒤렌마트의 방문), 마조리(마스트로시몬의 최후의 행동)가 있다.

30. 역할 유형: 조력자

특징: 조력자는 도덕적이고 이기적이지 않으며 지지적이고 이타적이다. 이 유형은 또한 좋은 친구이자 선한 사마리아 사람으로 나타난다.

기능: 조력자는 영웅이나 주인공이 여정을 따라 나아가도록 하거나 많은 난관 속에서도 충직함을 유지함으로써 어려운 상황에 처한 사람을 구한다.

보기: 셰익스피어의 〈리어 왕〉은 기만과 잔혹함에 대한 강렬한 작품이다. 그러나 리어와 글로스터의 악몽 같은 우주에는 고상하고 충직한 딸 코딜리어와 아들 에드가가 있다. 리어의 충직한 신하인 켄트는 어리석은 주인의 안전을 보장하기 위해 모욕과 죽음의 위협을 무릅쓰는 조력자의 원형이다. 조력자는 분명히 그리스 드라마에 뿌리를 두고 있으며, 그중에서도 아버지와 오빠를 헌신적으로 도운 안티고네가 가장 눈에 띈다. 그리하여 이 역할 유형은 호라시오를 거느린 수많은 햄릿들, 스텔라를 곁에 둔 많은 블랑쉬 드보아를 만들어 냄으로써 극문학에서 그 범위를 확장해 왔다. 다른 보기로는 헤르메스(아이스킬로스의 유메니데스), 트루먼(릴로의 런던 상인), 피델리아(위철리의 솔직한 사나이), 쿠르트(스트린드베리의 죽음의 춤), 아만다 스미스(베어먼의 희극은 없다), 사그레도(브레히트의 갈릴레오), 맘(로렌스와 리의 앤티 맘)이 있다.

31. 역할 유형: 속물

특징: 이 유형은 시골뜨기, 게으름뱅이, 수다쟁이 등 상상력이 모자라고 지나치게 말이 많은 사람을 포함한다. 세련되지 못하고 천박하고 인습적이고 촌스럽고 밉살맞고 1차원적이며 가식적이다.

기능: 속물은 희극적 안도감과 풍자를 제공하고, 관객에게 자기 자신과 자신의 판단을 너무 진지하게 받아들이지 말라고 경고한다.

스타일: 일반적으로 노골적이고 익살스럽게 그려지지만, 현대의 드라마에서는 좀 더 복합적으로 다루어진다.

보기: 〈유식한 부인들〉, 〈인간 혐오자〉, 〈자칭 신사〉 같은 몰리에르 소극에 이런 인물이 풍부하다. 또 영국 왕정복고기 희극과 현대의 드라마에서도 속물 역할은 번성기를 누린다. 말볼리오(셰익스피어의 십이야), 존 브루트 경(반브루흐의 성질난 아내), 이반 프리시프킨(마야코브스키의 빈대), 윌마와 마사(윌슨의 엘드리치의 리머).

32. 역할 유형: 구두쇠

특징: 구두쇠는 인색하고 지배적이며 권력에 굶주리고 물질적인 것에 강박적이며 사람에 소유욕을 나타낸다.

기능: 구두쇠는 가치 있다고 생각한 것을 저장한다. 그 탐욕스러운 행동은 그러나 가격표에 부속된다. 구두쇠는 그 인색함으로 인해, 사랑하는 것에 손을 대자 모두 금으로 변해버린 미다스 왕처럼, 친밀한 것들로부터 소외되는 고통을 겪는다.

보기: 플라우투스는 〈금단지〉에서 구두쇠의 초기 형태를 보여

준다. 거칠게 묘사된 유클리오라는 인물은 이런 평을 듣는다. "잠자리에서 그는 목을 눌러 숨통을 조일 것이다……. 숨을 낭비하지 않기 위해서 말이다." 그는 몰리에르와 오닐 같은 극작가에게 영향을 주었다. 아르파공(구두쇠)와 제임스 타이론(밤으로의 긴 여로)은 구두쇠의 인색하고 통제적인 특질을 잘 보여 준다.

33. 역할 유형: 겁쟁이

특징: 이 역할은 모험을 하지 않고 두려움이 많으며 영웅적이지 못하고 쉽게 겁에 질린다.

기능: 겁쟁이는 두려움에 굴복하고, 위험하고 도전적인 상황에 직면하지 못하고 위축된다.

보기: 파롤레스(셰익스피어의 끝이 좋으면 다 좋아), 앤드류 아그칙(셰익스피어의 십이야), 우부(자리의 우부 대왕), 가르신(사르트르의 출구 없음), 돈(마멧의 아메리칸 버펄로).

33.1. 하위 유형: 허풍선이/허풍선이 전사(나르시시스트 참고)

특징: 아는 건 없는데 말은 많은 유형이다. 허풍선이는 무식하고 뻔뻔하고 어리석고 독선적이고 가식적이다. 내용은 없고 형식만 난무한다. 허풍선이 전사는 전장과 침실에서 능력을 자랑하지만, 막상 도전이 닥치면 어느 곳에서도 제 몫을 하지 못한다.

기능: 허풍선이의 공격적인 뻔뻔함은 열등감을 가리는 기능을 한다. 관객은 희극적 카타르시스를 통해 떠들썩한 허풍에 참여한 데 대한 부적절감을 방출한다.

스타일: 허풍선이 역할의 스타일은 슬랩스틱, 벌레스크, 소극 등

저급한 희극 스타일을 닮는 경향이 있다. 이탈리아 코메디아 델라르테에서 허풍선이는 영웅인 체하는 카피타노, 훈장은 많지만 기개 없는 남자로 나타난다.

보기: 플라우투스의 〈밀레스 글로리오수스〉에서 허풍선이의 원형을 찾을 수 있다. 플라우투스의 필고폴리니세스는 젊은 창녀를 사로잡음으로써 성적 능력을 증명하려 하지만, 영리한 노예에 의해 가짜 연인을 단념하고 결국 간통죄로 처벌을 받는다. 한 대목에서 그는 자기 후손이 '천 년 동안, 한 세기에서 다음 세기로' 이어져 나갈 거라 큰소리를 친다. 이 전형적인 인물은 정말로 수많은 자손을 낳으면서 오랫동안 버텨 왔는데, 니콜라스 우달의 랄프 로이스터 도이스터(동명의 희곡), 존슨의 보바딜 장군(십인십색), 코르네이유의 마타모르(희극적 환상), 뷔흐너의 드럼 메이저(보이첵), 사랑스러운 겁쟁이 사자(바움의 오즈의 마법사)를 들 수 있다.

34. 역할 유형: 빌붙는 자

특징: 늘 따라다니는 사람, 아첨꾼, 거머리와 아양꾼, 자기 지위를 높이기 위해 다른 사람을 등치는 사람이다.

기능: 이 역할은 더 높은 지위에 있는 사람에게 붙어 떨어지지 않음으로써 재산을 늘린다.

스타일: 많은 사람이 이 유형을 혐오스럽게 여기지만 충분히 양식적으로 표현되는 덕분에 관객은 남을 등쳐먹는 자신의 기질을 비웃을 수 있다.

보기: 사람을 잘못 알아보는 데서 빚어지는 희극인 플라우투스

의 〈메나에크미〉는 셰익스피어의 〈실수연발〉과 애봇과 로저스와 하트가 쓴 현대 뮤지컬 〈시라쿠스에서 온 소년들〉의 모델이 되었다. 거기에 일군의 전형적 인물이 등장하고 그중 하나가 바로 빌붙는 자인 페니쿨루스 혹은 '스펀지'다. 하나의 유형으로서 빌붙는 자는 엘리자베스 시대의 연극에 풍부하다. 눈에 띄는 예로는 자기 이익을 위해 주인 볼포네('여우')를 포함해 모든 것을 빨아먹어 버리는 모스카('파리')다(벤 존슨의 볼포네). 볼포네와 모스카는 버트의 오페라 〈볼포네〉와 겔바트의 음악희극 〈교활한 여우〉에서 다시 한 번 부활했다. 현대 드라마 역시 나름의 빌붙는 자 퍼레이드를 펼쳐 보인다. 브레히트의 〈사천의 선인〉에서 마음 착하지만 무일푼인 창녀 센테에게 다가가 환심을 사려하는 신 부인이 좋은 예다. 그 밖의 다른 예로 그나토(테렌스의 에누크), 메리그릭(우달의 랄프 로이스터 도이스터), 칼리 폭스(마멧의 스피드-더-플로우)를 들 수 있다.

35. 역할 유형: 생존자

특징: 위협에도 굴하지 않는 생존자는 도덕적으로 용감하고 끈질기며 평온하다.

기능: 생존자는 때로 압도적인 장애물 앞에서 도덕적 용기를 보여 주고 그것을 견지한다.

보기: 브레히트의 가장 유명한 생존자인 억척 어멈(억척 어멈과 그 자식들)은 자기 자신과 소중한 것을 지키기 위해 무엇이든 한다. 일부 유명한 예외가 있기 하지만, 생존자 역할은 근대적이다. 외부의 반대인물과 내면의 악마에 대항하여 싸운다는 점

에서, 고전 비극의 영웅도 생존자의 특징을 갖고 있다고 볼 수 있다. 그러나 영웅은 대부분 살아남지 못한다. 도덕적 입장을 협상하려 들지 않기 때문에 오이디푸스는 자기 눈을 찌르고, 안티고네는 죽음에 이르며, 리어는 미치광이가 되고, 햄릿은 복수의 제물이 된다. 그러나 억척 어멈을 다르다. 어차피 모순되거나 비도덕적인 우주에서, 그녀 역시 비도덕적으로 처신한다. 연극사를 통튼다면, 그 밖에 헤큐바(유리피데스의 트로이의 여인들), 페리클레스(셰익스피어의 페리클레스), 앙드로마크(라신느의 앙드로마크), 프로 울프(하우프트만의 비버 코트), 소냐(안톤 체호프의 바냐 아저씨), 갈릴레오(브레히트의 갈릴레오), 자코보우스키(월펠의 자코보우스키와 대령), 주노(오케이시의 주노와 공작), 안네 프랑크(굿리치와 해켓의 안네 프랑크의 일기), 레나 영거(한스베리의 태양 속의 건포도), 존 카니와 윈스톤 초나(후가드, 카니와 초나의 섬)를 생존자의 보기로 꼽을 수 있다.

항목: 정서 상태

36. 역할 유형: 좀비

특징: 살아 있는 시체의 일종인 좀비는 감정적으로 죽었고 생기가 없으며 도덕을 초월해 있다.

기능: 이 현대적인 유형은 기억과 친밀함으로부터 자신을 보호하기 위해 감정 일체를 차단한다.

스타일: 좀비는 대개 제시적인 방식으로 표현된다.

보기: 로봇(카펙의 R.U.R.), 피터(올비의 동물원 이야기), 샤롯 코

데이(바이스의 마라/사드), 조 에그(니콜스의 조 에그 죽음의 날), 에밀리 스틸슨(코핏의 날개), 앙상블(칸토르의 죽은 교실), 데보라(핀터의 알래스카 같은).

36.1. 하위 유형: 길 잃은 자(추방당한 자 참조)

특징: 길 잃은 자는 소원하고 소외되어 있으며 비도덕적이고 목적감이나 우주에서의 자기 위치에 대한 이해가 결여되어 있다.

기능: 이 유형은 의미 없음을 기정 사실로 받아들이고 때때로 방황하기도 하지만 삶의 목적을 묻지 않고 견딘다.

보기: 체호프의 작품에 나오는 많은 길 잃은 인물은 사회적으로나 내적인 삶으로부터 소외되어 있고 소원하다. 이들은 한때 부와 젊음과 사회적 지위와 꿈을 지녔지만, 현재는 상실한 것을 끌어안고 더듬는 데 시간을 허비한다. 이 근대적인 유형은 한때 강한 힘과 영광을 누렸으나 그 지위와 기쁨의 마지막 상징인 사랑해 마지않는 벚꽃 동산을 잃어버릴 처지에 놓인 라네브스카야 부인(벚꽃 동산)에게서 아주 잘 나타난다. 근대의 많은 길 잃은 자는 체호프의 인물보다 훨씬 어둡고 비관적인 톤으로 그려져, 흡사 어릿광대 같은 분위기로 자신의 운명을 살아낸다. 일찍이 1836년에 뷔흐너는 〈보이첵〉을 통해 외부와 내면 세계의 무관심과 배신에 대항해 맞서 싸우는 보잘것없는 존재인 길 잃은 자의 보기를 제시했다. 길 잃은 자의 과다 현상은 전반적인 실존 조건에 대한 반응으로 20세기에 두드러졌으며, 카뮈의 소설 〈이방인〉에서 가장 극명하게 표현된다. 현대 연극에서는 오닐의 짐승 같은 양크 스미스(털북숭이 원숭이),

라거크비스트(영혼 없는 사나이), 베케트의 고립된 크랩(크랩의 마지막 테이프) 등을 찾을 수 있다. 베케트가 극단적으로 그려낸 길 잃은 자는 감정적으로 메마르고 생기라곤 찾아볼 수 없으며 기억과 친밀함을 방어하기 위해 감정을 차단하는 데 필사적인 좀비가 된다. 길 잃은 자는 신의 침묵 혹은 죽음을 기정사실로 받아들인다. 라네브스카야 부인과 크랩 같은 인물은 견디고 버티는 반면, 더 어두운 세계에 속한 보이첵과 양크 스미스는 자살을 하거나 무감각하게 죽임을 당한다. 그 밖에 낯선 자(스트린드베리의 다마스커스로, 1부), 상병 베크만(보케르트의 바깥의 남자), 에드거 바포(위트키에위츠의 물오리)가 있다.

37. 역할 유형: 불평분자

특징: 불평분자는 염세적이고 기존 질서 안에서 편안하게 살 수 있을 것 같지 않은 불행한 사람이다.

기능: 불평분자는 기존 질서의 정의롭지 못함에 부정적으로 반응한다. 주변을 동요하게 만들고 규준에 대한 공개적인 비평에 반응하도록 강요한다.

보기: 오레스테스(아이스킬로스의 신주 나르는 사람), 맥베스(셰익스피어의 멕베스), 헤다 가블러(입센의 헤다 가블러), 소냐와 바냐 아저씨(체호프의 바냐 아저씨), 올가, 마샤, 이리나(체호프의 세자매), 줄리(스트린드베리의 미스 줄리), 스위니 토드(윌러와 손다임의 스위니 토드).

37.1. 하위 유형: 냉소주의자

특징: 이 유형은 냉소적이고 비판적이며 지적이고 염세적이고 냉정하다.

기능: 냉소주의자는 삶의 불모성을 증명하고 감정을 방어함으로써 힘을 유지하려 한다.

보기: 브리겔라(다양한 코메디아 델라르테의 대본), 아페만투스(셰익스피어의 아테네의 티몬), 프레이트 티모테오(마키아벨리의 만드라골라), 엘링 박사(입센의 들오리), 브랙 판사(입센의 헤다 가블러), 벨크레디(피란델로의 헨리 4세), 제임스 타이론 2세(오닐의 미스비가튼을 위한 달), 벨 버틀리(그레이의 버틀리), 브레히트(햄프튼의 홀리우드에서 온 이야기).

37.2. 하위 유형: 성마른 사람

특징: 냉소주의자가 지적인 데 비해, 성마른 사람은 감정적이고 충동적이고 비합리적이며 과격한 폭발을 탐닉한다.

기능: 성마른 사람은 상처와 화와 분노를 공개적이고 직접적으로 표현한다.

보기: 메디아(유리피데스의 메디아), 핫스퍼(셰익스피어의 헨리 4세 1부), 거너릴(셰익스피어의 리어 왕), 티볼트(셰익스피어의 로미오와 줄리엣), 지미 포터(오스본의 성난 얼굴로 돌아보라), 레비(윌슨의 마 레이니즈 블랙 바텀).

37.3. 하위 유형: 바가지 긁는 여자

특징: 이 유형은 화가 나 있고 귀에 거슬리며 성가시게 굴고 짜증

스럽다.

기능: 바가지 긁는 여자는 강렬한 느낌과 원하는 것을 얻기 위해 자기를 거칠고 거슬리는 방식으로 표현한다.

보기: 아내(플라우투스의 메나에크미), 케이트(셰익스피어의 말괄량이 길들이기), 구두장이의 아내(가르시아 로르카의 구두장이의 놀라운 아내), 클레앙트(몰리에르의 암피트리온), 프라우 마르테 룰(폰 클라이스트의 깨진 항아리), 메게라(버나드 쇼의 안드로클레스와 사자), 아그네스(올비의 섬세한 균형).

37.4. 하위 유형: 반항자

특징: 반항자는 불만을 토로하고 기존 질서를 거부하며 전쟁이나 기지로 반역을 시도한다.

기능: 반항자는 기성의 권위에 행동을 취함으로써 불만을 드러낸다. 그들은 수세기에 걸쳐 강력한 영향력을 끼쳐 왔으며, 관객이 내면의 분노를 드러낼 수 있게 해 준다.

보기: 아리스토파네스가 쓴 동명의 희곡에서 리시스트라타는 반항자의 명석한 형태를 보여 준다. 그녀는 아테네 여자들에게 전쟁을 멈추지 않는 한 잠자리를 거부하게끔 종용하는 강력한 반전 전술을 편다. 연극사를 장식한 또 다른 재기 넘치는 혹은 공격적인 반항자에는 캐시우스(셰익스피어의 줄리어스 시저), 윌리엄 텔(실러의 윌리엄 텔), 마릭 중사(우크의 케인호 반란 군법회의), 리빙 시어터 앙상블(벡, 말리나, 앙상블의 천국을 향하여), 맥머피(와서먼이 케세이의 소설을 각색한 뻐꾸기 둥지 위로 날아간 새) 등이 있다.

38. 역할 유형: 연인

특징: 연인은 낭만적이고 부드러우며 몸과 영혼을 짝에게 헌신한다.

기능: 연인은 사랑의 대상에게 낭만적이고 열정적인 감정을 표현한다.

스타일: 태생적으로 낭만적인 연인은 심리적 사실주의의 전통이 재현적인 공연을 요구함에도 불구하고 양식화된 방식으로 극화되는 경향이 있다.

보기: 셰익스피어의 연인 중에서 가장 영향력 있는 인물은 로미오와 줄리엣이다. 이 운 나쁜 연인은 폭력적이고 적대적인 사회 덕택에 더욱 낭만적으로 장식된다. 로렌츠, 손다임, 번스타인의 뮤지컬 〈웨스트 사이드 스토리〉는 로미오와 줄리엣의 전통 안에 있다. 연극의 대들보인 연인에는 다음과 같은 보기가 있다. 팜필루스(케렌스의 안드로스의 여인), 페르디난드와 미란다(셰익스피어의 템페스트), 미라벨과 밀라망(콩그리브의 세상의 길), 엘리자베스 바렛과 로버트 브라우닝(베지어의 윔폴가의 모자), 조지 깁스와 에밀리 웹(와일더의 우리 읍내), 토니와 티나(인공지능 제공의 토니와 티나의 결혼식).

38.1. 하위 유형: 나르시시스트/이기주의자(허풍선이 참고)

특징: 이 유형은 자기 자신과 사랑에 빠진 사람이다. 외면과 이미지에 사로잡힌 나르시시스트는 다른 사람의 감정적 욕구를 인식하지 못할 만큼 자기에게 몰두해 있다.

기능: 나르시시스트는 자기 자신을 맹목적으로 사랑하여 다른 사람들과 친밀한 관계를 맺기 못하며 본질을 결여한 형식적인 표

면의 삶을 산다.

보기: 말볼리오(셰익스피어의 십이야), 클레오파트라(셰익스피어의 안토니와 클레오파트라), 헨리 히긴스(쇼의 피그말리온), 오브리 파이퍼(켈리의 과시), 잭 보일(오케이시의 주노와 공작), 세리단 화이트사이드(카우프만과 하트의 저녁 식사에 온 남자), 에바 페론(라이스와 로이드 웨버의 에비타).

39. 역할 유형: **황홀경에 빠진 자**(디오니소스적인 신/여신 참고)

특징: 이 유형은 의식의 다른 차원에 사는 것처럼 보인다. 진정한 디오니소스 숭배자인 이 유형은 초월적이고 초도덕적이며 비합리적이고 홀려 있다.

기능: 황홀경에 빠진 자는 인간 내면의 비합리적이고 초월적인 부분을 표현하고, 주신제적인 경험의 순간을 추구한다.

스타일: 이 유형은 감각과 감정에 호소하는 원초적이고 양식적인 방식으로 묘사된다.

보기: 황홀경에 빠진 자의 원형은 디오니소스다. 그는 여러 가지 방식으로 비극을 위한 두 모델 중 하나(다른 하나는 아폴로다, 니체, 1872/1956 참고)를 제시한다. 한 인간이자 정신으로서 디오니소스는 연극사를 통해 지속되면서 유리피데스의 〈바커스의 사제들〉과 퍼포먼스 그룹의 현대적인 〈디오니소스 69〉에서 재현된다. 그 밖의 보기로는 분노의 여신들(세네카의 티예스테스), 펜테실레아와 아마존(폰 클라이스트의 펜테실레아), 리아(안스키의 디벅), 파리(사르트르의 파리), 드라큘라와 루시(카츠의 드라큘라: 새벽), 로즈(프리엘의 루나자에서 춤을)를 꼽을 수 있다.

CHAPTER 10

유형 분류: 사회적 영역

영역: 사회적

항목: 가족

40. 역할 유형: 어머니

특징: 전통적인 어머니는 다정하고 도덕적이며 아이들을 보살펴 기른다. 어머니는 생존자다.

기능: 어머니의 가장 기본적인 기능은 아이들을 보호하고 기르는 것이다.

스타일: 때로는 브레히트의 억척 어멈처럼 양식적으로 표현되지만, 재현적인 경향이 더 일반적이다.

보기: '선한' 어머니의 보기에는 앙드로마케(유리피데스의 트로이

의 여인들), 콘스탄스(셰익스피어의 존 왕), 그루샤(브레히트의 코카서스의 백묵원), 마마(반 드루텐의 나는 마마를 기억하다), 린다 로먼(아서 밀러의 세일즈맨의 죽음), 델마(노먼의 잘 자요, 엄마), 마조드(스타인벡의 소설 분노의 포도를 각색한 갈라티의 작품)가 있다.

40.1. 하위 유형: 잔혹한 어머니

특징: 이 '악한' 어머니 유형은 복수심에 불타고 반도덕적이고 폭력적이며 잔인하다.

기능: 도취적이고 비이성적인 여성의 디오니소스적 힘을 시위하는 이 어머니는 자녀를 파괴하려 한다.

스타일: 어머니의 이 어두운 형태는 흔히 신화적인 방식으로 양식화되어 표현된다.

보기: 메디아(유리피데스의 메디아), 아가베(유리피데스의 바커스의 여사제들), 아탈리아(라신느의 아탈리아), 어머니(가르시아 로르카의 피의 결혼식), 마트리오나(톨스토이의 어둠의 힘), 나텔라 아바시윌리(브레히트의 코카서스의 백묵원), 어머니(주네의 병풍).

40.2. 하위 유형: 혁명적인 어머니

특징: 연극에서 묘사되는 어머니의 세 번째 형태는 급진적인 또는 혁명적인 유형이다.

기능: 이 어머니는 도덕적이고 새로운 정치 질서를 꿈꾸며 그것을 실현하기 위해 투쟁한다. 양육의 본능을 정치적인 목표와 개인적인 목표에 쏟아부으며, 가끔은 전자를 위해 후자를 희

생하기도 한다.

스타일: 혁명적인 어머니는 일반적으로 서사극이나 정치 연극의 스타일 안에서 표현된다. 그러나 이 유형의 인간적 측면은 일부 현대 작품의 밑바탕이 된다.

보기: 근대와 현대의 정치적인 연극과 여성주의 연극에서 예를 찾아볼 수 있다. 펠라즈 블라소바(브레히트의 어머니), 사라(웨스커의 보리를 곁들인 치킨 수프), 몰리(테리의 몰리 발리의 순회 가족 서커스), 마더 존스(클레인의 마더 존스의 분노).

41. 역할 유형: 아내

특징: 몇몇 유명한 예외가 있긴 하지만, 연극사를 통틀 때 전통적인 아내 역할은 정숙하고 다정하고 보살피는 조력자의 그것이다.

기능: 아내는 남편과 가정을 돌본다.

보기: 알세스테스(유리피데스의 알세스티스), 데스데모나(셰익스피어의 오셀로), 엘마이어(몰리에르의 타르튀프), 엘레나(체호프의 바냐 아저씨), 버디 허바드(헬먼의 작은 여우들), 아트로부스 부인(와일더의 간발의 차), 스텔라(테네시 윌리엄스의 욕망이라는 이름의 전차).

41.1. 하위 유형: 해방된 아내

특징: 한 가지 예외는 남편과의 전통적인 관계에서 해방되었거나 그렇게 되기 위해 투쟁하는 아내다.

기능: 충분히 발달된 극적 형식에서 이 유형은 현 상태에 도전한

다. 처음에는 자기 내면의 인습적인 면모 및 수동성과 싸우지만, 그다음에는 남편이나 사회의 외부 억압 세력에 대항하여 사회적 차원의 싸움을 전개한다.

보기: 해방된 아내는 근대의 산물이지만 그 이전의 작품에도 등장했다. 그리스 희극에서는 호전적인 남편과의 잠자리를 거부하는 미리네(아리스토파네스의 리시스트라타)가 그렇다. 그리고 서구 관객에게 더 인상 깊은 예는, 성서에 처음으로 등장하는 여성인 이브(작자미상의 아담의 이야기)다. 그녀는 지배적인 남성의 권위에 순응하지 않음으로써 독립성을 주장한다. 그러나 이 유형의 근대적 형태는 노라 헬머에게서 비로소 충분히 주목받게 된다. 입센의 〈인형의 집〉의 주인공인 노라는 빅토리아 시대 유럽의 숨 막히는 사회적 분위기가 빚어낸 인물이다. 성 역할과 남편, 문화에 갇혀 살던 노라는 급기야 은유적인 인형의 집을 부수면서 교양과 질서와 형식과 빅토리아 시대의 폐허를 떠난다. 스타일 면에서 노라는 내적 충동과 욕구에 따라 움직이는 근대의 사실적인 주인공을 예고함으로써, 스타니슬라브스키(1936)가 개발한 심리적 행동의 개념에 도달한다.

그 밖의 다른 보기에는 바르야(고리키의 서머포크), 리나 츠체파노브스카(버나드 쇼의 잘못된 결혼), 콘스탄스 미들톤(몸의 정숙한 아내), 폴리 피춤(브레히트와 바일의 서푼짜리 오페라)이 있다.

41.2. 하위 유형: 거세하는 아내

특징: 아내의 세 번째 유형은 부정하고 불충하며 거세적이다.

기능: 해방된 아내와 마찬가지로 독립적이지만, 이 유형은 무엇보다 남편을 망가뜨리려 든다.

보기: 클리템네스트라(아이스킬로스의 아가멤논), 여왕 이사벨라(말로의 에드워드 2세), 로라(스트린드베리의 아버지), 앨리스(스트린드베리의 죽음의 춤), 젊은 여자(트리드웰의 머시널), 마사(올비의 누가 버지니아 울프를 두려워하랴?).

42. 역할 유형: 장모

특징: 이 유형은 일반적으로 희극적이며 성가시고 밉살스럽다.

기능: 장모는 사위와 딸의 만족스러운 관계를 훼방하여 관객이 자신의 장인이나 장모 혹은 시아버지나 시어머니에게 갖는 부담을 웃어넘기게 만드는 희극적 휴지의 기능을 한다.

스타일: 이는 일반적으로 광범한 스타일을 섭렵하는 양식화된 인물이다.

보기: 소스트라타(테렌스의 장모님), 마담 페르넬(몰리에르의 타르튀프), 시뇨라 프롤라(피란델로의 당신이 옳아요(당신이 그렇게 생각한다면)), 마파 이그나티에브나 카바노브(오스트로브스키의 폭풍), 모드(처칠의 클라우드 나인), 어머니(닐 사이먼의 맨발로 공원을).

43. 역할 유형: 과부/홀아비

특징: 노처녀/노총각을 포함하는 이 유형은 혼자라서 때로는 외롭고 때로는 자족적이다.

기능: 이 유형은 배우자가 없는 삶의 한계를 수용하고 견디며 그런대로 살아간다.

보기: 아토사(아이스킬로스의 페르시아 사람들), 노총각(플라우투스의 허풍선이 전사), 헬렌 알빙(입센의 유령), 올가(체호프의 세 자매), 미망인 퀸(싱그의 서부 세계의 바람둥이), 켄달 프라이네 부인(버르만의 두 번째 남자), 라이문다(베나벤테의 시계풀), 로즈페틀 부인(코핏의 오 아빠, 불쌍한 아빠, 엄마가 벽장 속에 매달았군요, 그래서 난 슬퍼요).

44. 역할 유형: 아버지

특징: 전통적인 아버지는 남성적이고 강하고 충직하며 보호적이다.

기능: 이 유형은 가족을 보호하고 긍정적인 남성적 역할 모델을 제공한다.

스타일: 작자미상의 중세 도덕극 〈아브라함과 이삭〉에 나오는 아브라함처럼 양식적으로 그려지기도 하지만, 아버지는 일반적으로 재현적으로 표현된다.

보기: 헤기오(플라우투스의 포로들), 헨리 4세(셰익스피어의 헨리 4세 1부와 2부), 아버지 데이(린제이와 크루즈의 아버지와의 삶), 아빠 조드(스타인벡의 소설 분노의 포도를 각색한 갈라티의 동명의 작품).

44.1. 하위 유형: 압제적인 아버지

특징: 아버지의 이 부정적인 형태는 권력에 굶주려 있고 도덕적으로 양가적이다.

기능: 압제적인 아버지는 가족을 통제하고 어떻게든 힘을 유지하려 한다.

아가멤논(유리피데스의 이피게니아), 바라바드(말로의 말타의 유대인), 에드워드 물톤-바레(베지어의 윔폴 가의 모자), 늙은 마혼(싱그의 서부 세계의 바람둥이), 제임스 타이론(오닐의 밤으로의 긴 여로), 에켈 샤프쇼위치(아스크의 복수의 신).

45. 역할 유형: 남편

특징: 전통적인 남편은 생계를 책임지는 사람이자 부의 분배자다.

기능: 이 유형은 아내에게 힘과 안정된 분위기를 제공하고 유지한다.

스타일: 일반적으로 재현적인 스타일로 극화된다.

보기: 아드메투스(유리피데스의 알세스티스), 아담(작자미상의 아담의 이야기), 존 프랑크포드(헤이우드의 친절 때문에 죽은 여자), 파파(반 드루텐의 나는 엄마를 기억한다), 냇 밀러(오닐의 아! 황무지), 헨리(스토파드의 진짜).

45.1. 하위 유형: 잔학한 남편

특징: 이 유형은 잔인하고 무정하며 흔히 기만적이고 부정하다.

기능: 잔학한 남편은 아내의 희생을 대가로 자기 욕망을 충족시킨다.

보기: 제이슨(유리피데스의 메디아), 콘월(셰익스피어의 리어 왕), 술렌(파쿼의 아름다운 책략), 캡틴 에드거(스트린드베리의 죽음의 춤), 웨스톤(셰퍼드의 굶주린 계층의 저주).

45.2. 하위 유형: 유약한 남편

특징: 남편의 세 번째 형태는 연약하고 불안하며 흔히 여자를 두려워한다.

기능: 이 유형은 자신의 성성과 여자 관계에서 갈등을 겪는 신경증적이고 우유부단한 남자의 초상을 제공한다. 유약한 남편은 두려워함으로써 관객 중에 그와 비슷한 성향을 지닌 남자에게 두려움을 불러일으키며 여자의 판단에 대한 의존을 영속시킨다.

보기: 알론조(미들톤과 로울리의 바뀌친 아이), 조지 테스먼(입센의 헤다 가블러), 캡틴(스트린드베리의 아버지), 마이론(오데츠의 일어나 노래하라), 프랭크 엘긴(오데츠의 시골 소녀), 크로커-해리스(래티건의 브라우닝 버전), 조지(올비의 누가 버지니아 울프를 두려워하랴?), 오지(라브의 막대와 뼈).

46. 역할 유형: 아들

특징: 전통적인 아들은 공손하고 충직하며 아버지를 닮기 위해 애쓴다.

기능: 아들의 목표는 아버지의 모델을 따라 전통을 이어 가고 아버지의 기대에 어긋남 없이 사는 것이다.

보기: 이삭(작자미상의 아브라함과 이삭), 에드거(셰익스피어의 리어왕), 조지 깁스(와일더의 우리 읍내), 유진 제롬(사이먼의 브라이튼 해변의 추억).

46.1. 하위 유형: 배교자/반항적인 아들

특징: 이 유형은 가족이라는 덫에서 도망하고자 한다. 반항적이

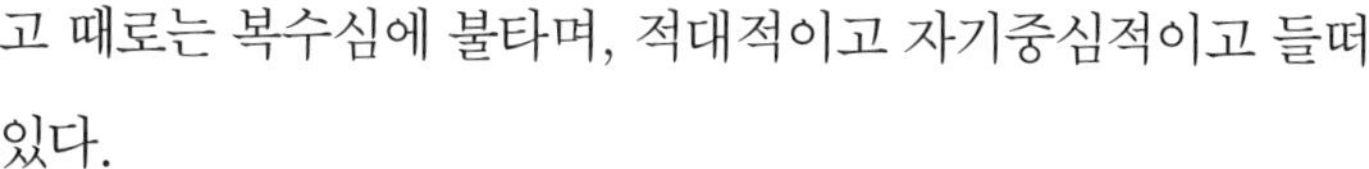

고 때로는 복수심에 불타며, 적대적이고 자기중심적이고 들떠 있다.

기능: 배교자 아들은 집을 떠나 세상 속에서 자기만의 길을 가다가, 아버지의 자리를 물려받기 위해 집으로 돌아온다.

보기: 해몬(소포클레스의 안티소네), 헨리, 웨일즈의 왕자(셰익스피어의 헨리 4세 2부), 스티븐 언더샤프트(쇼의 성인 바바라), 크리스티 마혼(싱그의 서구 세계의 바람둥이), 백만장자의 아들(카이저의 가스 II), 비프 로먼(아서 밀러의 세일즈 맨의 죽음), 데이비드(라브의 막대와 뼈).

46.2. 하위 유형: 서자/방탕한 아들

특징: 이 유형은 가족에게 악당이다. 속임수를 쓰고 통제적이며 때로는 살인을 저지르기도 하고 흔히 서출이다.

기능: 방탕한 아들은 가족을 착취하고 힘과 통제력에 대한 욕구를 만족시킨다.

보기: 에드먼드(셰익스피어의 리어 왕), 서자 필립(셰익스피어의 존 왕), 발렌틴(콩그레브의 사랑을 위한 사랑), 프레데리코(로페 데 베가의 복수 아닌 정의), 에서(호프만의 야곱의 꿈), 제이미 타이론(오닐의 밤으로의 긴 여로).

47. 역할 유형: 딸

특징: 전통적인 딸은 아버지를 보호한다. 일반적으로 어머니의 이미지를 따르며 충실하고 온화하며 양육적이다.

기능: 딸은 집에 머물면서 가족을 돌본다. 아버지를 보호하고 어

머니를 닮으려 하며, 그 가운데 가족에 품위와 아름다움과 조화를 더한다.

보기: 이스메네(소포클레스의 콜로누스의 안티소네와 오이디푸스), 미란다(셰익스피어의 템페스트), 카트린(브레히트의 억척 어멈과 그 자식들).

47.1. 하위 유형: 배교자/반항적인 딸

특징: 이 유형은 반항적이고 자신만만하고 강력하며 독립적이다. 영웅적인 면모가 많아서, 흔히 사업과 성적인 측면에서 성공적이다.

기능: 반항적인 딸은 가족에 대한 전통적인 기대를 깨뜨리고 자기 자신의 직업적, 윤리적, 개인적 욕구를 충족시킨다.

보기: 카산드라(아이스킬로스의 아가멤논), 제시카(셰익스피어의 베니스의 상인), 엘렉트라(지로두의 엘렉트라), 리프켈(아스크의 복수의 신), 앨리스(앤더슨의 나는 아버지를 위해 노래하지 않았다).

47.2. 하위 유형: 서녀/복수심에 찬 딸

특징: 이 유형은 문란하고 추방당한 자와 비슷하다. 관습의 가장자리에 살면서 자신의 합법성을 증명하고자 한다. 때로는 자기에게 방해가 된다고 느끼는 친족에게 복수를 하려 든다.

기능: 복수심에 찬 딸의 목적은 자신의 가치와 합법성을 입증하고 힘을 드러내는 것이다.

보기: 리건과 거너릴(셰익스피어의 리어 왕), 레긴(입센의 유령), 파운들링과 마리(베야르의 연대의 딸), 로다(앤더슨의 나쁜 씨), 클

로디아 페이스 드레이퍼(토포의 너츠), 알린(노먼의 출옥).

47.3. **하위 유형: 고통 받는 딸/피해자로서의 딸**

특징: 딸의 세 번째 유형은 연약하고 희생당하며 은둔 생활을 하거나 자기 의지와 상관없이 감금되기도 한다.

기능: 이 유형은 강력한 남성의 의지에 복종한다. 반면 고통을 견뎌 내고 경우에 따라서는 고통을 초극하기도 한다.

보기: 이피게니아(유리피데스의 아우리스의 이피게니아), 페르디타(셰익스피어의 겨울 이야기), 바르야(체호프의 벚꽃 동산), 소녀(스트린트베리의 유령), 엘리자베스 배럿(베지어의 윔폴 가의 배럿), 크리시(라브의 인 더 붐 붐 룸).

48. **역할 유형: 자매**

특징: 전통적인 자매는 서로를 지지하고 똑똑하고 온화하고 온정적이며 때로는 남자 형제를 공경한다.

기능: 자매는 형제를 지지하고 조건 없이 사랑한다. 어린 자매에게는 역할 모델이 되고 언니에게는 친구가 되어 준다.

스타일: 대부분의 가족 역할이 제시적인 방식과 재현적인 방식에 모두 열려 있는 데 비해, 이 유형만은 사실적으로 그려지는 경향이 있다.

보기: 엘렉트라(유리피데스의 엘렉트라), 이스메네와 안티고네(소포클레스의 콜로누스의 오이디푸스), 오필리어(셰익스피어의 햄릿), 올가, 이리나, 마샤(체호프의 세자매), 로라(윌리엄스의 유리동물원), 루스(진델의 가공의 인물 마리골즈에게 미치는 감마선의

영향), 케이트(프리엘의 루나자에서 춤을).

48.1. 하위 유형: 배교자 /반항적인 자매

특징: 이 유형은 독립적이고 통제적이다. 성적인 경향이 있고 때로는 근친상간을 범하기도 한다.

기능: 반항적인 자매는 인습을 조롱한다. 답답한 형제자매 관계 속에서 자신만의 욕구를 충족시키려 애쓴다.

보기: 아나벨라(포드의 그녀가 창녀라 유감천만이다), 메그(헨레이의 마음의 범죄), 메이(셰퍼드의 사랑을 위한 바보광대).

49. 역할 유형: 형제

특징: 이 유형은 자기 형제를 보호하고 강하고 충직하며 부성적이다.

기능: 형제를 보호하고 지킨다.

보기: 오레스테스(유리피데스의 엘렉트라), 미치오와 데메아(테렌스의 형제들), 아벨(작자미상의 아담의 이야기), 레어티스(셰익스피어의 햄릿), 에드거(셰익스피어의 리어 왕), 톰(테네시 윌리엄스의 유리동물원), 빅토(아서 밀러의 가격).

49.1. 하위 유형: 배교자/반항적인 형제

특징: 이 유형은 형제 노릇을 하는 데 관심이 없다. 자기중심적이고 흔히 파괴적이다.

기능: 반항적인 형제는 흔히 형제의 희생을 대가로 자기 욕구를 만족시킨다.

보기: 폴리네이세스(아이스킬로스의 테베에 반한 일곱 명), 카인(작자미상의 아담의 이야기), 올리버(셰익스피어의 뜻대로 하세요), 앤드류(오닐의 지평선 너머), 구퍼(테네시 윌리엄스의 뜨거운 양철지붕 위의 고양이).

50. 역할 유형: 조부모(노인 참고)

특징: 조부모는 노인처럼 현명하고 철학적이며 참을성과 분별력이 있다.

기능: 이 유형은 가족의 젊은 구성원에게 전통적인 가치를 전하고 삶의 경험에 근거한 철학과 지혜를 제공한다.

보기: 펠레우스(유리피데스의 안드로마케), 캐드무스(유리피데스의 바커스의 여사제들), 제이콥(오데츠의 일어나 노래하라), 그램프스(오스본의 빌려 온 시간에 대하여), 할머니(올비의 아메리칸 드림), 할머니(워터하우스와 홀의 거짓말쟁이 빌리), 할머니와 할아버지(스타인벡의 소설 분노의 포도를 각색한 갈라티의 동명의 작품).

50.1. 하위 유형: 미친 늙은이

특징: 이 유형은 현명하기보다는 비합리적이고 어리석다. 제한적이고 혼란스러운 사고로 지나치게 경직되거나 반대로 통제를 전혀 못하기도 한다.

기능: 흔히 상식을 벗어난 기괴한 언행과 시적 감각으로 젊은이를 당황케 하고 절망에 빠뜨린다.

보기: 스트렙시아데스(아리스토파네스의 구름), 리어 왕(셰익스피어의 리어 왕), 오렐리아 백작(지로두의 카일롯의 미친 여자), 에프

라임 케봇(오닐의 느릅나무 밑의 욕망), J. C. 킨카이드 대령(존스의 백목련 기사들의 마지막 만남), 윌리 스타크(사이먼의 선샤인 보이즈).

항목: 정치/정부

51. 역할 유형: 반동적인 사람

특징: 이 유형은 회고적이고 사고와 행동에 있어 극히 보수적이고 완고하며, 그런 관점을 밀어붙임에 있어 무자비하고 잔혹하다.

기능: 반동적인 사람은 개방적이고 자유주의적인 사람을 억압하고, 자발성과 비판적 사고를 억누른다.

보기: 안젤로(셰익스피어의 이에는 이), 댄포스(아서 밀러의 시련), 마이클 마스론(오케이시의 꼬끼오 신사), 왕자 폴(사르트르의 더러운 손), 아서 골드먼(쇼의 유리 상자 속의 남자), 독재자(발레스테로스의 모든 가능한 세계의 최상의 것), 알렉산더(존스의 백목련 기사단의 마지막 모임), 앤 아주머니(쇼운의 댄 아주머니와 레몬).

52. 역할 유형: 보수적인 사람

특징: 이 유형은 반동적인 사람만큼 이념적으로 극단적이지는 않지만 역시 관습적이고 회고적이며 변화에 저항하고 새로운 아이디어에 비판적이다.

기능: 현상을 유지하고자 하며 불확실한 미래로의 이동에 저항한다. 이 유형은 새로운 생각과 감정을 기피하거나 비판한다.

보기: 시네시아스(아리스토파네스의 리시스트라타), 몬테규와 캐플럿(셰익스피어의 로미오와 줄리엣), 아르파공(몰리에르의 수전노), 토발드(입센의 인형의 집), 엘리자베스 여왕(앤더슨의 스코틀랜드의 마리), 노먼 사이어(톰슨의 황금 연못에서), 어머니 미리암 루스(피엘 마이어의 신의 아그네스).

52.1 하위 유형: 전통주의자

특징: 보수적인 사람의 또 다른 형태인 이 유형은 전통적인 정치적, 종교적, 가정 생활의 긍정적 가치에 대한 신념을 갖고 있다.

기능: 이 유형은 전통적인 가치를 전하고 보급한다.

보기: 헤기오(플라우투스의 포로들), 케이트(셰익스피어의 말괄량이 길들이기의 결론 부분에서), 할아버지 반데로프(카우프만과 하트의 저승으로 가져갈 순 없어), 조지 M. 코언(스튜어트, 파스칼, 파스칼의 조지 M.), 테브예(스타인, 보크, 하닉의 지붕 위의 바이올린).

53. 역할 유형: 평화주의자

특징: 평화주의자는 비폭력적이고 이상주의적이다. 이 유형은 인간성의 완전함을 믿고 무장 충돌의 제거를 위해 일한다.

기능: 평화를 유지하고 전쟁에 대안을 제공한다.

보기: 평화주의자의 고전적이고 현대적인 보기에는 트라이게우스와 피스(아리스토파네스의 평화), 로미오(셰익스피어의 로미오와 줄리엣), 소로우(로렌스와 리의 소로우가 감옥에서 보낸 밤), 레나 영거(한스베리의 태양 아래 건포도), 애비 호프먼(마로위츠의 시카고 음모)이 있다.

54. 역할 유형: 혁명가

특징: 혁명가는 급진적이고 도덕적이고 이상주의적이며 대개 유머가 없다.

기능: 이 유형은 기성의 질서에 저항하고 그것을 혁명적인 이념이 뒷받침하는 좀 더 인간적인 체계로 바꾸고자 한다.

보기: 브루투스(셰익스피어의 줄리어스 시저), 지오반니(유고 베티의 불타 버린 꽃밭), 직공들(하웁트만의 직공들), 파벨(브레히트의 어머니), 존 다크(브레히트의 목장의 성 존), 딕 더전(쇼의 악마의 사도), 조 힐(스테이비스의 한 번도 죽은 적 없는 사나이), 말콤 엑스(볼드윈의 내가 길을 잃었던 어느 날), 애호가와 저널리스트(다리오 포의 어느 무정부주의자의 사고사).

54.1. 하위 유형: 이기적인 혁명가

특징: 혁명가는 또한 권력과 피에 굶주리고 완고하고 무자비하며 정치적 이념보다 권력을 추구할 수도 있다.

기능: 이 유형은 개인적인 이익을 위해 기존의 권력자로부터 권력을 강탈한다.

보기: 캐시우스(셰익스피어의 줄리어스 시저), 로베스피에르(뷔흐너의 당통의 죽음), 인민위원 아모스(유고 베티의 여왕과 반역자), 맥벳(이오네스꼬의 맥벳), 카를로스(햄프튼의 야만인), 게틴 프라이스(그리피스의 코미디언).

55. 역할 유형: 국가 원수

특징: 왕이나 여왕으로 예시되는 이 유형은 당당하고 귀족적이고

강력하고 특권적이며 자비심이 많거나 포악하다(혹은 그 둘을 모두 나타낼 수도 있다).

기능: 국가 원수는 계급이 낮은 사람들을 다스리고 권력과 질서의 상징으로 기능한다.

보기: 오이디푸스(소포클레스의 오이디푸스), 줄리어스 시저(셰익스피어의 줄리어스 시저), 로데의 왕(보몽과 플레처의 하녀의 비극), 왕 필립 2세(칼데론의 잘라메아의 시장), 엘리자베스(앤더슨의 엘리자베스 여왕), 마리, 스코틀랜드의 여왕(실러의 마리아 스튜어트, 힐데쉬머의 마리와 처형자), 윈스턴 처칠(호흐후스의 군인들).

56. 역할 유형: 신하/조언자/의원

특징: 이 유형은 지도자를 돕고 공경하는 한편, 정치적으로 현명하며 흔히 기민하고 독선적이며 통제적이다.

기능: 정부 내 특정 부서를 운영하면서 요청 시에 조언을 제공하고 상부의 지시에 따른다. 그러나 기민한 유형은 또한 상당한 권력을 행사하고, 그 힘을 휘두르기 위해 조직 체계와 국가 원수를 어떻게 조종하는지를 알고 있다.

보기: 트라니오(플라우투스의 귀신 들린 집), 폴로니우스(셰익스피어의 햄릿), 아르모스테스(포드의 부서진 심장), 억압의 장관(발레스테로스의 모든 가능한 세상의 최선의 것).

56.1. 하위 유형: 충신

특징: 충신은 도덕적이고 원칙에 충실하며, 대다수가 자기 의견을 지지하지 않을 때도 정치적 사안에 대한 견해를 제시한다.

기능: 정치 상황을 비판적으로 평가하고 개인적인 도덕 철학에 기반을 둔 조언을 제공한다. 흔히 위험을 무릅쓰고 국가 원수와 반대되는 견해를 제시하기도 한다.

스타일: 이 유형은 대개 사실적인 방식으로 그려진다.

보기: 테레시아스(소포클레스의 오이디푸스 콤플렉스), 에스칼루스(셰익스피어의 이에는 이), 버러스(라신느의 브리타니쿠스), 토머스 무어(볼트의 사철 푸른 사람), 토머스 베케트(아누이의 베케트).

57. 역할 유형: 관료주의자

특징: 관료주의자는 효율적이고 굼뜨고 까다롭고 인습적이며 범속한 물질주의자로 지위가 높지 않다.

기능: 이 유형은 문서를 관리하고 질서를 유지하며, 흔히 나무를 보는 대신 숲은 보지 못하며 생활의 세목에 집중하는 사무원이다.

스타일: 이는 일반적으로 제시적인 인물–관료주의 속에서 길을 잃었지만 그것을 유지할 책임이 있는 존재의 상징 혹은 암호다.

보기: 대퍼(벤 존슨의 연금술사), 수납계원(카이저의 여명에서 자정까지), 주임 사무관(카프카의 소설을 각색한 바로의 심판), 조디치(리브먼의 다섯 번째 말의 여정).

항목: 법적

58. 역할 유형: 변호사

특징: 변호사는 방어적이고 도덕적이며 지적이다.

기능: 잘못 기소된 사람을 보호하고 변호한다.

스타일: 변호사는 일반적으로 사실적으로 연기된다.

보기: 브데링클레온(아리스토파네스의 벌), 포샤(셰익스피어의 베니스의 상인), 포스킷과 벨라미(피네로의 판사), 헨리 드루몬드(로렌스와 리의 바람의 뒤를 잇다), 오티스 베이커와 루이스 샤드(레빗의 앤더슨빌 재판), 쿠엔틴(아서 밀러의 가을 뒤에), 윌리엄 쿤스틀러(마로위츠의 시카고 음모), 아론 레빈스키(토포의 넛츠).

58.1. 하위 유형: 탐욕스러운 변호사

특징: 이 유형은 탐욕스럽고 부도덕하고 이기적이다.

기능: 자기 이익을 위해 정의를 조작한다.

보기: 피에르 파틀랭(작자미상의 피에르 파틀랭), 볼토레(존슨의 볼포네), 크립스(스미스의 술고래), 샤프 씨(불워-리튼의 돈), 빌 매트랜드(오스본의 승인할 수 없는 증거), 로이 콘(쿠슈너의 미국의 천사들).

59. 역할 유형: 판사

특징: 도덕적인 판사는 편파적이지 않고 공정하고 권위적이며 냉정하고 현명하고 사려 깊다.

기능: 경험적 증거에 근거하여 공정한 판단을 내리고 범법 행위를 처벌하고 질서를 유지한다.

보기: 아테나(아이스킬로스의 유메니데스), 데모네스(플라우투스의 밧줄), 베니스의 공작(셰익스피어의 베니스의 상인), 버질(벤 존슨의 삼류시인), 아즈닥(브레히트의 코카서스의 백묵원), 판사 쿠스

트와 재판장(유고 베티의 정의의 궁전의 부패), 재판장(쇼의 유리 상자 속의 남자), 해군 소령 찰리(우크의 케인호 반란 군법 회의), 의장(벤틀리의 지금 그런가요 아님 그런 적 있나요?).

59.1. 하위 유형: 부도덕한 판사

특징: 이 유형은 부도덕하고 분별력이 없으며 처벌적이고 편향적이며 자기 잇속만 챙기거나 상대를 억압한다.

기능: 정의보다 개인적이거나 정치적인 목적을 앞세워 불공정한 처벌을 내린다.

보기: 로버트 섈로(셰익스피어의 윈저 공의 즐거운 아낙네들), 판사 본 베간(하웁트만의 비버 코트), 댄포스(아서 밀러의 시련), 판사 호프먼(마로위츠의 시카고 음모).

60. 역할 유형: 피고

특징: 이 유형은 방어적이고 자기 보호적이며 흔히 독선적이다. 피고는 때로 죄의식을 느끼지만 대개는 무죄를 입증하고 혐의를 벗고 싶어 안달한다.

기능: 피고는 자신을 고발한 데 항의하고 무죄를 증명하려 한다.

스타일: 일반적으로 피고는 재현적으로 그려진다.

보기: 오레스테스(아이스킬로스의 유메니데스), 안토니오(셰익스피어의 베니스의 상인), 쿨리(브레히트의 예외와 법칙), 잔 다르크(쇼의 성 잔), 케이트(로렌스와 리의 바람의 뒤를 잇다), 헨리 윌츠(레빗의 앤더슨빌 재판), 로버트 오펜하이머(키프하르트의 로버트 오펜하이머의 문제에 대하여), 에델과 줄리어스 로젠버그(프리드

의 심문), 시카고 세븐(마로위츠의 시카고 음모).

61. **역할 유형: 배심원**(코러스 참고)

특징: 배심원은 지역 사회를 대표하는 본보기이며, 대개 편파적이지 않고 공정하며 때로는 국무를 수행한다.

기능: 경험적 증거에 근거한 공정한 집단적 판단을 제공한다.

보기: 필로클레온과 벌떼(아리스토파네스의 벌), 12명의 아테네 사람(아이스킬로스의 유메니데스), 종교재판소(브레히트의 갈릴레오), 배심원(로렌스와 리의 바람의 뒤를 잇다).

62. **역할 유형: 증인**

특징: 이 유형은 특정한 관점을 표현하는 구경꾼이며 흔히 결정적이고 정직하다.

기능: 증인은 직접적인 지식에 근거하여 판사나 배심원에게 구체적인 관점을 제공한다. 직접적으로 연루되지 않은 안전한 거리에서 사건을 바라본다.

스타일: 재판과 관련된 다른 역할 유형과 마찬가지로 증인은 보통 사실적인 인물로 그려진다.

보 기: 허즈먼(소포클레스의 오이디푸스 왕), 크리스피너스(벤 존슨의 삼류시인), 네 명의 선동가(브레히트의 측정), 라첼(로렌스와 리의 바람의 뒤를 잇다), 해군 소령 챈들러(레빗의 앤더슨빌 재판), 데이비드 그린글래스(프리드의 심문), 앨런 긴스버그(소시의 시카고 음모).

63. 역할 유형: 검사/검찰관

특징: 이 유형은 공격적이고 독선적이고 냉정하며 피고의 유죄를 입증하는 데 헌신하여 감정이 극에 달해 있다.

기능: 검사의 목적은 판사와 배심원에게 피고의 명백한 유죄를 입증하기 위해 때로는 가차 없이 기소하는 것이다.

보기: 폰티우스 필레이트(작자미상의 수난극), 검찰관(쇼의 성 잔), 검찰관(브레히트의 갈릴레오), 매튜 브래디(로렌스와 리의 바람의 뒤를 잇다), 해군 소령 치프먼(레빗의 앤더슨빌 재판), 크롬웰(볼트의 사철 푸른 사람), 프랭클린 맥밀란(토포의 너츠).

항목: 사회경제적 지위

64. 역할 유형: 하층 계급(추방된 자 참고)

특징: 하층 계급은 비평가의 지적 권위와 귀족의 사회적 특권으로부터 멀리 떨어져 있다. 이는 거지와 농부, 비참하게 짓밟힌 억압된 자의 영역이다. 물질적으로 가난하고 때로 영적으로도 가난한 이 유형은 억압받고 무시당하며, 부유한 이들에게 드러나지 않는다. 비록 억눌려 있지만, 하층 계급은 그 물리적 비참함을 뚫고 풍자와 재기를 발휘하기도 한다.

기능: 하층 계급은 가난과 조건의 영향을 표현한다. 그리고 쇼가 '받을 가치가 없는 부자들'이라 부른 사람들을 조롱하고 풍자하면서 가난을 견뎌 낸다. 나아가 이 유형은 물질적 가난과 영적 빈곤함의 관계에 주목한다. 그리고 인간의 정신이 경제적 억압의 조건을 초월하도록 도전한다.

보기: 18세기에 게이는 〈거지의 오페라〉에서 이 계급의 삶을 극화했다. 그리고 후대에 그 작품은 브레히트와 바일의 손에서 더 큰 정치적 영향력을 위해 〈서푼짜리 오페라〉로 개작되었다. 이 계급의 근대적 초상은 막심 고리키의 〈하층의 깊이〉에 등장하는 지저분한 사람들 그리고 '받을 가치가 없는 빈자들'의 본보기를 제대로 보여 주는 버나드 쇼 〈피그말리온〉의 알프레드 두리틀에서 찾을 수 있다. 그는 만일 그렇지 않았다면 더러운 존재에 불과했을 사람에게 재기와 풍자라는 특질을 부여한다. 그 밖의 다른 보기로는 샬롯과 프란시스코(몰리에르의 돈 주앙 혹은 축제에서의 조각상), 민중의 남자와 여자(뷔흐너의 당통의 죽음), 쿨리스(브레히트의 측정), 거지들(레빗의 골룸), 매첼러(핀터의 경미한 아픔)가 있다.

65. 역할 유형: 노동 계급/노동자

특징: 유형은 가식적이지 않고 솔직하며 촌스럽고 교육을 받지 못했고 부지런하고 적은 보수를 받는다. 노동 계급 인물은 대부분 무식하고 교양 없으며 비굴하다. 노동자는 가치 면에서 전통적이고 보수적인 경향이 있다.

기능: 이 집단은 가족이나 국가를 위해 최소한의 임금에도 열심히 일한다. 노동자 역할은 후원자의 기쁨과 조롱을 위해 존재한 아는 체하는 바보광대에서 비롯되었다.

스타일: 지배 계급에게 위협이 되지 못했던 르네상스기 작품에 나타난 초기 노동자들은 저급한 희극의 양식화된 형식 안에서 관객을 즐겁게 했다. 그런 희극은 이후 뮤직홀과 벌레스크 극장

에서 대중화되었다. 하지만 근대의 작품에서는 좀 더 재현적으로 그려진다.

보기: 르네상스를 거치면서 노동 계급의 목소리가 극장에서 들리기 시작했다. 〈한여름 밤의 꿈〉에서 셰익스피어는 왕족을 기쁘게 하기 위해 아마추어 배우로 고용되어 부업을 하는 낮은 계급의 노동자를 소개한다. 직조공 바텀, 가구장이 스너그, 목수 퀸스 등으로 구성된 극단은 계급과 지위로써 조직된 세계관을 재현한다. 이 작품에서 노동자 계급은 상당 부분 바보광대로 묘사된다. 그 밖의 다른 보기에는 세 명의 양치기(작자미상의 두 번째 양치기의 이야기), 퀴클리 부인(셰익스피어의 헨리 4세, 1부), 엘리자 두리틀(쇼의 피그말리온), 비티 브라이언트(웨스커의 뿌리), 발과 실리(카릴 처칠의 늪지), 트로이(윌슨의 장막)가 있다.

65.1. 하위 유형: 사나운 노동자

특징: 노동자는 또한 절망적이고 무감각하고 사납게 그려질 수 있다.

기능: 이 유형은 절망을 폭력적으로 폭발시켜 친밀한 사람이나 자기 자신에게 해를 입힌다.

보기: 노동자 역할은 서구 세계가 산업혁명을 겪으면서 상당히 확장되었으며, 그에 따라 무능한 직공이 절망한 노동자에게 자리를 내주었다. 노동자는 지나치게 적은 임금에 지나치게 많은 압력을 견뎌야 했고, 그 분노를 가족과 사회를 향해 거칠게 폭발시켰다. 현대 작품에서 이 유형은 〈잎들 사이로〉에 나

오는 오토처럼, 독일의 극작가 크뢰츠가 그려 낸 열악하고 잔혹한 노동 계급 인물을 통해 잘 재현된다. 그 밖의 보기에는 주반(베르펠의 염소의 노래), 석공 매턴(하웁트만의 한넬), 바라바스(드 겔데로드의 바라바스), 브루투스 존스(오닐의 존스 황제), 린토(브레히트의 사천의 선인), 보즈(셔우드의 술취한 숲)가 있다.

65.2. 하위 유형: 혁명적인 노동자

특징: 박봉에 순진하지만 급진적인 이 유형은 혁명가인 노동자를 나타낸다.

기능: 동료 노동자와 합세하여 급진적인 행동으로써 기성의 질서에 저항한다.

보기: 19세기 말 칼 마르크스의 저작에 영감을 얻고 브레히트의 초기 작품에서 잘 표현된 혁명가로서의 프롤레타리아 이미지가 있다. 이 유형의 근대적 보기에는 백만장자-노동자(카이저의 가스 II), 어린 동지(브레히트의 측정), 애깃(오데츠의 레프티를 기다리며), 톰 조드(스타인벡의 소설 분노의 포도를 각색한 갈라티의 작품)가 있다.

66. 역할 유형: 중산층

특징: 이 유형은 도덕성과 감성에서 전통적이고 두드러진 색깔이 없으며 흉하지 않고 일반적으로 정치에 관심이 없다.

기능: 중산층 역할 유형은 지배적인 문화의 관습을 유지하고 기대치 안에서 생각하고 행하며 지적이고 윤리적인 도전에 대항한다. 나아가 이 유형은 부르주아의 소심한 포부와 물질주의

적 가치를 조롱하는 풍자적 기능을 하기도 한다.

보기: 캐리시우스(메난더의 중재), 아놀프(몰리에르의 부인 학교), 페리숑(라비체의 페리숑의 항해), 총독 베르닉(입센의 사회의 기둥), 몰(호프먼의 시장), 크리스티안 마스케(스턴하임의 속물), 스미스 부부(이오네스코의 대머리 여가수), 피터(올비의 동물원 이야기).

66.1. 하위 유형: 졸부

특징: 17세기 프랑스에서 부르주아 계급이 나타나면서, 몰리에르는 꽤 새로운 역할 유형을 고유한 풍자적 색채로 그려 냈다. 그 대표적인 예가 바로 〈자칭 신사〉의 주인공인 주르댕이다. 이 졸부는 출세 지향적이고 가식적이며 문화와 지위를 얻으려 애씀에 있어 어리석다.

기능: 졸부는 얼간이를 연기하고, 자신의 능력 범위를 넘어서려 하는 것을 풍자한다.

스타일: 풍자는 흔히 제시적인 공연 스타일을 동반하여, 관객이 자기 자신의 가식적 성향을 비웃을 수 있을 만큼의 거리를 허락한다.

보기: 고전적인 주르댕은 티파니 부부(모왓의 패션), 이고르 불리초프(고리키의 이고르 불리초프와 다른 사람들), 로날드와 마리온(에익번의 유례없이 이상한 사람), 마이클, 필립, 리사(웨이드의 열쇠 교환), 스티븐(그린버그의 동부 표준)과 같은 인물들에게 자기를 내준다.

66.2. 하위 유형: 상인/영업사원

특징: 상인은 평균적이고 사교적이며 외향적인 활동가이자 아침꾼이다. 이 유형은 판매량으로 자기 가치를 매긴다.

기능: 상인은 자신의 인성을 판매함으로써 물건을 판다.

스타일: 아서 밀러의 윌리 로먼(세일즈맨의 죽음)이 상징적으로 '낮은 계급의 사람'인 것처럼, 이 역할도 흔히 전형으로 인식되지만 정서적이고 사실적인 방식으로 극화된다.

보기: 그 밖의 다른 보기에는 안토니오(셰익스피어의 베니스의 상인), 벤처웰(보몽과 플레쳐의 불타는 막자의 기사), 로파힌(체호프의 벚꽃 동산), 히키(오닐의 얼음장수 오다)가 있다.

66.3. 하위 유형: 고리대금업자

특징: 고리대금업자는 잔혹하고 인색하며 착취적이다.

기능: 상인을 착취하고, 사교적인 사업자라기보다는 기만하는 자와 수전노에 더 가깝다.

스타일: 이 유형은 제시적인 스타일로 그려지는 경향이 있다.

보기: 샤일록(셰익스피어의 베니스의 상인), 상인(브레히트의 예외와 규칙), 마르코 폴로(오닐의 백만장자 마르코), 패스토 아저씨(슈만의 패스토 아저씨의 어려운 생활).

67. 역할 유형: 상류 계급

특징: 상류 계급 역할 유형은 특권과 부와 권력과 우월함을 특징으로 한다.

기능: 부와 기회에서 오는 권력을 드러낸다.

스타일: 이 유형은 풍자극(왕정복고기 극작가의 손에서)부터 심리적 사실주의(러시아 귀족의 몰락을 바라보는 체호프의 근대적인 묵상이랄 수 있는)에 이르기까지 매우 다양한 드라마 형식으로 표현된다.

보기: 몰리에르가 중산층에 비판의 날을 세웠듯이, 영국의 왕정복고기 극작가들은 상류 사회의 가식을 겨냥했다. 그중에 특히 콩그레브, 에서리지, 파르퀴아의 희곡에서 음모와 수다에 온 시간을 허비하는 특권 계층과 유한 계급에 대한 재치 있는 묘사를 찾을 수 있다. 거기에는 도리먼트(에서리지의 멋쟁이 신사), 라네브스카야 부인(체호프의 벚꽃 동산), 로드 로암(배리의 훌륭한 크리치튼), 빅토와 시빌(커워드의 사생활), 아버지(구니의 식당)가 있다.

67.1. 하위 유형: 실업가/기업가

특징: 상류 계급의 이 근대적 하위 유형은 자수성가하고 정력적이며 억센 공장주로서, 19세기 미국의 악덕 자본가(코르넬리우스 반데르빌트가 잘 보여 주는)나 권력과 부에 대한 욕망으로 움직이는 후대의 벤처 자본가와 놀랄 만큼 유사하다. 이 유형은 자족적인 경우도 있지만 통제적이고 의기소침할 때가 훨씬 많다.

기능: 일터와 가정에서 권력과 권위의 장식을 유지한다.

보기: 입센은 〈마스터 빌더〉라는 작품의 주인공 솔네스와 동명의 작품에 과대망상적인 회계사로 등장하는 가브리엘 보크먼으로 실업가의 강력한 두 보기를 제시한다. 그 밖의 보기에는 길레스 오버리치 경(매싱거의 오래된 빚을 갚는 새로운 방법), 백

만장자(카이저의 산호), 앤드류 언더샤프트(쇼의 소령 바바라), 허 푼틸라(브레히트의 허 푼틸라와 그의 운전사 마티), 레오니프 로싱엄(베르먼의 여름의 끝), 미스터 미스터(블리츠스타인의 요람은 흔들릴 것이다), 로렌스 가필스(스터너의 다른 사람들의 돈)가 있다.

67.2. 하위 유형: 사교계 명사

특징: 이 유형은 부유하고 게으르고 사치스럽고 우아하며 재치 있고 활기가 없으며 경솔하다.

기능: 풍부한 물질과 문화적인 쾌락에 탐닉한다.

스타일: 일반적으로 사교계 명사는 제시적인 스타일로 그려진다.

보기: 포플링 플루터 경(와일더의 진지함의 중요성), 레이티 키티(몸의 순환), 트루먼 카포테(프레슨 앨런의 트루), 노라 찰스(로렌츠의 닉과 노라).

67.3. 하위 유형: 부자의 하인

특징: 이 유형은 귀족의 바보광대라 할 수 있다. 노예처럼 굴고 속물적이며 때로는 재치 있고 다른 하인들보다 특권을 누리며 주인을 철저히 보호한다.

기능: 상류 계급의 자기-중요성을 보호한다.

스타일: 이 유형은 대개 고도의 스타일로 연기된다.

보기: 산시아스(아리스토파네스의 개구리), 오스왈드(셰익스피어의 리어 왕), 웨이트웰(콩그리브의 세계의 길), 메리맨(쇼의 진지함의 중요성), 알렉산드로비치 왕자와 페트로브나 대공작(듀발의 토

바리치), 노먼(하우드의 드레서).

68. **역할 유형: 추방당한 자**(길 잃은 자와 하층 계급 참고)

특징: 추방당한 자는 귀족 출신으로 정치사회적이거나 도덕적인 질서를 침해한 사람이다. 또는 신체적, 사회경제적, 정치적, 도덕적 이유 때문에 그 역할로 전락할 수도 있다. 연극에서 추방당한 자는 왕, 범죄자, 혁명가, 거지일 수 있다. 이들의 공통된 특징은 가까운 사람들로부터 거부당하고 사회 주변부로 밀려난 것이다.

기능: 추방당한 자는 기성의 질서에 도전한다. 모두가 안녕하지는 않다는 것과 삶에서의 성취는 상실이기도 하다는 사실을 경고하고 상기시킨다. 추방당한 자는 흔히 사려 깊은 관찰자에게 운명이 너무나 쉽게 역전될 수 있음을 고통스럽게 일깨운다.

보기: 추방당한 자 역할은 오이디푸스와 리어처럼 제시적으로 묘사된 고전적인 인물, 그리고 좀 더 현대적으로는 마멧과 셰퍼드가 시적인 필치의 자연주의로 그려 낸 좀도둑, 떠돌이, 카우보이를 포함한다. 구체적인 예로는 필록테테스(소포클레스의 필록테테스), 샤일록(셰익스피어의 베니스의 상인), 피쿰(게이의 거지의 오페라), 안나, 바론, 나챠 등(고리키의 밑바닥), 해리 히건(오케이시의 은잔), 판사, 제독, 주교(주네의 발코니), 호스(셰퍼드의 범죄의 이빨), 리타 조(리가의 리타의 엑스터시), 클라크 데이비스(피네로의 유아 성 추행범), 지미 로즈힙스(바브의 내 딸을 위한 기도)가 있다.

69. 역할 유형: 코러스, 민중의 소리

특징: 코러스의 등장은 그리스 드라마에서 중요한 혁신이었다. 이 역할 유형은 민중의 소리를 나타내며, 이후 〈만인〉의 중세적 캐릭터에서 뚜렷한 도덕적 분위기를 취한다. 코러스는 때때로 산문 투의 언어로 표현되기도 하지만, 시적이고 서정적이다. 그것은 재기 넘치고 전통적인 지혜와 도덕성을 나타내며, 경우에 따라 기존 질서를 비판하기도 한다.

기능: 코러스의 기능에는 몇 가지가 있다. ① 일반적으로 집단의 목소리, 평범한 사람이나 관객의 관점을 드러낸다. ② 주인공에게 도전을 제공하거나 꾸며 준다. ③ 역설적이거나 비판적인 방식으로 행동에 대해 논평한다. ④ 서정적인 막간극을 제공함으로써 관객을 즐겁게 하며, 드라마의 정서적 특질을 고양시킨다.

스타일: 공연에서 코러스는 고도로 양식화되며, 고전극이나 근대극에서 모두 제시적인 관습을 따라 묘사된다. 그것은 오페라와 뮤지컬에 없어서는 안 될 부분이며, 브레히트 같은 표현주의적 극작가는 효과를 높이기 위해 해설자와 거리 가수처럼 다양한 코러스를 활용했다.

보기: 그리스 고전극에서 아리스토파네스는 동명의 희곡에서 개구리, 새, 구름, 벌을 코러스로 쓰기도 한다. 그 밖의 보기에는 만인(작자미상의 만인), 코러스(셰익스피어의 헨리 5세), 캔터베리 여성들의 코러스(엘리엇의 대성당에서의 살인), 보통 사람(볼트의 지조 있는 사나이), 음악극의 많은 코러스(초기의 오페라부터 오페라의 유령과 미스 사이공과 같은 상업적 스펙터클에 이르기

까지)가 있다.

항목: 권위와 권력

70. 역할 유형: 전사

특징: 정복자의 이 포괄적인 유형은 공격적이고 단호하고 도덕적이다. 전사는 자기가 무엇을 원하는지를 알고 있고, 전장에서나 후방에서나 그것을 얻기 위해 기꺼이 싸운다.

기능: 전사는 적을 무찌르고 특정한 목표를 성취하기 위해 물리적, 도덕적, 지적 전투에 참여한다.

보기: 디캐오폴리스(아리스토파네스의 아카르니안), 로잘린드(셰익스피어의 뜻대로 하세요), 괴츠 폰 베를리칭겐(괴테의 괴츠 폰 베를리칭겐), 아돌프(스트린드베리의 캡틴), 피자로와 아타후알파(피터 섀퍼의 태양 제국의 멸망), 대주교 오스카 로메로(슈만의 엘살바도르의 대주교 오스카 로메로의 부활).

70.1. 하위 유형: 군인

특징: 지휘관으로 많은 작품에 등장하는 군인은 잘 훈련되어 있고 호전적이다. 이 유형은 평화 시에는 조심스럽고 씩씩하지만, 전시에는 폭력적이고 살인적이다.

기능: 군인은 적을 무찌르고 국가를 수호한다.

보기: 오디세우스(유리피데스의 사이클롭스), 헨리 5세(셰익스피어의 헨리 5세), 시라노 드 베르주라크(로스탕의 시라노 드 베르주라크), 크라글러(브레히트의 한밤의 북소리), 빌리 주교(그레이의 빌

리 주교 전장에 가다), 대령 아이삭 휘태커(솔킨의 어 퓨 굿맨).

70.2. **하위 유형: 비겁한 군인**(허풍선이 전사 참고)

특징 · 기능: 비겁한 군인은 군에 입대함으로써 유약함에 대한 두려움을 방어하고, 다른 사람들에게 강한 인상을 심어 주려 한다.

스타일: 이 유형은 일반적으로 제시적으로 그려진다.

보기: (9장 33.1 항목의 보기 참고) 파블로 험멜(레이브의 파블로 험멜의 기본적 훈련), 빌리와 리치(레이브의 스트리머).

70.3. **하위 유형: 폭군**

특징: 전사의 이 유형은 의도적으로 독선적이고 횡포하며 권력에 굶주려 있다. 폭군은 부도덕하고 과대 망상적이며, 신체적으로나 심리적으로 자기 자신과 다른 사람들에게 해를 가할 수 있다.

기능: 폭군은 다른 사람을 통제하려 할 뿐 아니라 힘을 느끼기 위해 상대를 모욕하고 잔학하게 다룬다.

스타일: 이 유형은 대개 양식화된 방식으로 그려진다.

보기: 르네상스 드라마에서 명문 출신의 군인과 정치가는 흔히 권력을 쥐기 위해 월권행위를 한다. 그 결과 공격적인 폭군의 예를 흔히 만날 수 있다. 셰익스피어의 리처드 3세와 말로의 동명 희곡에 나오는 탬벌레인이 그들이다. 그 밖의 보기로는 메네데무스(테렌스의 자기고문자), 네로(라신느의 브리타니쿠스), 페르난도 고메즈 데 구즈먼(로페 데 베가의 양 우물), 칼리귤라(카뮈의 칼리귤라), 크라운(헤이워드의 포기), 존 클라가트(멜빌의 소설을 콕스와 채프먼이 각색한 빌리 버드), 수간호사 라체드

(케세이의 소설을 바셀만이 각색한 뻐꾸기 둥지 위로 날아간 새), 후안 페론(라이스와 로이드 웨버의 에비타), 수녀 마리 이그네이셔스(듀랑의 마리 이그네이셔스 수녀가 모든 걸 설명해 줄 거예요)가 있다.

71. 역할 유형: 경찰

특징: 이 역할 유형은 권위적이고 호의적이다. 거칠고 공격적이며 때로는 부패하고 때로는 도덕적이다.

기능: 경찰은 지역사회의 법과 질서를 유지하고 실제 범죄와 잠재적 범죄를 막고 범인을 체포한다. 때로 개인적이 이득을 위해 권위를 사용하기도 한다.

보기: 호위병(소포클레스의 안티고네), 엘보우(셰익스피어의 눈에는 눈), 로킷(게이의 거지의 오페라), 블릭과 크룹(셔로연의 당신 생애의 시간), 경찰총장(주네의 발코니), 살저(호흐후스의 대리인), 경찰 장교(다리오 포의 어느 무정부주의자의 사고사), 잭과 켈리(베이브의 내 딸을 위한 기도), 파인 중사(아서 밀러의 클레어).

71.1. 하위 유형: 어릿광대 순경

특징: 극문학에서 이 유형은 어리석고 무능하며 범죄와의 싸움에서 실수연발이다.

기능: 경찰의 권력과 권위를 조롱한다.

스타일: 실수연발의 어릿광대 순경은 제시적인 스타일로 나타난다.

보기: 도그베리(셰익스피어의 헛소동), 경찰(길버트와 설리번의 펜잔

스의 해적), 경찰(케설링의 비소와 낡은 레이스), 크립(드 겔데로드의 판타글레이즈).

72. 역할 유형: 살인자

특징: 살인자 혹은 암살자는 폭력적이고 수동적이거나 공격적이고 부도덕하며 갈등을 해결하는 방법으로 살인을 자행한다.

기능: 개인적이거나 정치적인 딜레마를 살인이라는 폭력적인 행위를 통해 해결한다.

보기: 클리템네스트라와 아이기스테우스(아이스킬로스의 아가멤논), 맥베스와 맥베스 부인(셰익스피어의 맥베스), 무어인 아론(셰익스피어의 티투스 안드로니쿠스), 추기경과 칼라비아의 공작(웹스터의 말피 공작부인), 예르마(가르시아 로르카의 예르마), 스위니 토드(피트의 스위니 토드), 케인(버나드 쇼의 메수살레), 위고(사르트르의 더러운 손), 낯선 사람(윌슨의 길리드의 향유), 리하비 오스왈드(라핀과 손다임의 암살자들).

72.1. 하위 유형: 자살자

특징: 자살자는 수동적이고 두려움에 차 있으며 낙담해 있고 절망적이며 덫에 걸려 있다.

기능: 자살자는 삶으로부터 도망치거나 삶을 벌하기 위해 자살을 저지른다.

보기: 아약스(소포클레스의 아약스), 오필리어(셰익스피어의 햄릿), 헤드윅(입센의 들오리), 줄리(스트린드베리의 미스 줄리), 트레블레프(체호프의 갈매기), 초-초-산(벨라스코의 나비 부인), 제시

케이트(노먼의 잘 자요 엄마).

72.2. **하위 유형: 존속 살해자**

특징: 이 유형은 초도덕적이고 비이성적이고 폭력적이며 존속 살해(어머니, 아버지, 어린이, 형제자매)라는 신성한 금기를 침해한다.

기능: 이 유형은 혈족이 저질러서는 안 된다고 믿고 있는 살인을 통해 복수를 하고자 한다.

보기: 오레스테스와 엘렉트라(아이스킬로스의 신주를 모시는 사람들), 아트레우스(세네카의 티에스테스), 클로디어스(셰익스피어의 햄릿), 아살리아(라신느의 아살리아), 쿠훌린(예이츠의 에머의 유일한 질투), 애비 푸트넘(오닐의 느릅나무 밑의 욕망). 어떤 인물은 자기가 혈족을 죽였음을 알지 못한다. 그 사실을 자각할 때는 그 행위의 도덕적이고 심리적인 근원적 의미에 직면해야 한다. 오이디푸스(소포클레스의 오이디푸스 왕), 아가베(유리피데스의 바커스의 여사제들), 마사(카뮈의 엇갈린 의향), 아그네스(필마이어의 신의 아그네스)가 그런 예다.

CHAPTER **11**

유형 분류: 영적 영역과 미적 영역

영역: 영적

항목: 인간

73. 역할 유형: 영웅

특징: 영웅은 변형을 요하는 영적 추구의 여정에 오른다. 이 유형은 도덕적이고 탐구적이며 미지의 세계에 직면하는 데 열려 있다. 고전적인 비극의 영웅은 이해력을 넘어 의미를 추구하며, 여정의 고난에 직면하고 또 존재의 기본적 양면성이 드러나면서 발생하는 비극적 과정 및 결과를 기꺼이 받아들인다.

기능: 영웅은 이해와 변형을 향한 영적이고 심리적인 위험천만한 여정을 감당한다.

스타일: 비극적 영웅은 재현적 스타일의 고전적인 드라마에 등장하는 경향이 있다. 그리스 드라마에서는 기둥, 가면, 시적 행동을 통해 격상되며, 르네상스 드라마에서는 말과 몸짓에서 시적이고 양식화된 관습을 따른다. 그러나 현대의 영웅은 심리적 사실주의의 전통 안에서 표현되면서 덜 상징적이고 더 자연주의적인 언어와 몸짓을 사용한다.

보기: 안티고네(소포클레스, 브레히트, 아누이의 형태), 오셀로(셰익스피어의 오셀로), 마리 스튜어트(실러의 마리 스튜어트), 페드라(라신느의 페드라), 에이브러햄 링컨(R. 셔우드의 일리노이의 에이브러햄 링컨), 쿠엔틴(밀러의 몰락 이후), 잭 재퍼슨(새클러의 위대한 백색 희망), 페푸(포네즈의 페푸와 친구들)

73.1. 하위 유형: 초인超人

특징: 완벽을 추구하는 인간을 뜻하는 이 유형은 무한히 탐구적이고 정열적이며 자신감 있고 쉼 없이 움직이며 창조적이다. 이 역할 유형은 궁극적인 지식과 힘뿐 아니라 이국적이고 아름다운 것을 향한 추구라는 낭만적 개념의 구현체가 된다.

기능: 초인은 극단을 향한 낭만적 추구를 확증한다. 그러나 이 페르소나는 몽상가나 도피주의자와 다르며, 더 큰 앎과 힘을 적극적으로 추구하고 심리적이고 도덕적인 모든 한계를 뛰어넘으려 한다.

스타일: 이 유형은 재현적인 스타일로 나타난다.

보기: 가장 명확한 보기는 지혜에 대한 과대망상적 추구에 빠져 있는 말로(파우스트 박사)와 괴테(파우스트)의 파우스트라 할 수

있다. 입센은 페르 귄트와 존 가브리엘처럼 권력을 초인적으로 추구하는 사람을 그린다. 버나드 쇼는 〈인간과 초인〉에서 초인의 역설적인 형태를 보여 준다. 지옥에 있는 돈 주앙은 최종적인 낙원으로 천국을 택하게 될 것이다. 현대에도 괴테의 파우스트를 잇는 다른 보기들(폴 발레리의 몬 파우스트)이 있으며, 젊은 파우스트와 중년의 파우스트 또 늙은 파우스트(스타인의 파우스트 박사 빛을 밝히다)가 있다.

73.2. 하위 유형: 반영웅(길 잃은 자 참고)

특징: 영웅이 영적 추구의 여정을 따라 전진하는 반면, 반영웅은 매우 제한된 심리적 영역에 머무른다. 반영웅은 타성과 권태와 최소한의 목표가 특징이다. 이 현대적 인물은 비극적 영웅의 반명제, 일상적이고 때로는 지루한 환경에 처한 보통 사람이다.

기능: 반영웅은 압도적으로 무심한 우주에서 길을 잃은 작고 비천한 사람이다. 반영웅은 그것을 어느 만큼 견뎌 낸다. 윌리 로먼의 자살(아서 밀러의 세일즈맨의 죽음)로 인해 그 가족은 무언가를 깨닫는다. 그의 삶은 적어도 그의 아내와 아들 비프의 견지에서는 어떤 목적을 지닌다.

보기: 또 다른 예로는 바냐(체호프의 바냐 아저씨), 햄과 클로브(베케트의 유희의 끝), 베렝거(이오네스코의 코뿔소), 스티븐(메도프의 당신이 집에 올 때, 레드 라이더)이 있다.

73.3. 하위 유형: 포스트모던 반영웅

특징: 기계로서의 인간 개념은 20세기 초반 러시아의 구성주의자

와 이탈리아의 모더니스트에 의해 유입되었다. 포스트모던 연극은 사람을 기표 곧 그것을 읽는 이의 의도에 따라 다양한 의미를 지닐 수 있는 것으로 묘사하면서 한층 더 멀리 나아간다. 포스트모던적인 역할은 해체되어 일종의 연극적 테크놀로지로 변형된다. 반영웅의 이 극단적인 형식은 인간적인 특질을 거의 띠지 않는 하나의 상징, 하찮은 사람 또는 잡역부다.

기능: 포스트모던한 역할은 추상적이거나 초현실적인 그림으로 기능한다. 그것은 주로 그 형식에서 즐거움을 구한다. 그래서 대부분은 내용과 시공간과 행동의 극적 일치를 결여한다. 주제를 둔하게 제시함으로써 보는 이를 감정뿐 아니라 사고로부터 소외시킨다. 이는 브레히트—지각보다는 비평의 연극이라 할 만한—의 또 다른 측면에 근거한 연극이다.

스타일: 역할을 추상화하는 20세기의 경향은 포스트모던 형식의 연극과 공연 예술에서 극에 달한다. 역할은 세트, 조명, 음향 등 공연 제작의 다양한 구성 요소 중 하나로 전락한다. 그리고 대부분은 인물로서의 발전 개념이 없다. 내용의 연극이 아니라 형식의 연극인 것이다.

보기: 예를 들어, 로버트 윌슨의 커다란 연극적 캔버스는 공연 예술보다는 시각 예술의 전통에 더 가깝다. 무대상의 이미지는 시간과 공간이 쌓여 가면서 조금씩 움직이는 그림과 같다. 한 배우가 5분여에 걸쳐 무대 앞쪽으로 기어 나오고, 일단의 배우들이 느린 속도로 동시에 고개를 돌리는 식이다. 윌슨 작품의 인물들은 아인슈타인, 스탈린, 링컨, 프로이트 같은 이름으로 불리지만 역할보다는 일종의 아이콘으로 기능한다. 서로 딱

떨어지게 어우러지지 않으면서 함께 존재하는 이미지 퍼즐을 해체하는 시각적 단서일 뿐인 것이다.

빵과 인형 극단의 페터 슈만은 배우를 거대한 인형이나 가면 뒤에 숨기기를 좋아한다. 그의 조각적이고 정치적이며 영적인 연극에서는 인간으로서의 배우가 거의 쓰이지 않으며, 인물은 비스듬한 남자나 세탁부처럼 이름을 가진 유형에 가깝다.

또 다른 예로 로다(포어먼의 포테이토랜드의 로다), 로렌크렌츠와 길덴스텐(톰 스토파드의 로렌크렌츠와 길덴스텐은 죽었다), 햄릿과 오필리어(뮐러의 햄릿머신), 스웨덴보르그(핑 총의 스웨덴보르그)가 있다.

74. 역할 유형: 신비가(현명한 사람과 아폴론적인 신 참고)

특징: 예언자와 선각자를 포함하는 이 유형은 예언적 지혜와 통찰과 투시력이 특징이다.

기능: 신비가는 외적 현상 너머를 보고 통찰과 투시력을 바탕으로 결론을 내리며, 그 영적 앎에 기반하여 미래를 예언한다.

스타일: 신비가는 일반적으로 제시적인 스타일로 연기된다.

보기: 소포클레스의 〈오이디푸스〉에 나오는 눈먼 예언자인 테레시아스는 테베에서 오이디푸스의 정체와 운명의 진실을 볼 수 있는 유일한 사람이다. 유리피데스가 〈트로이의 여인들〉에서 그려 낸 카산드라는 아가멤논이 트로이 전쟁에서 고향으로 돌아올 때 그를 기다리고 있는 비극적 운명을 예언한다.

그 밖의 예로는 점쟁이(셰익스피어의 줄리어스 시저), 카일 공주(호프만의 전쟁, 테 데움), 조앤(아누이의 종달새), 마담 아카티(커워드의 명랑한 영혼), 찰스 레이시(마멧의 수력 엔진), 어머니 앤과 마리 월스톤크래프트(말피드의 평화 만들기: 판타지)가 있다.

75. 역할 유형: 독실한 신자

특징: 이 유형은 매우 도덕적이고 단일한 신앙 체계에 전적으로 헌신하며 그것이 일종의 도그마로 기능한다.

기능: 단일한 신념의 원칙을 전적으로 믿으며, 그 의식을 수행하고 그 가르침으로부터 양분을 공급받는다.

보기: 아브라함(작자 미상의 아브라함과 이삭), 욥(작자 미상의 욥의 책), J. B.(맥레시의 J. B.), 토머스 베케트(엘리엇의 성당에서의 살인), 루바스노프(킹슬리의 정오의 어둠), 뒤케네 신부(레이버리의 제1군단), 랍비(바이즐의 잘만과 신의 광기), 잔 다르크(슈만의 잔 다르크)가 있다.

75.1. 하위 유형: 근본주의자

특징: 독실한 신자보다 더 극단적인 이 유형은 다른 관점을 허용할 수 없을 만큼 도그마에 집착한다. 근본주의자는 권위적이고 엄격하고 독선적이며 사람들을 개종시키려는 경향이 있다.

기능: 근본주의자는 특정한 신념 체계의 절대적 진실성을 확신하며, 그것을 이교도로 간주되는 믿지 않는 사람들에게 강요한다.

보기: 코리올라누스(셰익스피어의 코리올라누스), 브랜드(입센의 브랜드), 매튜 브래디(로렌스와 리의 바람의 뒤를 잇다), 마오 주석(에드워드 올비의 마오 주석으로부터 인용함)이 있다.

75.2. 하위 유형: 금욕주의자(추방당한 자 참고)

특징: 이 엄숙한 유형은 다른 사람을 개종시키려는 대신 은둔적이고 검소하며 자기를 부인하면서 스스로 추방당한 자의 길을 선택한다.

기능: 금욕주의자는 세속적인 환경으로부터의 격리와 육체적이고 정서적인 위안을 거부함으로써 철학적이고 영적인 신념을 진실하게 고수한다.

보기: 티몬(셰익스피어의 아테네의 티몬), 알세스트(몰리에르의 염세주의자), 사보나롤라와 실비오(살라크루의 세상은 둥글다), 데미안 신부(모리스의 데미안)

76. 역할 유형: 불가지론자

특징: 이 회의적인 유형은 감각으로 직접 경험할 수 있는 것을 넘어선 영적 세계나 신에 대한 믿음에 대해 양가적이다.

기능: 불가지론자는 신이나 영의 존재를 의심하되 그 개념을 전적으로 부인하지는 않으면서 회의적인 태도를 취한다.

보기: 펜테우스(유리피데스의 바커스의 신도들), 유다(작자미상의 수난극), 풀튼 신부와 로레이 신부(레이버리의 제1군단), 드리스콜(쇼의 시체를 묻어라), 마틴 루터(오스본의 루터), 마사 리빙스턴 박사(피엘마이어의 신의 아그네스)

77. 역할 유형: 무신론자

특징: 무신론자는 신은 존재하지 않으며, 의미 있는 행동은 오직 개인을 통해서만 일어난다는 뚜렷한 믿음을 갖고 있다.

기능: 이 현대적인 유형은 신이나 영적인 삶의 존재를 부인하고 조직화된 종교의 도그마와 전통적인 가르침을 거부한다.

보기: 모렐 박사(레이버리의 제1군단), 폴 그로스한(톨러의 힌케만), 리 2세(아누이의 베케트), 괴츠(장 폴 사르트르의 악마와 선한 주), 슈리츨(카에프스키의 열 번째 사람), 베니타(한스베리의 태양 아래 포도), 할더(테일러의 선)

77.1. 하위 유형: 허무주의자

특징: 무신론자보다 더 극단적인 이 유형은 신뿐 아니라 의미 있는 인간의 행동 역시 부인하며 부정적이고 냉소적이다.

기능: 허무주의자는 인간과 신을 통틀어 일체의 의미 있는 행위의 가치를 부인한다.

보기: 험멜(스트린드베리의 유령 소나타), 악마(쇼의 인간과 초인 중에 나오는 극중극, 지옥의 돈 주앙), 해리 호프와 래리 슬레이드(오닐의 아이스맨 등장하다), 나다(카뮈의 노예 상태), 포조(베케트의 고도를 기다리며), 앤디(레이브의 헐리 벌리)

78. 역할 유형: 성직자

특징: 목사, 랍비, 수녀, 수도승을 비롯한 영적 지도자를 말한다. 이 도덕적이고 이타적이며 무욕한 유형은 영적이고 종교적인 문제에 전념한다. 성직자는 또한 집단의 정치적이고 사회적인 문제를 중재하는 데도 능하다.

기능: 이 유형은 신도들에게 영적 안내와 위안을 제공하며, 개인에게 도덕적 삶의 모델을 제시한다.

보기: 프라이어 로렌스(셰익스피어의 로미오와 줄리엣), 랍비(차예프스키의 열 번째 사람), 파레이 신부(데이비스의 집단 항소)

78.1. 하위 유형: 부도덕한 성직자

특징: 부도덕한 성직자는 표리부동하고 부도덕하며 음탕하고 탐욕스러우며, 지위를 이용해 다른 사람들을 착취한다.

기능: 이 기만적인 성직자는 그 지위가 가지는 도덕성과 선함을 이용해 이기적인 목적을 충족시킨다.

보기: 휴 에반스 경(셰익스피어의 윈저의 즐거운 아낙네들), 추기경(웹스터의 말피 공작 부인), 왕(브레히트의 인간은 인간이다), 하인리히(사르트르의 악마와 선한 주), 교황 파이우스 12세(호흐후스의 대리인)

78.2. 하위 유형: 타락한 영적 지도자

특징: 이 유형의 성직자는 종교와 물질주의, 영과 육의 세계 사이에서 길을 잃어 약하고 죄책감에 허덕이며 불안정하다.

기능: 타락한 영적 지도자는 내면에서 전쟁을 치르며 그것이 자기 파괴적인 행동으로 나타난다.

보기: 맨더 목사(입센의 유령), 셰넌(윌리엄스의 이구아나의 밤), 자크 루(바이스의 마라/사드), 리바드 신부(스티트의 주자 넘어지다), 짐 케이시(스타인벡의 소설을 각색한 갈라티의 분노의 포도), 레버랜드 존슨(베르텐베이커의 우리 마을을 위해), 엉클 잭(프라이얼의 루나자에서 춤을)

항목: 초자연적 존재

79. 역할 유형: 신/여신

특징: 다소 원시적인 이 유형은 주술적이고 도덕적이며 신적 욕망을 충족시키기 위해 자연계에 영향을 미치기를 좋아한다.

기능: 신/여신은 삶과 죽음에 대한 힘을 확증한다. 인간은 신적인 역할을 취함으로써 초월적인 감각을 경험한다.

스타일: 신과 여신은 제시적인 인물이다.

보기: 제우스(아이스킬로스의 프로메테우스), 주피터(플라우투스의 암피트리온, 지로도의 암피트리온), 신(작자미상의 욥의 책), 인드라의 딸(스트린드베리의 몽상극), 비너스(페럴만과 내쉬의 비너스의 터치), 주스(맥레시의 J. B.), 퀘찰코틀(엘 테아트로 캄페지노의 라스콰치스의 대형 천막)

79.1. 하위 유형: 재치 있는 신/여신

특징: 이 대안적인 유형은 반어적이고 재치 있으며 현명한 신/여신이다.

기능: 이들 존재는 인간의 한계와 신적인 욕망을 풍자함으로써 관객에게 희극적인 위안을 제공한다.

스타일: 이들 역시 제시적인 스타일로 나타난다.

보기: 헤르메스(아리스토파네스의 플라우투스), 디오니소스(아리스토파네스의 개구리), 세 명의 신들(브레히트의 사천의 착한 사람), 모티/수행원(프라이드먼의 증기선)

79.2. 하위 유형: 디오니소스적인 신/여신(황홀경에 빠진 자 참고)

특징: 이 역할은 비합리적이고 양성애적이며 중독적이고 무도덕하다.

기능: 이 역할은 인간적 열정과 정신의 해방으로서 기능한다. 역할 속에서 디오니소스적 배우는 진정으로 자발적이고 황홀경적인 본질을 표현한다.

스타일: 이것은 원초아와 원초적 비명[15)]의 연극이다. 강력한 인습타파적인 이미지가 지배하고, 관습적인 금기가 깨어지며, 본질적인 열정이 분출되고, 우주적인 진실이 드러난다. 전적으로 제시적인 이 스타일은 아르토(1958)와 벡(1972)과 브룩(1978)의 이론적 명상을 반영한다.

보기: 디오니소스는 앞서 말한 다양한 역할 유형, 즉 양성애자, 트릭스터, 위장한 자, 황홀경에 빠진 자를 구현한다. 유리피데스의 바커스의 신도들에서 우리는 그 원형을 만난다. 자웅 양성의 디오니소스는 그를 따르는 여신도들을 섹스와 폭력의 원초적 행동으로 이끈다. 그리고 합리주의자이자 의심하는 사람인 펜테우스가 그의 힘에 도전하자, 그를 성적으로 모욕하고 그 어머니의 손을 빌려 야만적인 살인을 저지른다.

디오니소스적인 역할은 셰익스피어의 칼리반(템페스트), 브레히트의 바알(바알), 맥베스(바일의 서푼짜리 오페라), 윌리엄스

15) 원시 요법은 아서 야노브(Arthur Janov)의 〈원초적 비명〉이 출간된 직후 1970년대 초반에 인기를 끌었던 심리치료 형식이다. 아서 야노브는 어린 시절의 트라우마가 억압된 데서 신경증이 발생한다고 주장하며, 그 상처를 치유하기 위해 유아기의 감정으로 돌아가 울음으로써 억눌린 고통을 재경험하고 표현하게 한다.

의 스탠리 코왈스키(욕망이라는 이름의 전차), 바이스의 마르키스 드 사드(마라/사드), 섀퍼의 앨런 스트랭(에쿠우스) 등을 들 수 있다. 디오니소스에서 영감을 얻은 다른 인물로는 코무스(밀턴의 코무스), 디온 안소니(오닐의 위대한 갈색 신), 존 박사(윌리엄스의 여름과 연기), 디오니소스(아리스토파네스의 희곡을 각색한 손다인과 셸브러브의 개구리)가 있다.

79.3. 하위 유형: 아폴로적인 신/여신(신비가 참고)

특징: 19세기 말 그리스 비극을 분석하면서 니체(1872/1956)는 이분적인 도식을 세운다. 그에 따르면 한편에 디오니소스의 황홀경적 전통이 있다면 다른 한편에는 아폴로로 대변되는 합리적 전통이 있다. 아폴로는 질서와 이성과 미의 화신이다.

기능: 아폴로적인 역할은 형식, 질서, 논리, 우아함, 시, 미를 통한 초월을 대표한다. 그리스 신화와 드라마에서 아폴로는 예언의 신 곧 왕이 결정을 내리기 전에 조언을 구하는 신으로 나타난다. 예를 들어, 테베의 문제의 근원을 밝히기 위해, 오이디푸스는 크레온을 보내 아폴로의 신탁을 구하게 한다. 예언적 특질과 관련하여, 아폴로적 역할은 몽상가와 낭만적인 사람, 주술사와 예언자/신비가의 역할이 된다. 아폴로의 그런 특질은 형식적이고 시적인 목적에 복무한다.

스타일: 아폴로적 역할은 일반적으로 제시적인 스타일을 따른다.

보기: 아이스킬로스의 작품 〈유메니데스〉에서, 이성적인 아폴로의 지지를 받는 오레스테스는 그를 끈덕지게 물고 늘어지며 처벌할 것을 요구하는 디오니소스적인 분노의 세 여신에 맞서 현

저한 대조를 이룬다. 유리피데스의 〈바커스의 신도들〉에서, 아폴로적인 인물로서 디오니소스를 돋보이게 하는 사람은 펜테우스다.

셰익스피어의 희곡에서 우리는 디오니소스와 아폴로가 충돌하는 긴장의 예를 쉽게 찾을 수 있다. 할 왕자 내면의 싸움뿐 아니라 펄스타프(헨리 4세, 2막)와의 갈등, 그리고 이성적인 주술사인 프로스페로(태풍)에 맞선 칼리반의 투쟁 등이 그렇다. 현대에 와서는 피터 섀퍼의 〈에쿠우스〉에 나오는 아폴로적인 다이사트 박사의 투쟁을 들 수 있다. 그는 열정적인 환상으로 자신을 둘러싼 현실과 싸운다. 이 싸움은 젊은 환자인 디오니소스적인 앨런 스트랭—박사의 견지에서 그는 황홀경의 의식儀式 속에서 말의 눈을 찔렀다—과의 만남에 그대로 반영된다.

79.4. 하위 유형: 예수/성인

특징: 예수는 무조건적인 사랑을 하고 또 다른 이들에게도 그렇게 하기를 가르치는 비폭력적인 혁명가다. 예수 역할은 고통받는 하인, 인간의 죄를 떠맡은 성인이자 희생양의 역할이다. 인간이자 신인 예수의 역설은 그의 것만은 아니다. 그리스와 로마의 신뿐 아니라 초기의 신들 역시 그런 존재로 기술된다. 다만 예수는 인류를 그 부도덕함으로부터 구원하도록 운명 지어진 메시아라는 점에서 그와 구별된다.

기능: 예수 역할은 한 차원에서 구원자의 기능을 한다. 그리고 더 높은 차원에서는 다른 신들과 마찬가지로 초월적이다. 이 역할을 맡음으로써 개인은 무조건적인 사랑과 신의 은총에 참여

함을 통해 도덕적 힘을 확증하고 영적 연약함을 초월한다.

스타일: 제시적인 예수 역할은 그 스타일과 패션의 측면에서 변화에 적응해 왔다. 예수 역할의 현대적인 화신들 속에서, 예수는 히피 어릿광대(슈왈츠와 테베락의 가스펠)이자 대중적인 아이콘(라이스와 로이드 웨버의 지저스 크라이스트, 슈퍼스타)으로 나타난다.

보기: 그 밖의 보기로는 예수(작자미상의 수난극), 엘레노라(스트린드베리의 부활절), 바이올레인(끌로델의 마리에게 닥쳐 온 시련), 아시시의 성 프랜시스(에이메의 클레람바드)가 있다.

80. **역할 유형: 요정**(바보광대 참고)

특징: 작은 요정, 수호천사, 착한 마녀, 노인 요정을 아우르는 이 총칭적인 유형은 주술적이고 섬세하며 순수하고 귀엽고 낭만적이고 장난스럽다.

기능: 요정은 인간을 기쁘고 즐겁게 하며 문제를 풀 수 있도록 돕는다.

스타일: 요정은 셰익스피어의 〈태풍〉에 나오는 아리엘에서 잘 드러나듯이 제시적인 인물이다. 이 서정적인 요정은 주인의 명령에 따라 폭풍을 일으키고, 젊은이들의 사랑의 마법을 촉진하며, 악한 자를 벌한다. 매우 양식화된 인물임에도 불구하고, 셰익스피어는 그에게 특정한 파토스를 부여한다. 이 요정은 마음대로 우주를 헤매고 다닐 수 있는 자유를 갈망하는 노예다.

보기: 요정은 극문학의 대들보라 할 수 있다. 그 밖의 보기에는 콩꽃(셰익스피어의 한여름밤의 꿈), 라텐드레인(호프만의 물 밑의

종), 팅커벨(배리의 피터팬), 롭 씨(배리의 브루투스에게), 오딘(지로도의 오딘), 먼치킨과 착한 마녀 글린다(봄의 오즈의 마법사), 오그(하버그와 레인의 피니앙의 무지개), 천사와 동물들(슈만의 가축 부활 서커스)이 있다.

81. 역할 유형: 악마(야수와 기만하는 자 참고)

특징: 마법을 부릴 수 있고 사악하며 위협적이다. 분노의 여신들, 광신도, 마녀, 유령은 영적 세계의 어둠의 자식들이다.

기능: 악마는 인류에게서 자기 만족과 독선을 제함으로써 인간 경험의 세계에 두려움과 공포의 차원을 더한다.

스타일: 악마적인 역할 유형은 제시적으로 묘사된다.

보기: 분노의 여신들(유리피데스의 바커스의 신도들), 세 마녀(셰익스피어의 맥베스), 미라(스트린드베리의 유령 소나타), 파리(사르트르의 파리떼), 존(리처드슨과 바니의 달의 어둠), 드라큘라(카츠의 드라큘라: 사바트), 마녀(라핀과 손다임의 숲 속으로)

81.1. 하위 유형: 사탄

특징: 이 고전적인 악마는 유혹하는 자이자 타락한 천사로서 예수와 신의 반명제다. 그리고 유대 기독교 전통 속에서 악의 원초적인 상징이다.

기능: 사탄은 진실함과 신성함에 대항하고, 인간이 선 대신 악을 선택하도록 유혹한다.

스타일: 다른 악마와 마찬가지로, 사탄은 제시적인 인물이다.

보기: 말로의 〈파우스트 박사〉에서 처음으로 창조된 악마적 유

혹자 메피스토텔레스는 위협적이고 강력하며, 인간 영혼의 궁극적 운명을 두고 협상할 수 있는 능력이 있다. 다른 사탄 인물과 마찬가지로 그는 악의 화신이고, 접신 현상과 초자연적 위협에 관한 대중적인 공포 영화에 단골로 등장한다.

그 밖에 사탄적인 인물을 열거하면 사탄(작자 미상의 욥의 책), 메피스토펠레스(괴테의 파우스트), 악마와 디콘(맥카예의 까마귀), 마술사(칼데론의 놀라운 마술사), 니클스(맥래시의 J. B.), 애플게이트 씨(애봇, 월롭, 뢰서의 빌어먹을 양키), 뱀(반 이탤리의 뱀)이 있다.

81.2. **하위 유형: 죽음**

특징: 죽음은 고대의 극적 의식에서 가장 일찍부터 의인화된 역할 중 하나다. 하나의 유형으로서, 죽음은 위협적이고 공포스러운 무의 화신이다.

기능: 이 유형은 인간의 생명을 요구한다.

스타일: 죽음은 제시적인 스타일로 나타난다.

보기: 잉그마르 베르히만의 매우 연극적인 영화인 〈제7의 봉인〉에는 흰 얼굴을 한 죽음이 나온다. 중세기에 정착된 그 이미지는 죽음 역할을 탁월하게 표현하고 있으며, 대다수 문화권의 다양한 의식 형식에서 매우 친숙하다. 연극의 역사에서 빠짐없이 등장하는 이 인물의 보기에는 죽음(작자 미상의 만인), 죽음(콕토의 오르페우스), 죽음(오스본의 빌려 온 시간에 대하여), 죽음(카뮈의 포위당한 상태), 죽음(슈만의 토텐탄츠)이 있다.

82. 역할 유형: 마법사

특징: 마법사는 자연계를 변형할 수 있는 능력을 갖고 있다. 이 유형은 초자연적인 힘을 통제하며 그 능력을 선하거나 악한 목적을 위해 불러낼 수 있다.

기능: 마법사는 초자연적인 힘으로 자연적인 현상을 바꾼다.

스타일: 이 유형은 일반적으로 양식화된 방식으로 제시된다.

보기: 셰익스피어는 〈태풍〉에서 프로스페로라는 마법사의 한 예를 보여 준다. 프로스페로는 자기 자리를 빼앗은 기만적인 형제를 벌하기 위해 태풍을 불러낸다. 그러다 나중에는 사랑과 용서의 마법이 일어난다. 모든 것이 제자리를 찾아간 뒤에 늙은 마법사는 마법을 내려놓는다.

마법사의 역할은 개별적인 인물일 뿐 아니라 벌레스크 쇼나 버라이어티에 늘 등장하는 레파토리이기도 하다. 20세기 초반 해리 후디니의 일인 마술 쇼는 매우 인기가 높았다. 펜이나 텔러 같은 현대의 마법사들이 포스트모던적인 터치를 가미하여 그 전통을 이어 가고 있다.

고전적이고 근대적인 마법사의 보기에는 오베론과 티타니아(셰익스피어의 한여름 밤의 꿈), 존 웰링턴 웰스(길버트와 설리번의 마술사), 정복자(체스터턴의 마법), 무대 감독(와일더의 우리 읍내), 배우들의 왕(스토파드의 로젠크렌츠와 길덴스텐은 죽었다)이 있다.

영역: 미적

83. 역할 유형: 예술가

특징: 건축가 솔니스(마스터 빌더)와 화가 루벡(시체가 깨어날 때)에 대한 입센의 묘사에서 고통 받는 예술가, 곧 예술가 역할의 근대적인 형태에 대한 초기의 탐구를 볼 수 있다. 역할 유형으로서 예술가는 예민하고 창조적이고 고립적이며 오랜 동안 고통 받는 경우가 많다.

기능: 예술가는 새로운 형식을 꿈꾸고 낡은 형식을 변형함으로써 창조적인 원리를 보여 준다. 영적 요구와 미적 과정의 책임감 때문에 예술가는 흔히 그에 값하는 정서적 대가를 치른다. 여러 측면에서 근대적인 예술가는 자기 예술의 가치와 예술과 삶의 경계를 확신하지 못하는 우유부단한 인간이 되고 있다.

보기: 아이스킬로스와 유리피데스(아리스토파네스의 개구리), 만리코(가르시아 구티에레즈의 트루바도르), 듀브데(쇼의 의사의 딜레마), 폰 살라(슈니츨러의 외로운 길), 디어스(배리의 브루투스에게), 오르페우스(아누이의 연인들의 전설), 조지(라핀과 손다임의 조지와 일요일 공원에서)

83.1. 하위 유형: 배우(미녀와 나르시시스트 참고)

특징: 드라마에서 예술가는 흔히 배우로 나타난다. 배우는 자기중심적이고 외향적이며 동떨어져 있고 가면을 쓴 듯하며 사람들을 기쁘게 하고 박수 받고 싶어 안달한다.

기능: 배우는 연기로써 관객에게 수용되고 칭송받기를 추구한다.

보기: 바텀(셰익스피어의 한여름밤의 꿈), 배우들의 왕(셰익스피어의 햄릿), 킨(사르트르의 킨), 아르키 라이스(오스본의 엔터테이너), 카스파(한트케의 카스파), 로버트와 존(마멧의 극장에서의 삶), 존 경(하우드의 드레서)

84. 역할 유형: 몽상가

특징: 몽상가는 자기가 만든 환상 세계 속에 사는 이상주의적이고 낭만적인 인물이다.

기능: 이 유형은 보다 욕망함직한 존재에 대한 환상을 꿈꾸면서 실제 세계로부터 유리된다.

스타일: 몽상가는 일반적으로 양식화되고 낭만적인 인물로 그려진다.

보기: 로미오(셰익스피어의 로미오와 줄리엣), 트레블레브(체호프의 갈매기), 로버트 마요(오닐의 지평선 너머), 젊은 몽상가(오케이시의 문 안에서), 돈키호테(바셀만, 레이, 다리온의 라만차의 사내), 막스, 아서와 낸시(가드너의 안녕 사람들)

유형 분류 체계의 사용과 의미

신을 연기하는 것에서 한낱 기호를 표상하는 데까지 배우와 역할은 천 년에 거쳐 변화해 왔다. 하지만 시대가 아무리 급진적으로 변해도, 연극적 역할의 유형은 매우 일관되게 지속되어 왔다.

유형 분류 체계가 84개의 독립된 유형을 제시하고는 있지만, 역할 유형은 진공 속에 존재하지 않는다. 각 안티고네는 저만의 크레온을 갖고 있고, 줄리엣 역시 그녀만의 로미오를 상대하며, 에스트라공마다 서로 다른 블라디미르와 짝을 이룬다. 그러므로 작품에서 한 인물이 없어진다면, 전체 구조 역시 바뀔 것이다. 예를 들어, 〈햄릿〉에서 오필리어를 뺀다고 가정해 보자. 그러면 성적이고 낭만적인 주제가 사라진다. 영웅은 사기꾼과 악당과 조력자의 극적 세계 속에서 움직인다. 바보광대는 얼간이 및 현명한 사람과 공존한다. 피해자는 가해자와 생존자의 극적 세계에 함께 존재한다. 요컨대, 이 역할 유형 분류 체계는 상호작용적이고 상호 관련된 역할의 개념을 내포한다.

인물로 재현되는 극적 세계는 서투른 땜질을 용납하지 않는 연약하고 섬세한 구조다. 극작가가 구성한 것으로서, 각 역할은 정밀하게 계산된 지위와 기능을 갖는다. 역할들 사이의 관계 역시 극적 목적을 위해 그리고 영웅의 과업을 위해 신중하게 발전된다.

연극은 인물이 대사와 행동과 동기에 의해 명확하게 구축되는 체계적이고 계획된 구조물이다. 그 극적 세계가 잘 구축되면 인물이나 역할이라는 가장 속에서도 특정한 진실을 제시할 수 있다. 배우로서의 인간의 비유를 확장하자면, 우리가 살아가는 극적 세계는 역할 체계 내에서 심리적 대응부—일상 현실의 개인의 존재에 구조와 일관성을 제공하는 일군의 내면적 인물군—를 갖는다. 역할 체계는 신적인 극작가가 고안한 것이 아니라 부모에게 물려받고 사회 환경으로부터 취하여 행동적으로 연기하는 역할 속에서 전 생애의 경험을 통해 구축되는 것이다.

유형 분류 체계는 서구 극문학에서 가장 탁월한 작품에 반복해서 나타나는 본질적인 역할 유형을 정리하려는 시도라 할 수 있다. 역할 유형을 특질과 기능과 스타일로 나누어 살피면서 연극뿐 아니라 일상 현실과 연극치료—역할이라는 거울 속으로 들고 나면서 변증적인 삶의 신비를 바라보는 하나의 방식을 제공하는—에서도 사용할 수 있는 극적 모델이 나타난다.

일상 현실에 활용할 때, 유형 분류 체계는 역할 체계 곧 인성의 본질적 요소를 구성하는 페르소나를 일별할 수 있게 해 준다. 분류 체계는 극적 모델로서 행동과 동기를 개념화하는 도구가 되며, 그것을 일종의 지도로 사용함으로써 개인은 다양한 여정을 훨씬 더 잘 알 수 있을 것이다. 아토스 산에서의 여정을 돌아보면서 그 이상한 땅에서 만난 역할 갈등을 알아채고 그 기능과 일상 현실에서의 작용 방식을 이해할 때에야 비로소 그 의미를 훨씬 더 명확하게 잡아낼 수 있었다.

4장부터 6장에서 보았듯이 역할 유형은 드라마를 통한 치유 과정에 정보를 줄 수 있다. 마이클과 앤은 자기 행동에 큰 영향을 준다고 느끼는 다양한 내면의 역할에 이름을 붙이고 그것을 변형할 수 있었다. 유형 분류 체계를 활용하면 치료사와 참여자 모두 피해자와 영웅 같은 역할의 특질과 기능과 스타일에 대해 더 명확한 감각을 가지고 치유 과정에 접근할 수 있다. 또한 배우는 그런 지식을 가지고 치료적 드라마에서 탐험해야 할 본질적 역할을 찾아내고 그것을 극화하는 데 더 적합한 방식을 선택하도록 도움을 얻을 수 있다.

영적 여정에 오른 나의 경험으로 서두를 연 이 책은 개인적인 이야기와 문학과 치료적인 이야기를 막론하고 이야기를 주요 요소로 삼고 있다. 허구이거나 그렇지 않거나, 공연이나 치료를 위한 것이거나 일상적인 것이거나, 이야기는 모두 그 인물의 관점이라는 한 차원에서 이해될 수 있다. 유형 분류 체계는 특정 인물에 대한 것뿐 아니라 원형적 특질을 구현하는 역할 유형이나 인물에 대한 체계적인 조망을 제공한다. 극적이거나 치료적인 혹은 일상의 이야기를 분석할 때 유형 분류 체계를 활용한다면, 이야기 자체는 아니라도 그 이야기를 한 사람은 이해할 수 있다. 그것은 사람들이 이야기를 추구하고 만들어 내는 한 가지 이유가 바로 그 안에서 자기 자신을 찾는 것이기 때문이다. 유형 분류 체계는 그 탐구 과정을 안내해 줄 것이다.

한편으로 유형 분류 체계는 역할을 내용과 기능과 스타일의 개별적인 측면에서 추상화하여 하나의 그림으로 보여 준다. 그런 반면 일종의 지도로서 치료사가 나아갈 방향을 제시하거나 역할 속에서 표현된 바를 이해하는 데 활용되기도 한다.

CHAPTER 12

결론

너 자신을 알라-소크라테스

당신의 고객을 파악하라-해리 아저씨

해리 아저씨가 전해 준 조상의 지혜는 "당신의 고객을 파악하라."다. 해리 아저씨로 말하자면, 머뭇거리는 손님에게 바지 한 벌을 더 팔려고 애쓰면서 그 말을 피부로 실감하게 되었다고 한다. 하지만 나는 거기서 사고파는 것 이상의 의미를 본다. 고객을 파악하고 있다면, 나는 상품을 팔 수 있을 뿐 아니라 그들 앞에서 내가 누구인지를 알게 된다. 미드(1934)의 개념을 빌려 다시 말하면, 고객은 '일반화된 타자'—상보적인 역할을 연기하는 법을 알기 위해서 반드시 내면화해야 하는 사회적 집단—다.

중요한 사회 집단 속에서, 나는 역할로 들어간다. 다른 사람들이 내게 무엇을 기대하고 또 내가 다른 사람들에게 무엇을 기대하는지를 잘 알수록, 그 역할을 기능적으로 수행할 가능성이 높아진다. 옷을 팔려 한다면 나는 손님이 나를 얼마나 믿는지, 어떤 욕구를 갖고 있는지, 돈을 얼마나 쓰리라 보는지에 대한 판단에 근거하여 판매원 역할을 연기할 것이다.

친숙한 환경에서 떠나 영어가 아닌 말을 하는 낯선 고객들 사이에 있을 때, 나는 두려움에 떨면서 지나치게 조심스러워하거나 손님들이 어떻게든 나를 이해해 주길 바라면서 낡은 역할로 퇴행하는 경향이 있다. 아토스 산에서, 위협적인 금욕주의자와 트릭스터를 맞닥뜨렸을 때, 나는 좀 더 익숙하게 반응할 수 있는 낯익은 '고객들'을 상대하기까지 일련의 역할—겁쟁이와 피해자, 우유부단한 자와 도덕주의자—을 통과했고, 조력자 집단을 만나고 나서야 비로소 안전함을 느끼기 시작했다. 독실한 신자와 회의적인 자유주의자는 내 내면의 상응하는 부분을 일깨웠고 그래서 친숙한 영역에 있음을 알게 되었다.

한 재밌는 친구가 먼 나라에서 영어 교사로 일하는 딸을 방문한 적이 있었다. 그 친구는 뉴욕에 살 때 노상강도를 당한 경험이 있어서 낯선 거리를 걷는 게 조심스러웠는데, 어느 날은 혼자 도심을 돌아다니다가 길을 잃고 말았다. 시간이 늦은 데다 거리 표지판을 읽을 수도, 영어를 할 줄 아는 사람을 찾을 수도 없었다. 모퉁이를 돌 때마다 목적지는 점점 더 멀어졌고, 길을 물으려 다가갈 때마다 퇴짜를 맞자 낭패스럽기 짝이 없었다. 그리고 자기가 그곳 사람들과 얼마나 다르게 보이는지가 느껴지면서, 행인들의 시선을 의식하게 되었다. 그때 한 어린 꼬마가 불쑥 다가오더니 불편할 만큼 가까이에 멈춰 섰다. 그러자 아이 엄마로 보이는 여자가 그를 향해 손가락질을 해 대면서 격앙된 어조로 딸을 나무라기 했다. 그때 내 친구는 피해자라는 친숙한 역할로 후퇴하여, 통제력을 모두 포기하고 상처 받거나 최소한 모욕당하기를 기대하고 있는 자기 자신을 발견했다. 그리고 환한 미소를 지으며 주의를 끄는 큰 목소리로 "안녕하세요?"라고 했다. 여자와 아이는 그를 미친 사람인 양 바라보다가 결국 혼자 힘으로 알아서 하도록 남겨 두고 제갈길로 갔다.

잠시 멈춰 숨을 가다듬은 친구는 아직 아무런 해도 입지 않았고 딸네 집이 그리 멀리 떨어져 있을 리 없음을 상기했다. 그리고 비록 영어를 못하지만, 그의 어리석음을 재미있게 지켜본 친절한 노점 상인의 도움을 받아, 꼬불꼬불한 거리를 항해하여 집으로 찾아갈 수 있었다. 마침내 생존자가 된 것이다.

문화적 환경을 더 잘 이해했더라면 피해자 역할로 떨어지지 않았을지도 모른다. 그러나 그 자리에 처했을 때 그는 마치 "나는 좋은 사람이에요. 날 해치지 마세요."라고 말하듯 미소를 지었고, 그를 통해 피해자 역할을 생존자 역할로 변형함으로써 별 상처 없이 집으로 돌아갈 수 있었다.

이 이야기는 부엌에서 술 취한 아버지와 마주쳤던 앤(6장 참고)의 경험을 연상시킨다. 칼을 가는 앤의 아버지는 위험하고 잠재적으로 폭력적이었다. 그렇지만 앤은 피해자가 되지 않기 위해 죽을힘을 다해 농담을 걸어 아버지를 가해자 역할에서 끌어냈다.

브루노 베틀하임(Bruno Bettelheim, 텅 빈 숲, 1967)은 2차 세계대전 동안 강제 수용소에 갇혀 있던 피해자들이 압도적인 공포에서 살아남기 위해 어떻게 했는지에 대해 쓰고 있다. 많은 사람이 눈앞에서 벌어지는 끔찍한 일들을 보지 않으려고 감정을 차단한 좀비가 되어 갔다. 베틀하임은 이 상황을 자폐증과 정신분열증에 포개 놓는다. 그 환자들은 무시무시하고 잔혹하게 보이는 외부 세계와의 소통 일체를 차단한다. 크메르 루즈가 말할 수 없는 잔학 행위를 저질렀던 캄보디아 킬링필드 생존자에 대한 보고서는, 캘리포니아 남부에 정착한 캄보디아 여성들 상당수가 뚜렷한 신체적인 이유 없이 실명하였다고 전한다(극작가 어네스트 아부바는 이에 자극받아 〈캄보디아 아고니스테스〉라는 음악극을 만들어 1992년 뉴욕의 범아시아 레퍼토리 극장에서 상연했다.).

고객을 파악한 사람들은 피해자에서 생존자 역할로 변형할 수 있다. 그들은 그것이 바보광대같이 씩 웃는 것이든 감정을 죽이는 것이든 시력을 잃는 것이든, 시련을 지나가게 해 줄 역할 특징을 선택한다. 바보광대 혹은 좀비가 되어 공포에서 살아남은 것이다.

심리적 학대의 피해자들 또한 가해자에 대한 두려움을 완화하는 방법을 찾아냄으로써 생존자가 된다. 마이클과 앤은 치료를 통해 천천히 아버지에 대한 두려움을 훈습하면서 그것을 해냈다. 그들에게 아버지는 언제든 아이들의 성적 욕구와 친밀함의 욕구를 칼과 도끼로 잘라 낼 수 있는 존재였다. 치료 과정을 통해 앤과 마이클은 무시무시한 아버지(그리고 어머니)뿐 아니라 건강한 어른으로서 관계 맺지 못하게 막는 자기 내면의 살인적이고 분노에 찬 측면을 만날 수 있었다.

고객을 아는 것은 지혜의 일부이며, 또 다른 부분은 고객 앞에서 잘 살 수 있도록 역할 안에서 적절한 반응을 찾아내는 것이다. 그리고 이제야 해리 아저씨에게 말하지만, 재고를 파악하는 것이 빠진 세 번째 부분이다. 손님의 키는 작은데 준비된 옷이 긴 코트뿐이라면 양심상 물건을 팔기는 힘들 것이다. 그러나 물건이 충분하다면—다양한 크기와 스타일의—이야기는 분명히 달라진다.

해리 아저씨는 대 공황기에 성년을 맞은 그 세대의 다른 사람들처럼 사물을 흑백의 기본적인 도덕 가치—옷을 팔거나 못 팔거나 혹은 주머니에 현금이 있거나 무일푼이거나—로 판단했다. 그의 생활양식은 샘처럼(2장에서 언급한 강박적인 계산원) 매우 제한되어 있었다. 공황과 전쟁에서 살아남았음에도 불구하고, 해리 아저씨는 나이 들수록 오히려 점점 더 피해자가 되어 갔다. 시대가 바뀌었기 때문이다. 여성과 청년과 흑인의 해방 운동이 폭발했고, 자식들이 전통을 낡은 것으로 폄하하고 거부하면서 가족 역시 상실감과 모욕의 근원지로 변했다.

하지만 해리 아저씨는 끝까지 일면적이었다. 손님들을 알고 재고도 파악하고 있었지만, 유행이 변화함에 따라 이 일면적인 남자에게는 고객도 물건도 떠나가고 오직 제한된 역할 체계만 남게 되었다. 그는 생존자에서 피해자로 미끄러진 채 슬프기 짝이 없는 사람으로 죽어 갔다. 피해자 역할은 고립감과 분노와 자포자기의 감정과 함께 끝까지 그를 따라다녔다.

많은 사람들이 해리 아저씨처럼 단면적인 삶을 살기 위해 분투하고 있다. 그러나 그 대가는 참으로 크다. 어떤 사람들은 종교나 정치 이념 혹은 단체로 대표되는 명백하게 안전한 집단에 결합하여, 충정과 성실로써 명확하고 선명한 규칙과 경계가 주는 안전한 삶을 누린다. 그러나 그 대가로 오직 선택을 통해 싸움으로만 얻어지는 역할의 복합성을 폐기한다. 고립된 삶이나 자기 완결적인 공동체의 품속에서 살아가는 삶은 영웅적이지 못하다. 효율적인 소통의 필요성을 말한(인간과 인간 사이, 1948 참고) 지혜로운 철학자 마틴 부버는, 개인 중심적이고 집단주의적인 양극단을 대화의 삶 곧 사람들 사이의 열린 교환의 상태에 대한 반명제로 보았다.

대화의 삶 곧 다른 사람에게 반응적으로 개입하는 능력을 가지려면, 반드시 양면성을 허용해야 한다. 양면성은 내가 누구이고, 어디로 가고 있으며, 왜 거기에 가려는지에 대해 불확실한 상태를 말한다. 사람들은 대화—사람들 사이의 열린 교환뿐 아니라 개인 내면의 목소리를 통한 추론 역시—를 하면서 불확실성을 훈습하고 선택가능성을 자각하기 시작한다. 양면성은 선택의 기회를 함축하고, 선택의 기회는 대안적인 생각과 행동의 가능성을 내포한다. 대화를 할 때는 개인의 관점이 도전받을 수 있으며 그 관점을 진전시키기 위해 다른 사람의 목소리를 취할 필요성을 느낄 수도 있다. 대화의 삶은 열린 역할 체계를 요구한다. 그것은 우리가 특정한 관점을 나타내는 각 역할을 통해 대화에 참여하기 때문이다.

나는 역할 분류 체계를 구체화하면서 개인에게 허락된 역할 선택의 범위를 체계적으로 배열하고자 했다. 앞서 말했듯이 일차 역할은 주어진다고 느껴지고 이차 역할 역시 대개는 사회로부터 무의식적으로 취해지는 것처럼 보인다는 점에서, 개인이 얼마나 많은 선택권을 갖고 있는지를 정확히 말하기란 어렵다. 그러나 생물학적으로나 사회적으로 결정된 것이라 해도, 역할은 특질과 기능과 스타일 면에서 수정을 거칠 수밖에 없다. 더구나 역할은 의식이나 관계나 지위 혹은 능력의 변화를 경험함에 따라 변형되는 경향이 있다. 예를 들어, 마이클이 연극치료를 통해 피해자에서 승리자로 옮겨 갈 때 그런 현상이 나타났다.

역할 접근법은 여러 가지 방식으로 우리가 살면서 겪게 되는 많은 딜레마에 자연스러운 해법을 제공한다. 예를 들어, 어린 시절에 흔히 겪을 수 있는 트라우마 중 하나는 외둥이에서 맏이로 지위가 바뀌면서 갑작스레 부모의 사랑을 새로 난 형제자매와 나눠 가져야 하는 상황에 놓이는 것이다. 내 딸 조지(Georgie)만 해도 혼자였을 때는 엄마와 나의 무조건적인 사랑과 관심을 독차지하는 특권을 유감없이 누렸다. 특히 6개월 동안은 온전히 엄마 젖으로만 키웠기 때문에, 원할 때마다 젖을 빠는 즐거움을 탐닉했다. 그러다가 18개월이 되면서 급격한 변화가 일어났다. 남동생이 태어난 것이다. 조지는 갑자기 누나라는 새로운 역할을 만들어야 했고, 딸의 역할을 재구축하면서 부모 역할을 내면화하는 새로운 방식을 찾아내야 했다. 순식간에 더 이상 손님을 알아보지 못하게 된 것이다.

조지가 양면성의 근원인 동생을 맞이하러 병원에 갔을 때, 아기는 아직 신생아실에 있었다. 아내와 나는 조지가 조금이라도 더 이전 역할에 머물 수 있도록 의논을 했다. 하루 반나절을 꼬박 떨어져 있던 아내는 조지를 따뜻하게 맞아주면서 커다란 강아지 인형을 선물했다. 하지만 전에는 그런 적이 한 번도 없었기에, 뭔가 심상치 않은 일이 일어났고 외둥이에서 곧 폐위될 것임을 알아챈 조지는 한사코 엄마를 거부했다.

나는 조지와 함께 신생아실에서 아기를 찾아 엄마가 있는 방으로 데려왔다. 아기를 안으면서 조지는 누나라는 새로운 역할을 입어 보기 시작했다. 그러나 때마침 젖을 먹일 시간이라 아기에게 젖을 물리자, 조지는 미친 듯이 울어대기 시작했다. “내 거야! 잰 아빠 아기야. 싫어, 싫어!" 엄마를 잃을지도 모른다는 것이 아이를 가슴 아프게 했다.

아내는 아기에게 젖을 먹이면서 다른 쪽 젖가슴을 조지에게 내주어 퇴행—무조건적으로 사랑스럽고 언제라도 보살핌을 받을 수 있는 딸이자 아기라는 익숙하고 안전한 역할에 머물 수 있도록—할 수 있게 해 주었다. 조지는 잠시 젖가슴에 정신이 팔렸지만, 이내 당면한 딜레마로 돌아갔다. 엄마의 친애하는 사랑스러운 아이가 될 것인가 말 것인가.

그 뒤 몇 주 동안, 조지는 딸 대 고아, 외동딸 대 누나, 사랑받는 사람 대 거절당한 사람이라는 역할 양면성과 씨름을 했다. 해결책은 내가 '피터 래빗'을 읽어 주었던 어느 날 나타난 것 같다. 이야기에서 네 자매 중 하나인 피터는 엄마 말을 안 듣고 말썽을 일으킨다. 맛있는 음식을 찾아 심술쟁이 농부의 정원을 가로지른다. 그러다 들켜 도망을 가다가 낯선 곳에서 길을 잃는다. 하지만 결국 집에 당도하여 자매들과 엄마를 다시 만나게 된다. 엄마는 피터에게 카밀레 차를 주고 침대에 눕혀 재워 준다.

책을 읽는 동안 조지는 피터가 길을 잃는 대목에서 멈추고는 반쯤 진지하고 반쯤 빈정대는 느낌으로 울먹이곤 했다. "어어, 피터가 길을 잃었어요!" 이야기를 읽어 줄 때마다 조지는 피터가 길을 잃는 페이지로 돌아가라고 고집을 부렸다. 그런 다음에는 엄마가 피터에게 차를 주고 침대에 뉘어 주는 그림으로 건너뛰어 눈에 띄게 안심되는 목소리로 말했다. "오, 엄마다. 피터는 이제 안전해. 오, 엄마."

외둥이에서 밀려난 지 두 달쯤 되면서 조지는 어느 정도 불안을 극복했다. 피터처럼 조지는 엄마에게 버림받아 길을 잃고 스스로 보호해야 하는 무시무시한 곳으로 쫓겨났다고 느꼈다. 그런데 이 야기를 통해 조지는 프로이트가 '반복 강박'[16]이라고 적절하게 이 름 붙인 과정을 경험하면서 두려움을 거듭 살았다.

길 잃은 딸을 넘어서기 위해 조지는 누나라는 역할을 새로 만들어야 했고, 남동생을 돌보는 의식에 참여하면서 그것을 부지런히 수행했다. 기저귀를 갈아 주고 젖 먹이는 것을 도왔다. 아기가 울면, 엄마가 물었다. "엄마가 어떻게 해야 하지?" 그러면 조지가 대답했다. "엄마 젖을 물려 주세요." 엄마와 내가 가까이 없을 때 아기가 울면 조지는 젖가슴 대신 고무젖꼭지를 물려 주었다. 이런 경험을 통해 조지는 점차 엄마 역할을 연기하기 시작했고, 두 살 생일을 맞을 무렵에는 급기야 동생에게 자기 젖을 물리겠다고 떼를 썼다.

조지는 때때로 퇴행을 허락받았고 아기의 특권 중 일부—한때는 자기 것이었던 유모차에 눕는 것, 교환대에서 기저귀를 가는 것, 원할 때마다 안기는 것—를 누릴 수 있었다.

피터 래빗 이야기는 집으로 가는 길을 찾는 것—길 잃은 자의 역할에서 사랑스러운 딸로 돌아가 형제자매와 엄마와 재결합하는 것—을 도와주었다. 이야기가 역할을 통한 치유의 자연스러운 수

16) 반복 강박(repetition compulsion)은 어린 시절에 충분히 이해하지 못한 상태에서 한 어떤 체험을 성장한 뒤에도 강박적으로 반복하게 되는 현상을 말한다. 사소하게는 맥베스 부인이 계속해서 손을 씻는 행동부터 알코올 중독자의 가정에서 자란 아이가 어른이 되어 또 알코올 중독자와 결혼하는 경우가 그런 예다. 프로이트는 이 반복 강박을 '쾌락 원칙' 및 '현실 원칙'과 더불어 인간의 행동을 추동하는 세 동기이며, 현실적인 혜택을 얻지 못하더라도 과거의 경험과 상황을 반복하려는 맹목적 충동이라는 점에서 쾌락 원칙보다 더욱 근본적인 것이라고 설명한다.

단을 제공해 준 것이다.

역할 접근법은 역할 훈습과 동일시의 자연스러운 수단이 손상되어 개인이 반복 강박 상태에 고착될 때 사용한다. 다른 치료 과정과 마찬가지로, 역할 접근법은 발견을 향한 영웅적 여정에 기꺼이 자신을 내던질 준비가 되어 있는 사람들에게 한정된다. 극단적으로 고립된 사람과 몽상가에게는 치료가 아무 쓸모없다. 치료 과정은 오직 참여자가 자신의 신념 체계의 초석을 이루는 단일한 역할 혹은 대립되는 두 역할 사이에서 양면성을 경험할 때만 진전될 수 있다.

역할 양면성은 일상생활이나 치료 장면에 관계없이 모든 성장과 변화에 필수적이다. 그것이 지나치게 압도적일 때는 균형 회복을 위해 모종의 도움이 필요하다. 그러나 일정 수위의 불균형일 경우에는 특정한 딜레마에 대한 해법을 찾게 만들어 진정으로 건강한 발전을 이끌어 낼 것이다.

앞서 말했듯이 역할 병존은 세 가지 수준에서 일어난다. 대립적인 특질이 갈등하는 한 가지 역할에서, 대립되는 역할들 사이에서, 그리고 존재와 비존재의 실존적 상태로서. 처음 두 가지는 역할을 통한 자연적인 치유 과정(조지의 경우에서 나타나듯이)과 치료적 개입 과정(마이클과 앤의 사례에서 나타나듯이)에서 어렵지 않게 이해할 수 있다. 역할 병존을 훈습하면서 참여자들은 문제를 해결하고 좀 더 기능적인 역할 체계를 창조하는 방식을 찾아낼 수 있다.

좀 더 기본적인 역할 병존의 세 번째 수준은 개념화하기가 쉽지 않다. 그것은 이 책의 중심 주제를 구현한다. 역할은 존재의 기존 상태 안팎으로 들어가고 나가는 움직임과 관련되며, 그것을 충분히 발달시키기 위해서 사람들은 갈등의 깊이와 상관없이 그 역할들 사이에서 그리고 그 안에서 살아가는 방식을 찾아낼 필요가 있다. 그런 맥락에서 햄릿의 딜레마는 삶과 죽음의 선택에서 단일한 역할 체계 내에 두 양상이 공존하도록 허락하는 상태로 바뀔 필요가 있다. 위협적인 상황(내적으로나 외적으로)에서 살아남으려면, 먼저 두려운 부분의 존재를 인식해야 하며 그다음에는 그것과 함께 살아가는 방법을 찾아내야 한다. 아테네 사회에서 존중받는 자리를 내어 줌으로써 분노의 여신들을 진정시킨 〈유메니데스〉의 아테나처럼, 우리도 역시 심리적인 공포에 자리를 내줄 필요가 있다. 그 존재를 부인한다면, 두려움은 우리의 역할 체계를 뒤집어 놓을 때까지 결코 멈추지 않을 것이다.

햄릿의 이미지는 이 책 전체에서 거듭 등장한다. 왜냐하면 내가 그를 삶과 죽음의 힘 사이에서 궁극적인 선택을 고민하는 양면적인 개인의 원형으로 보기 때문이다. 역사상 가장 많이 공연된 작품의 하나로서, 〈햄릿〉은 관객의 관심사 중 많은 주제에 생기를 불어넣는다. 햄릿처럼 우리도 유혹적인 엄마, 희생된 아버지, 잔인한 계부, 자살하는 연인, 배반하고 아첨하는 친구들, 염탐하는 노인들로 인해 혼란에 빠지고, 겉보기에 친밀한 이들의 충직함과 사랑과 정절에 대한 양가적인 생각으로 씨름을 한다. 우리 또한 순수한 사랑과 성적인 사랑, 복수와 용서, 연대와 배신, 자기연민과 자기혐오, 지혜와 무지, 행동과 수동성에 대한 감정을 붙들고 싸운다. 그리고 햄릿처럼 진정으로 꿈을 믿을 수 있는지를 의심한다.

실존적 딜레마의 진실을 추구하는 햄릿의 방식은 간접적이다. 햄릿처럼 간접 화법을 통해 '방향 찾기'를 시도할 때, 우리는 진정한 감정을 가리고 사회적인 페르소나를 쓰곤 한다. 그것이 바로 역할 접근법—페르소나, 가면, 역할이 주는 안전함과 거리를 바탕으로 치유에 간접적으로 접근하는—이다. 햄릿은 그가 사랑하고 미워하는 사람들을 시험하기 위해 지위는 낮지만 지능은 월등한 바보광대를 연기한다. 그러나 그가 연기한 바보광대는 평범하지 않다. 햄릿의 바보광대는 영웅적인 분위기에 비극적인 결말을 맞는다. 바보광대가 영웅의 가면인 것이다.

우리는 미스터리를 밝혀내는 데 필요한 역할을 마음대로 선택할 수 있다. 조지처럼 피터 래빗을 선택할 수 있고, 마이클과 같이 불태우는 법을 배운 소년을 택할 수도 있다. 앤처럼 헨젤을 선택하거나 줄리아처럼 사악한 엄마를 고를 수도 있다. 이들 역할 역시 우리가 그것을 심리적이고 신비한 여정에 동반하는 만큼 영웅의 가면이 될 수 있다. 우리 안에 있는 햄릿은 영웅적이고 추구적이며, 양면성에 의해 추동되고, 어쩔 수 없이 표면화될 어두운 역할을 받아들이며, 존재의 모순과 싸우는 데 헌신한다.

앞서 말했듯이 햄릿을 읽는 한 가지 방식은 모든 인물을 덴마크 왕자의 투사물로 보는 것이다. 다시 말해 거트루드가 햄릿의 엄마 역할을, 오필리어는 연인-자매 역할을, 유령과 클로디어스는 아버지를, 호라티오는 충직한 친구 역할을, 로젠크렌츠와 길덴스텐은 배신자의 역할을, 폴로니우스는 얼간이를, 레어티즈는 형제를, 포틴브라스는 승리자를, 배우들은 배우 역할을 나타낸다. 이렇게 상호 관련될 때 역할들은 (가령 파수병과 전령과 바보광대) 하나의 인성을 구성한다. 그러한 독해는 페르소나의 체계로서의 인성, 다수인 하나를 강조하는 이 책의 정신에 근접한다.

햄릿은 다양한 수많은 역할을 그것들이 갈등할 때조차 온전히 간직하고 있는 보통 사람이다. 또한 동시에 햄릿은 단지 허구이자 종이에 적힌 몇 마디 멋진 말일 뿐이다. 일상의 배우로서 우리는 약간의 노력을 기울이면 우리의 삶을 하나의 이야기로 읽을 수 있다. 사실상 어떤 경험에 대해 말할 때, 우리는 흔히 자신을 좋아하는 인물—예를 들어, 햄릿, 피터 래빗, 헨젤, 그레텔—로 보는 경향이 있다. 그런 다음에는 특정한 역할에서 빠져 나와 궁금해한다. 이게 나야? 내가 되고 싶어 하는 게 이런 거야? 그에 대한 답은 궁극적으로 역할로 돌아가게 될 것이다. 나는 내가 역할 속에서 행동을 통해 계속해서 드러내는 그것이다. 그리고 나는 탐험되거나 인식되지 않은 역할로 구현된 생각과 감정을 통해 숨기는 그것이다. 나는 어떤 부분에서는 엄마와 닮았고 또 어떤 부분에서는 그렇지 않다. 나는 어떤 이들에게는 친구이며 또 다른 이들에게는 배신자다. 나는 이 모든 것이며, 더 많을 것이다. 내가 만일 이 역할들을 인성이라는 넓은 그물망에 잘 담아낸다면, 역할에 균형을 잡아주는 역할 병존을 진정으로 배울 수 있을 것이다.

신의 부재 속에서 사람들은 다른 신을 창조하고, 자기의 부재 속에서 나는 누구인가라는 물음에 답해 주는 체계를 만들어 낸다. 역할 체계는 그중 하나다. 나는 역할의 창조자이자 역할들의 피조물이다. 여러 역할을 함께 취할 때, 그것은 설사 역설적으로 상호 연결된다 해도 개인의 삶에 일관성을 부여한다. 역할 분류 체계는 역할 체계의 내용을 구체화하는 한 가지 방식이다.

역할 체계를 개념화하기 위해 나는 연극으로 돌아갔다. 역사 속에서 되풀이된 역할 유형을 추출하였으며, 그중 대부분은 특히 그리스 고전기와 로마 연극에서 태어났다. 이 연구를 마무리하면서, 나는 연극이 제공하는 역할의 스펙트럼이 일상 행동을 두루 섭렵할 만큼 상당히 포괄적이라고 느낀다. 그러나 일상생활이나 연극치료 혹은 그 밖의 다른 극적 형식에서 새로운 역할 유형이 발견될 때마다 분류 체계는 확대되어야 할 것이다. 새로운 역할이란 다른 것과 구별되는 특질과 기능과 스타일을 가진 역할일 것이며, 만일 그것이 연극에서 유래하지 않는다면, 분류 체계에 포함시킬 만한 근거를 임상적이거나 일상적인 원천에서 찾아야 할 것이다.

공연과 교육과 연극치료 분야에서 여러 해 동안 작업해 오면서, 나는 예술 형식의 핵심 또는 본질적인 '자기됨'을 정확하게 설명할 수 없었다. 드라마에서 비롯된 인물과 지식과 치유가 모두 궁극적으로 역설적이라는 사실이 그것이 될 수 있을까? 드라마는 존재와 비존재, 역할 입기와 벗기, 영적 항해와 집으로 돌아가는 길 사이의 공간에 존재하기 때문에 어느 하나로 볼 수 없다는 점이 그것일까? 분명한 것은 양면성 없이는 드라마도 있을 수 없다는 사실이다. 무대에 있는 인물이나 대본상의 인물 혹은 즉흥극에 등장하는 인물은 모두 그 정의상 두 가지 현실 곧 역할의 현실과 그 역할을 연기한 배우의 현실 사이에서 보류된다. 그리고 드라마의 맥락에서 인물은 일반적으로 반대되는 목소리에 직면한다. 내면의 독백으로든 또는 영웅과 악당 사이의 갈등으로든 직면한다.

무대로서의 세상 은유를 확장함에 있어, 나는 양면성이 없다면 일상 현실에서 움직임이나 성장이 전혀 가능하지 않다고 주장한다. 앞서 말한 바 있듯이, 양면성을 부정하는 두 가지 방식은 고립된 자나 몽상가 역할을 취하는 것이다. 전자는 유형 분류 체계에서 길 잃은 자로 제시되며, 후자는 근본주의자로 나타난다. 두 경우 모두 모순되는 목소리를 잠재우는 수단으로 극단적인 입장을 취한다. 수행자의 작은 사회(가령 아토스 산의 은둔자들처럼)에 속하거나 여호와의 증인 같은 확장적인 조직을 따르는 사람들은, 영적인 보상을 전격적으로 믿음으로써 제한된 역할의 삶을 살기를 선택한다. 그들의 세계관 내에서 그 선택은 무리 없이 잘 정당화되며 해당 문화와 이념 안에서 기능적일 수 있다. 그러나 제아무리 몸으로 금욕을 하고 의식적인 사고 역시 훈련과 부인의 극단적 형식으로 제한한다 해도, 역할 체계는 여전히 꿈과 환상과 반대되는 비전을 만들어 낸다. 그 크기가 아무리 작더라도 말이다.

아마도 극적 세계관의 핵심부에는 배우 트레이너로서 스타니슬라브스키(Stanislavsky)가 자주 했던 "만약 ~라면?" 이라는 질문이 있을 것이다. 앤의 경우에는 햄릿처럼 "내가 아빠를 죽인다면?" 이라는 질문을 만났다. 마이클의 질문은 "내가 만일 화를 낸다면? 내가 만일 다른 남자를 믿는다면? 내가 만일 에이즈 검사를 받는다면? 내가 만일 사랑스럽다면? 다른 사람들이 날 사랑하도록 놓아둔다면?" 같은 다양한 형식을 취했다. 이 책의 세 부분—일상 현실, 드라마, 연극 치료—의 연관성은 "만일 ~라면?" 이라는 질문으로 집약될 수 있다. 그것은 현재의 모습에서 원하는 모습으로 움직여 가려는 준비된 태도를 말해 준다. 그것은 선함 하나로 고정된 정체 곧 자기 이외의 다른 것이 될 수 있는 가능성을 열어 준다. 이미 알고 있는 안전한 것으로부터 떠나 가능성이라는 미지의 영역으로 들어갈 수 있도록 이끌어 준다. 그것은 평범한 것과 비범한 것을 연결하는 다리이며, 일상 현실에서 고양된 극적 순간을 자극하고 우리로 하여금 위험을 감수하도록 설득하는 물음이다. 그것은 또한 과학적 연구와 예술적 창조를 동기 유발하는 화두이자 본질적으로 역할에 관한 질문이기도 하다. "내가 만일 아버지를 죽인다면?" 이라고 물을 때, 우리는 살인자나 반항자 혹은 복수자나 해방자의 역할을 연기하는 것을 생각한다. 그리고 그 질문을 붙들 때, 양면성이 자리를 잡는다. 역할 속에서 내 행동의 결과가 무엇이 될 것인가? 죄책감을 가지고 살 수 있을까? 칼끝을 내게 돌려 모든 번민을 끝낸다면 어떻게 될까…… 아니면 아무것도 안 한다면?

햄릿은 자신의 실존적인 질문에 아주 간단한 말로 답한다. "준비가 전부다." 모순되는 힘들 그리고 흔히 고통스러운 역할 혼동을 기꺼이 받아들일 때, 비로소 우리는 행동하게 된다. 아버지를 죽이는 것은 방아쇠를 당길 준비만 되어 있다면 상대적으로 쉬운 행동이다.

드라마와 일상 현실과 연극치료의 연관성은 여러 차원에서 찾을 수 있다. 이 책 전체를 통해 나는 역할의 개념과 특질과 기능과 스타일을 구체화함으로써, 극적 모델을 통해 세 가지를 연결하려 노력했다. 이제 남은 작업은 이 모델을 총체적인 역할 이론으로 한 단계 발전시키는 것이다. 다시 말해 연극치료사를 위해 의미 있는 연구 주제를 생산할 수 있고, 존재의 일상적이고 비일상적인 드라마를 이해하는 방식을 찾아내는 작업이 될 것이다.

한 가지 일화를 소개하면서 결론을 맺을까 한다. 몇 년 전에 역할 갈등을 겪고 있는 윌(Will)이라는 친구를 만난 적이 있었다. 그는 신체적인 능력과 경쟁력에 커다란 자부심을 갖고 있는 건장한 남자였다. 대학과 로스쿨에서 열심히 공부를 했고, 졸업하고 나서는 이상적이게도 시민권을 박탈당한 사람을 보호하는 시민권 변호사가 되고 싶어 했다. 그러나 이름난 시민권 단체에서 일자리를 얻을 수 없었다. 그를 계기로 자기 성찰의 시간을 잠시 가진 그는, 자기가 정말로 원하는 것은 자기 분야에서 가장 성공적인 변호사가 되어 돈을 많이 버는 것임을 깨달았다. 하지만 의식적으로는 이상이 희석됨을 인정하지 않았다.

사회적으로 의미 있는 일을 하겠다는 열망을 불태울 때, 그는 히피 같은 옷차림에 나름대로 히피스러운 라이프스타일을 추구했다. 그러다가 마음이 바뀌면서 터틀넥과 나팔바지 대신 쓰리피스 정장을 입은 성실한 여피가 되었다. 사실 내가 지켜보는 몇 년 동안 그의 정치적 신념과 라이프스타일은 유행만큼이나 자주 바뀌었다.

그 뒤 25년 동안은 윌을 만나지 못했다. 다시 만났을 때 그는 예전보다 부드럽고 잘난 척을 덜 했으며 옷차림도 훨씬 수수했다. 그는 법정 변호사가 되었고, 자기 직업과 가정생활에 만족했다. 그리고 내게 이런 이야기를 들려주었다.

몇 년 전 법률 관련 업무에서 경제적인 성공을 거둔 뒤에, 그는 동업자와 함께 패스트푸드 프랜차이즈점을 내면서 사업에 뛰어들었다. 그 일은 확실해 보였다. 하지만 사업에 투자할 만한 시간이나 에너지가 없어서 아버지에게 경영을 맡겼다. 그의 아버지는 퇴직한 독신남이었는데, 얼마 전에 재혼을 해서 전보다 잘 살고 있었다. 그해 내내 아버지는 아들에게 여러 차례 '대출'을 부탁했는데, 윌은 대학과 로스쿨 학비를 대 주었고 한때는 힘의 기둥이었던 아버지의 부탁을 거절할 수 없어 수표를 써 주었다.

그렇게 몇 달이 지나는 동안 아버지는 점점 더 많은 돈을 요구해 왔다. 수표를 쓸 때마다 윌은 명치에서 끓어오르는 분노를 경험했다. 그리고 얼마 못 가 일이 나고야 말았다. 수표는 지불되지 않았고 종업원들은 불만을 터뜨렸으며 고객은 줄어 갔다. 장부를 조사해 보니 매장 운영은 엉망이었고 이익은 줄어드는데도 아버지가 자기 지분보다 많은 돈을 가져갔음이 확실했다.

윌은 그 상황을 외면하려 애썼지만, 매달 손실을 메우기 위해 터무니없이 수표를 발행하고 있는 자신을 발견했다. 일이 더 이상 걷잡을 수 없는 지경에 이르러서야, 윌은 장부를 가지고 아버지를 만났다. 드디어 자기 자신에게 두렵기 짝이 없는 질문을 했던 것이다. "내가 만일 아버지를 해고한다면?"

양면성에 발목을 잡힌 채 윌은 몇 년을 불안 상태에서 살았다. 그는 스스로 착하고 사랑스러운 아들이라 생각했고, 그래서 자기를 길러 주고 지지해 준 아버지를 부양하려 애썼다. 윌은 늙어 가면서 거울 속에서 아버지의 모습을 문득 문득 보곤 했다. 바로 언제나 강하고 크고 유능하고 부유하고 현명하게 보였던 남자의 모습이었다. 그가 적절한 직업 역할을 추구한 것은 여러 면에서 아버지의 유능함을 따라잡으려는 노력이었다. 하지만 언제나 모자랐기에 윌은 자신을 길 잃은 자, 영적 헐벗음을 덮어 줄 마땅한 옷을 찾고 있는 마네킹으로 느꼈다.

그런 윌은 아버지와의 역할 반전을 경험하면서 드디어 볼 준비를 마친 하나의 진실에 직면하게 되었다. 즉, 아버지 역시 불완전하다는 것이었다. 그는 전에 가졌던 힘을 대부분 잃어버려 늙고 궁핍했다. 아버지는 이제 신과 같은 힘의 기둥이 아니며, 윌은 더 이상 그 발 앞에 엎드려 경배하지 않았다. 어른인 그는 경험적 증거의 진실에 입각하여 재판을 다루는 성공적인 변호사였다. 윌은 죄책감을 극복하고 아버지를 해고할 준비를 마쳤다.

상징적으로 왕을 죽이는 과정에서, 윌은 드디어 그가 평생 지고 다닌 아버지의 잘못된 특질을 버릴 수 있게 되었다. 아버지를 꼭 윌의 돈이 아니더라도 최소한 자식의 연민을 받을 가치가 있는, 자신의 결함과 싸우는 오류 있는 인간으로 보게 된 것이다. 그 사실을 자각하면서, 윌은 가장 멋지고 성공적이며 그 분야에서 가장 힘 있는 사람이 되고자 하는 욕심을 내려놓을 수 있었다. 물론 의미 있고 성공적인 존재를 살기 위해 애쓰지만, 그럼에도 불구하고 그 역시 틀릴 수 있고 연약할 수 있다.

워즈워드(1907/1965)가 말했듯이 진정으로 "아이는 인간의 아버지다." 존재의 양면성은 갈등하는 역할들 사이의 투쟁에 바탕을 둔 존재를 함축한다. 그 투쟁의 다른 면은 해결이 아니라 변형이다. 이 책에서 우리는 무섭고 혼란스러운 힘을 휘두른 아버지를 넘어서고자 애쓰는 수많은 아들과 딸의 사례를 보았다. 그들은 여정을 통해 궁극적으로 자기 자신의 보호자가 되는 더 긍정적인 방식을 찾을 필요가 있음을 깨달았다. 상징적으로 아버지를 살해한 그들의 행위는 아버지 역할을 가해자에서 보호자로, 분노한 불쌍한 아이에서 닥쳐오는 삶의 양면성을 직면할 수 있는 온전한 어른으로 변형하는 것을 내포했다.

갈등하는 역할들 사이의 투쟁이 없다면 드라마도 없다. 극적이지 않은 삶은 얼간이의 천국이다. 극적인 삶은 역설을 살아 내는 것이다. 그리고 극적으로 살기 위해서는 그 투쟁을 지지하고 포괄하기에 충분한 유연한 역할 체계를 갖추어야 한다.

부록

역할 유형 분류(축약본)

영역: 신체적

항목: 나이

1. 역할 유형: 어린이

2. 역할 유형: 청소년

3. 역할 유형: 어른

4. 역할 유형: 노인(조부모 참고)

4.1. 하위 유형: 호색가

항목: 성적 취향

5. 역할 유형: 거세된 자

6. 역할 유형: 동성애자

7. 역할 유형: 복장 도착자

8. 역할 유형: 양성애자

항목: 외모

9. 역할 유형: 미녀(순결한 사람과 부도덕한 자 참고)

9.1. 하위 유형: 유혹자/유혹녀

10. 역할 유형: 야수(신체장애인과 악마 참고)

10.1. 하위 유형: 순결한 야수

11. 역할 유형: 보통 사람
(중산층, 길 잃은 자, 평범한 사람, 반영웅 참고)

항목: 건강

12. 역할 유형: 정신질환자/미친 사람

13. 역할 유형: 신체장애인 혹은 기형(야수 참고)

13.1. 하위 유형: 초월자로서의 기형

14. 역할 유형: 건강염려증 환자

15. 역할 유형: 의사

15.1. 하위 유형: 돌팔이 의사

영역: 인지적

16. 역할 유형: 얼간이

16.1. 하위 유형: 오쟁이 진 남편

17. 역할 유형: 바보광대

17.1. 하위 유형: 트릭스터(요정 참고)

17.2. 하위 유형: 실존적 어릿광대

18. 역할 유형: 우유부단한 사람

18.1. 하위 유형: 위장한 자

18.2. 하위 유형: 분신

19. 역할 유형: 비평가

20. 역할 유형: 현명한 사람(신비가 참고)

20.1. 하위 유형: 지식인

20.2. 하위 유형: 돌팔이 지식인/현학자

영역: 정의적

항목: 도덕적

21. 역할 유형: 순결한 사람(어린이와 미녀 참고)

22. 역할 유형: 악당

23. 역할 유형: 기만하는 자(야수, 부도덕한 자, 악마 참고)

24. 역할 유형: 도덕주의자(순결한 사람 참고)

24.1. 하위 유형: 위선자

24.2. 하위 유형: 이상주의자

25. 역할 유형: 부도덕한 자

25.1. 하위 유형: 방탕한 자

25.2. 하위 유형: 간부姦夫/간부姦婦

26. 역할 유형: 피해자

26.1. 하위 유형: 순교자

26.2. 하위 유형: 이기적인 순교자

27. 역할 유형: 기회주의자

28. 역할 유형: 편협한 자

29. 역할 유형: 복수자

30. 역할 유형: 조력자

31. 역할 유형: 속물

32. 역할 유형: 구두쇠

33. 역할 유형: 겁쟁이

33.1. 하위 유형: 허풍선이/허풍선이 전사(나르시시스트 참고)

34. 역할 유형: 빌붙는 자

35. 역할 유형: 생존자

항목: 정서 상태

36. 역할 유형: 좀비

36.1. 하위 유형: 길 잃은 자(추방당한 자 참고)

37. 역할 유형: 불평분자

37.1. 하위 유형: 냉소주의자

37.2. 하위 유형: 성마른 사람

37.3. 하위 유형: 바가지 긁는 여자

37.4. 하위 유형: 반항자

38. 역할 유형: 연인

38.1. 하위 유형: 나르시시스트/이기주의자(허풍선이 참고)

39. 역할 유형: 황홀경에 빠진 자(디오니소스적인 신/여신 참고)

영역: 사회적

항목: 가족

40. 역할 유형: 어머니

40.1. 하위 유형: 잔혹한 어머니

40.2. 하위 유형: 혁명적인 어미니

41. 역할 유형: 아내

41.1. 하위 유형: 해방된 아내

41.2. 하위 유형: 거세하는 아내

42. 역할 유형: 장모

43. 역할 유형: 과부/홀아비

44. 역할 유형: 아버지

44.1. 하위 유형: 압제적인 아버지

45. 역할 유형: 남편

45.1. 하위 유형: 잔학한 남편

45.2. 하위 유형: 유약한 남편

46. 역할 유형: 아들

46.1. 하위 유형: 배교자/반항적인 아들

46.2. 하위 유형: 서자/방탕한 아들

47. 역할 유형: 딸

47.1. 하위 유형: 배교자/반항적인 딸

47.2. 하위 유형: 서녀/복수심에 찬 딸

47.3. 하위 유형: 고통 받는 딸/피해자로서의 딸

48. 역할 유형: 자매

48.1. 하위 유형: 배교자/반항적인 자매

49. 역할 유형: 형제

49.1. 하위 유형: 배교자/반항적인 형제

50. 역할 유형: 조부모(노인 참고)

50.1. 하위 유형: 미친 늙은이

항목: 정치/정부

51. 역할 유형: 반동적인 사람

52. 역할 유형: 보수적인 사람

52.1. 하위 유형: 전통주의자

53. 역할 유형: 평화주의자

54. 역할 유형: 혁명가

54.1. 하위 유형: 이기적인 혁명가

55. 역할 유형: 국가 원수

56. 역할 유형: 신하/조언자/의원

56.1. 하위 유형: 충신

57. 역할 유형: 관료주의자

항목: 법적

58. 역할 유형: 변호사

58.1. 하위 유형: 탐욕스러운 변호사

59. 역할 유형: 판사

59.1. 하위 유형: 부도덕한 판사

60. 역할 유형: 피고

61. 역할 유형: 배심원(코러스 참고)

62. 역할 유형: 증인

63. 역할 유형: 검사/검찰관

항목: 사회경제적 지위

64. 역할 유형: 하층 계급(추방당한 자 참고)

65. 역할 유형: 노동 계급/노동자

65.1. 하위 유형: 사나운 노동자

65.2. 하위 유형: 혁명적인 노동자

66. 역할 유형: 중산층

66.1. 하위 유형: 졸부

66.2. 하위 유형: 상인/영업사원

66.3. 하위 유형: 고리대금업자

67. 역할 유형: 상류 계급

67.1. 하위 유형: 실업가/기업가

67.2. 하위 유형: 사교계 명사

67.3. 하위 유형: 부자의 하인

68. 역할 유형: 추방당한 자(길 잃은 자와 하층 계급 참고)

69. 역할 유형: 코러스, 민중의 소리

항목: 권위와 권력

70. 역할 유형: 전사

70.1. 하위 유형: 군인

70.2. 하위 유형: 비겁한 군인(허풍선이 전사 참고)

70.3. 하위 유형: 폭군

71. 역할 유형: 경찰

71.1. 하위 유형: 어릿광대 순경

72. 역할 유형: 살인자

72.1. 하위 유형: 자살자

72.2. 하위 유형: 존속 살해자

영역: 영적

항목: 인간

73. 역할 유형: 영웅

73.1. 하위 유형: 초인超人

73.2. 하위 유형: 반영웅(길 잃은 자 참고)

73.3. 하위 유형: 포스트모던 반영웅

74. 역할 유형: 신비가(현명한 사람과 아폴론적인 신 참고)

75. 역할 유형: 독실한 신자

75.1. 하위 유형: 근본주의자

75.2. 하위 유형: 금욕주의자(추방당한 자 참고)

76. 역할 유형: 불가지론자

77. 역할 유형: 무신론자

77.1. 하위 유형: 허무주의자

78. 역할 유형: 성직자

78.1. 하위 유형: 부도덕한 성직자

78.2. 하위 유형: 타락한 영적 지도자

항목: 초자연적 존재

79. 역할 유형: 신/여신

79.1. 하위 유형: 재치 있는 신/여신

79.2. 하위 유형: 디오니소스적인 신/여신
(황홀경에 빠진 자 참고)

79.3. 하위 유형: 아폴로적인 신/여신(신비가 참고)

79.4. 하위 유형: 예수/성인

80. 역할 유형: 요정(바보광대 참고)

81. 역할 유형: 악마(야수와 기만하는 자 참고)

81.1. 하위 유형: 사탄

81.2. 하위 유형: 죽음

82. 역할 유형: 마법사

영역: 미적

83. 역할 유형: 예술가

83.1. 하위 유형: 배우(미녀와 나르시시스트 참고)

84. 역할 유형: 몽상가

•참고문헌•

Aeschylus. (1960 ed.). The Eumenides. In D. Greene & R. Latttimore (Eds.), *Greek Tragedies* (Vol. 3). Chicago: University of Chicago Press.

Allison, R., & Schwartz, T. (1980). *Minds in many pieces.* New York: Rawson, Wade.

Arrowsmith, W. (1970). Introduction. In Aristophanes, *The birds.* New York: New American Library.

Artaud, A. (1958). *The theatre and its double.* New York: Grove Press.

Axline, V. (1947). *Play therapy.* Boston: Houghton Mifflin.

Beck, J. (1972). *The life of the theatre.* San Francisco: City Lights.

Beckett, S. (1954). *Waiting for Godot.* New York: Grove Press.

Beckett, S. (1968). Come and go. In *Cascando and other short dramatic pieces.* New York: Grove Press.

Berne, E. (1961). *Transactional analysis in psychotherapy.* New York, Grove Press.

Bettelheim, B. (1967). *The empty fortress.* New York: Free Press.

Blake, W. (1960). The tyger. In *Songs of Innocence and of Experience.* New York: Dell. (Original work published 1794)

Blake, W. (1964). Auguries of innocence. In R. Wilbur (Ed.), *Blake.* New York: Dell. (Original work published 1790)

Bloom, B., David, R., & Masia, B. (1956). *Taxonomy of educational objectives: Handbook I: Cognitive domain.* New York: David

McKay.

Brissett, D., & Edgley, C. (Eds.). (1975). *Life as theatre: A dramaturgical sourcebook.* Chicago: Aldine.

Brockett, O. (1990). *History of the theatre* (6th ed.). Boston: Allyn & Bacon.

Brook, P. (1978). *The empty space.* New York: Macmillan.

Broucek, F. (1991). *Shame and the self.* New York: Guilford Press.

Bruner, J. S. (1987). The transactional self. In J. S. Bruner & H. Haste (Eds.), *Making sense: The child's construction of the world.* London: Methuen.

Bruner, J. S., & Sherwood, V. (1976). Peekaboo and the learning of rule structures. In J. S. Bruner, A. Jolly, & K. Sylva (Eds.), *Play: Its role in development and evolution.* New York: Basic Books.

Buber, M. (1948). *Between man and man.* New York: Macmillan.

Burke, K. (1975). On human behavior considered dramatistically. In D. Brissett & C. Edgley (Eds.), *Life as theatre: A dramaturgical sourcebook.* Chicago: Aldine.

Burns, E. (1972). *Theatricality: A study of convention in the theatre and in social life.* London: Longman.

Byne, W. (1988a). Science and social values: I. A critique of biological the-ories on the origins of cognitive and behavioral sex differences. *Einstein Quarterly Journal of Biological Medicine, 6*, 58-63.

Byne, W. (1988b). Science and social values: II. A critique of neuro-endocrinological theories on the origin of sexual preference. *Einstein Quarterly Journal of Biological Medicine, 6*, 64-70.

Camus, A. (1988). *The stranger.* New York: Knopf. (Original work published 1942)

CBS-TV. (1991, February 27). *48 hours: The many faces of Marsha.*

Chekhov, A. (1935). The marriage proposal. In *The plays of Anton*

Chekov. New York: Three Sirens Press.

Conrad, J. (1964). The secret sharer. In *The heart of darkness and the secret sharer*. New York: New American Library. (Original work published 1912)

Cooke, P. (1991, June 23). They cried until the could not see. *New York Times Magazine*, pp. 24-25, 45-48.

Cooley, C. (1922). *Human nature and social order*. New York: Scribner's.

Csikszentmihalyi, M. (1990). *Flow: The psychology of optimal experience*. New York: Harper & Row.

Courtney, R. (1974). *Play, drama and thought*. New York: Drama Book Specialists.

Diderot, D. (1957). *The paradox of acting*. New York: Hill & Wang.

Dostoyevsky, F. (1972). The double. In *Notes from underground and the double*. Baltimore: Penguin Books. (Original work published 1846)

Eliot, T. S. (1963). The love song of J. Alfred Prufrock. In W. R. Benet & N. H. Pearson (Eds.), *The Oxford anthology of American literature*. New York: Oxford University Press. (Original work published 1915)

Emunah, R. (1993). *Acting for real-drama therapy process, technique, and performance*. New York: Brunner/Mazel.

Erikson, E. (1963). *Childhood and society*. New York: Norton.

Federal Bureau of Investigation. (1991). *Statistics*. Washington, DC: Federal Bureau of Investigation.

Fox, J. (Ed.). (1987). *The essential Moreno*. New York: Springer.

Freud, S. (1960). *Totem and taboo*. New York: Random House. (Original work published 1913)

Gassner, J. (1954). *Masters of the drama*. New York: Dover.

Gersie, A. (1991). *Storymaking in bereavement: Dragons fight in the meadows*. London: Kingsley.

Gersie, A., & King, N. (1990). *Storymaking in education and therapy*. London: Kingsley.

Goffman, E. (1959). *The presentation of self in everyday life*. Garden City, NY: Doubleday.

Gould, S. J. (1989). *Wonderful life*. New York: Norton.

Grief, E. (1976). Sex role playing in pre-school children. In J. S. Brunner, A. Jolly, & K. Sylva (Eds.), *Play: Its role in development and evolution*. New York: Basic Books.

Hillman, J. (1983). *Healing fiction*. Tarrytown, NY: Station Hill.

Huizinga, J. (1955). *Homo ludens: A study of the play element in culture*. Boston: Beacon Press.

Irwin, E. (1983). The diagnostic and therapeutic use of pretend play. In C. Shaefer & K. O'Connor (Eds.), *Handbook of play therapy*. New York: Wiley.

Irwin, E. (1985). Puppets in therapy: An assessment procedure. *American Journal of Psychotherapy, 39*, 389-400.

Irwin, E., & Malloy, E. (1975). Family puppet interview. *Family Process, 14*, 179-191.

Irwin, E., & Shapiro, M. (1975). Puppetry as a diagnostic and therapeutic technique. In I. Jakab (Ed.), *Transcultural aspects of psychiatric art* (Vol. 4). Basel: Karger.

James, W. (1950). *The principles of psychology* (Vol. 1). New York: Dover. (Original work published 1890)

Jennings, S. (1990). *The mask, the play, and the paradox: The interface of theatre and therapy*. Keynote address presented at the National Conference of the British Association for Drama Therapy, Newcastle upon Tyne, England.

Jennings, S. (1993). *Theatre, ritual and transformation*. London: Routledge.

Johnson, D. (1981). Drama therapy and the schizophrenic condition. In G. Schattner & R. Courtney (Eds.), *Drama in therapy* (Vol. 2). New York: Drama Book Specialists.

Johnson, D. (1982). Developmental approaches in drama therapy. *The Arts in Psychotherapy, 9*, 183-190.

Johnson, D. (1988). The diagnostic role-playing test. *The Arts in Psychotherapy, 15*, 23-36.

Johnson, D. (1991). The theory and technique of transformations in drama therapy. *The Arts in Psychotherapy, 18*, 285-300.

Jones, E. (1976). *Hamlet and Oedipus.* New York: Norton. (Original work published 1949)

Jung, C. G. (1964). *Man and his symbols.* Garden City, NY: Doubleday.

Jung, C. G. (1971). *Psychological types.* Princeton, NJ: Princeton University Press. (Original work published 1921)

Kafka, F. (1952). A hunger artist. In *Selected short stories of Franz Kafka.* New York: Modern Library. (Original work published 1924)

Kazantzakis, N. (1961). *The last temptation of Christ.* New York: Bantam. (Original work published 1951)

Kirby, E. T. (1975). *Ur-drama: The origins of theatre.* New York: New York University Press.

Klein, M. (1932). T*he psychoanalysis of childhood.* London: Hogarth Press.

Kohlberg, L., & Lickona, T. (1986). *The stages of ethical development: From childhood through old age.* San Francisco: Harper San Francisco.

Kritsberg, W. (1988). *The adult children of alcoholics syndrome.* New York: Bantam.

Landy, R. J. (1983). The use of distancing in drama therapy. *The Arts in Psychotherapy, 10,* 175-185.

Landy, R. J. (1986). *Drama therapy: concepts and practices.* Springfield, IL: Charles C. Thomas.

Landy, R. J. (1990). The concept of role in drama therapy. *The Arts in Psychotherapy, 17,* 223-230.

Lewis, H. (1971). *Shame and guilt in neurosis.* New York: International Universities Press.

Lichtenstein, T. (1992, April). A mutable mirror: Claude Cahun. *Artforum,* pp. 64-67.

Linton, R. (1936). *The study of man.* New York: Appleton-Century.

Lowenfeld, M. (1979). *The world technique.* London: George Allen & Unwin.

McFarland, B., & Baker-Baumann, T. (1989). *Feeding the empty heart: Adult children of alcoholics and compulsive eating.* San Francisco: Hazelden.

Marmor, J. (1980). *Homosexual behavior: A modern reappraisal.* New York: Basic Books.

Maslow, A. (1962). *Toward a psychology of being.* New York: Van Nostrand Reinhold.

Maslow, A. (1971). *The farther reaches of human nature.* New York: Random House.

Mead, G. H. (1934). *Mind, self and society.* Chicago: University of Chicago Press.

Miller, A. (1981). *The drama of the gifted child.* New York: Basic Books.

Miller, A. (1983). *For your own good.* London: Virago.

Miller, A. (1986). *Thou shalt not be aware. Society's betrayal of the child.* New York: Meridian.

Milton, J. (1957). Paradise lost. In M. Hughes (Ed.), *John Milton:*

Complete poems and major prose. New York: Odyssey Press. (Original work published 1667)

Moreno, J. L. (1946). *Psychodrama* (Vol. 1). Beacon, NY: Beacon House.

Moreno, J. L. (1947). *The theatre of spontaneity.* Beacon, NY: Beacon House.

Moreno, J. L. (Ed.). (1960). *The sociometry reader.* Glencoe, IL: Free Press.

National Institute of Mental Health. (1989). *Mental health in the United States.* Washington, DC: U. S. Government Printing Office.

Nietzsche, F. (1956). The birth of tragedy. In *The birth of tragedy and the genealogy of morals.* Garden City, NY: Doubleday. (Original work published 1872)

Noll, R. (1989). Multiple personality, dissociation and C. G. Jung's complex theory. *Journal of Analytical Psychology, 34*, 353-370.

Pearson, C. (1989). *The hero within.* New York: Harper Collins.

Piaget, J. (1926). *The language and thought of the child.* New York: Harcourt, Brace.

Piaget, J. (1965). *Play, dreams and imitation ins childhood.* New York: Norton.

Piaget, J., & Inhelder, B. (1969). *The psychology of the child.* New York: Basic Books.

Poe, E. A. (1966). William Wilson. In W. H. Auden (Ed.), *Edgar Allen Poe: Selected prose and poetry.* New York: Holt, Rinehart & Winston. (Original work published 1839)

Portner, E. (1981). *A normative study of the spontaneous puppet stories of eight-year-old children.* Unpublished doctoral dissertation, University of Pittsburgh.

Postman, N. (1984). Social sciene as theology. *Et Cetera, 41,* 22-33.

Postman, N. (1992). *Technopoly.* New York: Knopf.

Propp, V. (1968). *Morphology of the folktale* (2nd ed.). Austin: University of Texas Press.

Putnam, F. W. (1989). *Diagnosis and treatment of multiple personality disorder.* New York: Guilford Press.

Riso, D. (1987). *Personality types.* Boston: Houghton Mifflin.

Rogers, C. (1961). *On becoming a person.* Boston: Houghton Mifflin.

Roth, P. (1986). *The counterlife.* New York: Farrar Straus, Giroux.

Roth, P. (1993). *Operation Shylock.* New York: Simon & Schuster.

Sacks, O. (1987). *The man who mistook his wife for a hat.* New York: Harper & Row.

Sarbin, T. (1954). Role theory. In G. Lindzey (Ed.), *Handbook of social psychology* (Vol. 1). Reading, MA: Addison-Wesley.

Sarbin, T. (Ed.). (1986). *Narrative psychology.* New York: Praeger.

Sarbin, T., & Allen, V. (1968). Role theory. In G. Lindzey & E. Aronson (Eds.), *Handbook of social psychology* (2nd ed., Vol. 1). Reading, MA: Addison-Wesley.

Scheff, T. J. (1979). *Catharsis in healing, ritual and drama.* Berkeley: University of California Press.

Selman, R. L., Lavin, D., & Brion-Meisels, S. (1982). Troubled children's use of self-reflection. In F. Serafica (Ed.), *Social-cognitive development in context.* New York: Guilford Press.

Shakespeare, W. (1959). *Romeo and Juliet.* New York: Washington Square Press. (Original work published 1595)

Shakespeare, W. (1963). *Hamlet.* New York: Washington Square Press. (Original work published 1602)

Shelley, M. (1983). *Frankenstein.* Mattituck, NY: American House. (Original work published 1818)

Sherman, C. (1987). *Cindy Sherman.* New York: Whitney Museum of

American Art.

Shipley, J. (1984). *The Crown guide to the world's great plays.* New York: Crown.

Southern, R. (1961). *Seven ages of the theatre.* New York: Hill & Wang.

Stanislavsky, C. (1936). *An actor prepares.* New York: Theatre Arts.

Stevenson, R. L. (1986). *The strange case of Dr. Jekyll and Mr. Hyde.* Chester Springs, PA: Dufour. (Original work published 1886)

Thomas, D. (1957). Do not go gentle into that good night. In *The collected poems of Dylan Thomas.* New York: New Directions.

Tripp, C. A. (1987). *The homosexual matrix.* New York: New American Library.

Turner, V. (1982). *From ritual to theatre.* New York: Performing Arts Journal.

U.S. Bureau of the Census. (1990). *Current population series.* Washington, DC: Department of Commerce.

U.S. Department of Health and Human Services. (1990). *Seventh special report to the United States Congress on alcohol and health.* Washington, DC: U.S. Government Printing Office.

Wilde, O. (1974). *The picture of Dorian Gray.* London: Oxford University Press. (Original work published 1891)

Winnicott, D. W. (1971). *Playing and reality.* London: Tavistock.

Wordsworth, W. (1965). My heart leaps up. In *The prelude, selected poems and sonnets.* New York: Holt, Rinehart & Winston. (Original work published 1807)

Yeats, W. B. (1956). *The second coming.* In *The collected poems of William Butler Yeats.* New York: Macmillan. (Original work published 1921)

Zamora, M. (1987). *Frida: El pincel de la angustia.* La Herradura, Mexico: Author.

• 찾아보기 •

인명

내용

저자 소개

로버트 랜디(Robert J. Landy)는 캘리포니아 대학교에서 연극, 심리학, 영어 교육을 공부하고 박사 학위를 취득했다. 이후 배우, 교사, 사진가 등 다양한 활동을 하다가 장애 청소년을 가르치면서 연극의 치료적 활용에 관심을 갖고 연극치료를 재발견하는 작업을 시작하게 되었으며, 현재는 NYU Steinhardt의 연극치료학과 교수로 있다. 그는 미국 연극치료의 개척자라 할 수 있으며, 인간의 행동을 역할과 원형의 유형 분류 체계로 보는 그의 역할 접근법은 매우 포괄적이고 깊이 있는 이론과 실천의 틀거리로서 전체 연극치료 분야에 매우 큰 영향을 미쳐 왔다. 그는 『억압받는 사람들을 위한 연극치료(*Drama Therapy: Concepts, Theories an and Practices*)』(1994), *How We See God and why it Matters: A Multicultural View Through Children's Drawings and Stories*(Thomas, 2001) 등 모두 11권의 저서를 집필했다.

역자 소개

이효원은 특수교육과 연극을 전공했다. 현재 연극치료사로 일하면서 숙명여자대학교와 용인대학교에서 연극치료를 가르치고 있다. 『연극치료와 함께 걷다』(울력, 2008)를 썼고, 랜디의 『억압받는 사람들을 위한 연극치료』(울력, 1997)를 비롯해 8권의 연극치료 관련 서적을 번역했다.

페르소나와 퍼포먼스
역할 접근법의 이론과 실제
Persona and Performance

2010년 6월 25일 1판 1쇄 인쇄
2010년 6월 30일 1판 1쇄 발행

지은이 • Robert J. Landy
옮긴이 • 이효원
펴낸이 • 김진환
펴낸곳 • (주) 학지사
121-837 서울시 마포구 서교동 352-29 마인드월드빌딩 5층
대표전화 • 02-330-5114 팩스 • 02-324-2345
등록번호 • 제313-2006-000265호

홈페이지 • http://www.hakjisa.co.kr
커뮤니티 • http://cafe.naver.com/hakjisa

ISBN 978-89-6330-381-9 93180
정가 16,000원